LYON

SOUS LOUIS XIII.

1610—1643.

Extrait de l'Annuaire de Lyon pour 1846.

NOTES ET DOCUMENTS

POUR SERVIR A

L'HISTOIRE DE LYON

SOUS LE RÈGNE DE LOUIS XIII.

1610 — 1643.

Par Antoine Péricaud aîné,

Bibliothécaire de la ville de Lyon,

des Académies de Lyon, Turin, Marseille, Dijon, Besançon, etc., un des fondateurs de la Société Littéraire de Lyon ; correspondant du Ministère de l'Instruction publique pour les travaux historiques.

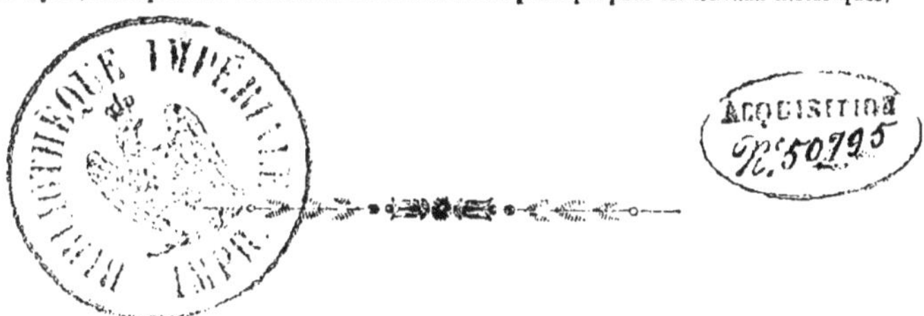

LYON,

IMPRIMERIE DE MOUGIN-RUSAND,

Halles de la Grenette.

1846.

LYON

SOUS LOUIS XIII.

1610—1643.

1610. — *Mai* 14. Lettre de *Louis XIII* au Consulat :

« De par le Roy. Très chers et bien amez, vous sçaurez par cette-cy l'accident arrivé ce jourd'huy en la personne du Roy nostre très honoré Seigneur et père, qui a esté malheureusement blessé d'un coup de couteau, duquel il est décédé. Le meschant qui a faict cet acte a esté pris à l'instant affin d'apprendre par sa bouche qui l'a meu à commettre ceste meschanceté, de quoy nous ne doubtons point que vous ne recepviez grande douleur en général et chacun de vous en particulier. Et vous faisons cette-cy à la haste, affin de vous exhorter à demeurer fermes en nostre obéyssance, comme de nostre part nous vous aymerons ; contenant un chacun en son debvoir, sans que l'on remue ny entreprenne rien les ungs sur les autres, et que les edictz de pacification cy-devant faictz soient observez. Nous vous ferons sçavoir dans deux jours plus particulièrement de noz nouvelles. Donné à *Paris*, le 14 de *May* 1610. Signé Louis, et plus bas *Phelypeaux*. » A. M.

1610. — *Mai* 15. Lettre de *Louis XIII* au Consulat :

« De par le Roy. Très chers et bien amez, nous vous donnasmes hier advis du triste et malheureux accident advenu en la personne du feu roy nostre très honoré seigneur et père ; maintenant nous vous dirons comme nous sommes allez ce jourd'huy en nostre parlement, accompagnez du prince de nostre sang, autres princes, prélatz, ducz, pairs, officiers de la Couronne, où par leur advis et celuy de nostred. parlement, ouy et requerant nostre procureur general, et conformément à l'arrest de nostred. parlement du jour d'hier, a esté ordonné que la Reyne, nostre très honorée dame et mère, sera declarée dès à présent régente de nous et de nostre Royaume, pour avoir soin de nostre personne et nourriture, et de l'administration des affaires de nostred. royaume pendant nostre bas eage ; de quoi nous avons bien voulu vous advertir, attendant que nous vous envoyons la copie dud. arrest ; et affin que ce pendant chacun de vous demeure et se continue en l'union et obeyssance qui nous est deüe : ce que nous voulons bien attendre de vostre devoir et affection à nostre service. Donné à *Paris*, ce xv^mo de *May* 1610. Signé Louis, et plus bas *Phelypeaux*. » A. M.

1610. — *Mai* 15. Lettre de *Marie de Médicis* au Consulat :

« De par la Royne. Très chers et bien amez, avecq le conseil et assistance des princes, prelatz, ducs, pairs, officiers de la Couronne et principaux seigneurs qui se sont trouvez prez de nous, nous avons esté ce jourd'huy présenter au parlement la personne du Roy nostre très honnoré sieur et filz, où estant en son lict de justice, a esté prise la résolution que vous apreñdrez par celle qu'il vous escrit dont nous ne vous ferons icy le redict. Mais bien voulons-nous vous faire sçavoir que parmi ce malheureux accident, nous recongnoissons tous lesd. princes, seigneurs, officiers et peuple si bien unis à la conservation de cest estat et à l'obéyssance deue, que nous avons tout subject de croire que Dieu qui en a tousjours eu soin particulier, le conservera encor maintenant avecq la vigilance et le bon debvoir que y apporteront tous les bons François. C'est à quoy nous vous exhortons particulièrement en vous priant de vous maintenir et conserver en bonne union, paix et concorde les uns avecq les autres, en sorte que chacun se continue en l'obéyssance qu'il doibt et observation des edictz de pacifficaton. Donné à *Paris*, ce xve jour de *May* 1610. Signé **Marie**, et plus bas *Phelypeaux*. »

1610. — *Mai* 17. M. d'*Alincourt*, gouverneur de Lyon, mande les échevins dans son hôtel, et leur fait part de l'avis qu'il vient de recevoir de l'attentat du 14 de ce mois. — Le même jour, le Consulat reçut, par une missive de Louis XIII, la confirmation de cette nouvelle. J. **Morin**, *Histoire de Lyon*, VI, 103.

1610. — *Mai.* 28. Publication à la sénéchaussée de Lyon, de l'arrêt du Parlement de Paris, du 14 de ce mois, qui déclare la reine mère régente pendant le bas âge du roi (B. de L., tome 28 du n° 25201).

1610. — *Juin* 7. « On fit des obsèques solennelles pour le roi *Henri IV*, dans l'église de *Saint-Jean* où le P. *Jacques George*, jésuite, prononça l'oraison funèbre qu'il fit imprimer sous le titre de *Mausolée d'honneur*. » M.

1618. — *Juillet* ..... Lettres patentes qui permettent aux *Religieux de Notre-Dame du Mont-Carmel*, dits *Carmes-deschaussés*, de s'établir à Paris et à Lyon. *Preuves de l'église gallicane*, p. 1154; **Recueil** d'*Isambert*, XVI, 9. Voyez ci-après, *août* 1620.

1610. — *Août* 7. Arrêt du Conseil d'état relatif à l'exemption des tailles et du logement des gens de guerre, en faveur des quartiers de *Saint-Just* et de *Saint-Irenée*. **Recueil** de *Barbier*, p. 538. Voyez ci-après, *juin* 1630, et 29 *décembre* 1634.

1610. — *Août* 17. *Claude Bec*, dit *La Bussière*, Lyonnois, est reçu Chevalier de Malte. **Vertot**, p. 21 de la *Liste des Chevaliers de la langue d'Auvergne*, à la fin du tome IV de son *Histoire*. — Cette liste s'arrête à 1726, et se termine par le nom de *Charles Joseph de Grollier de Servieres*, qui fut reçu le 16 février de cette année. — On lit dans la Notice de M. *Jomard* sur le baron *Joseph Marie Degerando*, que cet illustre écrivain, né à Lyon en 1772, était destiné par ses parents à entrer dans l'Ordre de *Malte*, mais que la ville de Lyon s'étant attiré l'animadversion des Chevaliers, il fallait, pour aspirer à l'Ordre, avoir été baptisé hors de l'enceinte de la ville; en sorte qu'il perdit la chance d'être chevalier de Malte, etc. — Il faut que le rescrit qui déclare les nobles natifs de Lyon inhabiles à faire partie de l'ordre de Malte soit postérieure à 1683, puisque le P. *Menestrier* qui aurait pu en parler, dans son livre *de la Chevalerie ancienne et moderne* publié à Paris, cette année là, n'en a pas dit mot. Il avait eu pourtant l'occasion de le dire notamment à la page 386 de son livre où il parle d'un statut fait sous le grand maître *Homèdes*, qui excluait de l'Ordre de Malte les bourgeois des villes d'Italie qui appartenaient à des corps nobles, attendu que dans ces villes la magistrature ne commençait pas une véritable noblesse. Cependant on sait à Lyon, par tradition, qu'à une époque assez reculée, le Consulat ayant eu de violents débats avec l'Ordre de Malte, au sujet d'un transport de blés, cet Ordre, pour se venger, avait refusé d'y admettre ceux qui étaient nés à Lyon, et que, pour y être reçu, il fallait avoir été baptisé hors de son enceinte. On sait aussi que plusieurs dames de Lyon allaient faire leurs couches à *La Guillotière*, où elles faisaient baptiser leurs fils. On cite, entre autres, les dames de *Chaponay*. M. *Morin*, qui a continué l'*Histoire de Lyon*, commencée par feu *Clerjon*, a parlé très succinctement de la querelle des blés, tome V, page 74 de cette *Histoire*. Nous croyons devoir reproduire les extraits que feu l'abbé *Sudan* a faits des actes consulaires qui ont trait à ces débats, et qui en disent un peu plus que ne le comportait le travail de notre estimable confrère.

« 2 *Avril* 1556 (1555, v. s.). Frère *Geoffroy Regnaud, commandeur de la Torrette*, et frère *de Baulme*, au nom des *Chevaliers de Saint-Jean de Jérusalem*, vouloient faire descendre de la rivière (de *Saône*) plus de 200 ânées de bled dans trois grands bateaux. Le Consulat, après s'être pourvu vers le sénéchal et ses lieutenants qui ne permirent de passer que 850 ânées, fut sur les lieux, visita les trois bateaux qui contenoient environ 1800 ânées, et ne permit d'en sortir que deux portant environ 8 à 900 ânées, et un petit bateau chargé de chanvres et autres munitions pour la provision des *naulx* et galeres du grand maître et des chevaliers; il demanda que le troisième des grands bateaux fut déchargé à la *Commanderie de Saint-George*. Mais les mariniers, qui firent semblant de traverser la rivière, étant en pleine eau, voguèrent à toutes rames pour passer la chaîne qu'on avait baissée afin de laisser passer les petits bateaux; et, malgré les défenses et cris et les protestations qu'on leur fit, ils passèrent avec une telle impétuosité, que le dernier bateau rompit la chaîne de la ville. On avait essayé de la relever, mais des voituriers, qui se trouvèrent là et faisoient semblant d'aider aux commis, en empêchèrent. Le Consulat fit dresser procès-verbal. — Le 4 *avril*, veille de Pâques, le lieutenant criminel, à la requête du procureur du roi et du Consulat, ordonna que lesdits *fusts* et les voituriers et *nauchiers* seroient pris et arrêtés quelque part qu'ils se trouveront sur la rivière du *Rhône*, et mis sous la main du Roy; commission fut donnée aux sergents et officiers du Roy d'exécuter cette ordonnance. Le Consulat arrêta que *François Salla*, capitaine, ou *George Renouard*, son lieutenant, assembleroit au plus tôt 25 arquebusiers de la ville pour poursuivre lesdits *fusts,* et prêter main-forte aux sergents. — *George Renouard* partit avec cent arquebusiers, trouva les bateaux arrivés à *Givors* le même soir vers la minuit, et les fit saisir et arrêter. *Pierre Pellet,* principal voiturier desdits bleds, et le commis de M. *de Baulme;* les autres *nauchiers* s'étoient tous enfuis à la vue de l'escorte. *G. Renouard* laissa un certain nombre d'arquebusiers pour garder les bleds. — On fit assembler le conseil de la ville qui arrêta qu'il falloit faire lever les informations,.... ensuite remontrer au sénéchal que le Consulat n'empêche la délivrance des 850 ânées de bleds accordées, mais pour le surplus, qui a été passé par force, qu'il doit être consigné, et, partant, ramené en cette ville. — Le sénéchal, de son côté, rendit, le même jour, la sentence par laquelle il ordonna de ramener les trois bateaux de *Givors* à Lyon. Le Consulat nomma ses procureurs pour faire exécuter cette sentence. — On donna au rabais le transport et la remonte des bateaux ; ce qui fut adjugé pour 300 livres. — Le *Commandeur de la Torrette.* (*Geoffroy Regnaud*) partit en poste pour la Cour, afin d'obtenir la main-levée de la saisie. La ville en écrivit aussitôt à M. le Connétable *de Saint-André,* gouverneur. — 12 *Avril.* On est informé par le lieutenant *George Renouard* que le *péageur* du lieu de *S. Symphorien* veut faire arrêter les bleds, et pour ce a fait amas de certains gentilshommes qui sont dans une île du *Rhône,* afin d'empêcher qu'on ne les amène en cette ville. Sur quoi on ordonne que le capitaine *François Salla* sera prié de se transporter sur les lieux pour bailler main forte à *George Renouard.* — Le 26 *avril,* Me *Ambroise Thomas,* docteur avocat, avec noble *Balthazard de Colans, commandeur de Colvin,* au nom de l'Ordre de S. Jean de Jérusalem, remontrent au Consulat la nécessité des bleds où étoit et est l'ordre des Chevaliers, telle qu'ils étoient en danger de perdre et abandonner l'*isle de Malte,* s'ils n'avoient obtenu permission du Roy d'acheter en *Bourgogne* environ 1750 ânées de bled que l'on faisoit conduire à *Marseille* pour les embarquer sur le *gabion* de ladite religion, qui étoit là, attendant à grands frais et dépens de 30 écus par jour. Il en requiert la main-levée, offrant s'obliger et bailler caution de rendre dans quinze jours semblable quantité de bled de *Bourgogne* dans ladite ville, au prix de 100 livres l'ânée. On les renvoye s'adresser à M. le sénéchal. — Le 19 *mai,* la ville fit payer 871 livres 10 sous au capitaine *Renouard,* pour les frais de cette affaire qui étoit encore en litige en septembre 1557. Les pièces étoient alors entre les mains de l'avocat *Pinet,* à Paris. » Copie de M. *Breghot,* tome IX.

1610. — *Septembre* 23. Départ de M. *d'Alincourt* pour *Paris.* J. M.

1610. — *Septembre* .... Déclaration et ordonnance du roy touchant les arrests et reglements octroyés aux manufactures de drap d'or, d'argent et de soie en la ville de Lyon. Voyez les *Publications* de 1619, *Ordonnances et Reglement....*

1610. — *Décembre* 9. Le Consulat délibérant sur une lettre écrite au nom du Roi, le 18 *novembre* précédent, par laquelle le Conseil d'état demandait un rapport sur l'état ancien et actuel du *commerce de Lyon* et sur les moyens de le rétablir, arrête qu'il sera fait un mémoire où l'on dira que le commerce a cessé de fleurir depuis le règne de *Henri II*, et que le moyen de le rétablir dans l'état de splendeur où il étoit sous les règnes de *Louis XII*, de *François Ier* et de *Henri II*, est de révoquer tous les édits qui ont altéré les priviléges de ses foires et entravé la liberté du commerce, etc. M.

1610. On lit dans les *Mémoires du cardinal de Richelieu*, p. 33 de l'édition publiée en 1837, par MM. *Michaud* et *Poujoulat :* «.... Il arriva, en présence de la Reine, une grande dispute entre *Sully* et *Villeroy*, sur le sujet des *trois cents Suisses* que le dernier demandoit pour la garde de Lyon, dont *Halincour* son fils avoit depuis peu acheté le gouvernement du duc de *Vendôme*, vendant par le même moyen la lieutenance de Roi qu'il en avoit à *Saint-Chamont*. Le duc de *Sully* lui dit à ce sujet des paroles si piquantes que l'autre en demeura mortellement offensé.... Le différend des *Suisses* de Lyon se renouvella (quelque temps après le sacre du roi) sur ce que *Villeroy* vouloit en assurer le paiement sur la recette générale dudit lieu. Le duc de *Sully* s'aigrit tellement sur cette affaire que, non content de soutenir qu'il n'étoit pas raisonnable de charger le roi d'une telle dépense, les habitans pouvant faire la garde de Lyon, comme ils avoient toujours accoutumé, il se prit au chancelier, qui favorisoit *Villeroy*, et lui dit qu'ils s'entendoient ensemble à la ruine des affaires du Roi. Comme cette offense étoit commune à tous les ministres, ils s'accordèrent tous de ruiner ce personnage dont l'humeur ne pouvoit être adoucie.... » — On lit aussi dans la *Biographie universelle* (article VILLEROY (Charles Neufville de) : «.... En 1610, d'*Alincourt* fit des démarches pour obtenir une garnison à Lyon, afin, disait-il, d'avoir un corps de réserves prêt à marcher contre les Protestants du Languedoc, s'ils venaient à se révolter ; mais on soupçonna que son projet était de détruire les priviléges de la ville de Lyon, et qu'il demandait des troupes pour contenir les habitants en cas de résistance.... » — Il est à croire que ce fut le consulat qui fit échouer ce projet.

1610. — *François de La Fayette* est reçu comte de Lyon. D'AUBAIS, *Pièces fugit.*, tome 3. Voyez ci-dessus, année 1603, *ad calcem*. — Nous empruntons la note suivante à l'*Histoire de Gigny*, par M. *B. Gaspard*, p. 350 : « Les *Chanoines de Saint Jean de Lyon* qui avaient obtenu l'autorité temporelle, et pris le titre de *Comtes* dès l'année 1173, en suite de la cession qui leur avait été faite par les *Comtes de Forez*, statuèrent, en 1268, qu'aucun membre ne serait admis dans leur Chapitre, à moins de prouver quatre quartiers de noblesse de chaque côté paternel et maternel. Ce statut fut confirmé par le roi en 1307, et dès lors toujours observé. Aussi voit-on qu'en 1411, *Claude d'Allamand* (1) y ayant été nommé chanoine par le pape, en remplacement du cardinal *Philippe de Thurey*, les membres du Chapitre lui objectèrent qu'avant tout, il devait prouver sa noblesse paternelle et maternelle, selon l'usage observé

(1) Voyez la *Biographie lyonnaise*, page 8.

en pareil cas : *Quod dictus Claudius ante omnia debet informare quod sit nobilis ex utroque parente, absque aliqua intermissione plebeytatis, rusticitatis, seu burgesiæ,... juxta morem ecclesiæ Lugdunensis, et prout in talibus est fieri consuetum.* En conséquence on fit une enquête, et beaucoup de gentilshommes témoignèrent de la bonne noblesse du *père*, de la *mère*, des *aïeuls, bisaïeuls* et *trisaïeuls* paternels et maternels de l'impétrant, avec affirmation que ses ancêtres n'avaient jamais porté les armes contre l'Eglise. La preuve fut toute testimoniale, sans production de titres, et le candidat fut admis. » — Nous rappellerons, comme l'a fait M. *Gaspard*, que le Chapitre des Comtes de Lyon était vulgairement appelé la *pierre de touche de la noblesse*, p. 349.

1610. — *François Bullioud*, conseiller du roi à la sénéchaussée de Lyon et au parlement de Dombes, fait don de sa bibliothèque au Collège des *Jésuites*. Un des livres les plus précieux qui en faisaient partie est l'ouvrage de *Jean Reuchlin*, qui a pour titre *Rudimenta hebraïca*, imprimé à *Pforzheim* (Phorcae), 1506, in-fol. Cet exemplaire avait appartenu au fameux orientaliste *Sante Pagnino*, qui l'a enrichi de notes de sa main. (B. de Lyon, 15256).

Publications de 1610. — *Adieu de l'Ame* (1) *du Roy de France et de Navarre Henry le Grand à la Royne*, avec la défence des Peres Jesuistes. Par la damoiselle de G. (*Gournay*). A Lyon, par *Jean Poyet*. 1610. In-8. (B. de Lyon, 25201, tome 80). — Cet opuscule doit avoir été imprimé à *Paris* avant de l'être à Lyon ; cependant le P. *Lelong* et *Barbier* ne citent que l'édition de Lyon. — Il est assez singulier de voir la fille d'alliance de *Montaigne* prendre la défense des Jésuites, qui durent trouver beaucoup à reprendre dans les *Essais* (2) ; toutefois je ne sache pas que le P. *Garasse*, qui a singulièrement maltraité *Charron*, dans sa *Doctrine*

(1) L'auteur de la note sur l'article de Mlle *Gournay*, tome 18, p. 202 de la *Biogr. univ.*, donne pour titre à cet opuscule : *l'Adieu de l'Ami etc. pour la defense des P. P. Jesuites*, Lyon, 1610, in-8°, et ajoute qu'il est si rare qu'il a été également inconnu à *Bayle* et à *Jolly* (lisez *Joly*). Il ajoute encore qu'on répondit à Mlle *Gournay* par un libelle intitulé : *Remerciment des beurrieres*, Niort, 1610, et par l'*Anti-Gournay* dont *Baillet* n'indique ni la date ni le format. Nous ferons observer qu'il est à croire que *Baillet* a donné le titre d'*Anti-Gournay* au libelle fait contre cette demoiselle. L'exemplaire que nous en avons sous les yeux, et qui est sans nom de ville est intitulé : *Remerciment des beurieres de Paris*, Au sieur Courbouzcu Mont-Gommery. 1610, in-8° de 31 pages (B. de L., 22574 bis). L'auteur de ce pamphlet met dans la bouche de la dame *Marguerite Bas de fesses, dicte la Grosse Margot*, doyenne des beurrieres de Paris, une harangue où se trouvent les plus absurdes calomnies contre les Jésuites et surtout contre le P. *Coton*. Voyez Joly sur *Bayle*, p. 404.

(2) Les *Essais* ne furent mis à l'*index* qu'en 1675 ; et ce ne fut qu'en 1705 que *la Sagesse* de *Charron* y fut mise. C'était s'y prendre un peu tard. — Je ne sais si *Montaigne* a parlé des *Jésuites* dans ses *Essais*, mais il les a loués dans son *Voyage en Italie* ; «.... C'est merveille combien de part ce collège (celui des Jésuites à Rome) tient en la chrestienté, et croy qu'il ne fut jamais confrerie et corps parmi nous qui tint un pareil rang, ny qui produisit enfin des effects tels que feront ceux-ici, si leurs desseins continuent. Ils possèdent tantost toute la chrestienté. *C'est une pépiniere de grands hommes en toutes sortes de grandeurs.* C'est celui de nos membres qui menace le plus les hérétiques de nostre temps.... » Tome 2, p. 177 de l'édition de 1774.

curieuse, ait rien dit de *Montaigne*; mais le P. *Feller* en a parlé d'une manière assez équivoque dans son *Dictionnaire historique*, et il ne voit en lui qu'un sceptique.

1610. — *Consolation envoyée à la Royne mere du Roy et regente de France.....* Par *Louys Richeome*, Provençal (sic) de la Compagnie de Jésus. A Lyon, chez *Pierre Rigaud*. 1610. In-8°. (B. de Lyon, 24984.) — Le P. *Richeome* a daté de Rome, le 15 *juillet* 1610, la permission qu'il a donnée à Pierre Rigaud d'imprimer son ouvrage — Dans ce panégyrique outré d'*Henri IV*, l'auteur loue ce monarque de son affection pour les *Jésuites :* « Je luy ay ouy dire que s'il eut voulu estre reli-
» gieux, il eut choisi d'estre *Jésuite*, pour aider les ames, ou Chartreux,
« pour la solitude et entiere retraicte du monde..... » — Voyez les *Publications* de 1608 (*L'Idolâtrie....*).

1610. — *Le Convoi du coeur de tres-auguste, tres-clement, tres-victorieux Henry le Grand....* depuis la ville de Paris jusques au College-royal de *la Fleche*. A Lyon, par *Claude Morillon*. 1610. In-8°.

1610. — *Discours funebre et Epitaphe* à la memoire de tres-auguste prince, *Henry IIII*, Roy de France et de Navarre. Par le Sieur *Goujon* (Jean) I. C. Lyonnois. A Lyon, par *Guichard Jullieron*, 1610. In-8° de 39 p. (B. de Lyon, 25201, tom. 56). — L'année précédente *Jean* Goujon avait publié : *Elogium Henrici IIII Christianissime Galliae et Navarae regis*, Lugduni, 1609, in-8° de 22 pages, sans nom d'imprimeur, titre gravé (B. de Lyon, 26027, tome 1). Voyez les *Publications* de 1613 et de 1626. — *Jean Goujon* est l'auteur de ce distique ingénieux sur la mort d'*Henry IV*, que nous avons cité, page 20 de la *Notice sur A. L. du Plessis de Richelieu :*

> Flevit Alexandrum cernens in imagine Caesar :
> Mavortem Henricum fleret uterque videns.

Voici une traduction de ce distique, faite en 1829 par M. *Rabanis*, alors professeur de rhétorique au Collége royal de Lyon, aujourd'hui doyen de la Faculté des lettres de *Bordeaux* :

> César baigna de pleurs l'image d'Alexandre :
> Henri IV à tous deux en aurait fait répandre.

1610. — *Discours lamentable sur l'attentat et parricide commis en la personne de.... Henry IIII...* avec son épitaphe. Et aussi le couronnement du Roy le 15 de May. A Lyon, par *Guichard Jullieron*, 1610. In-8° de 16 pages. L'Épitaphe est en vers. L'auteur est un sieur *Pelletier*, qui a mis sa signature à la fin du *Discours*.

1610. — *Discours véritable sur la mort de Henry le Grand....* Par *Jacques de la Fons*, Angevin. A Lyon, par *Nicolas Jullieron*. 1610. In-8° (B. de Lyon, 25201, tome 28). — Pièce remarquable par les citations grecques et latines que l'auteur y a semées. On y trouve aussi quelques vers français qui sont probablement de lui. S'adressant à *Ravaillac*, il s'écrie : « Misérable assassinateur, il t'estoit fort aisé de le frapper, il ne se gardoit qu'en la foy que nous lui devions :

> Il a pensé qu'un roy digne de sa coronc,
> Plus il se communique, et moins il s'abandonne. »

Nous rapporterons encore deux autres vers qui terminent une allocution que l'auteur fait au roi pour l'engager à chasser de la cour tous ces partisans maltoutiers (*sic*) et donneurs d'avis, qui ne s'y introduisent que pour s'enrichir, et qui du sang du peuple se bâtissent des maisons à l'envi du Louvre :

> Un asne d'Arcadie aux estoiles s'est joint ;
> *Roscie* a sa statue, et *Caton* n'en a point (1).

Jacques de la Fons, qui paraît avoir échappé aux bibliographes, nous apprend, p. 20, qu'il travaillait à un ouvrage en dix livres ayant pour titre *Le Dauphin*, et qu'il se proposait de dédier à *Louis XIII*; c'était *Henri IV* qui lui en avait donné les plus belles couleurs : « Vous verrez en le lisant, dit-il au jeune roi, comme il se présente à vous pour vous rendre, par une vive appréhension de ce modelle, le plus grand monarque du monde,... » puis il ajoute : *Les livres ont cette faveur d'entrer au conseil des roys; les auteurs demeurent à la porte.*

1610. — *Epitaphe du tres-chrestien, auguste, victorieux et pacifique roy Henry le grand...* Par *Ch. de Navieres* G , S , P , R . A Lyon, par *Jean Poyel*, 1610. In-8° de 7 pages (B. de L. , 25201, tome 28.) — Cette épitaphe en prose est précédée d'un sonnet à la louange de Henri IV. L'auteur nous apprend, à la fin de l'Epitaphe, qu'il a composé une *Henryade* non encore imprimée, qui n'avait pas moins de 30,000 vers. Si l'on en juge par son sonnet, ce devait être un bien pauvre poëte que *Charles de Navieres* qui ne figure pas dans la *Biogr. univ.* , où l'on aurait pu reproduire ce qu'en ont dit *Moréri* et *Philippon-la-Madelaine*.

1610. — *Harangue funèbre sur la mort de l'incomparable monarque Henry le Grand,......* prononcée en la ville de Lyon , en la présence de Monseigneur *d'Alincourt*, par R. P. *Octavio Manfredi*, Docteur en théologie et prieur des Augustins : mise d'italien en françois par *F. Fassardy*, Lyonnois. A *Paris*, chez *Charles Sevestre*. 1610. In-8° (B. de Lyon , 25253). — Dédicace à *Claude de Bellièvre* , archevêque de Lyon. — Voyez ci-après, *Oratione funebre...*

1610. — *Les Larmes et Lamentations de la France sur le trespas de Henry IIII....* avec quelques épitaphes (en vers français). A Lyon, par *Jean Poyet*, 1610. In-8° (B. de Lyon , 25201 , tome 28).

---

(1) Ce dernier vers nous rappelle le distique bien connu d'un ancien :

> Marmoreo Licinus tumulo jacet, at Cato nullo,
> Pompeius parvo : quis putet esse deos ?

et ce trait par lequel *Voltaire* termine sa Satire intitulée *la Vanité* :

> César n'a pas d'asile où sa cendre repose,
> Et l'ami Pompignan pense être quelque chose !

1610. — *Le Mausolée royal*, dressé pour l'immortelle mémoire d'Henry IV, roy de France et de Navarre, dans l'église de *S. Jean* de Lyon, par le P. *Jacques George*, de la Compagnie de Jésus. Lyon, *Rigaud*, 1610. Petit in-4°. — Le P. *Lelong* cite une édition de cette pièce publiée à *Paris* la même année; elle a été insérée dans *les Oraisons et Discours funèbres de divers autheurs sur le trespas de Henry le Grand;….* par *G. du Peyrat*, aumosnier servant de S. M. *Paris*, 1611, in-8.° (B. de Lyon, 16322). Voyez ci-après au 31 décembre 1640.

1610. — *Naenie funèbre sur la conduite du coeur du roy, à la Flesche….* Par *Guillaume d'Autefort de l'Estrange*, gentilhomme Vivarois, estudiant au collège du Puy. A Lyon, par *François Yvrat*, 1610. In-8.° de 6 p. — En vers.

1610. — *Oratione* (sic) *funèbre nella morte del Grande Enrico IV*, re di Francia, e di Navarra, composta, e prononciata dal R. P. *Ottavio Manfredi*, Dottore theologo, e Priore nel Convento di S. Agostino di Lione, alla presenza di monsignore d'Alincourt (sic), governatore di Lione, etc., e de principali SS. di tutti gli Ordini della città. Stampata in Lione, per *Jacopo Rossino*, 1610. In-4,° (B. de Lyon, 15932). Voyez ci-dessus *Harangue funèbre….*

1610. — *Pompe funèbre du tres-chrestien, tres-puissant et tres-victorieux prince, Henry le Grand, roy de France et de Navarre*, faicte à Paris et à S Denys…. recueillie par C. M. I. D. L. D. D. M. A Lyon, par *Claude Morillon*, libraire et imprimeur de Madame la duchesse de *Montpensier*. 1610. In-8.° — Cet opuscule a pour auteur son imprimeur qui l'a dédié à Mgr *d'Halincourt*, gouverneur de Lyon. *Claude Morillon* nous apprend dans cette dédicace, datée de *Paris* le 2 juillet 1610, qu'il se trouvait dans cette ville depuis cinq mois. (B. de Lyon, 25201, tome 27.)

1610. — *Sermon funèbre fait aux obseques de Henry IV*,… le 22 de juin 1610 dans l'eglise de S. Jacques de la Boucherie (à Paris), par *Fr. Jacques Suarès*, Observantin portugays, docteur en theologie, predicateur ordinaire et conseiller de Sa Majesté. A Lyon, par *Nicolas Jullieron*, M. DCX. In-8.° de 33 pages (B. de Lyon, 25201, tom. 56). Voyez ci-dessus, *Publications* de 1607, et ajoutez à ce que nous avons dit sur *Jacques Suarès* : Cet observantin a une notice plus étendue que celle de *Moréri* dans les *Mémoires* (inédits) *pour servir à l'histoire de la province des Cordeliers, dite de S. Bonaventure* (Mss. de la B. de Lyon, n° 1337, fol. 173-178 de la 2e partie). Nous y trouvons cité ce sonnet composé par le Président *Claude d'Expilly* (1), à la louange de *Suarès*, et qui se trouve p. 285 des *Poëmes* de ce magistrat :

> J'oi bruïre, ce me semble, en ce livre un tonnerre,
> Qui chassant l'heresie et l'infame peché,
> Promet, par un secret à tout autre caché,
> Une eternelle paix d'une petite guerre.

(1) Voyez les *Publications* de 1618, *l'Ortografe françoise*, et celles de 1636, *Plaidoyez….*

> Jettez icy les yeux, ô vous dont le sens erre,
> Et d'humble repentance ayez l'esprit fâché,
> Croyant qu'un cœur contrit, des vices détaché,
> S'élève autant au ciel comme il s'abaisse en terre.
>
> Ce docte Portugais, de qui la vive voix
> A souvent contenté les oreilles des rois,
> Icy du vrai chrétien peint l'image parfaite.
>
> Ce sont des beaux discours pleins de rare savoir,
> Discours non empruntez, qui, tous siens, nous font voir,
> Sous un habit de cendre, une ame de prophète.

1610. — *Sommaire discours de la naissance, du progrès de la vie héroïque, et du lamentable trespas de Henry IIII, Roy de France et de Navarre.* A Lyon, par *François Matignan.* 1610. In-8.º de 16 pages, terminé par ce quatrain :

> Tout cède à la valeur du phénix des monarques,
> Le temple du renom est rempli de ses faits ;
> Ses beaux gestes partout ont imprimé leurs marques ;
> Ceux d'Alexandre au prix sont jugés imparfaits.

1610. — *Stances sur l'assassinat de Henry IIII,* très-chrestien roy de France et de Navarre, en May 1610. A Lyon, prins sur la copie imprimée à Aix, par *Jean Tholosan,* imprimeur du roy et de ladicte ville. 1610. In-8.º de 15 pages. — Ces stances sont de S. *Formy* qui a signé la dédicace qu'il en a faite à *Joachin de Masceran,* premier consul et viguier de la ville de *Montpellier.* L'indignation que lui inspire le crime de *Ravaillac* ne l'a pas fait poéte ; on en jugera par cette stance :

> Puisse-tu eternellement
> Souffrir un très cruel tourment.
> Puisse-on voir ta charongne cuire
> Dans un veau d'airain où tout'jour
> Ton cœur, becquetté du vautour,
> Sans mourir, les chairs déchire.

1610. — *Vers heroïques sur la mort du Roy,* par le sieur *Fernelius,* Lyonnois. — Cités par LESTOILE, *Journal de Louis XIII,* p. 649 de la Collection *Michaud.* — Quel est ce *Fernelius?* peut-être un petit-fils ou un petit-neveu du célèbre médecin et habile mathématicien *Jean Fernel* dont les ouvrages ont été imprimés plusieurs fois à Lyon. Voyez les *Publications* de 1615.

1610. — *Discours véritable sur la mort de François Ravaillat* (sic), exécuté à Paris le 27 may...... avec un ample récit des tourmens qu'on luy a fait endurer. A Lyon, par *Barthelemy Ancelin.* 1610. In-8.º — (B. de Lyon, 25201, tom. 28.)

1610. — *Supplice, mort et fin ignominieuse du parricide inhumain et desnaturé François Ravallat* (sic), exécuté à Paris, le 27 mai 1610. A

Lyon, par *Jonas Gautherin*. 1610. In 8.º de 8 p. — (B. de Lyon, 25201, tom. 28). Voyez l'*Analectabiblion*, de M. *du Roure* II, 147.

1610. — *Le Colloque des trois supposts du seigneur de La Coquille*, où le Char triomphant de Monseigneur le Dauphin est représenté par plusieurs personnages, figures, emblemes et enigmes. A Monsieur *d'Alincourt*. A Lyon, par les supposts de l'imprimerie, 1610. In-8.º — *Louis Garon* est l'auteur de cet opuscule. Voyez ci-dessus mai 1610; la *Revue du Lyonnais*, tome 11, p. 57; et nos *Variétés*, p. 84.

1610. — *Criticorum Juvenilium promulsis, in qua plura Ciceronis, Taciti, Ovidii,* etc., *loca notantur, emendantur et illustrantur,* etc. Lugduni, 1610. In-12. — L'auteur de cet ouvrage, *Just Zinzerling* (1), né dans la *Thuringe* vers 1590, est plus connu sous le nom de *Jodocus Sincerus*. Il le publia pendant le premier séjour qu'il fit à Lyon, où il paraît qu'il revint en 1614, après avoir visité la France.

1610. — *Discours consolatoire à la France sur le trespas de tres-haut,* puissant, sage et vertueux seigueur *Alfonse Dornano* (sic), mareschal de France et lieutenant général pour le Roy en Guyenne. A Lyon, par *Gounin Joly et Guichard Pailly*. M. DC. X. In-8º de 8 pages. — Ce discours, à la suite duquel sont des *Stances* à la louange de l'illustre maréchal, a pour auteur *A. de Nerveze*, littérateur poitevin, qui a publié plusieurs de ses ouvrages à Lyon. M. *Weiss*, auteur de l'article *Nerveze*, dans la *Biogr. univ.*, n'a pas connu cette pièce, ni celle-ci : *Prière à Dieu pour la prosperité du Roy en son voyage en Normandie,* etc.; à Paris, chez *Abraham Saugrain*, 1617; in-8º de 17 pages. Cette dernière pièce est en vers alexandrins. (B. de Lyon, rec. vert, tome 37).

1610. — *Discours historique touchant l'estat général des Gaules,* et principalement des provinces de Dauphiné et Provence. Par *Aymar du Perrier.* Lyon, *Ancelin*, 1610. In-8.º Morèri, VIII, 496; Biogr. univ.; XXXIII, 367; Lelong, nº 3861.

1610. — *Les Diverses leçons de Loys Guyon, Dolois, sieur de la Nauche...,* suyvans celles de *Pierre Messie* et du sieur de *Vauprivaz,* divisées en cinq livres.... Seconde édition. A Lyon, par *Claude Morillon.* 1610. In-8.º — La première édition, suivant M. *Weiss*, est de Lyon, 1604. — Le 2º volume fut publié en 1613, et le 3º en 1617. Ce dernier volume est dédié par l'imprimeur au marquis de *S. Chamond,* gouverneur et lieutenant général pour S. M. en la ville de Lyon, païs de Lyonnois, Forests et Beaujolois (1). M. *Brunet*, II, 161, cite une 3º édition, Lyon, *Ant. Chard*, 1625, 3 vol. 8.º Voyez les *Publications* de 1625, *Miroir de la beauté....*

(1) C'est par erreur qu'on lui a donné le prénom de *Jean* dans la *Biogr. univ.*

(1) Le gouverneur de Lyon était alors *César de Vendôme,* fils d'Henri IV et de *Gabrielle d'Estrées;* mais comme ce prince était trop jeune pour remplir d'aussi importantes fonctions, il fut suppléé par le marquis *S. Chamond* jusqu'en *février* 1612, époque à laquelle *Charles de Neufville,* marquis d'*Halincourt,* fut nommé gouverneur de Lyon.

1610. — *Les Diversitez de Messire Jean-Pierre Camus*, evesque et seigneur de Belley...... A Lyon, par *Jean Pillehotte*. 1610. In-8.° Tomes 5 et 6 (B. de L., 11110). Les autres volumes de l'exemplaire que nous avons sous les yeux ont été publiés à *Paris*; le 1ᵉʳ tome en 1609, et le tome 10ᵉ et dernier, en 1614. — C'est principalement dans cet ouvrage que M. de Belley a cherché à imiter l'auteur des *Essais*; mais il en est aussi loin que *Silius Italicus* l'est de *Virgile*. Nous ferons observer que, malgré sa vaste érudition, il est moins exact que *Montaigne*, et que sa mémoire le trompe quelquefois. Nous citerons pour exemple le passage suivant, tome 6, p. 493 : «.... Quant à *Démosthène*, c'estoit un vray flambeau de sédition, et quant à ses soldats (1), on peut dire qu'il ressembloit la violle qui delecte et ne s'entend pas soy-mesme; car à la bataille de *Thermopyles*, il fut des fuyards, et avec de si belles affres (*frayeurs*); que rencontrant une ronce qui l'accrocha, la prenant pour un soldat, il commençoit ja à capituler avec elle de sa rançon, et puis pour s'excuser, il disoit *Nunc fugiens olim pugnabo.* Bonne trompette à sonner la charge, non à y aller (2).... » Chacun sait que ce n'est pas au défilé des *Thermopyles*, si célèbre par la mort glorieuse de *Léonidas*, que *Démosthène* prit la fuite, mais à *Chéronée*. M. de *Belley* a répété la même bévue dans son Homélie *des Désordres de cette monarchie* (3) : «.... Entre les Grecs, qui ne sçait que Démosthène, cet advocat fameux, fut au pas des *Thermopyles*, en qualité de chef, aux enseignes qu'il s'enfuit, meilleur en langue qu'en lance... » — Il faut joindre aux *Diversitez* un livre non moins divertissant de M. de *Belley*; ce sont ses *Varietez historiques*, que le capucin *Jacques de Chevanes* dit être plus semblables aux *Sérées* de *Guillaume Bouchet* qu'aux *Morales* de S. *Grégoire* (p. 603). Mais un pareil jugement est celui d'un moine passionné qui n'avait lu sans doute ni *Bouchet* ni S. *Grégoire*. Les *Varietez* de *Camus* ne contiennent que des Historiettes très-morales, et la pudeur n'y est jamais offensée. Mais *Camus*, à l'exemple de *Bouchet*, se moque des capucins, des minimes et autres mendiants de même sorte; ce que le P. de *Chevanes* trouvait sans doute très-immoral. Je ne sais si les Commentateurs de Lafontaine ont noté que la XIᵉ histoire des *Varietez* offre le sujet de la fable de *la Goutte et l'Araignée*, qu'avait déjà traité *Benoist du Troncy* dans son *Formulaire fort recreatif*. On pourrait citer bien d'autres emprunts faits par *Camus* à nos vieux conteurs fran-

(1) Ses *soldats*. C'est ainsi que *Démosthène* appelait ses harangues.

(2) M. de *Belley* n'avait pas meilleure opinion de l'orateur romain ; il dit au même endroit : « Pour *Cicero*, il estoit beau discur, nullement faiseur ; prou de vanité, peu de vérité. Il y a bien embrasé autant de feux qu'esteint de conjurations ... »

(3) *Premières homélies quadragésimales*, p. 485 de l'édition de Lyon, 1625, in-8º. — Dans l'Homélie de *la vaine gloire*, p. 112 de ce volume, M. de *Belley* revient encore sur l'orateur grec, mais cette fois nous ne l'en blâmerons pas : «.... *Démosthène* disoit que s'il eust sçeu les convulsions que souffrent ceux qui s'ingèrent au maniement des affaires publiques, il eust plustost choisi la mort que de s'y embarquer. » Ce mot est réellement de *Démosthène*, et c'est *Plutarque* qui nous l'a conservé, chap. XXXII de la vie de cet orateur. Voyez aussi le *Démosthéniana* (Lyon, 1842, in-8º), p. 24 et 30.

çais. C'est bien le cas de dire avec l'épigrammatiste latin :... *Hic aliter non fit, Avite liber.*

1610. — *Formulaire fort recreatif de tous contracts*, etc. (Par *Benoist du Troncy*). Lyon, *Pierre Rigaud*, 1610. In-18 (voyez ci-dessus, *Publications* de 1593, de 1594 et de 1603). — Nous avons sous les yeux l'édition de *Pierre Rigaud*, 1618, in-16 de 286 pages. Le *Testament nuncupatif* y est daté du *troisieme des Calendes du moys d'aoust mil cinq cens quatre vingt dix neuf*. Nous ne présumons pas que cette date se trouve telle dans l'édition de 1594. — Cette même année (1610), parut à Lyon, chez *Jean de la Montagne*, un livret non moins graveleux que le *Formulaire* et que M. *Brunet* a décrit tome IV, p. 319 de son *Manuel*.

1610. — *Les Images des Dieux*, contenant leurs portraits, coustumes et ceremonies de la religion des Payens, par *Vincent Curtari*, Italien, et traduites par *Anth. du Verdier*, sieur de *Vaupribas*, augmentées de l'histoire et genealogie des Dieux des Payens. A Lyon, chez *Paul Frellon*. 1610. In-8°. — Titre gravé par *L. Gaullier*; figures dans le texte (B. de Lyon, 27068). — Epître dédicatoire de l'auteur à Mgr *d'Arques*, chevalier des deux ordres du roy, viscomte baron *d'Arques*, *Puy-Vert*, *Sainct-Didier*, *la Mastre*, etc.; suivies d'une pièce en vers latins de *Claude du Verdier* à la louange d'*Antoine*, son père. — L'*Histoire généalogique des Dieux anciens*, jointe à ce volume, en forme la seconde partie, qui a son titre et une pagination nouvelle; elle a pour auteur *E. Laplonce Richelle* qui l'a dédiée à Messire *Just Louys de Tournon*, comte de *Rossillion* (sic), grand seneschal d'*Auvergne*, etc. Cette dédicace contient quelques détails historiques et généalogiques sur la maison de *Tournon*. A la suite sont trois pièces de vers à la louange de *Richelle*, par *Glaude Iboud*, Dauphinois, docteur en philosophie, *Jean Tardin*, docteur médecin, et *Antoine Ladevie*.

1610. — *Q. Horatii Opera cum notis M. A. Mureti et Aldi Manutii.* Lugduni, *Haeredes Rovillii*. 1610. In-8°.

1610. — *Lettre déclaratoire de la doctrine des Pères Jesuites*, conforme aux decrets du Concile de *Constance*, adressée à la Royne, mère du Roy, regente en France. Par le P. *Coton*, de la Compagnie de Jesus, ... A Lyon, par *Nic. Jullieron*, 1610. In-8° de 32 p. (B. de Lyon, 25201, tome 80). Voyez ci-dessus, *Septembre* 1603.

1610. — *Lettre que le seigneur Dom Christophle, fils de deffunct Roy de Don Antoine Portugal, a escript sus un nom posé* (sic) *à Dom Christophe de Moura, viceroy en Portugal*, le persuadant de faire quelque chose pour la restauration de sa patrie. A Lyon, par *Jean Poyet*. 1610. In-8° de 16 p. — Cette Lettre est datée de *Paris*, le 3 septembre 1609. (B. de Lyon, tome 60 du recueil vert.) — *Lamothe Le Vayer* rapporte dans son traité *de la Liberté et de la Servitude*, qu'un *Portugais* très-impie demanda à Henri III, qui se trouvait alors à Lyon, qu'il lui fût permis « de n'adorer « point dans ses estats d'autre divinité que celle du Soleil. » *Œuvres*, tome 2, p. 344 de l'édition in-fol.

1610. — *Le Moyen de parvenir*, par *Beroalde de Verville*. Paris, 1610. In-12. *Catal* de *Falconnet*, n° 12256. Voyez aussi le n° 2573 du *Catal.* de **M.** *Leber*; le *Mascurat* de *Naudé*, p. 579, et ci-dessus les *Publications* de 1596, *Théâtre des Instrumens*, etc.—Pourquoi ceux qui ne veulent pas que *Beroalde de Verville* soit l'auteur du *Moyen de parvenir*, ne l'ont-ils pas donné à *d'Aubigné?* celui qui a écrit les *Aventures du Baron de Foeneste* était, certes, plus capable que bien d'autres de composer l'œuvre libertine attribuée au chanoine de *Tours*. Il y a bien des traits de ressemblance entre ces deux ouvrages, et nous ferons remarquer que le livre du baron de *Foeneste* parut d'abord sans nom d'auteur, comme le *Moyen de parvenir*. Nous ajouterons que, dans *l'Histoire universelle* de *d'Aubigné*, livre **IV**, chap. 1er, se trouve une historiette assez graveleuse dont la scene se passe à Lyon, et dont *Henri III* est le héros (voyez ci-dessus, au 17 août 1582); d'Aubigné fut probablement un des témoins de cette aventure, et la ville de Lyon lui était déjà connue; il y était venu à l'âge de seize ans, après avoir quitté *Genève* où son curateur l'avait envoyé en 1563 pour continuer ses études qu'il avait commencées à *Orléans*, sous la direction de *Matthieu Beroalde*, père de *François*. — A *Genève*, et c'est lui qui nous l'apprend dans son *Histoire écrite par lui-même et adressée à ses enfans* (1), on l'avait remis au collège « sur l'ignorance de quelques dialectes de *Pindare*; cela lui fit haïr l'étude et les lettres, le fit dépiter contre les châtimens, et le fit adonner aux *polissonneries* qui lui tournoient à louange souventes fois. Monsieur de *Beze* les vouloit bien pardonner, comme plus spirituelles et réjouissantes que rusées et malitieuses; mais les précepteurs étoient sans miséricorde. Tout ces dégoûts engagèrent *d'Aubigné*, après deux ans de séjour à *Genève*, à s'en venir à *Lyon* au descu de ses parents. Là, il se remit à l'étude des mathématiques, et à apprendre les éléments de la Magie, avec résolution pourtant de ne s'en jamais servir. L'argent lui ayant bientôt manqué, et son hôtesse l'ayant menacé de le chasser de chez elle s'il ne la payoit, il prit si fort à cœur son indigence et cette menace, que, n'osant retourner à son logis, il fut un jour sans manger et plongé dans une extrême mélancolie. Comme il rêvoit où il iroit passer la nuit, il s'arrêta sur le pont de la *Saône*, et penchant la tête sur la rivière pour y laisser tomber des larmes, il se sentit épris d'un grand desir de s'y jeter, afin de mettre tout d'un coup fin à ses peines; mais son bon naturel et sa bonne éducation le faisant souvenir qu'il falloit prier Dieu avant que de prendre aucune résolution, il le fit, et les derniers mots de sa prière se terminant à la vie éternelle, cela l'effraya et l'engagea à demander à Dieu qu'il l'assista dans son agonie; ce qu'il n'eut plutôt fait, que, tournant le visage vers le bout du pont, il apperçut un valet portant en croupe une malle, et un moment après, le maître qu'il reconnut pour le sieur *de Chiliaud*, son cousin germain, qui, étant envoyé en *Allemagne* par M. l'amiral *de Châtillon*, apportoit de l'argent au petit désespéré.... »

(1) Tome 1, p. xiv des *Aventures du Baron de Foeneste*, édit. on avec les notes de *Le Duchat*, Amst., 1731.

1610. — *Mystères des Jesuites pour prendre résolution de tuer les Rois.*
1610. In-8° de 4 feuilles non chiffrés (B. de L. 23396). — Je ne serais point éloigné d'attribuer ce pamphlet à *David Home*; c'est probablement le premier jet de son *Contr'assassin* publié en 1612. — La brièveté, non moins que l'excessive rareté de cet opuscule, nous engage à le reproduire. *Il n'y a rien de nouveau sous le soleil.*, diront ceux qui auront lu les mêmes accusations formulées contre plusieurs autres sociétés ou associations, longtemps avant les Jésuites, et reproduites depuis dans bien des livres :

« Quand ils (*les Jesuites*) veulent faire prendre résolution à quelcun de tuer son Roy, après que le pauvre misérable est entré en la chambre des méditations, ceste troupe apporte un cousteau enveloppé en un syndal (1), enfermé dans un petit coffre d'yvoire, couvert d'un *Agnus Dei*, et environné de caractères parfumez de quelque bonne senteur : et en le tirant jettent quelques gouttes d'eau bénite dessus. Et l'on met au manche d'icelui cousteau cinq ou six grains benits qui représentent qu'autant qu'on donnera de coups de ce cousteau, autant tirera-on d'ames du Purgatoire. Et le mettant dans la manche du meurtrier, ils disent ces mots : « Voila, mignon de Dieu, esleu comme Jephté, le glaive de Samson, le glaive de David duquel il trancha la teste à Goliath, le glaive de Judith duquel elle trancha la teste à Holofernes, le glaive des Machabées, et celui de S. Pierre duquel il coupa l'oreille à Malchus, le glaive du Pape Jules second avec lequel il arracha des mains des princes, Péruse, Imole, Favence, Ferly, Boulogne, et autres villes avec grande effusion de sang. Va, sois homme robuste, et le Seigneur conferme ton bras. » Puis ceste troupe infernale se met à genoux, et le plus apparent d'iceux fait cette conjuration : « Venez, Cherubins, venez, Séraphins, Thrones et Dominations : venez Anges bienheureux pour remplir ce vaisseau de gloire eternelle, et lui apportez présentement la couronne de la Vierge, des Patriarches et des Martyrs. Il n'est pas nostre, il est vostre. Et toy, Dieu qui es redoutable, qui lui as revelé en ses méditations qu'il falloit tuer un tyran et heretique pour donner sa couronne à un roy catholique, estant disposé par nous à ceste entreprise, redouble ses nerfs, renforce sa puissance, afin qu'il execute ta volonté. Donne lui un corcelet secret avec lequel il échappe la fureur des sergens, donne lui des aisles afin que les espieux de ces barbares n'atteignent ses membres sacrez. Espans les rayons sur son ame, afin qu'elle anime tellement son corps qu'elle se jette à travers des destroicts sans peur. » Cette conjuration finie, ils le meinent devant l'autel, et lui monstrent un tableau où les Anges tiennent *Jacques Clément* Jacopin, et le présentent devant le throsne de Dieu, disant, Seigneur, voila ton bras, voila ta vengeance et l'execution de ta justice; et tous les saincts se levent de leur siege pour lui faire place. Après que ces choses sont faictes, il n'y a plus que quatre Jesuites qui parlent à

____

(1) Linge, du latin *sindon* ou *syndon*. Voyez *Martial*, II, 16; IV, 19, et XI, 1, et *Roquefort*, tome 2, p. 693 du *Dict. de langue romane*, au mot SYDOINE.

cest homme, et quand il viennent vers lui, ils lui disent qu'ils sont es.
perdus de voir la splendeur qui est autour de lui ; ils lui baisent les pieds
et les mains ; ils ne le tiennent plus pour homme, et se disans envieux
de l'honneur et gloire qu'il possede desja, avec souspirs ils lui disent :
A la mienne volonté que Dieu m'eust esleu et choisi en vôtre place ; je
serois assuré de n'aller point en Purgatoire, mais droit en Paradis. »
— Suivent deux quatrains et un *Sonet* (sic) contre les Jésuites, plus
un fragment extrait des pages 202 et 203 du *Catéchisme des Jesuites*
d'*Etienne Pasquier*. Voici les deux quatrains :

AUX JESUITES

Dis-moy un peu, Secte revesche,
Vas-tu flattant ce roy vainqueur,
Pour mettre son cœur dans la Flesche,
Ou bien la flesche dans son cœur ?

RESPONSE DES JESUITES.

Nostre fer fit si peu de bresche
Au cœur de ce grand roy vainqueur,
Que ce n'est rien d'avoir la Flesche,
Si nous n'avons aussi son cœur.

Ces méchantes épigrammes nous rappellent le distique si connu :

Arcum Dola dedit Patribus, dedit alma sagittam
Gallia : quis funem quem meruere dabit ?

« On prétend dit M. *Peignot*, que le malin élève qui fit ces deux
vers pour une composition dont le sujet était de célébrer la munifi-
cence de la ville de *Dole* et celle de *Henri IV*, se nommait *Dabo*, et
qu'ayant signé son distique, il eut la première place pour son talent,
et le fouet pour sa malice. » *Amusements philologiques*, p. 181 de
l'édition de 1842.

1010 — *De Oratore libri quatuor, ex M. T. Cicerone potissimum collecti,*
à Joanne Voello, *Burgundo, Valmoncelotano, Societatis Jesu,* editi nunc
primum in gratiam eorum qui eloquentes apprime fieri student.....
Lugduni, apud *Joann. Pillehotte.* 1610. In-8° (B. de L. 16080). — Une
note de *Pillehotte* annonce que le P. *Voel* mourut à *Tournon*, pendant
l'impression de son livre, le 12 mars 1610. M. *Weiss*, auteur de la notice sur ce Jésuite (t. 49 de la *Biogr. univ.*), met sa mort au 10 mars. Il
est en cela d'accord avec la *Biblioth. script. Soc. Jesu.*

1610. — *Le Panthéon huguenot* decouvert et ruiné contre l'aucteur de
l'*Idolatrie pacifique*, ministre de Vauvert, cy devant d'Aiguemortes. Dédié au Roy ... *Henry IIII*, par *Louïs Richeome*, Provençal de la Compagnie de Jésus. A Lyon, chez *Pierre Rigaud.* 1610. In-8°. Titre gravé
(voyez les *Publications* de 1608, l'*Idolatrie huguenotte*). On lit dans le
Journal d'Henri IV, de *P. Lestoile*, p. 571 de la Collection Michaud :
« Le vendredi 2 de ce mois (avril 1610), j'ay acheté un quart d'escu
un nouveau livre du P. *Rocheomme* (sic), jésuite, intitulé le *Panthéon*

huguenot.....livre de belle monstre au-dehors, mais rien que vent au-dedans et de ces citrouilles vides que les Graecqs ont appelées *somphos*, et, qui pis est, vent pour exciter des tempestes, desquelles nous ne sommes que trop menacés sans cela. »

1610. — *Jac. Pelletarii in Euclidis Elementa geometrica demonstrationum libri sex.* Editio II auctior et emendatior, cui textus graecus additus est. *Lugduni, Tornaesius* (1). 1610. In-4° (*Hoffmann*, II, 166). — La première édition avait été publiée à *Paris*, chez *H. de Marnef*, en 1557, suivant *Niceron*, XXI, 372.

1610. — *Les premières Œuvres poétiques de Paul Ferry, Messin,* Lyon, *Pierre Coderc.* 1610. In-8°. *Catal. Soleinne,* tome 1, supplément, n° 169.

1610. — *De Prudentia et caeteris in Confessario requisitis ad rite fructuosèque divini ministerii sui munera obeunda, tractatus, nunc primum in lucem editus.* Auctore *Valerio Reginaldo Burgundo*, Usiensi, societatis Jesu Theologo.... Lugduni, sumpt. *Horatii Cardon* (excudebat *Nicolaus Jullieron*). 1610. In-8° (B. de L., 3952). Dédicace d'*Horace Cardon* à *Pierre André de Leberon*, évêque et Comte de *Valence* et de *Die*. — Saint *François de Sales* a fait une mention honorable de cet ouvrage dans le chapitre IX de son *Avertissement aux confesseurs* : « Le P. *Valere Regi-*
« *nald*, de la Compagnie de Jésus, lecteur en théologie à *Dole*, a nou-
« vellement mis en lumière un livre *de la Prudence des Confesseurs*, qui
« sera grandement utile à ceux qui le liront. » L'évêque de Genève n'est pas le seul qui ait appelé *Reginald* le Jésuite d'*Usie*. Il est ainsi nommé par l'auteur des *Provinciales* ; mais il est à croire que son véritable nom était *Renaud*, puisque c'est ainsi que l'appelle M. *Weiss*, tome 37, p. 327 de la *Biogr. univ.* Voyez les *Publications* de 1616, *Praxis fori poenitentialis....*

1610. — *Prudentii (Aurelii).... Opera....* Lugduni, apud *Jacobum Roussin.* M. DC. X. In-16 de 496 p., caract. italiq. (B. de L., 16877). Entre autres accessoires dont cette édition est enrichie, est le commentaire d'*Erasme* sur l'hymne *de Natali pueri Jesu* Nous y avons noté le passage suivant (p. 454) : «.... Tumorem uteri fuisse in *Maria*, dubium
« non est : an senserit gestationis taedium incertum. Probabilius est
« non sensisse, quemadmodum nec cruciatum in partu. *Evae* veteres
« pariunt cum dolore, quoniam cum pruritu libidinis concipiunt. *Eva*
« nostra quoniam in conceptu voluptatis titillationem non sensit, jure
« creditur ab omni gestandi pariendique molestia fuisse immunis.... »
— Le pieux *Gerson* voulait qu'on lût *Prudence* aux enfants de préférence aux poëtes païens, surtout à ceux qui sont lascifs et impudiques :
«.... *Prudentius*, poeta christianus et elegantissimus, qui pueris legi de-
« bet potiusquàm gentiles poetae, praesertim lascivi et impudici (Opp.,
« t. 3, col. 1094) » Tout en regrettant l'infériorité de nos écrivains

____

(1) *De Tournes* qui avait quitté Lyon pour aller exercer son art à *Genève*, en 1585, était donc revenu à Lyon. En 1611, on le retrouve à *Genève*. Voyez les *Publications* de 1627, *les six premiers livres des Eléments géométriques d'Euclide....*

sur ceux de l'antiquité, le Chancelier de Notre Dame proclamait la supériorité des traditions chrétiennes et nationales (même tome, col. 1466; *Collatio in festo beati Ludovici*). Dans ce même discours, col. 1462, *Gerson* avait dit de S. *Louis* : « O si illum attigisset prisca aetas, magnorum « actuum imitatrix, et illa prior scriptorum elegans industria, magno « certatim conamine in suis haesissent actibus discribendis, et totum « altisonis illustrassent versibus orbem ; sibique potiusquam suo *Aeneae*, « *Maro* praeconium illud adscripsisset : FAMA SUPER AETHERA NOTUS ! » Voyez la Vie de *Gerson*, par M. *Thomassy*, p. 146, et les *Propos de table de Martin Luther*, traduits par *Gustave Brunet*, p. 171.

1610. — *Recherches sur les duels*, par *Pierre de Boyssat*. Lyon, 1610. In-8°. (B. de *Grenoble*, 7784).

1610. — *Le Remerciment des beurrieres* (1) de *Paris au sieur Courbouzon*. Mont-Gommery. 1610. In-8°. S. n. de lieu. (B. de L. 22574 bis). Voyez ci-dessus aux *Publications* de cette année, *Adieu de l'ame du Roy*....

1610. — *Remontrances très humbles à la Royne mère regente en France*, pour la conservation de l'Estat pendant la minorité du Roy son fils (par *Nicolas Pasquier*). A Lyon, par *Jean Jullieron*. M.DC.X. In-8° de 21 pages (B. de L., Rec. vert, t. 28). La signature de l'auteur est à la fin de ces *Remontrances*, où les prédicateurs sont assez bien jugés ; voici le passage :

« La faculté de bien dire en la bouche d'un prédicateur est un beau et riche présent de nature, lequel augmenté et cultivé par le long usage et estude, donne lumière et ornement aux belles conceptions de son esprit qui regarde le salut de nos ames. Mais s'il veult mal user de sa douceur de langage, il n'y a peste plus nuisante à un royaume que ce prédicateur bien emparlé. C'est un torrent qui se déborde pour ravager tout un peuple, sa langue est proprement un glaive duquel dépend la vie ou la mort de ceux, pour et contre lesquels il l'employe, il tonne, il esclaire, il foudroye et peste, mesle vraiment le ciel et la terre, quand, pour venir au dessus de ses intentions, il abuse mal à propos des passages de la Saincte Escripture, par l'explication desquels il préoccupe et gaigne autant de lieu en leur creance qu'il veult : il n'y a rien quelque incroyable qu'il soit, qu'en bien disant il ne rende probable, et rien de tant rude et mal poly qui ne soit illustré, et comme agencé par son bien dire : son parlé fait en une multitude du peuple, ce que peut faire le fer en une arme : à ceux mesmement lesquels le venant ouyr n'y apportant qu'un esprit de devotion et obeissance dont le prédicateur fait industrieusement son profit, il mène et manie leurs esprits à son plaisir, et sait remuer à propos leurs affections, leur allume et enflamme le courage de telle sorte qu'ils oublient toute crainte de danger, toutes obligations de bienfait. L'ouye est celuy de tous sens de la nature qui porte par le moyen de la voix de plus et plus grandes passions dedans

___

(1) *Beurrieres*. Voyez ce mot dans le *Dictionnaire de Richelet*, édition d'*Amsterdam*, 1732, et la *Biogr. lyonn.*, art. TRICAUD DE BELMONT.

l'ame. **Pour aller au devant des effets, d'un tel instrument vous devez d'un commandement absolu faire qu'il banisse de ses prédications toutes invectives, allumettes de sédition, qu'il ne presche que son texte, l'obeissance du subiect envers son roy, et à peu dire l'union et la concorde générale des grands et petits. S'il fait autrement traitez-le à la façon de Frère *Anthoine Fradin*, cordelier, qui fut chassé, et banni du royaulme par *Louis* onziesme, pour avoir passé les bornes de ses prédications, et disputé de l'estat de sa couronne en sa chaire, au lieu de prescher l'Evangile....»** — Le frère *Anthoine Fradin*, mentionné dans le passage, qu'on vient de lire, n'a d'article ni dans *Moréri*, ni dans la *Biogr. univ.*; il naquit à *Villefranche* en *Beaujolais* vers le milieu du quinzième siècle, et fut profès du couvent de cette ville. Sur la fin du règne de *Louis XI*, il alla prêcher à Paris et fit un grand nombre de conversions. Frappé des abus qui se commettaient dans l'administration de la justice et des finances par certains favoris qui abusaient de la faiblesse et de la confiance du roi, il ne put s'empêcher de tonner contre ces méchants citoyens qu'il appelait les sangsues du royaume. Sur le premier avis que *Louis* en reçut, il envoya *Olivier le Daim* à *Paris* pour lui faire interdire la prédication. Le peuple, dit *Pierre Matthieu* (1), qui va comme on le mène, se mutina et suivit en troupe ce prédicateur pour le défendre; les femmes même portaient des pierres et des couteaux en son sermon pour s'en servir contre ceux qui l'eussent voulu offenser. Une foule nombreuse stationnait autour du couvent où logeait frère *Fradin*, disposée à le défendre dans le cas où l'on userait de violence contre lui. Le roi, par un édit publié à son de trompe le 26 mai 1478 (peut-être 1479) défendit ces rassemblements sous peine de vie. Ils cessèrent, mais le peuple continua à murmurer, et disait hautement que le roi était mal informé. Pour mettre un terme à ces plaintes, le Parlement, ensuite d'un ordre du roi, rendit, le premier juin suivant, un arrêt qui enjoignit à *Fradin* de sortir sans délai du royaume. Le frère obéit et prit la résolution d'aller finir ses jours dans un couvent de son ordre à *Jérusalem*. Durant son voyage, se trouvant près de l'île de *Rhodes*, il apprit que *Misach Paléologue*, général de l'armée turque, s'avançait avec sa flotte pour en faire le siège. Frère *Fradin* se hâta de se rendre dans la ville avec quelques religieux de son ordre qui l'avaient accompagné. L'approche des Turcs mit l'épouvante dans la ville, mais les esprits furent bientôt rassurés par les exhortations de *Fradin* qui courait partout, le crucifix à la main, et qui faisait presque à *Rhodes* ce que *Jean Capistran* avait fait à *Belgrade*. Lorsque le siège fut levé, *Pierre d'Aubusson*, grand maître de *Rhodes*, voulant reconnaître les services que *Fradin* et ses religieux lui avaient rendus, leur fit bâtir un couvent où ils terminèrent paisiblement leurs jours (2). Suivant *la Croix du Maine*, frère *Fradin* aurait écrit quelques œuvres en théologie ; mais *Lamonnoye* pense que

---

(1) *Hist. de Louis XI*, p. 475 de l'édit. in-fol. Voyez aussi la *Chronique scandaleuse*, imprimée à la suite des *Mém. de Comines*, édit. de 1747, tome 2, p. 151.

(2) Fodéré, *Narration historiq.*, p. 320 ; le P. Bouhours, *Histoire de Pierre d'Aubusson*, p. 120 de l'édit. in-4°.

ces œuvres sont imaginaires, et fait observer que *Luc Wading* n'en a fait aucune mention, non plus que de leur prétendu auteur. Il ajoute que c'est de *Fradin* que *Menot* entend parler, lorsque, dans son Carême de *Paris*, il dit : *Vidistis Fratrem Antonium*... (1). — Un de nos premiers imprimeurs, *François Fradin*, exerça son art d'abord à Paris et ensuite à Lyon à la fin du quinzième siècle. Son fils *Constantin* lui succéda ; parmi les nombreuses éditions qu'il a laissées, se trouve un *Infortiat* ou corps de droit romain de 1514, in-fol. C'est sans doute ce qui est cause qu'on a longtemps appelé *Fradins* les vieux livres de droit. On cite encore de *Constantin*, le *Missale ecclesiae Narbonensis*, imprimé à Lyon, en 1528, in-fol. M. *Van Praet* en a décrit un exemplaire imprimé sur vélin et enrichi de miniatures, t. 1, p. 153 de son Catal. de livres imprim. sur vélin de la B. du roi.

1610. — *Seconde partie du vieil Papiste*, avec cette épigraphe : *Seigneur, vous m'avez deslivré de ceux qui descendent au lac*. PSAL. 29. M. DCX. In-8°, sans nom de ville ni d'imprimeur ; mais bien certainement de Lyon, puisque les caractères sont les mêmes que ceux de la première partie publiée aussi sans nom de ville ni d'imprimeur en 1609, et que ceux de la troisième partie dont voici le titre : *La troisiesme centurie des Sonnets du vieil Papiste*, par Messire *Charles de Claveson* (2), chevalier de l'ordre du roy, seigneur de *Claveson, Hostein, Mercurol* et *Muriel*.... A Lyon, pour *Guillaume Linocier*, 1611, in-8° (B. de Lyon, 17509). Les deux premières parties de ces poésies, où l'auteur s'est attaché à combattre les erreurs des Calvinistes, parurent sous le voile de l'anonyme. *Claveson* a échappé à l'abbé *Goujet*, et je ne lui trouve d'article dans aucune biographie. *Guy Allard* ne l'a mentionné dans sa *Bibliothèque du Dauphiné*, que pour dire qu'il publia, en 1616, un *Recueil d'œuvres mêlées*, et M. *Colomb de Batines* lui a donné place dans son *Catalogue des Dauphinois dignes de mémoire*, avec renvoi à l'*Annuaire de la Drôme pour l'an XIII*. Nous ne connaissons pas le *Recueil* de 1616, mais la B. de Lyon possède *les Œuvres mêlées de Messire de Charles de Claveson*,.... Tournon, *Claude Michel*, 1615, petit in-8°, et les *Oraisons des dimanches et féries de l'année*,.... par *Philostaure*, viel Papiste, publié la même année à Tournon par le même imprimeur. Ces *Oraisons* qui sont en vers, sont dédiées à dame *Constance de Bauffremont*, abbesse du royal monastère de *Sainct Menoulx*. Ce n'est pas de ces deux derniers volumes que nous extrairons quelques vers pour donner une idée de la poésie de *Charles de Claveson* ; nous préférons mettre sous les yeux de

(1) Fol xcv de l'édition de *Paris*, 1526, in-8°. Au même endroit *Menot* fait aussi l'éloge de plusieurs autres prédicateurs, de *Jean Tisserant*, de *Jean Bourgeois*, d'*Olivier Maillard*, etc.

(2) *Chorier*, dans son *Estat politique du Dauphiné*, a parlé deux fois de l'ancienne famille de *Claveson*, III, 188, et IV, 146 ; mais il ne dit rien de *Charles*. Voyez le P. ANSELME, t. V, p. 263.

nos lecteurs le cinquantième *Sonnet* de la première partie du *Vieil Papiste* :

> L'amour de chasteté, plus que celle des dames,
> Se souloit rechercher par tous les saints pasteurs :
> Maintenant il paroît aucuns nouveaux prescheurs
> Qui fuyent chasteté cherchant l'amour des femmes.
>
> Je ne suis estonné de voir des chaudes flammes
> En des hommes charnels, pouppins et fins pippeurs :
> Mais je le suis de ce qu'ils ont tant de fauteurs,
> Qui, sans exemple aucun, appreuvent telles trames.
>
> Nous n'entendons blasmer le contract solennel
> Du mariage sainct ; mais son acte charnel
> A toujours répugné aux Pasteurs de l'église ;
>
> Car comme eussent-ils peu, preschant, persuader
> Filles, vefves, enfans, leur chasteté garder,
> Ayant à leur costé tous les soirs leur *Denyse* (1).

1610. — *Thesaurus P. Virgilii Maronis, in communes locos jampridem digestus à Mich. Coyssardo, soc. Jesu, Arverno ; nunc ab eodem recognitus*, etc. Lugduni, apud *Joann. Pillehotte*, M. DC. X. In-12 de 960 pages, non compris un Index suivi de deux pièces en vers latins, de l'Errata et du Privilége du roi, daté de Paris le 26 février 1610 (B. de Lyon, 16588). Au verso du titre est ce distique à la louange du P. Coyssard :

> Quae collecta tibi jam nobis carmina praebes :
> Illic que LYRA MUSAS. nos resonare DOCES.
> AН ! SIC ES MARO DULCIS.

On trouve dans ces derniers mots, ainsi que dans ceux du deuxième vers, écrits en capitales, l'anagramme du savant jésuite. Son *Thesaurus* disposé par ordre alphabétique pourrait au besoin tenir lieu d'un *Gradus ad Parnassum*. Il en avait déjà été donné une édition à *Paris*, mais cette seconde a été de beaucoup augmentée ; c'est ce que nous apprend le permis d'imprimer donné par le P. *Louis Michel*, provincial des collèges de la *Société de Jésus*, dans la province de Lyon, daté de cette ville, le 18 novembre 1608. Quoique le *Thesaurus* ait été composé *in juventutis poetices studiosae gratiam*, on y trouve dans un chapitre particulier, p. 37-42, tous les vers que le cygne de Mantoue a faits sur l'amour, et ce chapitre commence par le premier vers de la deuxième Eglogue : *Formosum pastor Corydon*, etc. De nos jours, le P. de Sero aurait mis ce livre à l'index. La *Biographie universelle* attribue au P. *Coyssard* une édition fort augmentée du Dictionnaire françois-latin de Nicot, Lyon, 1609, in-4° (voyez ci-dessus les *Publications* de 1590 et 1607).

____

(1) Voyez BAYLE, article *Beze*, rem. N.

1610. — *Traité des peines et amendes*, tant pour les matières criminel-
les que civiles.... Par *Jean Duret*, jurisconsulte de *Molins* (sic) en Bour-
bonnoys. Dernière édition. A Lyon, pour *François Arnoullet*. 1610.
Petit in-8°. Parmi les pièces préliminaires de ce traité dont la première
édition fut publiée vers 1570, et dont il existe plusieurs réimpressions,
se trouvent deux sonnets à la recommandation de l'auteur, l'un de
Philibert Bugnyon, Mâconnois, l'autre de *Georges Bernard*, Roannois,
avocat à Lyon.

1610 —*Le Tresor des Tresors de Christophle de Gamon*... revu et corrigé par l'auteur. Lyon. 1610. Petit in-12. BRUNET, 11, 361.

1611. — *Janvier* 9. Mort de *Jean Papire Masson*, né le 6 mai 1544,
à *S. Germain-Laval*, en *Forez*. Voyez ci-dessus, *Publications* de 1601 et
et de 1605; NICERON, V, etc.

1611. — *Février* 15. Mort de *Claude de Talaru*, comte et doyen de l'é-
glise de Lyon, né vers 1536, de *Louis de Talaru*, seigneur de *Chalmazel*, etc., et de *Claudine Mitte de Chevrieres*. — En 1548, *Jean de Talaru* (1), son oncle, ayant résigné son canonicat, le Chapitre en pourvut
Claude, qui fut reçu le 17 décembre de la même année. — Le 11 janvier 1551, il fut nommé maitre du chœur, ensuite de la résignation que
Christophe de Lévy avait faite de cet office en sa faveur. — Le 6 mars
1559, sur le bruit de mouvements de la part des Protestants, le Chapitre
le commit avec *Gaspard Mitte* et *Marc de Passach*, tous deux chanoines,
pour veiller à la garde du Cloître. — En 1569, il fut pourvu de la dignité de chantre, vacante par la mort de *George de Senneterre*. — En
1574, *Gabriel de Saconay* ayant été élu doyen, *Claude de Talaru* fut nommé archidiacre, et, après la mort de ce doyen, en décembre 1580, il fut
appelé à lui succéder dans cette dignité, la première de l'église de Lyon.
— En 1583, il fut député par le Chapitre à la Cour pour solliciter l'affaire des péages et autres intérêts du Chapitre, qui lui alloua quatre
écus par jour. — En 1584, *Jean de Challes*, chanoine, lui résigna la
mansion de *Balan* et deux livres capitulaires. A cette époque, *Claude de
Talaru* était encore à Paris. — Le 12 août 1588, il fut élu par le Chapitre et par le clergé du diocèse, député aux états généraux qui devaient
se tenir à *Blois*. On lit dans un procès-verbal de ces états: « M. le
« Doyen de Lyon a dit qu'il est député du siège primatial; que la pré-
« séance fut adjugée dans les derniers états de *Blois* à Mgr. de Lyon
« pour raison de son siège, et qu'il a droit, en l'absence dudit Sieur de
« Lyon (*Pierre d'Epinac*), de tenir sa place, outre que son doyenné est
« honoré du titre de prélature, et, à cette occasion est en possession
« d'avoir séance immédiatement après messieurs les evesques, en la-
« quelle il demande d'être conservé. » On ne voit pas qu'il ait été sta-

(1) Voyez sur ce *Jean de Talaru*, qui avait formé une espèce d'Académie dans sa maison près de l'église de *Fourvière*, les *Nouveaux mélanges* de M. *Breghot*, et nos *Documents*, année 1500.

tué sur cette réclamation. — En 1592, le Chapitre ayant aliéné la rente de *Brou* au conseiller *de Burin*, arrêta qu'il serait payé annuellement au Doyen qui avait la jouissance de cette rente, une pension de 20 écus qui fut réduite à 10, en 1593, attendu la remise que lui fit le Chapitre de la rente de *Ternan*, à raison de 10 écus de revenu. — En 1595, il fut encore député, tant au nom de l'archevêque que du Chapitre et du clergé de Lyon, à l'assemblée générale du clergé de France, qui se tint à Paris, pour remédier aux abus introduits par les troubles. Nous remarquerons ici qu'il faut que la conduite de *Talaru*, dans ces temps d'égarement et d'effervescence, ait été sage et irréprochable, puisqu'il fut choisi et agréé pour cette députation, et que l'on eut le soin de ne désigner que des personnes qui pouvaient être agréables à *Henry IV*, à cette époque si voisine des troubles de la Ligue. — En 1605, *Claude de Talaru* fonda le Salut du jour de Pentecôte, auquel il affecta une pension de 25 livres.— L'année suivante, le Chapitre lui fit abandon des lods d'une maison, d'une vigne et d'un jardin qu'il avait achetés sous *Fourvières*. Avant de mourir, le pieux doyen fit don à son église de deux beaux parements d'autel, de grand prix, dont l'étoffe d'or était semée de perles. Son neveu et filleul, *Claude de Talaru*, seigneur de *Chalmazel*, qui fut son héritier, fit aussi présent au Chapitre de la *chapelle* de son oncle, laquelle était d'argent doré. Ce généreux seigneur avait demandé que son oncle fût enterré dans la chapelle de *N. D. de Haut don*, mais le Chapitre ne crut pas devoir y consentir, ce lieu étant réservé de toute ancienneté à la sépulture des cardinaux et des archevêques. Il fut inhumé dans l'église métropolitaine, au bas de la tribune, à main droite, avec cette épitaphe :

CLAUDIUS DE TALARU DE CHALMAZEL
VIXIT AD ALIAS DIGNITATES ECCLESIAE TRIGINTA ANNIS :
IN DECANATU TOTIDEM :
OBIIT XV FEBR. 1611 : AETATIS ANNO 74.

J. M. de la Mure, livre 2, chap. 9 de son *Astrée sainte*, remarque que le comte *de Talaru* a vécu dans l'église de Lyon sous sept archevêques, savoir depuis le premier pontificat du cardinal *d'Est* jusqu'au temps de *Claude de Bellievre*. C'est lui qui procura la fonction de théologal de Lyon à *Jacques Severt*, lequel reconnaît, en plusieurs endroits de sa Chronologie des archevêques, que le vénérable doyen lui a non-seulement été utile dans ses recherches, mais qu'il l'a aidé de ses conseils et de ses connaissances ; il le qualifie ainsi : *Vir pius divini cultus recognitor et observator.* C'est lui qui, le premier, fit faire des extraits des actes capitulaires, auxquels il travailla lui-même. Ce sont ces extraits dont on trouve des copies dans quelques bibliothèques (1). Enfin, *La Mure* nous apprend que le cabinet de *Talaru*, remarquable en pièces antiques et curieuses, était le produit de ses recherches (2). Voyez sur la famille de

(1) Voyez le *Catal. des Mss. de la B. de Lyon*, n° 1258.
(2) *Claude de Talaru* fut remplacé comme doyen par *Jean Meslet de la Besnerie*. Voyez ci-après au 9 septembre 1620.

Tularu le *Catal. des Mss. de la B. de Lyon*, passim; le *Dict. de la Noblesse*, de *La Chenaye-Desbois*, tome XIII; ci-dessus, années 1595 et 1606, *ad calcem.*

1611. — *Février 26.* Mort, à *Ferrare*, d'*Antoine Possevin*, recteur, en 1571, du Collége de la Trinité à Lyon, où il a publié plusieurs ouvrages, et où il se signala par son zèle contre les Calvinistes en 1562 et en 1564 (voyez son article dans la *Biographie lyonnaise*, et ci-dessus, *Publications* de 1594). — Son frère aîné, *Jean-Baptiste Possevin*, mort en 1549, est auteur d'un *Dialogo dell' onore*, qui a été traduit en français par *Claude Gruget*, et imprimé à Lyon par *Guillaume Roville*, 1557, in-4° (B. de Lyon, 11080). — On lit dans le *Ménagiana*, tome II, p 157 : « Les *Centons* de *Laelius Capilupus*, parmi lesquels on admire son *Gallus* et sa *Vie des Moines*, furent rassemblez par *Antoine Possevin*, depuis Jésuite, qui, étant alors à *Rome* fort jeune, en donna, sous le pontificat de *Jules III*, une fort belle édition in-4°, dont, par politique autant que par bienséance, il ne marqua ni le temps ni le lieu. » — S. *François de Sales*, dans une lettre au président *Favre*, fait un grand éloge de *Possevin* et du charmant ouvrage dans lequel ce Jésuite traite de la poésie et de la peinture (*De Poesi et Pictura.... Lugduni*, 1595, in-8°). *Nouvelles Lettres inédites*, publiées par le chevalier *Datta*, tome I, p 161.

1611. — *Mars.* « Le lundi 21 de ce mois, dit *Pierre Lestoile*, M. *Turquet* (1) le bon homme m'a donné copie d'une lettre qu'il avoit escrite à son fils de *Maïerne*, médecin du Roy, sur l'importunité qu'on luy faisoit d'abjurer sa religion, et faire profession de la catholique romaine, à quoi il estoit principalement induit et persuadé par M. *du Perron*, frère du Cardinal, qui luy avoit baillé un livre qu'il avoit composé sur ceste matière, aux principaux points duquel ledit *Turquet* respond par ceste lettre, qui est escrite d'une vraie encre de père zélé au salut de l'ame de son fils. lequel il conjure, par raisons fortes et judicieuses tirées des Saintes Ecritures (sauf à en débattre le vrai sens et explication), à ne quitter jamais la profession de religion en laquelle il a esté nourri et vescu jusques à aujourd'hui, ains y perseverer, constant et ferme, comme en la plus vraie, jusques au dernier soupir.... » *Journal de Louis XIII*, p. 658 de la Collection de M. *Michaud*.

1611. — Le *Forez* est cédé à titre de douaire à *Marie de Médicis*, veuve d'*Henry IV*. D'HERBIGNY, *Mém.* mss; BOULAINVILLIERS, *Etat de la France*, VII, 250, édition de *Londres.*

1611. — M. *Cochard*, p. 328 de son *Guide du voyageur*, fait remonter à cette année l'établissement de la *poste aux lettres à Lyon.* — Quant à la *petite poste*, elle n'y fut établie, suivant lui, qu'en 1777.

(1) *Louis de Mayerne Turquet*, né à Lyon vers 1550, mort en 1630, à *Genève*, où il avait obtenu le droit de bourgeoisie. — Son fils *Théodore*, né à *Genève*, en 1573, mourut en *Angleterre*, le 15 mars 1655. Il avait été premier médecin de *Jacques I* et de *Charles I.* Voyez ci-dessus au 16 *juin* 1598.

1611. — On place sur l'ancienne porte d'Ainay l'inscription suivante :

QUA RHODANO FERT DIVES ARAR AQUA DIVIDIT ORBI
ALTER OPES NOVA QUAE FACIES ASSURGAT ATHENAE
ANNIBAL AUSONIAEQUE ACIES ET TEMPLA LOQUUNTUR
SUB FIDI FRANCORUM OCULO CUSTODE LEONIS.
LUDOVICO XIII REGNANTE,
MARIA DE MEDICIS MATRE REGENTE,
CAROLO DE NEUFVILLE D. D'HALINCOURT PRO REGE MERITISS.
BALT. DE VILLARD D. DE LAVAL MERCAT. PRAEF. ILL.
ALEX. BOLLIOUD HOR. CARDON CL. PELLOT ANT. DE PURES
COSS. ANN. CIƆ IƆC XI.

M. *Breghot* a publié, dans le tome 3e des *Archives du Rhône*, p. 311-315, une traduction de cette inscription, avec des notes explicatives.

1611. — *Circa*. Mort, à *Paris*, de *Gabriel Chapuis*, poëte, romancier, etc., né à *Amboise* en 1546. — On voit par la date de ses ouvrages qu'il demeurait en 1574, à Lyon, où il commença à communiquer au public les fruits de ses travaux littéraires. Son séjour en cette ville fut assez long, puisqu'il y était encore en 1583, et que ce ne fut que cette année qu'il vint s'établir à *Paris*. Voyez NICERON, tome XXXIX, et la *Biogr. lyonn.*, p. 66.

1611-1612. — « La citadelle de *Bourg* fut rasée et mise par terre, par le commandement du roy de France. » *Arch. du Rh.*, XII, 181. — Cette citadelle, une des plus belles de l'Europe, avait été construite en 1519 ; « le prix fait de la démolition fut baillé pour vingt mille escus « à *Charles Gay*, entrepreneur de Lyon.... » GUICHENON, *Hist. de Bresse*, 2e partie, p. 18. — On lit dans les *Mémoires du cardinal de Richelieu*, p. 39 de l'édition de 1837 : «.... Le sieur *d'Halincour*, à qui cette place (*Bourg*) faisoit ombre pour être trop proche de Lyon, qui, par ce moyen n'étant plus frontière, étoit de moindre consideration, prit cette occasion de faire conseiller à la Reine d'en ôter *Boesse* (1) (qui en étoit le gouverneur), et de la faire demanteler sous ombre que *Boesse* étoit huguenot, et que les *Suisses*, *Genève*, *Bourg* et M. *de Lesdiguières* étoient trop proches, tous d'un même parti. On pouvoit recompenser *Boesse*, y mettre un catholique affidé au Roi, et conserver la place ; mais on fit trouver meilleur de donner à *Boesse* cent mille écus qu'il voulut avoir avant que d'en sortir, puis la raser. On devoit par raison d'état la conserver ; mais le mal de tous les états est que souvent l'intérêt des particuliers est préféré au public.... » Voyez aussi la Collection *Petitot*, XVI, 449, 451 et 161 ; XXII, 152. — M. *Baux*, auteur de l'*Histoire de Notre-Dame de Brou* (1844, in-8°), a bien voulu nous communiquer deux

______

(1) *Pierre d'Escodeça*, seigneur *de Boesse*, baron *de Pardaillan*. Voyez BAYLE, art. BELLAY, rem. B . *ad calcem.*

pièces qui furent composées à l'occasion de la démolition de la citadelle de *Bourg*; elles sont extraites des Mss. dits *de Guichenon*, conservés dans la Bibliothèque de l'Ecole de Médecine de *Montpellier*, et qui seraient bien mieux placées dans la Bibliothèque de la ville de Bourg. Voici ces deux pièces dont les auteurs ne nous sont pas connus :

EPISTRE A M. DE BOYSSE.

Ce vaillant qui bravoit entre cinq bastions,
Qui foudroyoit le monde au vent de sa parole,
Qui deffioit le meurtre et l'horreur des canons,
Il s'enfuit maintenant à force de pistolés.

Luy qui debvoit morguer quarante Charles Quints,
Et soustenir tout seul l'Espaigne conjurée,
Il quitte ses remparts pour un sac de sequins,
Vaincu des foibles traits d'une plume dorée.

Ce nouveau Rodomont qui se prit à Roger,
Qui s'abbreuvoit de sang et se paissoit d'alarmes,
Sa lascheté le fit à mynuit desloger,
De crainte d'esprouver du grand Termes les armes.

Ny les serments jurés au monarque des Roys,
Ny du fils successeur la majesté naissante,
Ny l'interest publié de l'honneur des François
N'arresteront le cours de ceste honteuse vente.

Torne tes yeux, fuyard, misérable vendeur,
Voys le juste desdain de Junon irritée,
Qui, pour ne rencontrer un second revendeur,
Sappe les fondements de la place acheptée.

L'ouvrage de deux Ducz tombe sur son courroux,
Qu'à peyne un démy siècle avoit mis en deffence,
Qui servoit à monstrer la grandeur de nos coups,
Et que le bras françois ne treuve résistance.

Mais l'honneur de ruyner les vantez boulevards
Sera plus glorieux que les avoir sceu prendre,
Le courage françois n'a besoin de remparts,
Qui sçait forcer les forts et sans fort se deffendre.

Le genereux Biron, pour t'avoir veu loger,
Prophète véritable, en la place fatale,
D'un injuste desdain practiquant l'estranger,
Sentit les poignants traits de la grandeur royale.

Et toy, dépositaire infidelle et trompeur,
Qui te joue à ton maistre, et luy vend sa retraicte,
Indigne de sentir de Termes la valeur,
Tu rendras le despost aux despens de ta teste.

M. F.

RESPONCE DE M. DE BOYSSE,
Venue ceste nuict de Gascoigne.

Voy, Roy, comme de loin ce mastin aboyeur,
Qui luy leschoit la main contre luy se hérisse,
Il ne l'eust vu present sans mourir de frayeur,
Tant l'absence des bons asseure la malice.

Imposteur, que dis-tu ? Non, non, il ne fuit pas,
Il n'a dessoubs Henry fait si mauvaise estude,
Il a trop veu de sang, d'horreurs et de trespas,
Et la constance n'est qu'une longue habitude.

Invocque le cahos où tu puisses cacher
Ta vie de demons et d'ombre enveloppée,
Tremblant pour tes mesfaicts, car il ne peut marcher
La nuit, puisque le jour suit tousiours son épée.

Ces braves Palladins, qui dedans les combats
Vont cueillant leurs lauriers, et non dedans le blasme,
Ils l'accepteront tel, tu metz leur gloire abbas ;
Ils veulent un guerrier et non pas une femme.

Soit la paix, il ne craint la foudre du canon,
Ny tous tes Charlequint, ny toute ton Espaigne,
Il ne fut once enclos ny de faict ny de nom,
Car la valeur tousiours tient libre la campagne.

Et perfide, tu veux que, dans de hauts remparts,
Il soit sourd à la voix du sceptre de son maistre,
Tu peinds le Roy en peur, luy qui vault mille Mars,
Et d'un guerdon d'honneur fais le guerdon d'un traistre.

Meschant, que troubles-tu d'un si grand cavalier
Les marches au tombeau ? Il fault que chascun meure ;
Fortune et le destin ont leur cours journalier,
Mais la seule vertu immortelle demeure.

Baste, soit tout le ciel et France désormais
Tesmoins, ne pallira pour lascheté commise.
Il peult perdre la vie, et non le cœur, jamais :
Telle âme est-elle donc trop librement acquise ?

A. D. V.

1611. — Publications. *Les Cérémonies observées à Rome à la canonisation de S. Charles Borromée. Ensemble sa vie, saincteté et miracles. Le tout traduict d'Italien en François par F. Fassardy* (sic), *Lyonnois. A* Paris, *chez Claude Morel.* 1611. In-8° (B. de L. 20508). — *L'Oraison funèbre* prononcée aux obsèques de l'illustre saint par *François Panigarole*, a été traduit du Toscan en François par un anonyme, Lyon, *Benoist Rigaud*, 1585, in-8°; le traducteur y a joint cette épitaphe :

Au lieu d'un grand tombeau pour ce grand Borromée,
Suffit mettre : Icy gist la BONNE RENOMMÉE.

S. François de Sales rapporte dans la première de ses *Epistres spirituelles* que *S. Charles Borromée*, qui ne buvoit que de l'eau et ne mangeoit que du pain, ne faisoit nulle difficulté de faire des *carroux* (1) et

---

(1) *Caroux* ou *Carousse.* Voyez le *Glossarium d'Adelung*, au mot *Caros* ; ci-dessus au 6 *février* 1594, et les *Publications* de 1608. Voyez aussi le *Discours de l'yvresse*,... ensemble *la manière de carousser*, etc., par *J. Mousin :* Toul, 1612, in-8°, et consultez sur cet auteur la *Biogr. univ.*, tome LXXIV, la *Biblioth. de Lorraine* de D. Calmet, ainsi que son *Hist. de Lorraine*, III, 589, édition de 1728.

brindes avec les Suisses ses voisins, pour les gagner à mieux faire. —
Le Président *Charles de Brosses* qui passa à *Milan*, en 1739, ne pouvait
se dispenser de dire un mot du saint prélat dont le corps repose dans
la cathédrale de cette ville : « J'eus, dit-il, le bonheur de voir de près,
et de m'agenouiller devant la face de mon benoist patron, et ce ne
fut pas sans indignation contre un coquin de rat (1), qui, sans respect
pour sa béatitude, a eu l'audace de lui ronger le bout du nez ; heureusement que le saint homme en était assez bien pourvu pour n'être
pas sensible à une pareille perte. » Tome 1, p. 191 de *l'Italie, il y a
cent ans.*

1611. — *Discours des marques des sorciers et de la reelle possession
que le diable prend sur les corps des hommes....* Par *Jacques Fontaine...*
A Lyon, par Claude Larjot, imprimeur de Mgr *d'Halincourt*. 1611.
In-8° (B. de Lyon, 14487). Voyez ci-après, *Août* 1642.

1611. — *Heliodori Aethiopicorum Libri X,* ad fidem Mss ab *Hieronymo
Commelino* emendati, multis in locis aucti, ejusdemque notis illus-
trati. Accessit huic editioni sententiarum ex hoc opusculo collectarum
Series. Item rerum insigniorum Index. Lugduni, apud *Viduam Ant. de
Harsy.* 1611. In-8°. — *Chardon de La Rochette,* qui a cité cette édition
grecque-latine, exécutée d'après celle que *Jérôme Commelin* avait donnée
en 1596, dit que l'on y a ajouté deux tables, l'une des sentences, l'autre des choses mémorables, et cette jolie épigramme qu'on ne retrouve
plus dans les éditions suivantes (2) :

> Per terras comitem dat se Chariclea, per undas,
> Theagenemque suum, sed patienter amat.
> Fidus amans sociam, sed caste, asservat amantem ;
> Oscula sunt tenerae plena pudicitiae :
> Et cum legitimis venerunt tempora taedis,
> Senserunt Veneris gaudia prima suae.
> Vos, ò vos omnes huc appellamus amantes,
> Ut tam castus agat, non furiatus amor.

Les notes et les variantes de l'édition de *Commelin*, ajoute le savant
philologue, sont rejetées à la fin du volume. *Mélanges,* tome 2, p. 11.

1611. — *Histoire de la mort deplorable de Henry IIII :* ...... ensemble
un poeme, un panegyrique, et un discours funèbre...... Par *Pierre
Matthieu.* Paris, *Vefve M. Guillemot,* et *S. Thiboust.* 1611. In-fol.
(B. de L. 4423). — Réimprimé la même année, in-4° et petit in-8°.

1611. — *La Lyre sacrée de S. Bernard* sur la Passion de Nostre Seigneur et la Jubilation du nom de Jesus : avec l'Adieu au monde de

---

(1) Ce rat descendait probablement de ceux dont parle *Minucius Félix* dans le 24°
chapitre de son *Octavius.*

(2) Cette épigramme dont l'auteur est *Paul Estienne,* fils de *Henry,* se retrouve avec
quelques variantes dans l'édition latine d'*Héliodore* publiée à *Leyde,* en 1637, in-12
(B. de L., 18687).

Louis Garon, et sa conversion à la foy catholique. A Lyon, par *Estienne Tantillon*. 1611. In-12. — Cet ouvrage est dédié à *Horace Cardon*, eschevin et consul de la ville de Lyon. *Garon* l'appelle son père, son Mécène, son *don rare caché* (1), etc. — Le texte des deux poëmes de *S. Bernard*, traduits ou plutôt assez mal imités en vers, se trouve dans les OEuvres de l'illustre abbé de *Clairvaux*, p. 216-218 de l'édition de 1719. — *L'Adieu au monde* est un poëme élégiaque d'environ 1000 vers, qui contient quelques détails sur les causes qui ont précédé et suivi la conversion de l'auteur (voyez ci-dessus, *5 Août* 1607). — On trouve encore dans ce volume, une *Oraison funebre sur le deplorable trespas de Henry le Grand*. C'est une assez médiocre déclamation dans laquelle *Garon*, donnant à la France éplorée un corps et une âme, lui fait dire : « Mon estomac plombé de coups, mes membres exténués de « langueur, ma face pasle et desfaite, mes cheveux herissés, mes bras « croisez et mes habits dechirez sont les tesmoins asseurez de mon es- « moy et les fidelles trompettes de mon cœur passionné.... »

1611. — *La Muse folastre...* Lyon, *Barthélemy Ancelin*. 1611. In-12.— Recueil du même genre que le *Parnasse satyrique*. Brunet, III, 480.

1611. — *La Muse guerriere dediée à Monsieur le comte d'Ambijoux*. A Lyon, par *Barthelemy Ancelin*. 1611. In-12. — *Claude de Trellon* est l'auteur de ce recueil de poésies faites à différentes époques de sa vie. C'est un mélange assez bizarre de pièces religieuses, grivoises, érotiques et burlesques. Mais n'y cherchez pas un nouveau *Tyrtée*, vous n'y trouverez qu'un soldat fanfaron, un matamore, un grossier spadassin. On doit à M. *Beuchot* l'article qu'on lit sur ce poëte ou plutôt sur ce rimeur dans la *Biogr. universelle*; mais il y aurait donné plus d'étendue s'il eût connu la notice que lui a faite *Colletet* dans ses *Vies des poëtes françois*, et dont le Ms, resté inédit, est conservé au *Louvre* dans la Bibliothèque particulière du roi. M. *Auguste Barbier*, un des conservateurs de cet établissement, a bien voulu nous permettre de faire prendre (par M. *Auguste Bernard*, auteur des *d'Urfé*), une copie de cette notice qui nous a paru assez intéressante pour être offerte à nos lecteurs :

« Claude de Trellon naquit à *Tholose* en *Provence* (2). Quoiqu'il n'eut aucune connaissance de l'ancienne, ni peut-être de la moderne poésie, il eut dès sa jeunesse tant d'inclination à faire des vers qu'à l'âge de 14 ou 15 ans, comme il dit lui-même, il composa une bonne partie de ceux que nous avons de lui. C'est pourquoi je ne perdrai pas le temps à les examiner, puis qu'estant en un âge plus avancé il en connut lui-même les défauts et les taches, et

(1) Anagramme d'*Horace Cardon*.

(2) Il a été omis dans la *Biographie toulousaine* publiée en 1823, où l'on ne trouve pas non plus un autre poëte du même nom qui était conseiller au parlement de *Toulouse* et qui figure dans le Dictionnaire de *Philippon-la-Madelaine*. On peut consulter encore sur *Claude de Trellon* les *Mémoires* de l'abbé *d'Artigny*, VI, 337, et la *Bibliothèque poétique* de M. *Viollet-le-Duc*, p. 313-315.

qu'il supplie le lecteur d'en excuser les rimes licencieuses, se servant assez mal
a propos, de l'exemple de Ronsard, lorsqu'il dit qu'à l'imitation de ce grand
poëte qui a rompu la glace, il conjure ceux qui le liront de n'être point trop
rigoureux à le reprendre. Mais ce que Ronsard faisoit par humilité, Trellon le
faisoit par un principe d'orgueil et de présomption, s'esgalant tacitement à
celui duquel il ne valoit pas l'ombre. Aussi faisoit-il une autre profession que
celle de poëte, puisqu'il faisoit profession de porter les armes, et de mordre plutôt la poussière dans un champ de bataille que de mordre la natte
dans une étude et de fourbir plutot son harnois que de feuilleter des livres.
Il ne sauroit s'en taire lui-même, c'est-à-dire qu'il ne sauroit s'empêcher de
publier et d'éterniser son ignorance dans un art, qui, avec le beau naturel, demande une profonde science pour être dignèment traité. Voici comme il en
parle au frontispice de son livre :

> Je chante à la soldade, et telle est mon humeur:
> Je fais profession d'autre que d'un rimeur.
> Je ne veux acquérir le renom de poëte,
> Car ce n'est rien au prix de ce que je souhaitte ;
> Lecteur, contente-toi que je chante en soldat,
> Et que de faire mieux ce n'est pas mon état.

Voire même l'insolence et la bizarrerie d'esprit l'emportent jusqu'au point
de menacer ceux qui s'ingéreront de reprendre ses vers :

> Qui que tu sois, lecteur, avant que me reprendre,
> Pense bien si je faux en ces vers que j'escris :
> Je porte à mon costé la reponse pour rendre
> Confus en un moment les plus savants esprits.

Après cette menace furieuse, moi qui pour toutes armes offensives et def-
fensives n'ai qu'une seule plume, serais-je bien conseillé d'oser par une juste
censure attaquer ce fanfaron de Parnasse. Certes, comme il étoit d'un naturel
bouillant et tout de feu, je craindrois que ses cendres ne vinssent à se ranimer,
et à se convertir en fantôme pour m'épouvanter et pour me suivre, et qu'il ne
me dit : « Toi qui m'as lu et qui m'as appris dès ta plus tendre jeunesse,
pourquoi me persécutes-tu ? » En effet, je me souviens que le premier livre de
poésie qui soit jamais tombé entre mes mains a été la *Muse guerrière* de Trellon.
Je n'avois pas sept ans que je le sçavois presque entière par cœur. Mais, comme
à sept ans je l'avois fort estimé, je commençai de le mépriser à douze, et ce,
d'autant plus justement, que ce fut en ce temps là que je commençai à lire les
doctes œuvres du grand Ronsard, et les conferer avec les ouvrages de l'ancienne Grèce et de la vieille Rome. Apres tout, sans faire le fier ni le glorieux,
ce fut par la lecture des Sonnets de Trellon que je reconnus que le sonnet était
un petit poëme de 14 vers, et, par la lecture de ses élegies, j'appris qu'il y
avait des rimes masculines et féminines dont la suite alternative étoit un grand
ornement à notre langue. De quelque libertinage dont sa jeunesse fut d'abord
accompagnée, je trouve qu'il ne se departit jamais de la vraie religion (1),
et que ce fut à cause d'elle que, s'étant puissamment attaché au service du duc
de Guise, il porta les armes contre les hérétiques et tout le parti de la Ligue.

(1) *Flamme d'amour*, p. 383.
(2) *Muse guerrière*, p 92.

Quiconque voudra voir le vif tableau de sa vie et de ses mœurs n'a qu'à prendre la peine de lire un discours en vers qu'il adresse à un de ses amis nommé La Broüe. C'est là qu'il peste contre la vie servile de la cour, et qu'il fait bien paroître que le ciel l'avoit fait naître libre et mortel ennemi de la servitude; c'est là qu'il dit qu'il aime la guerre jusqu'à ne s'entretenir que d'elle au sortir des combats, et que l'entretien des dames et de ses amours est après celui qu'il aime davantage; c'est là qu'il déteste la chicane, et qu'il plaint la misère de ceux que la nécessité des affaires oblige à solliciter des juges et des avocats, dont il dépeint assez naïvement l'humeur sourcilleuse et méprisante. Mais c'est là, comme en quelque autre endroit de ses œuvres, qu'il fait trophée d'un vice qui est directement contraire au courage et à la vertu d'un homme d'honneur. Il dit que, quand un ami le prie de porter le poulet, il n'y a point d'homme au monde qui le fasse plus adroitement ni plus volontiers que lui. Et ensuite il prouve bien ou mal que ce que l'on appelle maquerellage n'est qu'un défaut qui naît dans l'opinion du monde et des froids amis du temps, soutenant qu'un galant homme doit aimer ses amis jusqu'au point de travailler ardemment pour eux à la corruption de la pudicité même. Voila certes des sentiments fort étranges et bien dignes d'un homme qui ne fondoit son honneur que sur la pointe de son épée, et qui croyoit que la vraie vaillance consistoit à terrasser la vertu des femmes aussi bien que le courage des hommes. Mais, de quelque libertinage dont sa jeunesse d'abord fut accompagnée, je trouve qu'il ne se départit jamais de la vraie religion, et que ce fut pour l'amour d'elle plutôt que pour l'intérêt de sa fortune que, s'étant puissamment attaché au duc de Guise, il porta les armes contre le roi Henri IV, se déclara capital ennemi des hérétiques, et soutint hautement le parti de la Ligue.

« Ses œuvres imprimées à Lyon in-12, l'an 1594 sont divisées en trois parties:

« La première contient *la Muse guerrière* dont j'ai déja parlé, qui fut pour la 1re fois imprimée in-8° chez l'Angolier, et qui l'a presque été depuis dans toutes les villes de France, tant cet ouvrage fut bien reçu pendant les divisions et les fureurs civiles de ce royaume. Les vers en sont doux et naturels, et puis c'est tout. Car quant à la beauté de la diction et à la force et sublimité des pensées, ce sont des étoiles qui lui furent inconnues, et que tout homme de bon sens n'ira jamais chercher chez lui. Ce livre est pour le peuple, qui n'approuve guère que ce que condamnent les bons esprits et les honnêtes gens. Et pour ce qu'il est aussi commun sur toutes les boutiques des libraires que pas un autre qu'ils y étalent, je m'abstiendrai d'en citer ici pas un vers. Je dirai seulement que ses Stances contre l'amour et l'inconstance des femmes, que ses autres Stances de la malheureuse condition de ceux qui suivent les grands (p. 44), que son Testament en vers, qu'entre ses Chansons (p. 71.) celle qui commence:

> Alors que mon cœur s'engage,
> Ce n'est sinon pour un jour;

qu'entre ses Sonnets pour Sylvie, qu'il a tâché de rendre immortelle par ses vers, celui qui commence ainsi:

> Nature a fait ici des miracles fort grands,
> Mais non pas aussi grands ni si beaux que Sylvie;
> Elle donne la mort, elle donne la vie,
> Et arreste les cœurs qui sont les plus errants....
> (Livre II, p. 190.)

et finalement que son Discours de l'amoureux succès de l'auteur à un de ses amis, sont des ouvrages qui semblent un peu plus élevés que le reste, et qui sont plus supportables à ceux qui ne sont pas dans la souveraine critique. Je mets encore en ce rang le Sonnet par lequel il veut persuader à sa maîtresse (83) que pour être mal vêtu elle ne doit pas le mepriser :

> Vous me dites toujours qu'à me voir mal vestu,
> On pense que je suis quelque homme de village ;
> Faites qu'un mieux vestu me tienne ce langage,
> Je le rendrai bientost à vos pieds abattu....

et le reste qui n'est pas mauvais. Ainsi j'apprends par ses vers qu'il étoit mal couvert, mais encore qu'il était accablé de la pauvreté :

> Je suis pauvre de bien, mais riche de courage 283)....

et ailleurs :

> Je porte sur mon corps tout ce que j'ai vaillant 241....

et en un autre endroit :

> Mais ce qui plus me fasche,
> C'est que je suis malade, et je n'ai point d'argent....

et quelquefois il ne pouvait aller à la guerre, faute de cheval, temoin le Sonnet qu'il adressa sur ce sujet à ce grand favori du roi Henri III, le duc de Joyeuse, pendant le voyage de Courtras, et dont voici le commencement :

> Je ne me fasche point de coucher sur la dure,
> Ni de porter toujours le harnois sur le dos ;
> Le plus grand déplaisir qui me ronge les os,
> C'est qu'ores au besoin je n'ai point de monture....

et ensuite, il lui en demande une d'assez bonne grâce pour obtenir l'effet de sa requête.

« La seconde partie de ses œuvres est intitulée *la Flamme d'amour*, divisée en deux livres, dont le premier contient plusieurs vers amoureux ; un long et assez agréable discours sur la mort du duc de Joyeuse en la bataille de Courtras, des Stances assez passables sur la mort du comte d'Ambijoux, son bienfaiteur, avec un assez beau discours en prose qui porte pour titre *Histoire de Padre Miracle et de l'Amant fortuné* ; le tout écrit d'un style veritablement assez fluide et assez net, mais non pas beaucoup relevé. Le second livre contient les Amours d'une autre dame pour laquelle il estoit passionné, et qu'il a celebrée sous le nom sauvage de Coraline. Il semble que dans ces dernieres Amours il ait tâché de s'elever et de méler agreablement la fable à l'histoire. Mais en cela son desir est sans doute plus louable et plus noble que l'exécution n'en est heureuse. Quoique fasse un esprit qui n'est pas né pour les grandes choses, à peine veut-il monter au ciel qu'il est bientôt contraint de descendre et de ramper sur la terre. Ce livre contient comme les autres des Sonnets, des stances, des discours et des élegies.

« La troisième partie de ses œuvres est intitulée *l'Hermitage de Trellon*. Ce sont des vers spirituels et de dévotion, des paraphrases de quelques Psaumes de David, des lamentations en prose, des prieres ferventes à Dieu pour l'expiation de ses pechez. En un mot, s'il a été aussi veritablement contrit et repentant qu'il le fait paroître, je ne doute point qu'il ne soit mort, non-seulement en soldat chrétien, mais encore en homme saint et tout-à-fait resigné à la volonté de Dieu. Ceux qui prennent plaisir à détourner leurs yeux des vanités du monde, peuvent bien les arrêter ici, car il ne les depeint de toutes leurs couleurs que pour les rendre odieuses et méprisables. O Dieu ! si la fougue de l'age, ce mepris de vos saintes lois et la malheureuse commodité de pecher me l'a fait quelquefois imiter dans ses offenses, faites-moi desormais la grace que je le puisse imiter dans son repentir, et me faites répandre tant de larmes que les taches de mes mauvaises habitudes en soient pour jamais effacées devant les yeux de votre justice, ou du moins devant ceux de votre bonté. Comme ces derniers vers ont un sujet plus noble et plus saint que ses premiers, ils sont aussi plus vifs et plus perçants. Il semble que ce soit l'esprit de Dieu qui les lui ait inspirés pour sa gloire ou pour son salut. Il paraît assez par la lecture de ces vers et de sa preface en prose qu'il avoit resolu de changer sa cuirasse en un froc, et son épée en un breviaire, mais qu'il en fut diverti par la considération de ses propres péchés, qui est une raison bien extraordinaire qu'il fortifie de quelques raisons spirituelles. Quoiqu'il en soit, il est croyable qu'apres avoir conçu un si grand mépris du monde et de la cour, il en véquit depuis toujours fort éloigné, et que toute sa pensée ne fut plus que les peines éternelles de l'Enfer, et l'éternelle béatitude du Paradis.

« Il mourut assez âgé, et, comme je crois, quelque temps apres la réduction de Paris en l'obéissance du roi, ce qui advint l'an 1594.

« A propos de quoi je n'oublierai pas de dire qu'il composa encore un autre livre en vers imprimé à Lyon in-8°., qu'il intitule *le Ligueur repenti*. Ce livre contient.... *Cætera desunt.* »

1611. — *Les Oraisons et Discours funèbres de divers autheurs sur le trespas de Henry le Grand...* dédiées au Roy, par *G. du Peyrat*, aumosnier servant de Sa Majesté. A Paris, chez *Robert Estienne*, et chez *Pierre Chevalier*. 1611. In-f°. — On retrouve dans ce recueil l'Oraison funèbre d'*Henri IV*, prononcée à Lyon, dans l'église de *S. Jean*, par le *P. Jacques-George*, Jésuite, le 7 juin 1610, imprimée la même année sous le titre de *Mausolée royal*.

1611. — *Pomponii Bellevraei ampliss. Galliarum cancellarii Elogium. Auctore Abele Sammarthano* (patre). *Lutetiae.* 1611. In-4°. — Voyez sur cet *Eloge* et sur son auteur (*Abel de Sainte-Marthe*, premier du nom), la *Biblioth. du Poitou*, V, 277 ; la *Biblioth. du P. Lelong*, II, 41256, et ci-après les *Publications* de 1657.

1611. — *Recueil de diverses poésies sur le trespas de Henry le Grand,.... et sur le sacre et couronnement de Louis XIII....* par *G. du Peyrat*, aumosnier servant du roy. A Paris, chez *Robert Estienne* et chez *Pierre Chevalier*. 1611. In-4° (B. de L., 17329). — On trouve dans ce volume quatre pièces de *Guillaume du Peyrat*, fol. 20, 21, 22 et 23. Je présume que celle qui a pour titre *Larmes sur la tombe de Henry le Grand* (fol. 43-46) et qui ne porte pas de signature, est de *Pierre Mathieu*.

1611. — *Tablettes de la vie et de la mort.... par Pierre Matthieu.*
Lyon.... 1611. Petit in-12 oblong. — Cette édition ne contient que les
deux premières centuries des Quatrains de *P. Matthieu.* La troisième
centurie ne parut qu'après la mort de l'auteur, et fut publiée par son
fils. L'édition la plus complète, suivant M. Brunet, est celle de *Paris*,
1629, même format que celle de Lyon, 1611. Voyez NICERON, XXVI,
327 et le *Bulletin du Bibliophile*, année 1841, p. 912. — « Le bon et
« l'amour du vrai, dit l'abbé *Goujet*, XII, 285, se font sentir partout
« dans ces quatrains. » *Molière*, en mettant sur la scène un vieillard
qui parle contre les romans de *Cyrus* et de *Clélie*, lui fait dire à sa
fille :

> Lisez-moi comme il faut, au lieu de ces sornettes,
> Les *Quatrains* de *Pibrac*, ou les doctes *Tablettes*
> Du Conseiller *Matthieu ;* l'ouvrage est de valeur,
> Et plein de beaux dictons à réciter par cœur.
>
> *Le Cocu imag.*, I, 1.

On ignore à quelle époque *Matthieu* composa ces quatrains qui ont
eu un très grand nombre d'éditions, et qui, le plus souvent, ont été
joints à ceux de *Pibrac.* Vers les premières années de notre siècle,
M. *Joseph Rosny*, en recueillant des matériaux pour une *Histoire d'Autun*, découvrit en cette ville un manuscrit sans date et sans nom d'auteur, d'une écriture presque illisible et surchargée de ratures, contenant
182 quatrains sur la vie et la mort. Surpris d'y trouver des passages de
la plus grande beauté, et les croyant inédits, il résolut de les publier.
Ce ne fut que lorsque l'ouvrage était sous presse qu'il apprit que *Pierre
Matthieu* en était l'auteur, et que c'était à tort que plusieurs personnes
avaient attribué ces quatrains à *François Perrin*, chanoine d'*Autun*,
auquel on doit une tragédie intitulée *Sichem.* M. *Rosny* expliqua tout
cela dans son Avertissement, et mit pour titre au volume : LA VIE ET
LA MORT, *Poésies du XVI° siècle*, par *P. Matthieu*, historiographe de
France sous Henri IV, publiées et augmentées de *notes et de commen-
taires ; Paris*, an XIII - 1805 ; in-8°. A la fin du volume est un éloge de
Napoléon, suivi de ce quatrain :

> HENRI par ses vertus autant que par sa gloire,
> Avait conquis l'amour et le cœur des Français ;
> Un héros plus fameux, retraçant son histoire,
> Le surpasse en grandeur et l'égale en bienfaits.

Il est à croire que la copie sur laquelle M. *Rosny* a publié son édition,
était le premier jet de *Matthieu ;* car, en la comparant avec les anciennes éditions, elle nous a offert plusieurs variantes. — Avant *Matthieu*, un poëte, que l'abbé *Goujet* croit être de la ville de Lyon ou du
Lyonnais, *Pierre Enoc de la Meschinière* (1), publia 500 quatrains inti-

---

(1) Il paraît qu'il naquit à *Jarcieu* dans le *Viennois*, et tout annonce qu'il était calviniste. M. C. *de Batines* lui a donné une place dans son *Catalogue des Dauphinois dignes
de mémoire*, p. 65.

tulés *Tableaux de la vie et de la mort.* Quoique cités par *du Verdier,* III, 268, *Goujet* ne les a pas connus. Il a aussi ignoré l'existence d'un volume de cet auteur, publié sous ce titre : *Opuscules de Pierre Enoc* (s. n. de ville), 1572, petit in-8°.

1611. — *Traité de mariage entre Julien Proger et Jacqueline Papinet, sa future épouse.* Lyon, 1611. — Ce livre figure dans la *Bibliothèque des livres singuliers* en droit que M. *Dufour* a jointe à ses *Questions illustres,* mais il n'en donne ni le nom du libraire, ni le format.

1611. — *La Triomphante victoire de la Vierge Marie sur sept malins esprits chassés du corps d'une femme dans l'église des Cordeliers de Lyon...,* par le *P. Benedicti.* Lyon, *P. Rigaud.* 1611. In-16. — Réimpression de l'édition publiée à Lyon en 1582, et citée par *du Verdier.* Voyez ci-dessus, *octobre* 1582, et l'article *Benedicti* dans la *Biogr. lyonn.,* p. 32, où nous avons eu tort de douter que ce livre fût du même auteur que la *Somme des pechez,* publiée à Lyon en 1584, et réimprimée à *Paris,* en 1587. Voyez aussi sur ce dernier ouvrage, BRANTÔME, *Dames galantes,* tome VII, p. 46 et 161 de l'édition de 1822, et JOLY, *Remarques sur Bayle,* p. 712.

1612. — *Février* 18. *Charles de Neufville,* marquis d'*Halincourt,* est nommé gouverneur de Lyon, en remplacement de *César de Vendôme,* fils naturel d'*Henri IV,* lequel avait succédé à *Philibert de La Guiche,* mort le 14 juin 1607. Toutefois, il paraît que le Marquis d'*Halincourt* et le Marquis de *S.-Chamond* eurent le titre de lieutenant de roi après la mort de M. *de La Guiche,* et qu'en l'absence du Marquis d'*Halincourt,* M. *de S. Chamond* prenait le titre de gouverneur. Voyez les *Publications* de 1610, *Diverses leçons...*

1612. — *Avril* 26. Mort de *Claude II de Bellièvre,* archevêque, fils de *Pompone.* — Il fut inhumé dans la chapelle de *la Madeleine.* L'inscription gravée sur sa tombe, nous a été conservée par *Quincarnon* dans les *Antiquitez de S. Jean;* elle se termine ainsi :..... *Finita mortalite non vita, rediit ad suos 6 Kal. maij, an. 34 : reparatæ salutis* 1612. — Ce prélat n'est donc point mort le 19 avril, comme l'ont dit plusieurs de ses biographes (1). *Arch. du Rh.,* XII, 182; SEVERT, *Chronol.,* p. 422; DULAURE, *Singularités,* ch. 67. Voyez aussi la *Biogr. lyonn.,* p. 30 et 31, où nous avons donné de courtes notices sur les principaux membres de la maison de *Bellièvre;* nous aurions aujourd'hui bien des additions à y faire, et puisque l'occasion s'en présente, nous dirons que l'on trouve dans les *Poëmes* du président d'*Expilly,* une épitaphe en vers françois, traduite du latin de *Pierre de Boissat,* et suivie d'un sonnet où le poëte fait parler la veuve du défunt. Ce *Jean de Bellièvre,* frère de *Claude II* et fils de *Claude I,* avait été nommé président du parlement de *Grenoble,* en 1584, et fut, au dire de *Chorier,* tome I, p. 61 de son *Estat politique,* un grand magistrat. Il mou-

---

(1) *Claude de Bellièvre* eut pour successeur sur le siége de Lyon *Denys Simon de Marquemont.* Ses bulles furent expédiées à Rome, aux nones de novembre, par le pape *Paul V,* et le roi en permit l'exécution le 14 décembre suivant.

rut peu de temps après sa promotion ; Frère *Mathurin Gaulhier* (1), prieur des Jacobins de *Grenoble*, prononça, à ses obsèques, une *Oraison funèbre* qui fut imprimée à Lyon par *Benoist Rigaud*, en 1584, avec un *Discours funèbre*, composée par *Pierre Mencicaut*, et plusieurs épitaphes du défunt. Voyez DU VERDIER, lettre P.

1612. — *Mai* 19. *Edmond de Foulquier'*, seigneur de *Vitry-le-Brûlé*, chanoine du chapitre de *Saint-Jean*, est écrasé par une pierre tombée du clocher de la cathédrale, pendant que l'on y montait la troisième cloche. — Il fut inhumé dans l'église de Saint-Jean, et on grava ces mots sur son tombeau : MORS REPENTE INCOGITANTEM SVRRIPVIT—NESCIAS QVANDO VBI QVOMODO. Voyez QUINCARNON, *Antiquitez de Saint-Jean*, et la *Revue du Lyonn.*, 1, 421.

1612. — *Juin* 25. *S. François de Sales* écrit d'*Anessy*, aux Comtes de Lyon pour s'excuser de ce qu'il ne peut prêcher en leur chaire, sans le congé de S. A. le duc de *Savoie*, son souverain. Livre 1er, *Epître* 25, p. 63 de l'édition de *Lyon*, 1626 ; in-4°.

1652. — *Décembre* 21. Le sieur *de Silvecane*, avocat, prononce l'*Oraison doctorale*. — L'année suivante, il acquiert une charge en la sénéchaussée. S. — C'était probablement le père de *Constant de Silvecane*, qui fut prévôt des marchands, et qui traduisit *Juvénal*, *Perse*, etc. Voyez son article dans la *Biographie lyonnaise*, et ci-après, au 24 octobre 1628.

1612. — *Décembre* 24. *Nicolas Grolier*, écuyer, fils du sieur *du Soleil*, chevalier de l'ordre du roi, récemment nommé *Capitaine de la ville*, prête son serment en présence des Echevins. M.

1612. — Fondation du monastère des dames *Ursulines* dans la rue de la *Vieille-Monnaie*. — La première supérieure fut dame *Françoise de Barmont*, qui fit profession, sous la règle de *S. Augustin*, entre les mains de M. *de Marquemont* — En 1626, ces religieuses firent l'acquisition d'une partie de terrains dépendant du *Petit Forest*, au dessous de leur première retraite ; elles y construisirent une maison claustrale, et agrandirent leur église. LEFEBVRE *Nombre des Eglises*, chap. XLVII ; *Alm. de Lyon* de 1755, p. 48. — Les *biscuits* des *Ursulines* de Lyon avaient une grande renommée ; elles en faisaient un débit considérable.

1612. — On construit une chapelle sur l'emplacement de la chambre où mourut S. *Bonaventure*, au-delà du dortoir des *Cordeliers*. Voyez LEFEBVRE, *Nombre des Eglises* ; et l'abbé PAVY, *Grands Cordeliers*.

1612. Cette année « brusla la *Boucherie sur les Terreaux* tout entièrement. » *Arch. du Rh.*, xii, 182.

---

(1) Voyez sur ce dominicain, la *Bibliothèque* de *Guy Allard* (édit. de 1680) et celle d'*Echard* et *Quétif* ; mais ne cherchez pas son nom dans le *Catalogue des Dauphinois dignes de mémoire* de M. *Colomb de Batines*, qui a aussi omis un *Nicolas Gaulthier*, prestre et théologien, licencié en droit, auteur d'un *Panégyrique du grand S. Augustin* presché à *Vienne*, aux *Ursulines*, le jour de sa feste, et imprimé à *Vienne* par *Aymé Poussard*, 1642, in-4° (B. de Lyon, 15935).

1612. On lit dans un Journal de Lyon, le *Censeur* du 5 mai 1843 : — « La démolition d'une des maisons de la rue *Bourgchanin* vient d'amener la découverte d'une porte d'un assez joli caractère. On avait déjà jeté bas les étages supérieurs de la maison portant le n° 9, et appelée maison de l'*Arche-d'alliance*, lorsque les secousses imprimées à une partie du premier étage firent découvrir et tomber une couche de plâtre qui recouvrait une porte cintrée, surmontée d'une pierre en marbre noir de Saint-Cyr, de la forme d'un carré long d'environ 45 centimètres de hauteur et de 1 mètre 50 centimètre de longueur. — Sur la pierre était gravée l'inscription suivante :

SERS DIEV DE TOVT TON COEVR, HONORE PÈRE ET MÈRE,

OBÉIS A TON ROY, JVSTICE AVSSI RÉVÈRE ;

SOIS HVMBLE ET DÉBONNAIRE ; ÉVITE FAVX SERMENT.

CHOISIS LE VRAY AMY ; VIS TOVSJOVRS SAGEMENT :

POUR CONSERVER TON BIEN, L'AVOIR D'AVTRVI NE TOVCHE :

RENDS LE PREST, OY PARLER ET CLOS SOVVENT TA BOVCHE :

NE BLASME TON PROCHAIN, SOIT CLÉMENT : HAY LE TORT.

FAY BIEN : PLAINS L'AFFLIGÉ, NE TESJOVIS DV MORT.

CHOISIS VN BON CONSEIL : AV PLVS SAGE TE FIE,

ET LORS DIEV BÉNIRA TA MAISON ET TA VIE.

1612.

« Toutes les lettres de cette inscription étaient dorées ; la date seule ne l'était pas ; mais une heure après la chute du plâtre l'impression de l'air avait fait disparaître la dorure. La date de 1612 se retrouve dans le fronton qui est en choin. On fait beaucoup de conjectures sur l'inscription que nous venons de rapporter ; on se demande si la pierre sur laquelle elle est gravée n'a pas appartenu à un temple protestant que l'on dit avoir existé en ce lieu. Nous attendons la décision des savants ; cependant nous hasarderons une observation. Les maisons de la rue Bourgchanin sont très-anciennes, elles sont presque toutes baptisées de noms particuliers, et sur plusieurs on voit encore des sculptures en harmonie avec ces noms. La maison du n° 9 ayant été décorée du titre biblique de l'*Arche d'alliance*, il n'est peut-être pas étonnant que l'on y ait gravé l'espèce de décalogue que nous venons de citer. L'administration de l'hospice de l'*Hôtel-Dieu*, à qui appartiennent les maisons que l'on a démolies, a fait enlever cette pierre qu'elle destine probablement au Musée. Le portique a été acheté par une personne qui se propose de le faire réédifier dans une propriété de la *Cité Napoléon*, à l'extrémité du faubourg de *la Guillotière* ; un conflit s'est élevé entre elle et l'administration, à propos de la propriété de la table de marbre. » — Cette affaire ayant été portée devant M. Devouges, juge de paix du deuxième arrondissement de Lyon, grâce à la médiation de ce digne et vénérable magistrat, la table de marbre a été rendue à celui qui l'avait loyalement acquise ; et maintenant on peut la voir au dessus de la porte d'entrée de la maison que possède, dans la *Cité Napoléon*, M. *Alexis Rousset*, trésorier de la société littéraire de Lyon.

1612 (*Circa*). — Mort d'*Antoine-Emmanuel Chalom*, né à *Cervière* en *Forez*. Étant encore fort jeune, il entra chez les Jésuites de Lyon en même temps que *Papire Masson* (1), avec lequel il était lié d'une étroite amitié. Il quitta le premier la Société de Jésus, et vint se fixer à Lyon, où il prononça, en 1571, l'oraison de la Saint-Thomas, dans l'église de *Saint-Nizier*. Ce discours qui avait pour sujet *de l'Administration civile* (2), porterait à penser que *Chalom*, à l'exemple de *Papire Masson*, s'était fait recevoir avocat avant d'embrasser l'état ecclésiastique. On lit en effet dans *Pernetti*, 1, 277, qu'il était docteur en droit civil et canonique, et conseiller au présidial de Lyon ; mais c'est probablement conseiller-clerc, comme le dit *D. Thomas*, p. 30 de son *Précis*. *Pierre d'Espinac*, archevêque de Lyon, digne appréciateur du mérite de *Chalom*, l'attacha à sa personne ; il en fit son official, et le mit à la tête du chapitre de *Saint-Nizier*. Durant la Ligue, il se conduisit avec grande sagesse et porta plusieurs fois la parole dans les assemblées des notables convoquées par le Consulat. Il fut un des premiers à se soumettre à l'autorité d'*Henri IV*, et fit tous ses efforts pour mettre un terme aux prédications séditieuses de quelques moines qui s'opposaient à la réduction complète de la ville de Lyon sous l'obéissance du Roi (Voyez nos *Documents* au 23 mars 1594). Après la mort de *d'Espinac*, arrivée le 9 janvier 1599, *Chalom* exerça les fonctions de grand vicaire sous les deux frères *Albert* et *Claude de Bellièvre* qui furent successivement archevêques de Lyon. Il s'était fait une grande réputation par sa piété et par ses lumières (1). Sa signature figure pendant une longue série d'années au bas des Autorisations données aux auteurs pour l'impression de leurs ouvrages. Il fit de grandes réparations dans l'enclos où était située la maison du sacristain de *Saint-Nizier*, et ses armes, qui sont une pyramide, y paraissaient en plusieurs endroits, principalement au devant de la chaire de l'église. Il fut inhumé dans cette église, près de la balustrade, hors du chœur, à main droite, où l'on voyait jadis contre le pilier de la nef, une inscription que *Claude Dupré* a insérée, p. 134 de son *Pratum*, et que *Chalom* avait sans doute composée lui-même ; la voici :

D. O. M.

QUI NUNC HIC SITUS SUM A. E. CHALOM, FUI, VIXI.
AC UTINAM FUISSEM, VIXISSEM. SOLUM AETERNUM NUMEN EST.
SOLUM VIVIT. NISI QUI ILLI ADHÆRET, NEMO EST. NISI
QUI ILLUD COLIT, NEMO BENE, BEATE QUE VIVIT. SIC
O BONE, ÆTERNUM SIMUS, VIVAMUS, CÆTERA VANITAS.

(1) *Papire Masson*, un des plus savants hommes de son temps, naquit à *St-Germain-Laval* en *Forez* le 16 mai 1544, et mourut à *Paris* le 9 janvier 1611. Voyez son article dans *Niceron*, tome V, p. 182 et suiv.

(2) Cette harangue a été imprimée, Lyon, *Michel Jove*, 1572, in-4°.

(3) Voyez *Severt*, p. 113 de sa *Chronologie des Archevêques de Lyon*.

PUBLICATIONS de 1612. — *Antonius de Arena ... ad suos compagno-
nes studiantes, bassas dansas in galanti stilo bizognatas .... mandat,*
Lugduni. 1612. In-8°. — M. *Brunet* cite plusieurs autres éditions
lyonnaises de cet ouvrage. La plus ancienne est de 1529; la dernière
est de 1760. Voyez les *Nouveaux Mélanges* de M. *Breghot du Lut*, p. 8-
11, et l'*Analectabiblion* de M. *du Roure*, tome 1, p. 306.

1612. — *Athenaei Deipnosophistarum libri quindecim, cum Jacobi
Dalecampii Cadomensis latina interpretatione*, etc. Lugduni, apud
Viduam Antonii de Harsy. 1612. In-fol. — Le privilège du roi pour
cette nouvelle édition « augmentée d'un grand nombre d'annotations
« diverses, corrections et révisions de feu M. *Jacques Dalechamp*, outre
« les diverses leçons et conjectures de maistre *Isaac Casaubon* » , est
daté de *Paris*, le 6 février 1612. Il est précédé de deux avis de l'imprimeur au lecteur, l'un en prose et l'autre en vers latins. Au verso du
troisième feuillet, est le portrait de *Dalechamp*, qui se trouvait déjà
dans sa traduction des *Administrations anatomiques* de *Galien*, Lyon,
Benoist Rigaud, 1672, in-8°. Au dessous de ce portrait, est le distique
que voici :

> Addideris vocem, fuerit *Dalecampius* ipse,
> Expressa ad vivum cujus imago fuit.

1612. — *Comedie françoyse* intitulée *l'Enfer poétique, sur les sept
péchés mortels et sur les sept vertus contraires.....* (en 5 actes et en vers).
Par *Benoist Voron*. Lyon, *Pierre Rigaud*. 1612. Petit in-8°. — Cette
pièce avait déjà été imprimée à Lyon en 1586. BRUNET, IV, 690. — On
lit dans *la Croix du Maine*, que *Benoist Voron* a écrit la *Réjouissance sur
la France, pour le retour désiré du très-Chrestien Roy de France et de Pologne, Henry III*, imprimé à Lyon, par *François Didier*, et depuis à
Paris, par *Jean Poupy*, l'an 1574. — *Du Verdier* dit que cet opuscule
est « en rime par forme de Dialogue. »

1612. — *Le Contr'assassin*, ou *Response à l'Apologie des Jésuites* faite
par un Père de la Compagnie de Jésus de Loyola, et refutée par.... D. H.
(*David Home*). Imprimé l'an M.DC.XII. Petit in-9 (B. de Lyon, 22621).
— La *Biogr. univ.*, art. THIARD (Pontus de), indique une édition de
Lyon avec cette date (1). L'exemplaire, S. N. de V. que nous avons sous
les yeux, a 16 pages non chiffrées de pièces liminaires et 391 pages de
texte. A cette dernière page, comme par appendice, on lit :

> « ANAGRAMMA.
>
> Iesuita
> es vitia
> sevitia
> I, non es vita, at vitia es, et mortis origo,
> Et saevitia dans vim tibi nomen erit.
>
> PSEAU 94.
> Celui qui chastie les peuples ne reprendra-il point? Celui qui enseigne à l'homme
> science, ne cognoistra-il point? »

(1) Voyez le *Dict.* de *Prosper Marchand* p. 304, et ci-dessus les *Publications* de 1607
Recit touchant....

L'auteur de ce pamphlet a recueilli un grand nombre de témoignages
contre les Jésuites ; les plus curieux sont ceux de *Turnebe*, page 160 ;
de *Passerat*, p. 161 ; de *Casaubon*, p. 164 ; de *Pontus de Thiard*, évêque
de Châlons, p. 377. — A la page 16, est une chanson composée à l'occasion de la *Remonstrance* faite à Henri IV sur le rétablissement des Jésuites ; en voici les deux premiers couplets :

> Sire, le feu roy vostre frère
> Choisit *Edmond Oger* (1) pour pere,
> Fondant sur lui tout son desir :
> Mais enfin voyant les merites
> De nos bons peres Jesuites,
> Il s'en repentit à loisir.
>
> Il connut que la saincte Ligue
> A nostre ruine prodigue
> N'avoit autre plus seur patron
> Que ceste malheureuse secte
> Qui par son venin nous infecte,
> De la chrestienté l'avorton.

Tout le reste est du même ton ; des injures, et pas le moindre petit grain
de sel (2). — A la page 45, *Home* attribue à *Marie Stuard*, des vers qui
bien certainement ne sont pas d'elle, et qui ont été composés par quelque
anglican pour justifier ses bourreaux, en mettant dans la bouche de cette
reine infortunée, des paroles qui annoncent qu'elle se reconnaissait cou-
pable. — A la p. 106, *Home* accuse les Jésuites, qui présidaient, dit-il,
aux conseils de la Ligue, d'avoir fait imprimer à Lyon, par *Pillehotte*,
le livre *De Justa Henrici abdicatione*. C'est ce même *Pillehotte*, ajoute-t-il,
qui est encore l'imprimeur des Jésuites, et qui a imprimé la dernière
édition des *Aphorismes d'Emanuel Sa*, Jésuite, l'an 1602, *sub signo no-*

(1) *Edmond Auger*, et non *Oger*, célèbre par ses prédications. Il refusa de prêcher la
Ligue, et mérita les éloges de ses contemporains, même ceux des écrivains protestants.

(2) Voici pourtant une épigramme assez bien tournée, mais nous ne la croyons point
de *David Home* ; elle fut, suivant lui, adressée à *Henri IV* « du temps que les Jésuites le
pressoyent de casser l'arrest de *Chastel* : »

> Si le Père *Coton* prétend à l'advenir
> Effacer de *Chastel* du tout le souvenir,
> Et chanceller l'arrest qui de si près le touche,
> Qu'il vous remette donc vostre dent en la bouche.

Quant à cette autre épigramme, c'est *Pierre de Lestoile* qui nous l'a conservée p. 555
de son *Journal d'Henry IV*, édition de M. *Michaud* :

> J'avois tousjours bien ouï dire,
> Depuis le temps que j'ay vescu,
> Que quiconque estoit notre sire,
> De *Coton* se torchoit le ... ;
> Mais nostre roy, par grand' merveille,
> De *Coton* se bouche l'oreille.

minis Jesu (1). — A la p. 201, est une *Lettre d'Henri IV*, datée de Paris, le 8 janvier 1603, et adressée à Messieurs de *Genève*, au sujet de l'entreprise des gens du duc de *Savoie* sur cette ville. — Enfin à la page 220, *Home* parle d'une *Confrérie du Chappelet* établie par les *Jésuites*, et qui était en vigueur à Lyon.

1612. — *Les Epithètes de M. de la Porte*, Parisien .... A Lyon, chez *Pierre Rigaud*. 1612. In-16. (B. de Lyon, 144, nº 15565). — *Maurice de la Porte* est mort le 23 avril 1571, âgé de 40 ans. Le privilége du roi pour l'impression de ses *Epithètes*, est daté du 13 juillet de la même année; ce qui témoigne que cet ouvrage ne vit le jour qu'après la mort de son auteur, qui l'avoit dédié à *François Pierron*, grand-vicaire de l'abbé de *Molesmes*. La première édition serait donc, comme le dit *la Croix du Maine*, celle de *Paris*, chez *Gabriel Buon*, 1571, in-8°. J'ai sous les yeux celle du même libraire, 1582, in-16, d'une assez bonne exécution typographique. Celle de Lyon ne brille pas sous ce rapport. — Tout vieux qu'il est, ce livre n'est pas à dédaigner, et peut encore être utile aux philologues, quoiqu'il ait été refait par le P. *Daire*. Celui de *La Porte*, plus volumineux, contient une foule de locutions qu'on regrette de ne plus retrouver dans nos Lexiques. Quelques mots graveleux s'y sont glissés, et on s'aperçoit que l'auteur savait son *Rabelais* et son *Marot*. Toutefois il a *par honnesteté, teu le nom vulgaire* de deux ou trois de ces mots, mais il en a donné les épithètes qu'il a accompagnées d'un petit commentaire assez naïf. Le volume se termine par ces vers :

> Comme une femme, après l'enfantement,
> De son travail n'a plus la souvenance ;
> Le mal aussi que mon entendement,
> A pour cet œuvre enduré longuement,
> L'ayant produit, est mis en oubliance.

1612. — *Le Grand Bal de la Reine Marguerite*, faict devant le Roy, la Reine et Madame, le Dimanche 26 aoust, en faveur de M. le duc *de Pastrana*, ambassadeur extraordinaire pour les alliances de France et d'Espagne. Par *F. Fessardi* (sic), Lyonnois. A Lyon, par *Jonas Gautherin*, 1612. In-8° (B. de Lyon, 25291, tome 56). Voyez les *Publications* de 1610, *Harangue funèbre*,... et celles de 1611, *les Cérémonies*, etc.

1612. — *Le Grand Dictionnaire françois, latin et grec* ...... de M. *Nicod* (2) .... En ceste derniere edition, outre les mots grecs, sont

---

(1) Le 19 juin 1610, *Pierre de Lestoile* écrivait : « J'ay recouvert, ce jour, par hazard, un *Aphorismi confessariorum* d'*Emmanuel Sa*, jesuiste, que je cherchois, il y a long-temps, imprimé en *Espagne*, à *Barcelonne*, in-16, 1604. J'en ay deux de *Paris*, l'un latin et l'autre françois, mais chastrés par les Jesuistes mesmes. Voiés audit livre, cap. *Princeps*, nº 2, pag. 366, et cap. *Tirannus*, nº 2, pag. 436. Un *marchand* de Lyon, logé au *Lyon d'Argent*, en la rue *Saint-Jacques*, me l'a vendu, ce jour, un quart d'escu, dont un mien ami n'y avoit pas quinze jours avoit baillé un escu sol. » Collection *Michaud*, p. 609.

2) On lit *Nicot* sur le titre de l'édition de *Paris*, 1606, in-fol. La *Biogr. univ.* écrit aussi *Nicot* ; toutes les éditions lyonnaises portent *Nicod*.

accents sur chasques mots, comme il faut les prononcer, et plusieurs remarques.... par *Jacques Voultier*. I. C. A Lyon, par *Claude Morillon*, 1612. In-4°. Voyez les *Publications* de 1607, et de 1614.

1612. — *Histoire des Chevaliers de l'ordre de l'Hospital de Saint-Jean de Hierusalem* ..... Par *P. Boissat*, seigneur de *Licieu*, conseiller du Roy, vibailly de *Vienne*. A Lyon, chez les *Héritiers de Guillaume Roville*. 1612. 2 vol. in-4°. — Titre gravé par *J. de Formazoris*. — Edition *princeps* de cet ouvrage.

1612. — *Le Nazaréen évangelique*, ... Par *Jude Serclier*, chanoine régulier de l'Ordre de *Saint-Rufz*. A Lyon, chez *Pierre Rigaud*. 1612. Pet. in-12 (B. de L., 6453). — Voyez les *Publications* de 1607 (*l'Espouse céleste*, ..), et ajoutez à ce que nous avons dit sur *Jude Serclier*, qu'on a de lui ; outre les ouvrages que nous avons cités : *Paraphrase sur l'Ecclésiaste de Salomon et sur la vanité du monde*, dédié à Messire *Burcard*, jadis archevesque et premier comte de Vienne; à *Vienne*, chez *Jean Poyet*, 1616, in-12; mentionné par *Charvet*, p. 286 de *l'Hist. de la sainte Eglise de Vienne*. — On trouve un portrait de *Serclier* en regard du titre de son *Antidémon historial*, Lyon, *Pierre Rigaud*, 1609, in-12. La légende de ce portrait gravé par *Sarret* nous apprend que l'auteur était alors âgé de 41 ans; toutefois nous ferons observer que la dédicace de ce dernier ouvrage à l'Ordre de Saint-Rufz, est datée de Lyon le jour de S. *Matthieu*, 1608, et que les approbations portent aussi le millésime de 1608; ce qui supposerait que le portrait a été gravé, et le livre imprimé cette même année. Ainsi Jude Serclier serait né vers 1567. En tête du volume est un Sonnet du frère de l'autheur, suivi de plusieurs autres pièces de vers en latin et en français à sa louange. Il y a bien de l'érudition dans *l'Antidémon*, et il y aurait bien des choses curieuse à en extraire (1). Il est assez étonnant que l'abbé d'*Artigny*, qui était *Dauphinois*, n'en ait rien dit dans ses *Mémoires*.

1612. — *Opuscule très-excellent de la vraye philosophie naturelle des metaux* ..... par *Denys Zachaire* ..... A Lyon, par *Pierre Rigaud*. 1612. In-12.

1612. — *La Patience de Job* .... Lyon, *P. Marniolles*. 1612. In-16.

(1) A la page 177, *Serclier* cite les vers suivants tirés du 1er livre de son *Tombeau du monde* :

> *L'arrogant a bon cœur, mesnager est l'avare,*
> *Le paillard amoureux, valeureux le barbare,*
> *Le jureur bien disant, le flatteur bon ami ;*
> *Et bref nous ne voyons les choses qu'à demi ;*
> *Mais ayant les mortels joué leur comédie,*
> *Et le rideau tiré à la fin de leur vie,*
> *Les acteurs demasquez se representeront,*
> *Non tels qu'on les pensoit, mais ainsi qu'ils seront.*

Il est à croire que les vers que nous avons cités, page 252 de notre *Lyon sous Henri IV*, sont aussi de *Serclier*.

— M. *Brunet* cite deux autres éditions lyonnaises non moins rares que celle-ci de cette pièce dramatique où figurent 49 personnages.

1612. — *Plaidoyé de M Pierre de la Marteliere, advocat en la Cour,* faict en parlement .... les 17 et 19 décembre 1611, pour le Recteur et Université de Paris, deffendeurs et opposans, contre les Jésuites demandeurs et requérans l'enterinement des lettres patentes par eux obtenues, de pouvoir lire et enseigner en ladite Université (A Lyon, par *Jean Poyet*). Suivant la copie imprimée à *Paris*, par *I. Petit-pas*. 1612. In-8° de IV et 125 pages (B. de L., 25201, tome 80). Voyez sur ce plaidoyer et sur son auteur, la *Biogr. univ.* tome XXVII. p. 273, et l'*Hist. du Collège de Louis-le-Grand*, par *G. Emond*, ch. XIII.

1612. — *Plaidoyé de M Jacques de Montholon, advocat en la Cour,* faict en Parlement, les 17 et 20 décembre 1611, pour les Pères Jésuites, ... contre les Opposans de l'Université, et pour response au plaidoyé de Maistre *Pierre de la Marteliere*, leur advocat (1) .... A Lyon, chez *Loys Muguet*. In-12 de 536 pages (B. de M. Goüöu). — Ce plaidoyer contient une apologie pleine d'intérêt de l'ordre des Jésuites. Toutes les objections de leurs antagonistes y sont réfutées avec une assez grande habileté. Il est à regretter que nous n'ayons pas la replique que dut y faire l'avocat de l'Université. — A la p. 129, *Jacques de Montholon* rappelle que le cardinal *de Tournon* ayant fait bâtir un collége à *Tournon*, ville du *Vivarez*, appartenant à sa maison, « y mit premierement pour principal maistre *Jean Pelisson* (2), homme docte et de bonne vie, avec les meilleurs regents qu'il put faire venir de divers endroits, désireux d'y establir un fort, tant contre l'ignorance que contre l'heresie qui déjà formilloit le long du Rhosne. Dans peu de mois, ledit *Pelisson* se print garde que la pluspart de ses regents estoient lutheriens, et que cette numereuse jennesse s'en alloit estre infectée, si promptement on n'y prouvoyoit d'antidote; de quoi ledit cardinal estant adverty, donna le collége aux Jésuites.... » — *La Marteliere* avait accusé les Jésuites d'avoir fait grand tort aux lettres « en retranchant et diversifiant les anciens autheurs (3), » *Montholon* après avoir cité les témoignages de plusieurs écrivains qui ont pensé qu'il « faut

----

(1) Sur le titre est une épigraphe en grec, tirée du plaidoyer de *Démosthène* contre *Eubulide*: « Toujours accuser, ne prouver jamais, tel est le sycophaute. » Voyez le *Démosthène* de M. *Stievenart*, p. 428. ....

(2) Voyez sur ce principal, la *Biographie lyonnaise*, p. 219, et ajoutez à son article qu'il est auteur de plusieurs traités de Grammaire latine publiés à Lyon, *apud Dominicum Veraarduum*, 1546, in-8° (B. de L., 15476). A la fin du traité intitulé *Contextus universae grammatices Despauterianae*, se trouve une lettre écrite de *Paris*, en 1529, par l'auteur à *Claude de Tournon*, fils naturel, si je ne me trompe, de *Guillaume*, seigneur de *Tournon*, lequel mourut évêque de *Viviers*, en 1542.

(3) *La Marteliere* alla plus loin encore; il reprocha aux Jésuites de mépriser les anciens auteurs, et de ne *lire* plus aux colléges où ils sont établis, que des livres composés par ceux de la Société. *Montholon* repoussa cette accusation en citant le 27ᵉ des commandements imposés aux professeurs des humanités par la règle expresse des Jésuites : *In praelectionibus, veteres tantum auctores, nullo modo, recentiores explicentur.*

esloigner des enfans toutes choses de l'estrange et du sale », ... ajoute p. 453 : Vérité qui a tant de force que les ministres même de la parole de Dieu réformée, comme *Gesnerus*, prédicant à Zurich, et *Luther* l'ont advouée ; le premier se vante d'avoir purgé MARTIAL ; *Martialis poetæ Epigrammata ad linguae latinae copiam, et varias rerum nomenclaturas utilissima ab omni verborum obscoenitate in adolescentium praecipue scholarumque usum, expurgavi.* L'autre (*Luther*) desiroit non seulement que *Juvenal, Martial, Catulle* et quelques opuscules de *Virgile* fussent corrigez, mais du tout prohibez : *Necessarium esset ut libri* JUVENALIS, MARTIALIS, CATULLI et PRIAPEIA VIRGILII *ex omnibus locis* et *scholis exterminarentur et profligarentur quia tam turpia et obscoena scribunt ut sine magno detrimento juventuti non possint praelegi* (1). » — Répondant aux reproches faits à *Sanchez* et à *Chetora* (2) d'avoir scandalisé le monde, en « enseignant plusieurs choses du mariage capables de faire « perdre à l'homme la confiance de soy-mesme et le reduire plus qu'à « la brutalité, » *Montholon* repond : « N'a-t-il pas fallu que comme aux maladies du corps, pour sales qu'elles soient, on a trouvé des remèdes et les médecins en traitent et disputent entre eux, pareillement en celles de l'ame il y eût des docteurs qui traitassent des pechez, en exposassent la difformité.... ? » Au demeurant, ajoute-t-il, ces deux auteurs (*Sanchez* et *Chetora*) ne disent rien que l'avocat (de l'Université) ne puisse trouver dans un Jurisconsulte de sa profession, et qui estait du parlement de Paris ; c'est *Tiraquellus* au livre de *Legibus connubialium et jure maritali* où il rapporte tout ce qu'il y a de plus brutal dans *Ovide, Martial,* poëtes satyriques et autres écrivains tant chrestiens que payens.... »

1612. — *La Practique de l'orthographe françoise....* par *Claude Mermet....* A Lyon, chez *Pierre Rigaud.* 1612. In-12. Voyez les *Publications* de 1583 et de 1602.

1612. — *Theophrasti Notationes morum.* ISAACUS CASAUBONUS *recensuit in latinum vertit,* etc. Lugduni, apud *Viduam Ant. de Harsy,* ex typographia *Jacobi Mallet* et *Petri Marniolles.* 1612. In-8°. On ne retrouve pas dans cette édition, la préface de *Pierre Matthieu,* qui est dans l'édition de 1599. Voyez ci-dessus, au 17 *septembre,* 1601, et la *Revue du Lyonn.,* tome 22, p. 71.

1612. — *R. P. F. Didaci de la Vega... ordinis S. Francisci Quadragesimales conciones....* Lugduni, apud *Horatium Cardon.* M.DXII. In-8°. —*Diego de la Vega* n'a point d'article dans la *Biographie universelle.*

(1) Voyez les *Propos de table de Martin Luther* traduits par *Gustave Brunet,* p. 370.

(2) *Chetora.* Quel est ce théologien dont le nom ne se trouve ni dans *Sothwell,* ni dans *Moréri?* probablement c'est un nom défiguré. On lit aussi *Chetora* dans l'édition du Plaidoyer de Montholon publiée à Paris, en 1612, p. 477 et 478.—On ne connait guère qu'un autre théologien qui ait traité du mariage de la façon à *Sanchez,* c'est frère *Jean Benedicti,* auteur de la *Somme des pechez,* imprimée à Lyon par *Jacques Pesnot,* 1684, in-4°, mais ce religieux était Observantin. Voyez les *Publications* de 1611, la *Triomphante victoire....*

Don **Nicolas Antonio** *(Biblioth. hispana nova)* ne donne ni la date de sa naissance, ni celle de sa mort. Il était de *Tolède*, et vivait encore vers 1612. Il paraît avoir joui d'une grande réputation comme prédicateur. Son *Paradiso de la Gloria de los Santos*, **Madrid**, 1604, in-4°, a été traduit en français par *Gabriel Chapuis*, **Paris**, 1609, in-8°. — *Diego de la Vega* étale beaucoup d'érudition dans ses ouvrages. Il commence son sermon pour le jour de la Circoncision, par nous apprendre comment le premier jour de janvier était célébré chez les Romains et chez les Gaulois; il cite *Suétone*, *Pline*, *Ovide*, etc. Voyez les *Publications* de 1602, p. 198.

1612. — *Le Voyage de M° Guillaume en l'autre monde, vers Henry-le-Grand*, avec ce *quatrain* pour épigraphe :

> Le monde n'est qu'une pure folie,
> Où chacun vit selon sa passion :
> Ne blasmez donc ma libre affection
> Qui prend plaisir à si douce manie.

A Lyon, jouxte la copie imprimée à Paris. 1612. In-8° de 72 page (**B. de L.**, 20464, tome 18).—Ce pamphlet politique a échappé à M. *Weiss*, qui nous a donné dans la *Biogr. univ.*, un article fort intéressant sur ce *Maître Guillaume*, fou en titre d'office du jeune cardinal *de Bourbon* et ensuite d'*Henry IV*. Les auteurs qui ne voulaient pas se faire connaître empruntèrent souvent son nom. A la fin du tome 2 des *Aventures du baron de Fœneste*, par *Théodore Agrippa d'Aubigné*, édition de 1731, est une *Réponse de Maître Guillaume au soldat françois, faite en présence du roy Henri IV, à Fontainebleau*, M. DCV. L'auteur y parle, p. 299, de « la dame que vous savez, qui, à Lyon, le jour du grand bal, parfuma « la compagnie. » — Cette dame était la fille de *Charles Pellevé*, sieur *du Saulsay*, ainsi qu'il est dit dans la *Satire ménippée*, tome 1, p. 31 et 201, et tome 2, p. 113 (notes de *Le Duchat*).

1613. — *Février* 1. M. *de la Faye* prend possession de l'archevêché de Lyon, pour et au nom de M. *de Marquemont*; le Chapitre lui remet, au même nom, l'administration spirituelle et temporelle qui lui avoit été dévolue par la mort de *Pierre Saunier*, évêque d'*Autun*, arrivée le 24 *décembre* précédent. **Severt**, p. 124; **Du Tems**, IV, 451.

1613. — *Mars* ... Lettres patentes qui autorisent le Consulat à établir, le samedi de chaque semaine, sur la place des *Terreaux*, un marché franc, appelé le *marché des chevaux*, où se vendroient toutes sortes de chevaux et autres bestiaux. Ces lettres portoient encore que le même jour, il y auroit un autre marché à quatre lieues à la ronde. S.

1613. — *Juillet* 16. Mort, à *S. Genis-Laval*, dans la maison de son père, de *Pierre II de Villars*, archevêque de *Vienne*, né à Lyon le 3 mars 1545, auteur d'*Opuscules et divers Traictez* sur des matières ecclesiastiques, Lyon, *Jean Pillehotte*, 1596, in-8° Voyez le *Gallia Christ.* de 1656, p. 814; l'*Hist litt.* du P. *de Colonia*, II, 794; la *Biogr. lyonn.*, p. 313; ci-après, au 12 *avril* 1626.

1613. — *Septembre* .... Mort de *Claude de Rubys*, ancien magistrat, auteur de plusieurs ouvrages dont le plus connu est une *Histoire de Lyon* publiée en 1604. Il fut inhumé dans la basse église des *Jacobins*, où il avait fait élever une chapelle dédiée à S. *Claude*, et dans laquelle son ayeul, son père et plusieurs autres membres de sa famille avaient été ensépulturés. Voyez la *Biogr. lyonn.*, p. 262, et les *Etudes sur les historiens du Lyonnais*, par M. *Colombet*, 1, 50, et p. xxxii des *Additions*; ci-après, les *Publications* de 1614, *Conférence* ....

1613. — Mort de *Charles de Busseuil*, grand custode de l'église de *S. Jean.* — Son prédécesseur, *Charles du Moulin*, laissa à cette église « une fondation considérable au jour de la Présentation de la Sainte Vierge. » Saint-Aubin, *Hist. eccl.*, p. 325.

1613. — Publications : *Accueil des Lyonnois à tres-illustre et tres-reverend Pere en Dieu, Messire Denis Simon de Marquemont*, leur Archevesque, ... Par le Sieur de *S. Joyre* (*René Gros*), Gentilhomme ordinaire de la chambre de Monseigneur le premier Prince et premier Pair de France. A Lyon, par *Nicolas Jullieron*, 1623. In 4° de 15 pages. — Tout ce que cet opuscule offre de plus remarquable, c'est un tour de force de l'auteur qui a trouvé dans les nom, prénom et qualités de M. de Marquemont qu'il a latinisés, l'anagramme suivant : *Chara Dei propago magnum ecclesiae incrementum: Quod vas liliis, mons spinis, sydus esto.* — Voyez les *Publications* de 1616 et de 1675.

1613. — *Le Brillant de la Royne,* ou *les Vies des hommes illustres du nom de Medicis* (1) .... Par *Pierre Boissat*, à Lyon, par *Pierre Bernard* (de l'imprimerie de *Claude Cayne*). 1613. In-8° — Au devant du titre est un frontispice gravé par *J. Fornazoris* (B. de L., 26377). — *Pierre Boissat* mourut cette même année 1613; son fils *Pierre II*, né de son mariage avec *Marie Athiaud*, fut un des premiers membres de l'Académie française. Voyez ci-après, *janvier* 1635, et les *Publications* de 1626, *Eloge historial* ...., et celle de 1664, *Oraison funèbre*.....

1613. — *Chronologia Sanctorum et aliorum Virorum illustrium ac Abbatum sacrae Insulae Lerinensis*; à Domno *Vincentio Barrali* Salerno Monacho Lerinense in unum compilata.... MDCXIII. Lugduni, sumptibus *Petri Rigaud.* In-4° de 8 f. non chiffrés, 399 et 470 p. — La *Chronologie* qui finit avec la page 390, est suivie de 3 ouvrages d'*Eucher*, évêque de Lyon. Le volume se termine par le recueil des poésies latines de *Denis Faucher*. Cet Arlésien était l'ami du poëte latin,

---

(1) On lit dans l'Inventaire Ms. des titres et fondations de l'ancien couvent des *Dominicains* de Lyon, t. 2, p. cxxviii: *Marie de Médicis*, femme de *Lyonet Rossi*, a été inhumée dans notre ancienne et basse église. La pierre qui couvre sa sépulture a environ 9 pieds de longueur et 4 et demi de largeur.... On y a gravé la figure d'une femme, et au bas cette inscription en caractères gothiques :

D. S.

Mariae Mediceae conjugi suavissimae, genere pudicitiaque insigni, Lionetus Rossius Florentinus B. M. pos. vixit ann. xxii. mens iii. dieb. xii, obiit v id. Mart. m. cccc lix.

Jean Voulté, mort en 1541, et non en 1542, comme le disent tous ses biographes (voyez p. 285, 401, 412, 413, 414, 417 et 429). A la page 428, est une *Antipriapée* dont la fin nous paraît inintelligible si le 15ᵘ vers reste tel qu'il est :

Nostra personet hic *amœna* laudes ;

ne faut-il pas *camoena*, au lieu d'*amoena* ?

1613. — *Discours merveilleux et veritable d'un capitaine de la ville de Lyon que* Sathan *a enlevé dans sa chambre, depuis peu de temps*, etc. PARIS, *Fleury Bourriquant*, 1613, pet. in-8° de 16 p. BRUNET, II, 105. — Je présume que ce *Discours* contient une relation de l'aventure du capitaine du guet, *la Jaquière*, qui se trouve dans le *Pédagogue chrétien* du P. *Philippe d'Oultreman*, et dans les *Histoires tragiques* de *F. de Rosset*.

1613. — *Jacobi Gretseri, societatis Jesu, Institutionum linguae graecae libri tres.* Editio octava.... Lugduni, apud *Petrum Rigaud.* 1613. 3 vol. in-8°. — La première édition de cette Grammaire fut publiée à Ingolstadt en 1593 ; elle a été souvent réimprimée à Lyon, où elle a été assez longtemps la seule dont on se servit dans les colléges des Jésuites.

1613. — *Histoire prodigieuse d'un ours* monstrueusement grand et épouvantable, tuant et dévorant tout ce qu'il treuvoit devant luy, et violant femmes et filles au pays de *Forests*, qui fut tué par le capitaine *La Halle*. Lyon, *Chastellard*, 1613. In-8°. BRUNET, II, 586.

1613. — *Laetitiae publicae populi Lugdunensis in adventum Reverendis. D. D. Dyonisii Simonis de Marquemont*, archiepiscopi Lugdunensis, Galliarum primatis, praesulis sui dignissimi : *Joanne Goujonio* J. C. gratulante. Lugduni, typis *Johannis Jullieron*, 1613. In-4°.

1613. — *Les Marguerites poëtiques*, tirées des plus fameux poëtes françois, tant anciens que modernes, et reduites en forme de lieux communs et selon l'ordre alphabetique, nouvellement recueillies et mises en lumière, par *Esprit Aubert*, avec un indice tres-ample de chasque matiere. A Lyon, par *Barthelemy Ancelin*, 1613. In-4°. — Titre gravé par *L. Gaultier* (B. de L., 17201). — « Il est fort singulier, dit M. *Viollet le Duc*, que *Mathurin Regnier*, mort cette même année 1613, et dont les ouvrages étaient imprimés dès 1608, n'ait point trouvé place parmi les nouvelles célèbrités. » *Biblioth. poét.*, p. 33. — Je présume que cette polyanthée a été compilée par un Chanoine de l'église de *S. Genest en Avignon*, auquel on doit une *Introduction à la jurisprudence tirée du droit écrit*, etc., publiée à *Avignon* de 1633 à 1642, en 3 vol. in-8°. — Cet *Esprit Aubert* ne figure pas dans la *Biographie vauclusienne* de M. *Barjavel*, mais on y trouve un *Louis Aubert*, docteur *in utroque jure*, chanoine de *S. Didier* à *Avignon*, qui donna, en 1624, le *Tableau de l'Orateur françois*, qu'il dédia à *François de Suarès*, et qui fut imprimé à Lyon, chez *Chanuel*. Ce *Louis Aubert* est encore auteur de quelques autres ouvrages cités par M. *Barjavel*, et notamment d'un *Dictionnaire des rimes françoises*.

1613. — *Les Plaidoyers de feu Monsieur Ayrault*, vivant lieutenant criminel au siège presidial d'Angers : avec les arrests donnez sur iceux. Edition seconde, en laquelle sont rapportées aucunes des plus belles questions de droict qui ayent esté decises par arrests des cours souveraines, despuis la première edition, et autres signalées remarques. A Lyon, chez *Pierre Rigaud*. 1613. In 12. — Dédicace du libraire à M. *de Bellievre*, procureur général en la Cour de parlement de Paris.

— *Pierre Ayrault* est moins connu par ses *Plaidoyers* que par son traité *de la Puissance paternelle* publié en latin et en français, en 1593, traité qu'il fit à l'occasion de son fils *René*, qui était entré dans l'ordre des Jésuites sans sa participation. Un fait du même genre arrivé à Lyon vers le même temps, eut moins de retentissement (voyez ci-dessus, 9 *décembre* 1595). *René Ayrault* professa la rhétorique, la philosophie et la théologie dans differentes villes; il fut procureur de la province de Champagne, puis de celle de Lyon, et mourut à La Flèche, en 1644, après avoir passé par les premiers emplois de son ordre. Voyez l'*E loge de Pierre Ayrault*, par M. *Félix Belloc*; ANGERS, 1844, in-8°.

1613. — *Table chronographique de l'estat du Christianisme* depuis la naissance de Jésus-Christ, jusques à l'année 1612.... Par *Jacques Gaultier*, de la Compagnie de Jesus, natif d'*Annonay* en *Vivarez*, revue et de beaucoup augmentée par l'autheur..... A Lyon, par *Jacques Roussin*. 1613. In-fol. (B. de Lyon, 3699). Voyez ci-dessus au 7 *mars* 1609.

1614. — *Mai* 2. « Furent faits des réglemens entre les sieurs recteurs de l'*Hostel-Dieu* et de l'*Aumosne générale* dans l'Hostel de M. le Gouverneur, lesquels sont ainsi signés : *Halincourt*, gouverneur; *Seve*, lieutenant-general (à la Sénéchaussée); *Bouillon*, advocat du roy (au Présidial); *Austrein*, prevost des marchauds; *Dinet*, *Malot*, *du Bois* et *Raberin*, échevins (tous quatre recteurs de l'Hôtel-Dieu et de l'Aumône générale).—Ces réglements furent confirmés et expliqués dans une nouvelle assemblée tenue le 30 juillet 1615, où se trouvèrent MM. *d'Halincourt*, gouverneur; *de Montconis*, lieutenant-général criminel en la Sénéchaussée et siège présidial; *de Bourg*, plus ancien conseiller, en l'absence du lieutenant-général; *Bulliou*, avocat du roi, *d'Aveine*, procureur du roi; *Austrein*, prevôt des marchands; *du Bois*, *de Bais* et *Landry*, échevins, *M.*, Notes sur l'*Eloge hist.*

1614. « Le 4° *juing*, sur les onze heures du soir, brusla en la *Pescherie*, une maison, laquelle brusla tout entiere, et fut bruslé treize personnes, tant petits que grands. » *Arch. du Rh.* XII, 182. — Le 14 *juin*, suivant M. *Morin* qui ajoute : « Quelque temps auparavant, la *boucherie de la Lanterne* avait été entierement consumée par un accident du même genre. » *Hist. de Lyon*, VI, 107.

1614. — *Juin* 26. *Antoine d'Hostun*, seigneur *de la Baume*, etc., est nommé maréchal de camp des armées du roi, en récompense des services qu'il a rendus à l'Etat. — Il avoit été nommé chevalier des ordres du roi, le 5 novembre 1612; mais il mourut avant d'y avoir été reçu. Il était né le 13 septembre 1558; il avait été *sénéchal de Lyon*, sans doute après *Guillaume de Gadagne*, dont il avait épousé la fille unique (*Diane*), le 22 mai 1584. — Son fils, *Balthasar d'Hostun* dit *de Gadagne*, fut aussi *sénéchal de Lyon*, etc. MORÉRI, art. *Tallart*.

1614. — *Septembre* 2. Consécration de l'église des Capucins de *Bourg*, par M. *de Marquemont*, archevêque de Lyon. GUICHENON, *Bresse*, 2e partie, p. 18.

1614. — *Octobre* 27. Ouverture des *états-généraux* tenus à Paris. Les députés du pays et gouvernement de Lyonnois étaient, pour le Clergé, M. *de Marquemont*, archevêque, et M. *Antoine de Gibertes*, archidiacre et comte de Lyon; pour la Noblesse, *Claude de Crémeaux*, seigneur *de Chamousset*; pour le Tiers état, *Pierre Austrein*, lieutenant en la sénéchaussée et prévôt des marchands, *Charles Grollier*, procureur général de la ville, *Jean de Moulceau*, avocat, *Jean Goujon*, avocat, et *Philippe Tixier*, châtelain de *Dargoire*, syndic du plat pays. — C'est l'archevêque de Lyon qui eut l'honneur de complimenter le roi à cette occasion, et il le fit en ces termes :

« Sire, la félicité de ce siècle a commencé par vostre naissance; elle s'est renouvellée à vostre regne, et vostre majorité en a assuré la durée, remarque du temps si salutaire qu'elle porte nos esprits au delà du temps, et nous oblige d'adorer l'éternelle providence de Dieu qui l'a ainsi ordonné pour faire cognoistre qu'il vous a mis au monde, afin que vous en soyez l'exemple, la gloire de ceste couronne, le soulagement et les délices de vos peuples.

« Les labeurs héroïques de *Henry-le-Grand* vostre père, la sagesse incomparable de la reyne vostre mère, et vos propres vertus, ont servy de cause seconde à nostre bien. Ce grand prince d'immortelle mémoire a fondé la tranquilité, destruit la division, relevé la dignité et la splendeur ancienne de la France.

« Au coucher déplorable de ce soleil, ceste auguste princesse vostre mère, par sa magnanimité estonna le malheur, destourna l'orage, et dissipa tous les nuages et les broüillards qui, en d'autres minorités, avoient troublé et obscurcy le ciel de cet estat, qu'elle a depuis maintenu en paix et tranquillité au dedans, en a conservé et accru la réputation au dehors; ses loüanges passent nos discours, et sa prudence mérite le mesme éloge qu'une grande lumière de l'église a donné au courage de *Débora*. Une veufve gouverne heureusement les peuples, une veufve envoye les armées, une veufve choisit les capitaines, une veufve marche en campagne, une veufve ordonne les triomphes.

« Le Ciel, qui l'a opposée à nostre malheur, et qui nous l'a donnée pour l'heureuse naissance et excellente nourriture de Vostre Majesté, luy fasse voir très-longues années, la prospérité de vostre personne, et de vostre Estat; et vostre règne, fortifié de la continuation de ses conseils et du bonheur de sa présence, produira les merveilles que le monde attend de ces généreuses inclinations que vous avez à toutes les vertus.

« La piété est la première; aussi est-ce le fondement de toutes les autres; c'est la gloire des roys, c'est le rempart de leurs estats; en vous, elle est desjà en sa fleur ; le fruict qu'elle promet, remplit nos cœurs d'allégresse , et nous asseure que tant qu'elle demeurera en vostre ame royale, la félicité demeurera en vostre monarchie. Elle l'a fait durer plus qu'aucune autre., la rendue florissante et victorieuse; toute la terre a admiré le zèle des roys très-chrétiens au service de Dieu et à la protection de l'église. Vous en estes, Sire, le premier fils; et les prélats et autres ecclésiastiques, dont est composé le Clergé de vostre royaume, représenté par ce grand et honorable nombre de députez qui sont icy, et qui m'ont chargé de vous faire ce tres-humble remerciement, ce sont les dispensateurs de ses sacrements et de ses mystères, pasteurs de la bergerie de Dieu, interprètes de ses oracles. Nous avons les *Tables de la loy* pour enseigner aux peuples la crainte de Dieu, et l'obéissance au roy, la *verge* pour les conduire, la *manne* pour les nourrir.

« Tels que nous sommes, Sire, nous sommes vos très-humbles et obéissants subjects, qui, ayant l'honneur d'estre les premiers entre les ordres de vostre royaume, ne serons jamais devancez en la pureté de l'affection, en la constance de la fidélité, et au mérite de l'obéissance que nous devons à Vostre Majesté; nous sommes nez avec ce devoir, et vos mérites en accroissent tous les jours l'obligation. Car la pureté avec laquelle vous adorez et servez Dieu, attire desjà mille bénédictions sur vous, et sur nous pour l'amour de vous. La félicité d'*Auguste* est la félicité de l'empire. La félicité du roy sert de Ciel au royaume, comme le *Nil* à l'*Egypte*. Les peuples anciens exigeoient de leurs princes la prospérité, comme chose (disoient-ils) que, bien faisant, ils leur pouvoient obtenir du Ciel. Jamais *Rome* ne sçut honorer davantage les empereurs, qu'en attribuant à leur vertu la félicité de leur siècle.

« Ceste pieté, Sire, accompagnée de félicité, secondée de la prudence, nous faict espérer que ceste assemblée, convoquée par vostre commandement, réussira à la gloire de Dieu, à l'exaltation de son église, au service de votre Majesté, au bien de cest estat, à ces poincts auxquels nous avons dressé nos intentions. Nous réduirons aussi le cahier de nos remontrances que nous tiendrons prest le plustost qu'il nous sera possible, pour le présenter à Vostre Majesté, laquelle ne pouvoit entrer dans les années de sa majorité sous de plus beaux auspices, pour aller au-devant de tout ce qui pourroit à l'advenir troubler la félicité, de laquelle, en naissant, vous fustes obligé à ce siècle. Car vostre royale authorité, appliquée avec effect aux plaintes et supplications des Estats, sera un baulme très-excellent dont l'odeur et la *fragrance* (1)

---

(1) Ce mot qui vient du latin *fragrare* (exhaler une odeur suave), ne se trouve ni dans *Nicot*. ni dans *Roquefort*, ni dans *Richelet*, ni dans *Boiste*. M. *Brillat Savarin* s'en est servi dans cette phrase de sa *Physiologie du Goût*, t. 1, p. 99 de l'édition de 1828 : « Une seconde, et même une troisième sensation, qui vont en s'affaiblissant graduelle-« ment, et qu'on désigne par les mots arrière-goût, parfum ou fragrance....» Je trouve aussi *fragrantes* dans *S. François de Sales*, qui, citant un passage du Cantique des Cantiques, le traduit ainsi : *Tes mamelles*, dit l'espoux à la bienaimée , *sont meilleures que le vin*, fragrantes *et* odoriférantes *comme très bons* onguents *et* baume. » EPISTRES SPIRITUELLES, II, XVII.

fera croître et redoubler l'amour et l'obeyssance de vos subjects, et la vertu guerira et consolidera toutes les playes et blessures que les troubles et désordres passez ont laissé encore en vostre Estat. La saison ne fust jamais si opportune à bien faire; car, Dieu mercy, ceste assemblée n'est pas, comme ont esté quasi toutes les précédentes, un remède nécessaire à la violence d'un grand et pesant mal ; c'est plustost un bon vent qui arrive à une douce et tranquille navigation, adjoustant les effects à l'espérance, la constance au bonheur, et la seureté au repos.

« Les paroles nous manquent pour exprimer le contentement et le ressentiment que nous avons de ce bien. Beaucoup moins sont-elles capables de rendre les graces très-humbles que nous en devons à vostre Majesté. Il faut que nostre silence parle, que nostre humilité remercie. Nous vous supplions très-humblement, Sire, juger de nos paroles par la véritable affection de nos cœurs, comme en juge Dieu tout-puissant, duquel vous estes une image vivante, et non pas de nos cœurs par la foiblesse de nos paroles, comme en jugent les hommes. Nous ne respirons que vostre service, ne souhaitons que vostre contentement et vostre grandeur. En nous, l'ardeur de ceste devotion qui ne s'esteindra jamais, le temps ne fera que la renflammer. L'église ne sçait que c'est d'inconstance; c'est l'espouse du fils de Dieu; elle a la lune sous les pieds : et son espoux, estant l'autheur des justes et légitimes dominations, comme est la vostre, et ayant commandé aux subjects d'aymer, honorer et obéyr à leur roy, recevra, pour sacrifice agréable, les vœux et prières très-ardentes que nous luy faisons et ferons tous les jours de nos vies, avec tout l'effort de nos cœurs, avec toute l'affection de nos âmes, qu'il luy plaise espancher abondamment ses graces sur vostre Majesté. Que vous soyez le plus religieux, le plus juste et le plus victorieux prince, qu'aye jamais veu le soleil : Que tous vos subiects unis au giron de l'église par l'exemple de vostre piété, et tout l'Orient vaincu et dompté par vos armes, vous remettiez la saincte et triomphante croix sur les murailles de *Hierusalem* : Que chery du ciel et honoré du monde vous voyez heureusement fermer ce siècle, qui s'est ouvert à vostre naissance : Et qu'enfin, à tant de couronnes qui auront orné vostre chef en terre, vous adjoustiez celle de l'immortalité, dont jouissent desjà bienheureux les *Clovis*, les *Charlemagnes*, les *Roberts*, et les *Louïs* vos prédécesseurs, et qui est préparée dans le Ciel à tous les princes qui, en leur vie, auront aymé l'Eglise, auront honoré la religion et la piété. » *Mercure françois*, p. 52-57 de la 3e continuation. Voyez aussi le *Cérémonial françois*, tome II, p. 348 ; le tome XI du recueil intitulé *Des Etats généraux*, etc. ; HENRION DE PANSEY, *Assemblées nationales*, p. 231 ; *Arch. du Rh.*, XIII, 33; J. MORIN, *Hist. de Lyon*, VI, 107.

1614. — *Décembre 21. Baltazard de Villars*, premier président au parlement de *Dombes*, prononce la Harangue suivante, à l'ouverture des plaids :

« Les princes souverains sont la vraye image du Dieu vivant, qui, par son infaillible providence, gouverne aussi bien ce monde visible et inférieur comme le surceleste et eternel. C'est par luy que les roys regnent ; il les a establis ses lieutenants en terre, et leur a communiqué des rayons de sa divinité pour asseurer leur domination et les faire respecter par le reste des hommes.

« En Dieu nous recongnoissons principalement une puissance souveraine, une sagesse immuable, une bonté admirable, comme aultant de proprietez essentielles à ceste saincte, auguste et unique triade de laquelle nous ne debvons parler qu'avec la bouche d'admiration et de silence. Dieu a voulu que ceux qui le representent eussent ces trois principales qualités, l'authorité, la prudence et la bonté, c'est-à-dire, qu'ils usassent prudemment de la puissance, distribuassent, avec la mesure de la bonté, à leurs subjects, les effects de leur protection.

« Les princes souverains, imitans ce grand Dieu, ne pouvant personnellement gouverner tous ceulx qui leur sont subjects, ont establi des magistrats par lesquels, comme par des canaulx, ils distillent les eaux salutaires de ces trois sources divines.

« Les magistrats souverains partant sont subalternes de Dieu ; ils doivent mesnager cette authorité, dresser leurs actions au poids de la puissance, au nombre de la sagesse et à la mesure de la charité.

« L'or est le plus parfaict des metaux, le feu le plus pur des élémens, le soleil le plus lumineux des astres ; la foy est un don de Dieu nécessaire à salut, l'espérance l'ancre des hommes ; mais la charité est la plus importante et nécessaire vertu du Chrestien, et sans laquelle les aultres sont inutiles. Il y a tres grand rapport de la foy à l'or, de l'esperance au feu, de la charité au soleil. Je pourrois promener mon discours par ce paralelle, et vous monstrer que l'or est marque de puissance (*Pecuniae obediunt omnia*), le feu, de sagesse, d'aultant que c'est luy qui vrayment separe le pur de l'impur, et le soleil, de bonté, d'aultant qu'il se communique librement à tous ; mais je ne me veux pas amuser à discourir de la puissance, parce qu'elle n'est que trop recherchée, et le plus souvent se convertit en tyrannie, non plus que de la sagesse, qui facilement change de nom et s'appelle presumption.

« Je desire pour maintenant animer vos âmes à la recherche de la charité dont cette pourpre est le vray hieroglyphique ; car, à vray dire, la puissance sans la sagesse est un corps sans âme, et toutes deux, sans la bonté, sont arbres sans fruicts.

« Les magistrats souverains sont revestus d'escarlate qui estoit aultrefois l'habit des roys ; mais ils doibvent prendre garde que comme cet habit les faict paroistre magistrats, ils doibvent principalement avoir les conditions et qualitez de l'escarlate, c'est-à-dire, la charité au dedans. Or, en un mot, la charité *non quærit quæ sua sunt*. La justice, comme disoit un ancien, c'est *Bonum alienum*. Je desirerois que cet escarlatte, qui paroist au dehors, fust aussy au dedans, c'est-à-dire, que nos ames fussent toutes teintes de cette vertu, que les eaux d'ambition, l'huile d'avarice, la poussiere de vanité n'eussent point de prinse sur nous, et que l'innocence de nos vies representast au vray, et rendist à ceulx qui sont sous nous la bonne taincture de la charité.

« Il est certain que l'institution du prince est la vraye éphemeride
de l'heur ou malheur des provinces; mais la plus asseurée planette qui
nous promet la celeste influence du bonheur du pays de *Dombes*, c'est
la vertu que madame *Marie* (1), princesse souveraine de *Dombes*, a sucée
avec le laict. Aussy elle est issue de la plus illustre race du monde,
descendue du costé paternel de la tige de S. *Loys* et des aultres princes
jusques à son père, de tres honorée et neantmoins lamentable memoire, tous lesquels ont laissé des marques de leur pieté par tout le
monde ; et du costé maternel d'un ayeul vrayment religieux qui a esté
une merveille de nostre siecle, eslevé par le soing de madame sa mère,
le parangon de vertu, soubs la tutelle de ce grand prelat, honneur de
la pourpre de l'église gallicane ; je debvois dire de toute l'église romaine, et soubs la conduite d'ung personnage de pieté singulière, et
d'une vertu nonpareille. Cette princesse, en ce bas aage produict desja
des estincelles de ce feu qui la consume au dedans et du soing qu'elle a
du bien de ses subjects, quand, escripvant à sa Court, elle trace, de sa
propre main, ce tesmoignage de sa piété : « Si Dieu, dit-elle, n'est bien
« et parfaictement servy en mes terres, en vain esperay-je et desiray-je
« de l'estre, » parole certainement digne de la beauté de son ame qui accompagne celle du corps que la nature luy a si prodigalement octroyée,
qui merite d'estre burinée sur le diamant de l'éternité et enchassée
dans le temple de mémoire pour servir de notable relique à la postérité.
Quel plus certain augure, quel plus mysterieux vol des oiseaux desire-
rons nous pour nous asseurer d'une felicité advenir, que le vol de cet
aiglon qui porte ses petits aislez, mais son grand zele vers le soleil de
justice pour attirer sur ses subjets les douces rosées des benedictions
celestes et les fruicts de la corne d'*Amalthée*. Sa Grandeur nous ayant
honorez de son authorité souveraine, a voulu que nous parussions aujourd'huy en ce lieu où les roys luy ont promis la tenue de sa Court de
parlement, revestus et parez de cette pourpre, à l'imitation du parlement de France : ce n'est point pour nous authoriser davantage, c'est
pour nous advertir de nostre debvoir et à ce que, faisant réflexion
sur nous-mesmes, nous soyons eschauffez au dedans comme nous pa-
roissons en l'esclat de nos robes rouges. Je desirerois que tout ce
peuple nous vist revestu de cette belle robe de la charité, laquelle bien
practiquée, rend à Dieu le souverain culte et l'honneur qui luy est
deub ; à Madame, l'obéissance des subjects ; au magistrat, le respect,
et les enflamme quant et quant à la recherche du salut du peuple, qui
est une souveraine loy qui doibt estre la regle de toutes nos actions. »
(*Ms* de la B. de Lyon, n° 1439.)

1614. — Ce fut en cette année que l'on plaça dans la cour de
l'*Hôtel de ville*, une boîte où chaque particulier avait droit de jeter des
avis ou des doléances dans l'interêt de la cité. On avait déjà employé,
lors de la convocation des états de *Blois* en 1588, le même moyen qui

(1) *Marie de Bourbon*, fille de *Henri de Bourbon*, duc de *Montpensier*, mariée à
Gaston d'Orléans, en 1626, décédé dans la 22ᵉ année de son âge, le 29 mai 1627.

ne produisit que des libelles diffamatoires et des pasquinades en vers et en prose, et qui ne répondit pas à l'attente des inventeurs qui furent les premiers maltraités. *Arch. dn Rh.*, VII, 229.

1614—1615. — Fondation par messire *François de Sales,* évêque de *Genève*, du monastère de la *Visitation de Sainte-Marie.* — La B. de Lyon possède le ms. d'une *Histoire* de cette fondation, n° 1345 (nunc 926), sans nom d'auteur, mais on y remarque çà et là plusieurs corrections de l'écriture du P. *Menestrier* et une Notice toute entière de sa main sur une religieuse de ce monastère, *Marie-Elizabeth de Quéraud,* écrite sur une feuille détachée, jointe au volume.

1614. — *Advertissement de Mgr le reverendissime, archevesque, comte de Lyon, primat des Gaules, au clergé de son diocèse, touchant la promotion aux ordres et provisions des cures et autres bénéfices ;* Publié au synode de Lyon, le 16 avril 1614. A Lyon, chez *Pierre Rigaud.* 1614. In-8°. — Les articles XIV et XV de cet *Advertissement* nous apprennent qu'en ce temps là, on résignait quelquefois des bénéfices à des personnes qui ignoraient tout-à-fait la langue latine. Pour mettre un terme à cet abus, M. de *Marquemont* veut qu'on ne soit pas admis aux cures quand on n'entendra pas la langue latine, et quand on ne sera pas fort instruit et versé en l'administration des sacremens, et aux cas de conscience.

1614. — *L. Apuleii.... Opera...* cum *Philippi Beroaldi...* Commentariis, etc. Lugduni, apud *Viduam Antonii de Harsy.* 1614. In-8°. Voyez les *Publications* de 1604.

1614. — *Lou Banquet et Plesen discours d'Augié Gaillard....* A *Lyon,* iouxte la copie imprimée à *Paris,* par *François Audebert.* 1614. In-12 (B. de L. 17877).—On trouve, p. 39-44, *lou Testament d'un porc,* qui a échappé à M. *Gabriel Peignot,* et qu'il aurait pu joindre à celui de *M. Grunnius Corocotta Porcellus* (voyez les *Publications* de 1608, art. *Formulaire...*). — Il y a deux autres éditions lyonnaises des poésies d'*Augié Gaillard,* qui a fait une pièce de vers sur l'entrée d'*Henri III* à Lyon, laquelle ne se retrouve pas dans son *Banquet,* et qui n'est pas citée par le P. *Lelong.* — En 1841, M. *G. de Clausade* se proposait de donner une nouvelle édition des œuvres de *Gaillard* que *Nodier* appelait « le « dernier troubadour de *la vieille langue romane.* » Je ne sais si cette édition a vu le jour. Voyez Du VERDIER, lettre *A* ; l'abbé GOUJET, XIII, et BRUNET, III, 348.

1614. — *Conférence des prérogatives d'ancienneté et de noblesse de la Monarchie, Roys, Royaumes et Maison royale de France :* avec toutes les autres Monarchies, Roys, Royaumes et Maisons royales que sont en l'estendue de nostre Europe.... Par Maistre *Claude de Rubys......* A Lyon, par *Simon Rigaud.* M. DC. XIIII. In-8° de 6 f. non chiffrés, et de 350 p. — Dédicace de l'auteur à Louis XIII. — A la suite de la table des chapitres est ce distique *In laudem authoris :*

Per te olim fuit urbs totum celebrata per orbem
Hac orbis serie gaudet et orbis et urbs.

I D. S.

Ce livre dont l'impression fut achevée le 14 août 1613, peu de temps avant la mort de l'auteur, à été analysé dans la *Biblioth.* du P. Lelong, t. 2, p. 750. — Du Chesne, page 212 de sa *Biblioth. des hist. de France*, cite l'ouvrage suivant : — *Histoire des princes sortis des deux maisons royales de Vendosme et d'Albret*, par *Claude de Rubys*; Lyon, 1614, in-8°. — L'existence de ce livre me paraît douteuse; mais le même sujet a été traité par *Rubys* dans sa *Conférence*, ch. 8 de la 2° partie. Voyez Lelong, n° 25584, t. 2°, p. 681. — Un des ouvrages les plus rares de *Rubys* est celui qu'il publia en 1563, sous le titre : *La Resurrection de la Messe* et qui fut successivement imprimé à *Lyon*, à *Paris* et à *Verdun*; il y réfutait un pamphlet que les calvinistes avaient fait publier pendant qu'ils étaient maîtres de Lyon, *La Mort et enterrement de la Messe* (voyez son *Histoire de Lyon*, p. 400). Le titre que *Rubys* avait donné à sa réfutation n'était pas nouveau : En 1554, un partisan zélé de la réformation, *Hugues Hilary*, avait fait imprimer à *Strasbourg*, un poëme intitulé : *Resurrection of thè Masse*, cité par *Dibdin* dans la nouvelle édition de sa *Bibliomania*. Voyez le *Bulletin du Bibliophile belge*, t. 2, p. 292.

1614. — *Discours sur la conversion* du sieur *Cholet*, jurisconsulte lyonnois, à la religion catholique, .,... par *Claude le Brun de la Rochette*, avocat Beaujolois. A Lyon, chez *Pierre Rigaud*. 1614. In-12 (B. de L., 20518, tome 2). — Ce fut dans l'église de *S. Joseph*, et le 24 juin de cette année, que le sieur *Cholet*, qui était protestant, fit son abjuration.

1614. *La Fleur de la poësie morale de ce temps*, consacrée à la fleur des rois, Le Roy des fleurs-de-lis (*Louis XIII*), par messire *Claude Guichard*, sieur *d'Arandas*, conseillier (sic) d'estat de son Altesse de *Savoye*, et premier referendaire du prince de *Piedmont*. A Lyon, chez *Pierre Rigaud*. 1614. In-8° (B. de L., 17437). — Ce volume eut pour éditeur *Réné Gros de S. Joyre*. Il se compose en majeure partie de quatrains moraux, qui ne valent pas ceux de *Pybrac*, pas même ceux de *Matthieu*. Nous avons eu quelque peine à en trouver trois qui méritassent d'être cités; les moins mauvais sont peut-être ces deux-ci :

> Tu te ris des enfans qui s'empressent à faire
> Leur petits vains châteaux, jardins, nopces, banquets;
> Mais la mort rit de toy qui, tout vieil que tu es,
> Fais la mesme folie en plus gros charactère.

> Compter les ans ans vescus et ceux qu'on pense vivre,
> C'est compter son argent après qu'on la perdu;
> C'est entrer en despens sur un bien attendu;
> C'est tenir d'*Axonés* (1) et l'humeur et le livre.

(1) Je présume qu'il s'agit ici des *axones*, c'est-à-dire, des poteaux tournants sur lesquels étaient gravées les anciennnes lois d'*Athènes*. Nous ferons observer qu'on lit *Axona* au lieu d'*Axonés* dans la réimpression des quatrains de Guichard. Voyez sur les *axones* les commentateurs de *Plutarque* sur la *Vie de Solon*, et sur le traité, *Un philosophe doit-il converser avec les princes?* Voyez encore les *Curiosités bibliographiques* de M. Lalanne, p. 14

C'est donc avec raison que l'abbé *Goujet* a dit de ce recueil « Les vérités
« qu'il contient sont bonnes et de pratique ; l'expression rebute. »
Bibliot. franç., XV, 85. — *Guichard* était de *S. Rambert en Bugey*. Son
meilleur ouvrage est un traité des *Funérailles*, imprimé à Lyon en 1581.
Il mourut à *Turin* le 15 mai 1607. J'ai lieu de croire que c'est de lui
que parle S. *François de Sales* dans sa lettre au président *Favre*, du
17 mars 1595, où l'on voit qu'il était très-lié avec *Guichard* « dont
« l'imagination était aussi féconde que son cœur était brûlant. » *Nouvelles Lettres*, Paris, 1835, tome I, p. 92.

1614. — *La Floresta spagnola*, ou *le Plaisant bocage*, contenant plusieurs comptes, gosseries, brocards, cassades et graves sentences de personnes de tous estats; traduit de l'espagnol par *Pissivin*, et dédié à M. *de
Langes*, seigneur *de Laval*, président au parlement de Dombes, etc.
BRUXELLES; 1614. In-8°. — Réimpression avec le même titre de l'édition
publiée à Lyon en 1600. — M. *du Roure* cite deux passages extraits de ce
recueil de bons mots et de lazzis espagnols : « Une dame castillanne demandoit, dans un amant, lavertu des quatre *S* : *sabio, solo, secreto, solicito*
(sage, seul, secret, soigneux). Un cavalier lui répondit qu'il repoussoit,
dans une maîtresse, le vice des quatre *F* : *fea, fria, flaca, flexa* (laide,
froide, maigre, retorte). — « Un chevalier ayant fouetté son jeune page
jusqu'au sang, lui dit, après l'opération, de se rhabiller. « Non, lui ré-
« pondit l'enfant, prenez mes habits, ils reviennent au bourreau. »
Analectabiblion, 11, 24.

1614. — *Le grand Dictionnaire francois-latin*, augmenté en ceste
edition.... des mots de marine, venerie et faulconnerie.... de plusieurs
phrases, recerches (sic), proverbes et sentences proverbiales : ITEM
d'un Abregé de la Prononciation et Grammaire françoise. Recüeilli des
observations de plusieurs hommes doctes : entre autres de M. *Nicod*, ...
et de nouveau reveu et augmenté par M. *P. de Brosses*.... A Lyon,
pour *Iacob Stoer*. 1614. In-8° de VIII et 1620 pages. — La dédicace à
Mgr. *Georges Jehan*, conte (sic) Palatin du Rhin, etc., est signée *Jacques
Dupuis* (sic). Dans son avis au lecteur, l'imprimeur nous apprend que
depuis la mort de *Jacques Dupuys* (sic) il n'est aucune des éditions
de ce *Dictionnaire* qui n'ait été amplifiée par des hommes doctes, etc. Le
privilége du roi, daté de *Paris* le 21 *mai* 1614, est accordé à *P. de
Brosses*, lieutenant-général civil et criminel au baillage de *Gex* (voyez
les *Publications de* 1603 et de 1607). Nous ferons observer qu'en 1556,
le *collége de la Trinité* avait pour principal un nommé *Jacques Dupuy*.
Il serait possible que ce fût à lui qu'on dût une des premières éditions
du Dictionnaire francois-latin publiées à Lyon. Voyez ci-dessus au 16
janvier 1556.

1614. — *L'Histoire et chronique de Provence de Caesar de Nostradamus*, gentilhomme Provençal.... Imprimé à Lyon chez *Simon Rigaud*
pour la *Société Caldorienc*. 1614. In-fol. Titre gravé, suivi du portrait
de l'auteur. Le privilége du roi, daté de *Paris*, le 26 mai 1614, a été accordé à *Pirame de Candolle* et *Simon Rigaud*, marchands libraires à Lyon

A la dernière page du vol,, la 1092e, est ce distique de *Pierre Guyon,* jurisconsulte avignonnais :

Tempora lapsa canit Caesar, ventura Michaël
Ut cecinit, vates dignus uterque polo.

1614. — *Opinationes variorum de vero intellectu nob. et vexatissimae L. Periculi pretium, 5. ff. de Naut. fenore, in unum fasciculum compulsae,* etc. A *Justo Zinzerlingo Thuringo,* J. V. D. Lugduni, typis *Joannis Annard* 1614. pet. 8° (B. de Lyon, 7941). — La dédicace de l'auteur à *Wenceslas de Griespach,* est datée de *Bourges* le 23 février 1614; la seconde à *Matthias Hubner,* se termine ainsi : in *Allobrogibus Kal. febr. anni* clɔ lɔ cx (1610). — L'approbation, signée *Seve,* est datée de Lyon le 1er août 1614. Voyez les *Publications* de 1610, *Criticor. juvenil....,* et celles de 1616, *Jod. Sinceri Itinerarium....*

1614. — *Ordonnances et instructions aux curez du diocèse de Lyon,* faictes par Mgr le Reverendissime archevesque comte de Lyon, et publiées au synode, tenu le 16 avril 1614. A Lyon, chez *Pierre Rigaud.* 1614. In-8° (B. de Lyon, n° 23297, exemplaire défectueux). — Dans sa préface, M. *de Marquemont* parle d'une visite qu'il avait commencée l'année précédente, et se plaint d'avoir « trouvé plusieurs désordres, « lesquels ont besoin de correction et de remede;... » ce qui l'a porté à tenir un synode, après lequel il continuera sa visite. Quelques articles de ces *Ordonnances* ont été réimprimés à la suite des *Statuts synodaux de* Mgr *d'Amasie,* Lyon, 1827, in 8.°, p. 173 et suiv.

1614. — *Ordonnance touchant les prébendes et commissions des messes : et aussi touchant ceux qui détiennent des biens ou titres appartenant aux églises et prébendes,* faicte par Mgr le Reverendissime archevesque, comte de Lyon, au synode tenu le mercredy 16 avril 1614. A Lyon, chez *Pierre Rigaud.* 1614. In-8.°.

1614. — *Ordonnance pour la résidence des curez du diocèse de Lyon,* faicte par Mgr le Reverendissime archevesque comte de Lyon, et publiée au Synode tenu le 16 avril 1614. A Lyon, chez *Pierre Rigaud.* 1614. In-8° — Injonction est faite aux doyens, sacristains, curés, etc., de rentrer dans le delai de trois mois, « sur leurs bénéfices, pour y « faire une continue et personnelle résidence... »

1614. — *Ordonnance touchant les cas reservez,* faicte par Mgr le Reverendissime archevesque comte de Lyon, au synode tenu le mercredy 16 avril 1614. A Lyon, chez *Pierre Rigaud.* 1614. In-8°. — Mgr se réserve à lui, ou à ceux auxquels il en donnera le pouvoir, l'absolution de tous sorciers, enchanteurs, devins et magiciens,.... de ceux qui nouent l'*esguillette* et empêchent la consommation du mariage; des sacrilèges et violateurs des églises, etc., etc.

1614. — *Pratum Claudii Prati,* continens Anthologiam epistolarum, orationum, sententiarum, etc. PARISIIS, ex typogr. *Joann. Libert.* 1614. Pet. in-8°. — Il y aurait bien des choses à extraire de ce volume où

Claude Dupré a recueilli des faits et des documents qu'on chercherait peut-être vainement ailleurs. Seulement il est fâcheux qu'il n'ait pas toujours donné le nom de ceux auxquels il a fait des emprunts. Parmi les pièces à la louange de l'auteur se trouve ce distique composé par un Auvergnat qui s'est nommé *Janus Emichenus :*

> Vere novo tantum terrestria prata virescunt ;
> At tua continuo tempore prata virescunt (1).

La pensée n'était pas nouvelle, et nous sommes persuadés que le poète auvergnat avait lu cet autre distique adressé au R. P. *Bollo*, auteur d'un *Rosaire* publié à Lyon, en 1593 :

> Vere novo tantum Pœstana rosaria florent ;
> At tua perpetua sunt rediviva fruge (2).

Inutile de faire observer qu'il y a une faute de quantité dans ce dernier vers ; chacun sait que la première syllabe de *fruge* est toujours longue ; le vers pourrait être ainsi remanié :

> Fruge sed aeterna sunt rediviva tua.

Dupré avait soixante et dix ans quand il publia son *Pratum*. Il s'était demis, en 1611, de son office de conseiller à la Sénéchaussée de Lyon où il siégeait depuis 42 ans. On a de lui un *Abbrégé fidelle de la vraye origine et genealogie des François*, suivi d'une refutation de la *Catacrise* de *Pierre Allard* (voyez les *Publications* de 1601). *Claude Dupré*, dit M. *Beuchot* (tome 12, p. 512 de la *Biogr. univ.*), parait être différent d'un autre Lyonnais ayant les mêmes nom et prénom, et que *Pernetti* fait auteur d'un livre *des Connoissances générales du droit ;* mais, comme le remarque le savant biographe, si *Pernetti* a voulu parler des *Gnoses generalis juris*, Lyon, 1559, in-8°, qui ont paru en effet sous le nom de *Claudius Pratejus*, comment concilier cette date avec celle de la

---

(1) C'est le printemps qui seul fait reverdir nos prés ;
Mais les tiens en tout temps sont verts et diaprés.
C. B. D. L.

(2) Les rosiers de Pœstum fleurissent au printemps ;
Mais les tiens, ô *Bollo,* fleuriront en tout temps.
C. B. D. L.

Dupré, p. 126 de son *Pratum,* cite cet autre distique, sans dire où il l'a pris :

> Vervex et pueri, puer unus, sponsa maritus,
> Cultello, lympha, fune, dolore cadunt.

Nous le retrouvons dans le *Santoliana,* p. 65, attribué par l'abbé *Dinouart* à *Jean de Santeul ;* mais le premier vers a été ainsi refait :

> Alter cum puero, mater conjuncta marito.

mort de l'auteur du livre *des Connoissances générales du droit*, que *Pernetti* met en 1550? Puisque l'auteur du *Pratum* est né vers 1544, il n'est pas présumable qu'il ait publié, à l'âge de 15 ans, les *Gnoses generalis juris*. Il faut donc les laisser à son presque homonyme *Claudius Pratejus* dont le nom français n'était peut-être pas *Du Pré*, et qui était sans doute de la même famille et du même pays qu'un autre jurisconsulte qui florissait alors à Lyon, maître *Pardoux Duprat*, lequel se nommait en latin *Pardulfus Pratejus*. On a de ce dernier jurisconsulte, 1º un commentaire latin sur l'*Enchiridion beneficiorum* de *Jean-Nicolas de Gimon*, Lyon, *Senneton frères*, 1550, in-4º; — 2º *Jurisprudentia vetus....* (1); Lyon, *Guillaume Roville*, 1559, petit in-8º, auquel il faut joindre sa *Jurisprudentia media*, publiée en 1561, même imprimeur et même format; — 3º un *Lexicon juris civilis et canonici*; Lyon, *G. Roville*, 1580, dédié à *Pierre d'Ausserre*, conseiller du roi à la Sénéchaussée de Lyon. Voyez la *Bibliothèque* de *Denis Simon*, tome I, p. 452, et celle de MM. *Camus* et *Dupin*, p. 89.

1614. — *Les Quatrains du S. de Pybrac.....* ausquels sont adjoustez de nouveau les *Quatrains de la Vanité du monde*. A Lyon, chez *Pierre Rigaud*. 1614. In-8º de 54 et 16 pages (B. de L., 17437). — L'auteur des *Quatrains de la Vanité du monde* est *Claude Guichard*. Voyez cidessus *Fleur* (la) *de la poësie morale*.

1614. — *Les Serées de Guillaume Bouchet......* A Lyon, chez *Pierre Rigaud*. 1614. 3 vol in-8º (B. de Lyon, 19115). — Edition omise dans le *Manuel* de M. Brunet, où l'on en cite une du même libraire, avec la date de 1615 (voyez les *Publications* de 1608 et de 1618). — *Gudin*, t. 1, p. 159 de ses *Contes*, après avoir parlé des *Facétieuses journées* de *Gabriel Chapuis*, puis des *Matinées* et des *Après-dînées* du seigneur de *Cholières*, ajoute : « Un troisième plaisant ne donna que des *Serées* ou *Soirées;* mais il voulut remplir tout le mois, et il en publia au moins trente..... Ce narrateur de fariboles était un juge de *Poitiers*, un magistrat estimable... Son livre vaut mieux que celui de *Cholières;* on voit que l'auteur est instruit, quoiqu'il défigure sans scrupule tout ce qu'il tire de l'antiquité. C'est dans ce livre, ajoute *Gudin*, que se trouvent ces vers si connus :

> Au temps passé, en l'age d'or,
> Crosses de bois, évêques d'or :
> En ce temps-cy, sont d'autres lois,
> Crosses d'or, évêques de bois.

(1) La *Jurisprudentia vetus* est dédiée par l'auteur à *François de Villars*, conseiller du roi à la sénéchaussée de Lyon ; cette dédicace, datée de Lyon, le 1er janvier 1559, est suivie de trois pièces en vers latins, adressées, la première à M. *Rabot*, conseiller au parlement de *Grenoble;* la seconde à *Jean Girinet*, avocat du roi ; la troisième à *Henri de Gabiano* qui fut échevin en 1561, 1562 et 1563. On trouve entre autres lois, dans ce volume, celles de *Dracon* et de *Solon*. Les conservateurs de la Bibliothèque nationale auraient bien voulu y trouver aussi celles de *Minos* que le conventionnel *Herault de Séchelles* leur faisait demander du haut de la Montagne, en 1793.

Nous ferons observer que ces vers n'ont presque jamais été cités sans quelques variantes; un des contemporains de *Bouchet*, le fameux jurisconsulte *Guy Coquille*, les rapporte ainsi, comme un ancien proverbe, dans son *Histoire de Nivernois* (t. I, p. 310 de ses *Œuvres*, édit. de 1703):

> Au temps passé du siècle d'or,
> Crosse de bois, evesque d'or ;
> Maintenant ont changé les lois,
> Crosse d'or, evesques de bois.

Bayle et *Dreux du Radier* ont jugé plus favorablement les *Sérées* que ne l'ont fait *Gudin*, et, avant lui, le P. *Niceron* qui reproche à *Bouchet* la fadeur de ses quolibets, et surtout ses obscénités : le savant auteur de la *Bibliothèque du Poitou* (t. 2, p. 321) lui trouve un style vif, assez poli pour le temps, des traits singuliers bien amenés, une érudition étendue sans pédantisme ; il regarde enfin les *Sérées* comme un ouvrage original, et c'est, ajoute-t-il, un mérite de plus dans la littérature. De nos jours, un homme de goût et d'érudition, M. *Leber*, ne le trouve pas moins instructif qu'amusant, et quant à ses gaillardises, il ne comprendrait guères un collecteur de vieilles facéties qui serait porté à s'en scandaliser (*Catalog.*, n° 2571). En rendant compte de l'édition de 1608, nous avons cité un huitain sur *Dédale*, avec le regret de n'en pas savoir l'auteur. Un de nos amis lettrés nous apprend que ce huitain est imité d'une épigramme latine de *Celio Calcagnini*, qui se trouve p. 522 *des Delitiae cc italorum poetarum.*

1614. — *Titi Livii Romanae Historiae qui extant quinque et triginta libri......* Lugduni, sumtibus *Thomae Soubron.* 1614. In-8° de 1244 pages non compris les pièces liminaires et les deux index qui sont à la fin du volume (B. de L., 24141). — Édition à l'usage du Collége des Jésuites de Lyon, précédée de la dédicace du libraire *Scolis Lugdunensibus*, datée de Lyon, le 1er octobre 1613. Voyez les *Publications de* 1621.

1614. — Vilbonius, *gymnasiarcha confluentinus, in Despauterii Grammaticam.* Lugduni apud *Ludovicum Muguet.* 1614. In-8° (B. de L., 15477). — Cet ouvrage est du P. *Philibert Monet*, Jésuite, qui était alors préfet des classes et des humanités au collége de la Trinité. M. Voyez Barbier, *Anonym.*, n° 21662 ; ci-après, au 51 *mars* 1643, et les *Publications* de 1654.

1615. — *Février* 2. Le P. *Romillon*, supérieur des prêtres réformés de la doctrine chrestienne, procède à la bénédiction de la nouvelle église des *Ursulines*. Severt.

1615. — *Mai* 16. Une sentence de l'officialité de Lyon (1) confirme le jugement de l'official de *Paris*, qui avait interdit de toute fonction ecclésiastique *Antoine Fusi*, curé des églises de *S. Barthelemi*, *S. Loup*

---

(1) L'officialité de Lyon concourut aussi à la condamnation d'*Anne Dubourg*, conseiller-clerc au parlement de Paris, qui fut pendu et brûlé en place de *Grève*, le 23 décembre 1559. Peignot, *Livres condamnés*, II, 248.

et *S. Gilles*, à *Paris*, tant pour un libelle qu'il avait composé contre un
de ses marguilliers, que pour ses hérésies et ses impudicités. La sentence de Lyon ayant été confirmée par le Parlement de *Paris*, il ne restait plus au condamné que l'appel à *Rome*; mais informé que le Célestin
Jean-Dubois, avec lequel il avait eu sans doute des relations, était prisonnier au *château S.-Ange*, il répondit à ceux qui lui conseillaient cet
appel « qu'il n'avoit garde, parce qu'*il ne falloit qu'un petit fusil pour
« allumer du bois.* » Après une détention de quatre ou cinq ans, d'a-
bord à *Sens*, et ensuite à Lyon, il fut élargi, et se réfugia à *Genève* où
il se fit carabin de la religion réformée, pour tâcher à réformer le Pape.
C'est dans ce but qu'il y publia en 1619, son *Franc-archer*, livre non
moins fou ni moins ridicule que celui pour lequel il avait été condamné.
Les Jésuites dont il avait d'abord porté l'habit, et le P. *Sanchez*
entr'autres y sont traités de la même façon qu'ils le sont encore de nos
jours par des écrivains qui ne font que répéter ce qui a été dit et redit
depuis près de trois siècles contre les disciples de S. Ignace. — *Fusi*
fut un des prêtres qui tentèrent en vain de convertir un calviniste
nommé *Poussin*, tondeur de draps à Lyon, frère de l'imprimeur du roi,
Ancelin, lequel accusé d'avoir étranglé sa femme, fut pendu et brûlé
en place de *Grève*, le 17 juillet 1604 (*Journal de l'Estoille*). Voyez sur
A. Fusi (1) Niceron, XXXIV, 304; Prosper Marchand, I, 263, etc.;
ci-après, *Publications de 1619, le Franc-archer*;... et 28 *août* 1626.

1615. — *Juin* 6. Mort, à *Aix* en *Savoie*, de *Jacques Maistret*, évêque
de Damas, *in partibus*, suffragant de *Pierre d'Espinac*, archevêque de
Lyon, né à *Juilly* en *Bourgogne*, vers 1534. Voyez son article dans la
Biogr. Lyonn.; le *Catal. de la B. de Lyon*, Histoire, nº 4873, celui des
Mss., tome I, p. 300 et 321; ci-dessus, *année* 1574 et 17 *février* 159.

1615. — *Août* 17. Mort, à *Vienne* en *Dauphiné*, de *Jean Faber*, dominicain, né à Lyon vers le milieu du 16ᵉ siècle. — Il avait pris le bonnet
de docteur, à *Paris*, en 1588, et se fit un nom comme prédicateur.
Pierre V de Villars, archevêque de *Vienne*, son compatriote, le fit
nommer archevêque de *Tarses*, et le prit pour suffragant. Dans la suite,
il lui procura la cure de *Notre-Dame-de-Vie*, une des meilleures de
Vienne; il y fut inhumé avec cette épitaphe :

R. D. D. JOHANNES FABER, ARCHIEPISCOPUS TARSENSIS, SUFFRAG.
VIENN. OBIIT ANN. D. MILL. D. CXV. — XVII AUG. CORPUS SUCCIDIT
MANEAT ANIMA COELO. AMEN.

Fac mihi sit felix in te post fata sepulcrum.

On a de ce prélat *Collectio Concionum quadragesimalium*, *cum historia Passionis, et feriis Paschae*; Lugduni, sumptibus *Petri Rigaud*; 1605,
in-8º (B. de L., 4555). Ce volume est dédié à *Pierre de Villars* par l'auteur

____

(2) Un des membres de la *Commission temporaire* qui siégeait à Lyon en décembre
1793, et qui a fait verser tant de sang, se nommait Fusi.

qui commence ainsi son épître : *Cogitantem mecum in te animum testifica-ri*... Le frère prêcheur a probablement voulu donner une variante du *Cogitanti mihi*, de *Cicéron* et de *Minutius Félix*, qui ont commencé par ces mots, l'un ses *Dialogues de l'Orateur*, l'autre son *Octavius*. Les sermons du P. *Faber* sont en forme d'homélies, fort courts, sans exordes et sans divisions, remplis de citations de l'*Ecriture sainte*, des SS. Pères et des auteurs profanes. Voyez CHARVET, *Histoire de la sainte Eglise de Vienne*, p. 582, 629 et 642.

1615. — *Nicolas de Neufville*, marquis d'*Halincourt*, fut reçu gouverneur de Lyon en survivance. M.

1615. — Cette année, le Consulat fit construire le *Port de Roanne*.— Le P. *Menestrier* a reproduit, dans son *Eloge hist. de la Ville de Lyon*, l'inscription qui fut faite à cette occasion.

1615. — *Circa*. Mort, à *Genève*, de *Jean II de Tournes*, célèbre imprimeur, né à Lyon vers 1539, fils de *Jean I*, lequel s'est aussi distingué comme typographe, et dont les éditions sont encore recherchées par les bibliophiles. — *Jean II* avait épousé *Françoise Berthal*, veuve en premières noces de *Gilles Huguetan*, et en secondes, de *Jacques Mica*, laquelle était catholique, et fit son testament en 1560 (Notes de l'abbé *Sudan*). Quant à son mari, il est certain qu'à l'exemple de *Jean I*, il avait embrassé la religion prétendue réformée (1). Il exerça son art à Lyon jusqu'au mois de novembre 1585, époque à laquelle, suivant la *Biogr. univ.*, il fut obligé de s'expatrier pour cause de religion et alla s'établir à *Genève* avec son imprimerie; il fut reçu bourgeois de cette ville en 1596, et élu en 1604, membre du Conseil des 200, etc. Un bibliophile lyonnais, M. *Gonon*, qui possède un certain nombre de livres sortis des presses de ce typographe, nous en a communiqué un qui mérite une mention :

Mespris de la cour et louange de la vie rustique. Composé premierement en Espagnol par dom *Antoine de Guevarre*.... et depuis traduit en Italien, François et Allemand. Toutes lesquelles langues nous avons joinctes ensemble en ceste seconde édition....... à la fin du livre se voyent les vers françois des evesques de *Meaux* et de *Cambray* (*Philippe de Vitriac* et *Pierre d'Assias*), et les latins de *N. de Clemengis*, docteur en theologie sur a grande disparité de la vie rustique avec celle de cour (*Genève*). Par *Jean de Tournes*, M.DCV.In-16, sur 2 col.—Le français est en caractères de civilité.—Dédicace de *J. de Tournes* à M. *de Langes*, seigneur de Laval, conseiller du Roy en son conseil privé et président en la Seneschaucée et siege presidial de Lyon, datée de son imprimerie, ce 20 may 1591. Le bon typographe entretient son Mecène des malheurs qu'il a éprouvés; il eût bien désiré d'être toujours tendu et occupé au travail de son imprimerie; mais, pour n'en avoir pas le moyen, il n'a pu, en son art, faire ce qu'il eût souhaité. Tout ce qu'il a semé depuis 1585 (époque de son émigra-

____

(1) Voyez et corrigez la note p. 273 de nos *Documents sur le règne d'Henri IV*. Voyez aussi les *Publications* de 1627, *les Six premiers livres des Eléments d'Euclide*.

(tion), lui est demeuré mort et inutile, sans en avoir recueilli aucune moisson , etc , etc. Après être entré dans quelques détails sur le livre qu'il publie , il ajoute que la traduction françoise est d'un sien ami et patriote ; mais il ne le nomme pas.

1615.— Mort, à *Angoulême*, où il était allé prêcher le carême, d'*Antoine Siméon*, dominicain du couvent de Lyon, auteur et traducteur de sermons. *Biogr. lyonn.*

PUBLICATIONS de 1615. — *Amphitheatrum aeternae providentiae....* autore *Julio Caesare Vanino....* . Lugduni, apud *viduam Antonii de Harsy*. 1615. Petit in-8°. Il manque à l'exemplaire de la B. de Lyon, n° 7547, le feuillet sur lequel devait se trouver l'approbation donnée par *Jean Claude de Ville*, chanoine de S. Paul de Lyon et censeur des livres au nom de l'archevêque de cette ville. Niceron en a reproduit le texte, tome 26, p. 331 de ses *Mémoires*. — Il est à remarquer que *Vanini* avait pour prénom *Lucilio*, et que, dans le titre de son *Amphitheatrum*, il se prénomme *Julius Caesar*. Ces changements de patrons ont parfois porté malheur à plus d'un savant; témoins *Paléarius, Palingène*, etc. *Vanini* séjourna plusieurs fois à Lyon où il se fit des amis parmi les ecclésiastiques, ce qui lui valut sans doute l'approbation élogieuse que lui donna l'abbé *de Ville* pour l'impression de son *Amphitheatrum*. Ses *Œuvres philosophiques* ont été traduites pour la première fois par M. *X. Rousselot*, Paris, 1842, in-12.

1615. — *Cl. Claudianus*, Thed (sic). Pulmanni Craneburgii, diligentia et fide summa è vetustis codicibus restitutus, et *Martini Antonii Del-Rio* notis illustratus. Lugduni, sumptibus Petri Rigaud. 1615. In-16.— *Schweizer* cite huit éditions lyonnaises de *Claudien* antérieures à celle de 1615, et dont la plus ancienne est de 1535, ce qui nous fait présumer que ce poète était alors expliqué dans les collèges. Il n'en est pas de même aujourd'hui; on n'en fait connaître aux jeunes humanistes que quelques morceaux, et notamment le beau début du poème de la Chute de *Rufin*, qui a été plusieurs fois traduit en vers français.

1615. — *Discours sur la dignité du sacerdoce*, par le R. P. Fr. *Jacques Coren*, Observantin de la Province de Sainct Louys en Provence.... A Lyon, chez *Louis Muguet*. 1612. In-12. — Frère *Coren* termine ce Discours par ce vers dont il ne nomme pas l'auteur :

Conscia mens facti famae mendacia ridet.

Ce vers appartient à *Ovide*, mais au lieu de *facti*, le poète a écrit *recti*, et *risit*, au lieu de *ridet*. FAST., IV, 311.

1615. — *Joannis Fernelii Ambiani.... Universa medicina....* Editio octava. Lugduni, apud *Claudium Morillon*. 1615. In-fol. (B. de Lyon, 2552). — Cet ouvrage avait déjà été imprimé à Lyon en 1564 et en 1602. — *Jean Fernel* fut non-seulement un des plus célèbres médecins du seizième siècle, mais il fut encore un mathématicien très-habile. Rien n'égalait son ardeur pour le travail. Un de ses amis l'engageant à mé-

nager sa santé et à interrompre ses veilles , il lui répondit par ce vers :
Longa quiescendi tempora fata dabunt. Voyez les *Publications* de 1610,
Vers héroïques....

1615. — *Le Fouet des jureurs et blasphemateurs du non* (sic) *de Dieu*,
par un père de la congregation des poenitens reguliers du troisieme
ordre de S. François (*Vincent Mussart*). Lyon, 1615. In-16. — Réimpression décrite par M. *Brunet*, II, 315. Voyez ci-dessus, *Mai 1606* ;
ci-après *année* 1617, et la *Biogr. univ.*, Suppl. art. *Bernard* (Jean), tome
58, p. 52).

1615 — *Harangue prononcée en la salle du petit Bourbon, le* 27 *octobre*
1614, *à l'ouverture des Estats tenus à Paris.* Par Reverend Père en Dieu
Messire *Denis Simon de Marquemont*, conseiller du roy en ses Conseils
d'estat et privé, archevesque comte de Lyon et Primat de France. A
PARIS, en la boutique de *Nivelle*, chez *Sébastien Cramoisy.* 1615. In-8°
de 14 pages (B. de L., 25295).

1615. — *Histoire plaisante et recreative de la belle marquise fille de
Saluste roy d'Hongrie....* Lyon, par *François Arnoullet le vieux.* 1615.
In-16. BRUNET, II, 586.

1615. — *Introduction à la vie devote*, divisée en cinq parties, par
François de Sales, evesque de Geneve. Dernière édition reveue, corrigée et augmentée par l'autheur. A Lyon, par *Claude Morillon.* 1615.
In-32 (Voyez les *Publications* de 1608). — Une des meilleures éditions
parmi les plus récentes de ce livret mille fois réimprimé, et traduit
dans toutes les langues, est celle de *Paris* 1805, in-12, de l'imprimerie
de *Crapelet.* On y a ajouté une Explication des mots qui ont vieilli, ou
dont la signification a changé. On y a reproduit un avis au lecteur de
S. *François de Sales* qui devait se trouver dans une des éditions publiées
entre 1608 et 1615. «Ce livret, dit le saint évêque, sortit de mes mains
en 1608. En sa seconde édition, il fut augmenté de plusieurs chapitres ;
mais trois de ceux qui étoient en la première furent oubliés par né-
garde ; depuis il a été souvent réimprimé sans mon su ; et, avec les
impressions, les fautes s'y sont multipliées. Or le voilà maintenant de
nouveau corrigé, et avec tous ses chapitres, mais toujours sans citations,
parce que les doctes n'en ont pas besoin, et les autres ne s'en soucient
pas.... » — S. *François* nous apprend dans la Préface de son *Traicté de
l'amour de Dieu*, que lorsqu'il eût fait imprimer l'*Introduction à la vie
devote*, l'archevêque de *Vienne, Pierre de Villars*, lui fit la faveur de lui
en écrire son opinion ; il le fit, dit le saint, en termes si avantageux pour
ce livret et pour moi que je n'oserois jamais les redire ; et m'exhortant
d'appliquer le plus que je pourrois de mon loisir à faire de pareilles be-
songnes, entre plusieurs beaux advis desquels il me gratifie, l'un fût
que j'observasse tousjours tant que le sujet le permettroit, la brieveté des
chapitres ; car tout ainsi, dit-il, que les voyageurs sachant qu'il y a quelque beau jardin à 20 ou 25 pas de leur chemin, se destournent aisément
de si peu pour l'aller voir, ce qu'ils ne feroient pas s'ils savoient qu'il
fût plus esloigné de leur route : de mesme, ceux qui savent que la fin

d'un chapitre n'est guière esloignée du commencement, ils entrepren-
nent volontiers de le lire, ce qu'ils ne feroient pas, pour agréable qu'en
fût le sujet, s'il falloit beaucoup de temps pour en achever la lecture.... »

1615. — *Malleus maleficarum*, ex variis auctoribus concinnatus, et
in tres tomos distinctus.... Lugduni, sumptibus *Petri Landry*. 1615.
In-8°.

1615. — *Le Nouveau Panurge....* Lyon, jouxte la copie imprimée à
La Rochelle, 1615. In-16. — Cet ouvrage, réimprimé l'année suivante
à Lyon, même format, a été attribué à *Guillaume Reboul*. — Suivant
d'Artigny, 1, 439, c'est une satire contre la réformation remplie de
mauvais quolibets, de plaisanteries grossières, d'obscénités dégoûtantes,
et de profanations de l'Ecriture sainte. — Voyez les *Publications* de
1604, *Plaidoyez de Reboul....* — *Prosper Marchand*, tome 2, p. 160 de
son *Dictionnaire*, cite parmi les ouvrages de *Reboul*, la *Cabale des Reformez* tirée nouvellement du *Puits de Démocrite*, par **J. D. C.**, imprimée
à *Montpellier*, chez *le Libertin*, imprimeur de la Ste Reformation, en
1597, in-8°, 1600, in-8°, et 1601, in-12. Nous ferons observer que si
le *Puits de Démocrite* a été réellement imprimé à *Montpellier*, M. *Ternaux-
Compans* se serait trompé, en donnant, comme le premier ouvrage
imprimé dans cette ville, celui qui a pour titre : **L. Catelan.** *Histoire
de la nature, chasse, vertu, propriété et usage de la licorne ;* Montpellier,
1622, in-8°. Nous ferons encore observer que la *Biographie universelle*
cite dans l'article de *Laurent Catelan* deux autres ouvrages de ce phar-
macien, publiés à *Montpellier*, le premier en 1609, et le second en 1614 ;
on y cite aussi un *Traité de la Thériaque*, par *Jacques Fontaine*, publié
à *Montpellier*, en 1601.

1615. — *T. Petronii Arbitri equitis Romani Satiricon*, cum Petroniorum fragmentis noviter recensitum, interpolatum et auctum. Accesserunt seorsim notae et observationes variorum. Lugduni, apud *Paulum
Frellon*. 1615. In-12 de 6 f. non chiffrés et de 972 pages. — Le privilège du roi est du 24 décembre 1614. — Ce volume contient les *Lusus
diversor. poetar, in Priapum.* On y retrouve, p. 318 et suiv., les notes
que *Jean de Tournes* fils avait jointes à l'édition de *Pétrone* par lui donnée en 1575. Voyez les *Publications* de cette dernière année, p. 11, et
celles de 1608 et de 1618.

1615. — *Tabulæ historicæ Henrici IV...* Authore *Petro Cornuto* in
suprema curia Delphinatus regio senatore. Lugduni, sumptibus *Horatii
Cardon*. 1615. In-4° de 88 pages précédées de 4 f. non chiffrés. —
Titre gravé par *J. de Fornazoris*. — Les *Tabulae historicae* sont suivies
des *Tabulae triumphales*, et des *Tabulae funerales* avec des titres gravés
par le même artiste.

1616. — *Février 16*. Le marquis de *Villeroy*, fils de M. *d'Halincourt*,
arrive à Lyon. — A cette occasion, les principales notabilités de la ville
se rendirent à l'hôtel du gouverneur pour complimenter le marquis et

son père. M. *de Villars*, Lieutenant général en la Sénéchaussée et siège présidial de Lyon, etc., dit au Marquis :

« Monsieur, la providence du grand Dieu qui gouverne cet univers avec ung admirable soing, nous faict ressentir ses merveilleux effects et la prévoyance que nostre Roy, par le conseil de la Royne, sa mère, a de nostre conservation. L'on n'employoit pas toute sorte de bois pour faire la statue de *Mercure*. Il n'estoit permis qu'à *Apelles* de portraire le grand *Alexandre*. Ainsy toutes sortes de personnes ne sont pas bonnes pour gouverner le roy des animaulx, je dis le lion duquel la magnanimité n'est surmontée que par la clémence, la férocité qu'avec la prudence. Ces deux vertus se tiennent chez vous, Monsieur! et vous sont quasy *vertus* naturelles ; la France ressent tous les jours les effects de l'une par les travaulx de Monseigneur *de Villeroy*, vostre ayeul, et nous expérimentons l'autre, de Monseigneur *d'Halincourt*, vostre père; ce qui nourrist nos espérances que vous, Monsieur, appuyé de si bons garants, nous ferez cueillir les fruicts de l'ung et de l'autre en leur saison, et que nostre obeyssance vous obligera à nous aymer et tenir pour voz treshumbles serviteurs.

1616. — *Février* 17. Mort, à Paris, du cardinal *de Retz* (*Pierre de Gondi*), né à Lyon en 1533, évêque de *Langres* et ensuite de *Paris* (1) grand oncle du célèbre cardinal *de Retz* (*Jean-François-Paul de Gondi*). Voyez *Pernetty*, I, 433, et la *Biogr. univ.*, art. RETZ.

1616. — *Mars* 16. Mort d'*Antoine d'Hostun*, seigneur *de La Baume*, chevalier des ordres du roi, capitaine de cinquante hommes de ses ordonnances, sénéchal de Lyon, etc., etc. Voyez les *Publications* de cette année, *Regrets funebres...*

1616. — *Juillet* 3. Mgr Melchior *de Mitte*, marquis *de S. Chamond*, venant de la Cour, arrive à Lyon pour entrer en sa charge de lieutenant de Roy en Lyonnois, Forests et Baujolois. GAULTIER, *Table chronographique*, p. 855 de l'édition de Lyon, 1673, in-fol.

1616. — *Novembre....* Débordement extraordinaire du *Rhône*. — La *Guillotière* fut menacée d'une entière ruine, le fleuve se portant tout du côté du *Dauphiné*. — Le Consulat, quelque temps après l'inondation, ordonna de faire travailler à l'enlèvement des graviers, en attendant que S. M. eût accordé une notable somme pour supporter une plus grande dépense, « s'agissant aussi de la conservation du *pont du Rhône* « qui est en péril. » — Il n'y a point d'affaires, dit M. *Morin*, qui reviennent plus fréquemment dans nos annales consulaires, que celles qui concernent les *digues du Rhône* et les réparations du pont. C'était une cause permanente de dépenses pour la ville, et, en même temps, de réclamations envers le gouvernement pour contribuer à ces frais. *Hist. de Lyon*, VI, 111.

---

(1) *Paris* ne fut érigé en archevêché qu'en 1622, sous l'épiscopat de *Jean François de Gondi*, successeur de *Henri de Gondi*, et petit neveu de *Pierre*. Voyez ci après au 8 août 1623.

1616. — *Jacqueline de Harlay*, femme de **M.** *d'Halincourt*, gouverneur de Lyon, fonde en cette ville une communauté de *Carmélites*. — Elle acheta pour ces religieuses le ténement appelé de *La Gellu*, et y fit bâtir leur monastère. *Arch. du Rh.*, IX, 12; *Revue du Lyonnais*, tome 20. Voyez ci-après au 15 *mars* 1618; ci-dessus au 11 *février* 1696.

1616. — Mgr *de Marquemont* autorise les *Pères de l'Oratoire* à s'établir à Lyon. Voyez LEFEBVRE, *Nombre des églises*, chap. XLVI; l'*Alm. de Lyon* pour 1755, et *Lyon ancien et moderne*, tome 2, p. 517 et suiv.

PUBLICATIONS de 1616. — *Alexandri ab Alexandro.... Genialium dierum libri sex..... Ludguni, apud Paulum Frellon*. 1616. In-8° (B. de L., 19432). — *La Croix du Maine* cite une traduction de cet ouvrage, p. 476. *Bayle* (t. 1, p. 442 de l'édition de **M.** *Beuchot*), dit qu'il ne croit pas qu'elle ait été jamais imprimée. Voyez les *Publications* de 1608.

1616. — *Chorus poetarum.... Lugduni, apud Ludovicum Muguet*. 1616. In-4°. — L'éditeur de cette collection de poètes profanes et sacrés, est le P. *Alexandre Fichet*, Jésuite, qui professait alors la rhétorique dans le Collège de la Trinité. Destinée à la jeunesse studieuse, il en a retranché tout ce qui pouvait blesser la pudeur; il a même refait plusieurs vers dans les pièces qu'il a conservées, etc. (voyez les *Publications* de 1603, *Corpus poetarum...*). Le P. *Fichet* est auteur de plusieurs ouvrages dont la *Biographie universelle* n'a cité que les plus importants. Il est assez vraisemblable qu'il était de la même famille que le célèbre docteur de Sorbonne, *Guillaume Fichet*, qui contribua à introduire l'imprimerie à Paris. Ils ont vu, l'un et l'autre, le jour au *Petit-Bornand*, en *Savoie*. Voyez COLONIA, *Hist. litt.*, II, 708; et ci-après au 30 *mars* 1659.

1616. — *Consolation, Instruction et Resjouissance pour les malades et personnes affligées*; par *Estienne Arviset*, prédicateur du Roy. A ROUEN, cher *Richard Lallemand*. 1616. In-12. Titre gravé (B. de L., 6108). — Dans sa Dédicace au maréchal *d'Ancre*, l'auteur nous apprend que l'impression de son livre était sur le point d'être terminée, lorsque ce maréchal fit son entrée à *Rouen*. « Les grands soins, lui dit *Arviset*, portent en crouppe de grandes maladies, et sursement le duvet des lits damasquinez de mille et mille espines cuisantes.... Roys, princes, seigneurs, en un mot personne n'est exempt des tailles du malheur.... » — *Etienne Arviset* était probablement le frère d'*Antoine Arviset*, trésorier de France en la généralité de *Bourgogne*, mort en 1670; tous deux étaient natifs de *Pont-de-Vaux*. Les biographes ne nous apprennent rien de plus sur *Etienne*, et il ne paraît pas avoir composé d'autre livre que celui dont nous venons de donner le titre. Si nous lui avons donné place dans nos *Documents*, c'est parce qu'on y trouve, pages 120-123, une historiette lyonnaise qui mérite d'être reproduite : « L'année 1589, *Guillaume Miches* tout goutteux eut envie d'aller à l'*Isle-Barbe*, au-dessus de Lyon où estoit le pardon. Or, vous sçavez qu'à Lyon, les femmes passent la *Saône* et poussent la rame bravement. Ce bon goutteux se fait mettre dans le bateau d'une bonne vieille, et toute sa famille quand et luy, elle vous les mène fort heureusement. Mais, pendant que ces braves gens prient Dieu en l'Abbaye, ceste vieille s'amusa à boire. Quand les devotions furent achevées, voilà mes gens de retour au bateau, la vieille à jouer de l'aviron; mais comme elle avait beu plus de vin que d'eau, au lieu de choisir l'arche, va donner contre la pile du *pont de Saône;* mais choqua si brusquement que toute la barquette fut renversée, et ces pauvres gens versez dans l'eau. Là, chacun se voulant sauver, se noya; il n'y eut que ce pauvre goutteux qui estant enveloppé dans sa robe fourrée, ne pouvant jouer de pied ni de patte pour se sauver à la nage, cela fut cause qu'il se sauva; car estant à fleur d'eau, et nageant comme une basle de galle ou de liege (aussi les gouttes ne s'engendrent pas ni ne meurent pas dans les eaux), le flot le mena tout doucement au bord. On le prit comme un corps miraculeux, et le porta-on en sa maison. L'histoire ne parle pas de ses gouttes; moy, je veux croire qu'il eut si belle peur, mais je vous dis si belle, que onques plus il ne sentit ni goutte ni demie........ »

1616. — *Les diverses Leçons d'Antoine du Verdier....* A *Tournon,* par *Claude Michel,* 1616. In-8°. — Edition plus complète que les précédentes. En tête sont trois pièces de vers à la louange de *du Verdier,* par *Gabriel Chappuys,* Tourangeau, *Philippe Ganieu,* advocat du Roy au bailliage de Forest, et *J. de Chavigny,* Beaunois. On aurait pu y joindre le sonnet suivant, qui se trouve dans les *Poëmes* de *Claude d'Expilly,* p. 287 de l'édition de *Grenoble,* 1624, in-4° :

L'autre jour que le jour apparoissoit à peine,
Dormant, il me sembloit que *Phébus* et ses sœurs,
Du Verdier, t'appeloient à goûter les douceurs
Qui coulent sans tarir de leur belle fontaine.

Clion (sic) te dit ainsi : Toi qui, sans perdre haleine,
As grimpé sur ce mont avec mille sueurs,
Viens, ô mon cher mignon, viens cueillir de nos fleurs,
Et oublie à jamais la paresseuse plaine.

La vertu t'alaita, compagnon du berceau,
L'honeur de Dieu dressa tes pas sur ce coupeau ;
Heureux qui, comme toi, ce saint honeur embrasse !

Ecoutez, ô mortels qui cherchez mon laurier,
Suivez l'honeur de Dieu dessus notre Parnasse ;
Honeur de Dieu tira *Anthoine du Verdier.*

C'est moins pour ses *Diverses Leçons* et sa *Prosopographie* que pour sa *Bibliothèque françoise* que *du Verdier* a bien mérité de sa patrie; on ne saurait le blâmer d'avoir mis à la fin de son livre ces deux vers qui se trouvaient déjà à la fin de la *Pragmatica sanctio* commentée par *Cosme Guymier*, Paris, 1507, in-8° :

> Stet liber hic, donec fluctus formica marinos
> Ebibat, et totum testudo perambulet orbem.

1616. — *Le Grand Calendrier et Compost des Bergers*, composé par le berger de la grande Montaigne.... A Lyon, pour *Claude Chastellard*, 1616. In-4°, fig. — Voyez BARBIER. *Anonymes*, 2567, et les *Mélanges tirés d'une grande biblioth.*, volume *G*, p. 310.

1616. — *In Astrologos conjectores libri quinque*. Auctore *Alexandro de Angelis*, in Collegio Romano Soc. Jesu studiorum Praefecto. Nunc primum prodit in lucem. Cum Indicibus pernecessariis, iisque copiosissimis. Lugduni, sumptibus *Horatii Cardon*. 1615. In-4° (B. de L., 14649). — Toutes les approbations de Rome et de Lyon, ainsi que le privilége du roi sont datées de 1614, ce qui me rend très-suspecte l'édition que l'on suppose avoir été donnée par *Cardon* en 1604. Le P. *Alexander de Angelis* naquit à *Spolette* en 1562, et mourut à *Ferrare* en 1620. Il s'attache à prouver, dans son livre, que les astres n'ont aucune influence sur les affaires de la religion, non plus que sur celles de l'état (1). Depuis longtemps la doctrine des partisans de l'astrologie judiciaire avait été condamnée en France. Sur la fin du 15ᵉ siècle, un astrologue, nommé *Simon de Pharès*, fut interdit par *Hugues de Talaru*, archevêque de Lyon, et une sentence de l'official, du 2 mai 1494, déclara son art mensonger, pernicieux, sans fondement et superstitieux, usurpant l'honneur de Dieu, corrompant les bonnes mœurs, et inventé par les démons pour la perte des âmes (*Biogr. univ.*, tome 77, p. 40). Quoique la sentence de l'official eût été confirmée par le parlement de Paris, *Simon de Pharès*, grâce à la protection de *Charles VIII*, put revenir achever paisiblement ses jours à Lyon. *Joly*, dans ses *Remarques sur Bayle*, art. ZOROASTRE, a donné l'extrait d'un manuscrit de la B. du roi, qui a pour titre : *Recueil de quelques célèbres astrologues et hommes doctes, faict par Simon de Pharès, dédié au Roy Charles VIII*. Nous trouvons dans cet extrait trois notices que nous croyons devoir reproduire.

« HENRY MONDORÉ, chanoine et archidiacre de Lyon, fut fait familier d'un très-puissant homme et noble de l'*Isle Jourdain*, qui eût épousé la mere du *Pape Jean*. En faisant la revolution de son année sur sa nativité, *il* connut qu'il auroit des affaires, et seroit occupé devers le Roy, s'il ne pourvoyoit à son cas, condamné *pour* aucunes rapines où il etoit incliné ; ce qui advint. Toutes-fois par amis il eut pardon, et vüe la verification de celui, fut requis par icelui puissant, qu'il le voulût faire pour les ans suivans, ce qu'il fit, et trouva qu'il devoit souffrir mort violente et publique par sa colere. Si advint que le parlement de Paris fit

<hr>

(1) Voyez DAVID CLÉMENT, *Biblioth.*, I, 325, et SOUTHWEL, p. 19.

exécuter aucunes commissions contre lui, à cause de quoi il prit la masse du sergent, et l'en battit tellement que le bruit en fut à Paris; commissaires envoyés, fut prins icelui, et finablement pendu audit lieu de l'*Isle en Jourdain*.

« M. Jean Gerson, chancelier de l'eglise de Paris, docteur en théologie, disciple du cardinal de Cambray, *Petrus de Alliaco*, fut en ce temps (1), et fit un traité intitulé *Astrologia theologizata* .... Cettui Gerson fut bon catholique; mais il eut plusieurs vices; car il fut presomptueux, orgueilleux, et appétoit de gouverner princes et avoir légation, et ne pouvoit souffrir en court autre que lui; si advint que le Dauphin etoit amateur de science, et avoit deux medecins experts astrologiens, lesquels il aima moult, et plus que lui. Pour ce, il fut esmeu d'envie, et fut ce qui le mut à ecrire. Lui sembloit qu'il etoit le plus sage du monde. Cettui cuida faire condamner à Paris le livre de M. *Jean de Mehung*; mais il trouva tant d'opinion contraire à la sienne, qu'il demeura confus et ahoury. »

« Maistre Loys de Langle, espagnol, florit l'an 1450 à Lyon, grand medecin et astrologien. Il prédit au roi *Charles VII* la journée de *Fremigny* où furent tués 4774 Anglois; .... la peste de Lyon, l'an suivant (1451), et en ce s'accordèrent les médecins du roi. De ces jugemens particuliers furent ebahis plusieurs ignorans, et emeus d'envie, firent quelques accusations atroces contre lui envers ledit roi *Charles*, qui.... le voyant accusé par envie, le retint à 400 livres de pension, puis le renvoya à Lyon pratiquer la science d'astrologie, comme devant.... Il translata le livre des Nativitez (de *Jean de Seville*) de la langue hispanique en latin, et fit un commentaire sur l'*Alcabice* (2) .... Il prédit le jour de sa mort (3), et 15 jours devant, fit faire son service tres catholiquement, et continua jusqu'au jour d'icelle, faisant plusieurs biens aux pauvres pour l'honneur de Dieu, puis mourut bien saintement le jour et heure de son période venu, comme longtemps devant il avoit pronostiqué. » Voyez sur ce dernier personnage, Pierre Matthieu, *Hist. de Louis XI*, livre XI; Du Verdier, *Suppl. à la Bibl. de Gesner*; D. Antonio, *Bibl. hisp. vetus*, 11, 372.

(1) Voyez l'article Gerson dans la *Biographie lyonnaise*: ci-dessus, les *Publications* de 1608.

(2) Nous avons eu sous les yeux une édition de l'*Alcabitius* qui parait avoir échappé aux bibliographes; elle a pour titre : *Alkabitius astronomie judiciarie principia tractans cum Johannis Saxonis com nentario....* Lugduni, opera M. *Guilhelmi Huyon* calcographi, impensis *Bartholomii Trot* bibliopole; in-4° de 80 f. Cette édition sans date doit appartenir aux premières années du seizième siècle. Sur le titre, c'est un cartouche au mileu duquel est la marque du libraire B. T., et au-dessus ce distique composé par *Pierre Turrel*, recteur du collége de *Dijon* :

Quæ pater omnipotens nitidis signaverat astris
Author in hoc parvo codice noster habet.

(3) Un procureur général de la Cour des monnaies de Lyon, *Jean Vaginay*, prédit aussi le jour de sa mort, arrivée le 11 mai 1711, et s'y prépara comme *Loys de Langle* par des actes de piété et des aumônes. *Lettres de Mme du Noyer*, tome V, p. 96, édition de 1757.

1616. — *Briefve refutation des erreurs de nostre temps*, tirée des passages de la Saincte Escripture ; par le R. P *Pierre Coton*, de la Compagnie de Jésus. A VIENNE, par *Jean Poyet*, imprimeur de ladicte Cité. 1616. In-8° de 31 p. (B. de L., 23396). — *Lestoile* rapporte que le P. *Coton* et *Isaac Casaubon* entrèrent, un jour, en dispute et conférence ensemble de religion ; puis il ajoute : « Lesquelles conférences ne servent de « gueres et réussissent aussi peu au bien particulier qu'au publiq : une « bonne âme est une très belle religion (1). » Il eût été pourtant facile aux deux disputeurs de s'entendre ; car l'un et l'autre avaient une très-belle âme. Quoique Protestant, *Casaubon* n'était ni Luthérien, ni Zwinglien et encore moins Calviniste.

1616. — *La Mire de vie à l'amour parfait*, par *René Gros de S. Joyre*. A Lyon, par *Claude Cayne*. 1616. In-4° — La dédicace de l'auteur à *Marie de Levy de Ventadour*, abbesse de *S. Pierre*, est datée de *Belmont*, ce 12 novembre 1616, jour de *S. René*. — Ces mots du titre, *Mire de vie* sont l'anagrame de *Marie de Levy*. Le poëte, dans cet opuscule, qui se compose de 31 strophes de 8 vers, célèbre les vertus et la beauté de la très noble et très illustre abbesse ; il l'engage à n'avoir d'autre amant que *Jésus*, et l'on dirait qu'avant de faire son poëme, il s'est nourri de la lecture du Cantique des Cantiques, et qu'à cette lecture, il a ajouté celle des Baisers de *Jean Second*. C'est une conjecture que semblent justifier les vers que l'on va lire :

> Au doux JÉSUS baisant d'ardeur
> Les pieds, les mains et le visage,
> Dis-luy que tu n'aimes ton cœur
> Que pour avoir eu ce courage.
>
> . . . .
>
> De cent baisers succote encor
> Son front, son nez, sa chevelure
> A longs floccons, qui, rouge d'or,
> Au feu d'Amour prend sa teinture.
>
> . . . .
>
> Poursuis ta course à redonner
> Mille baisers, puisqu'à les prendre,
> Le crucifix semble incliner
> Son chef vers toy, pour te les rendre.
>
> . . . .
>
> Les cabinets du Roy d'Amour
> Sont ses tetins, ô Tourterelle ;
> Sois attachée et nuict et jour
> Au chicheron de sa mamelle.
>
> . . . .
>
> Cet amoureux repas nocier
> De ton paron te rend friande,
> Le cœur du laict est nourricier,
> Le laict d'amour est la viande.
>
> . . . .

(1) *Journal de Louis XIII*, p. 633 de la Collection *Michaud*.

Qui croirait que *S. François de Sales*, ayant eu communication du manuscrit de *René Gros*, fut assez bon pour lui adresser la lettre suivante que nous avons vainement cherchée dans la collection des *OEuvres* du saint évêque de *Genéve*. — « Monsieur, vous me favorisez trop de me communiquer si libéralement vos beaux ouvrages. Celui-ci que je vous renvoye, tesmoigne combien vous estes riche d'inventions, et d'affections pour bien cultiver la piété. Seulement y voy-je une tare ; que vostre desir d'animer un chascun au S. Amour, vous a rendu trop favorable à la bonne volonté que j'ay eue d'y exciter les Nations de la langue françoise , par le Traité que j'ai n'agueres mis en lumière, lequel je suis pourtant bien aise qu'il vous aggrée, estimant que vostre jugement luy pourra donner accez, et rendre ses documents plus utiles à plusieurs ames. Vivez heureux en ce divin Amour, Monsieur, et continuez d'aimer vostre tres-humble serviteur FRANÇOIS, E. de *Genéve*. — XXIII novembre 1616. *Annessi.* » — Voyez les *Publications* de 1624, *Aristandre* ....

1616. — *Jodoci Sinceri Itinerarium Galliae* .... *Cum Appendice de Burdigala*. Lugduni , apud *Jacobum du Creux*. Petit in-8° de 16 f. non chiffrés de 316 p. , suivis d'un Index , après lequel est l'Appendix de 135 pages. — La Dédicace de l'auteur à *Alexandre Sigismond*, baron de *Zedlitz*, est ainsi datée : *Lugduni, Idib. Augusti* M.DCXVI ; celle de l'Appendix, à *Valentin Arithmaeus* (?) , docteur ès droits et en philosophie, est aussi datée de Lyon , *nonis Augusti*, même année. — *Jodocus Sincerus* dont le véritable nom est *Just* (et no *Jean*) *Zinzerling*, naquit en *Thuringe* vers 1590. Aprés avoir achevé ses études à l'université de *Bâle*, il vint à Lyon en 1610 et y fit imprimer son premier ouvrage (1). Il fit ensuite un tour de France, et revint en 1614, à Lyon où il publia ses *Opinationes* et la première édition de son *Itinerarium*. Il n'y avait donné que quelques lignes à la ville de *Bordeaux*, mais il alla visiter cette cité , et, se retrouvant à Lyon, en 1616, il y ajouta un *Appendix* de 135 pages exclusivement consacré à l'ancienne capitale de la *Guyenne*. Cette ville lui plut beaucoup ; mais il lui préféra la cité de *Plancus* ; c'est ce qui lui fit dire, dans l'avis au lecteur, qui précède l'*Appendix* : .... EXCEPTO EO LOCO IN QUO HAEC SCRIBO, *nescio quomodo ille terrarum* mihi praeter omnes *angulus ridet*. On croit que *Zinzerling* exerça dans notre ville l'emploi de correcteur d'imprimerie et qu'il y mourut vers 1618 (2). La description de Lyon occupe environ 40 pages dans son *Itinéraire* ; l'auteur y cite plusieurs fois *Paradin* et *Rubys*, toutefois il ne donne pas des détails aussi satifaisants que ceux qu'on trouve dans l'*Ulysses Belgico-Gallicus*, publié en 1631 ; mais il y a dans *Zinzerling* quelques particularités qu'on ne revoit pas dans *Golnitz*. A la page 273, le jeune *Thuringien* cite deux vers du moine *Éric*, ou *Héric*, extrait de son

_____

(1) Voyez ci-dessus les *Publications* de 1610.

(2) *Josse Bade* fut aussi correcteur d'imprimerie à Lyon. *Zinzerling* signait quelquefois *Justus Sincerus*. Les Flamands ont un saint *Jost*, qui est peut-être le même que saint *Josse*, à moins que ce ne soit la traduction de *Justus*. R.

poëme sur la vie de *S. Germain d'Ausserre*, imprimé pour la première fois en 1543 (Paris, *Simon de Colines*, in-8°). Voici le passage de ce poëme où se trouvent ces deux vers qui ne seraient peut-être pas compris si nous les reproduisions isolément :

> In Lugdunenses acquis processibus arces
> Vexit Arar, Rhodano sese sub mœnibus abdens.
> Lugduno celebrant Gallorum famine nomen
> Impositum quondam, quod sit *mons lucidus* idem (1).
> Exceptum studiis plebes amplectitur aequis ;
> Aetas cuncta ruit, juvat aspexisse frequenter.
> Procedit cunctis benedictio plena salutis ;
> Tum relevat grato cunctorum pectore verbo ;
> Et quamquam festinus eat, sitientia certe,
> Quod satis est, relevat vivaci dogmata corde...

« L'*Arar*, qui se perd dans le *Rhône* sous les murs de *Lugdunum*, conduit *Germain* sur ses tranquilles eaux jusqu'à cette ville, jadis ainsi nommée, dit-on, d'un mot gaulois, qui signifie *montagne lumineuse*. Le peuple fait au pontife un bienveillant accueil ; tout âge se précipite au-devant de lui, tout sexe accourt. On ne desire pas seulement le toucher, on veut aussi le voir fréquemment. Il répand sur tous une benédiction prodigue de salut, relève toutes les ames par quelque douce parole, et quoiqu'il passe rapidement, peut néanmoins, ce qui est assez, relever les cœurs par un enseignement vivifiant. » —Inutile de dire que l'étymologie de *Lugdunum* donnée par le moine *Eric* (1) ne vaut pas mieux que les cent et une autres proposées par uombre de savants qni n'étoient pas moines.— *Meusnier de Querlon*, dans l'avertissement qui précéde sa version de la charmante historiette de *Larissa*, composée par *Théophile Viaud*, a traduit une épitaphe latine que *Zinzerling* cite dans le chap. 2 de l'Appendix à son *Itinéraire*. Cette épitaphe, qui paraît être d'*Elie Vinet*, et que M. de Querlon rapproche de la fable milésienne de *Larissa*, pourrait fournir le sujet d'un roman grec ou latin. Voyez les *Publications* de 1630 (*Œuvres de Théophile*).

1616. — *Praxis fori pœnitentialis* ad directionem confessarii in usu sacri sui muneris. Auctore P. *Valerio Reginaldo*, Burgundo sequano, e soc. Jesu, opus tum poenitentibus, quam confessoriis utile. Nunc primum in lucem editum. .... Lugduni, sumptibus *Horatii Cardon* (ex typographia *Jacobi du Creux*, alias *Molliard*). 1616. In-fol. , 3 vol.,

(1) Ce vers et celui qui précède sont ceux qu'a cités *Zinzerling*. Le poëme d'*Eric* a été reproduit par les *Bollandistes*, à la suite de la vie de S. *Germain* d'Aussere 31 juillet. Eric n'a pas d'article dans la *Biogr. univ.*; il florissait vers l'an 980. Voyez Fabricius, *Biblioth. med. et inf. lat.* Les Bénédictins se sont trompés lorsqu'ils ont dit, dans leur *Hist. litt.*, tome 2, p. 547, que le poëme d'*Eric* se trouve dans la *Bibliotheca nova* du P. *Labbe*. La vie de S. *Germain* publiée par *Labbe*, t. 1, p. 531 et suiv., est en prose, et c'est aussi à *Eric* qu'elle y est attribuée. *Colonia* l'a citée, p. 142 du t. 1 de son *Hist. litt.*

(2) Cette étymologie a été réfutée par *Adrien Valois* dans sa *Notitia Galliar.* à l'art. *Lugdunum Segusianor.* Voyez aussi *Barbazan*, p. xxvii de sa *Dissertation sur la langue des Celtes*, dans l'édition qu'il a donnée du *Castoiement*, en 1760.

titre gravé par *G. de Fornazoris* (B. de Lyon , 5921). Voyez les *Publications* de 1610, *de Prudentia....*, et celles de 1621, *Compendiaria Praxis....*

1616. — *Les Quinze degrez de penitence representez par les quinze Pseaumes de F. Petrarque*, paraphrasez en françois par *F. N. Poteau*, Rel. de S. Dominique, dedié à la Royne mère du Roy. A Lyon , chez *Jacques Faure*. 1616. In-12. Titre gravé (B. de L., 17986). La Dédicace est suivie de trois pièces de vers de *J. Condential* (voyez les *Publications* de 1625, *les Entretiens...*). — Il existait jadis, à Lyon, un amateur qui avait la manie de ramasser les livres dont le titre offrait quelque analogie entre eux ; il possédait toutes les éditions des *Quinze signes du jugement dernier*; les *Quinze Joyes de mariage*, depuis celle de 1480, que M. *Brunet* croit avoir été imprimée à *Lyon*, jusqu'à celle de 1837, publiée à *Chartres* ; les *Quinze livres d'Athénée*, et les *Quinze livres de Martial*, traduits par l'abbé *de Marolles*; les *Quinze minutes, ou le temps bien employé*, par *Laus de Boissy*; les *Quinze jours à Londres à la fin de 1815*, par M. *de Fauconpret*, etc. ; etc.

1616. —*Regrets funèbres sur la mort de... Messire Anthoine d'Autun* (1), *seigneur de La Baume* ,.... seneschal de Lyon , mareschal de camp des armées de Sa Majesté, tant au pays de Lyonnois, Forests que Beaujollois. Par *C. Flessard*. A Lyon , par *Jonas Gautherin*. 1616. In-8° de 7 pages (B. de L., 20464, tome 20). Contient des Stances, un Sonnet, etc.; le tout en mauvais vers.

1616. — *Remonstrance faite de la part du Clergé de France à la royne mère du roy*, en faveur des evesques et ecclésiastiques de Béarn ; par *Denys Simon de Marquemont*, archevesque de Lyon. Paris , 1616. In-8°. — Lelong , 5902.

1616. — *Traicté de l'Amour de Dieu*, par *François de Sales*, evesque de Geneve. A Lyon, par *Pierre Rigaud*. 1616. In-8°.—Première édition de ce livre. — Après avoir dit dans sa préface qu'il a souvent cité le sacré Psalmiste en vers, le pieux auteur ajoute : « Et ça esté pour re- « créer ton esprit, et selon la facilité que j'en ay eu par la belle tra- « duction de *Philippe des Portes*, abbé de *Tyron*, de laquelle néant- « moins je me suis quelquefois departy : non certes cuidant de pouvoir « faire mieux les vers que ce fameux poëte; car je serois un grand « impertinent, si, n'ayant jamais seulement pensé à ceste sorte d'es- « crire, je pretendois d'y reussir en un âge et en une condition de vie « qui m'obligeroit de m'en retirer ; mais en quelques endroits où il y « pouvoit avoir plusieurs intelligences, je n'ay pas suivy ces vers, « parce que je ne voulois pas suivre son sens, comme au Psalme 132, « il a entendu un mot latin , qui est, des *franges de la robbe*, que j'ay

(1) Nom défiguré. Lisez. *d'Hostun*, Voyez ci-dessus, *janvier 1601*, et le P. Anselme IX. 120, où on lit que *Diane de Gadagne*, fille de *Guillaume*, était mariée à *Antoine d'Hostun*, seigneur *de la Baume*, sénéchal de Lyon, avec renvoi au tome 5, p. 266.

« estimé devoir estre pris pour *collet;* c'est pourquoy j'ai faict la tra-
« duction à mon gré.... »

1617. — *Janvier* 16. *Jean Seve,* sieur *de Fromente,* conseiller du roi,
président-trésorier de France en la generalité de Lyon, ancien prévôt des
marchands, pose la première pierre d'un corps de bâtiment de l'*hôpital
de N. D. de la Charité,* qu'il avait offert de bâtir à ses frais. — La bénédiction fut donnée par M. *de Marquemont,* DAGIER, I, 236; J. MORIN,
VI, 110; *Biogr. Lyonnaise,* p. 278. — Dans sa relation de la journée
de *Salbertrand,* gagnée le 7 juin 1593, par le duc *de Lesdiguières* contre
Charles Emmanuel, duc de *Savoye,* le président *d'Expilly* cite parmi
ceux qui se signalèrent le plus dans cette journée, *César de Sève,* Lyonnois, maréchal des logis de l'armée (du roi), vaillant et sage (*Poëmes,*
p. 212 de l'édition de 1624).

1617. — *Mai* 21. Jour de la Trinité. Le Consulat pose la première
pierre de l'*église du Collége de la Trinité.* — L'inscription qui fut gravée
à cette occasion nous a été conservée par le P. *Menestrier* dans son *Eloge
hist.,* et par le P. *de Colonia,* t. 2, p. 698 de son *Hist. litt.*

1617. — *Juin* 20. Publication, à la Sénéchaussée, de l'ordonnance
royale du 5 de ce mois, portant, entr'autres dispositions, défense à toutes
personnes de quelque condition qu'elles soient « de porter habillemens
sur lesquels il y ait or, argent, fin ou faux, soit en draps, toiles, par-
fileures, broderies, passemens, estoffes barrées, ou choses equipol-
lentes, etc., etc. — Imprimée à Lyon par *Barth. Ancelin* et *Nic. Jullieron.* 1617. In-8° (B. de L., 8300).

1617. — Le maréchal *François Bonne de Lesdiguières* se maria, à
Lyon, en secondes noces, avec *Marie Vignon,* dite la Marquise de *Trefort.*
M. Voyez GUY ALLART, *Hist. généalogiq. des familles de Bonne, de Cré-
quy,* etc., p. 20.

1617. — *Août* 1er. *Claude Le Brun de la Rochette,* jurisconsulte beaujolois, dédie à M. *de Chapponay,* seigneur de *l'Isle Mean,* etc., son ouvrage intitulé : *Le Procès-criminel,* etc., Lyon, Pierre Rigaud, 1618,
in-4°. — Cette dédicace contient la généalogie de la maison *Chapponay*
que *Le Brun* fait remonter à l'année 1134. Voyez ci-dessus les *Publications* de 1598.

1617. — *Novembre* 12. Mort, à *Rouen,* de *Nicolas de Neufville de
Villeroy,* ministre sous quatre de nos rois, père de *Charles de Neufville
de Villeroy,* marquis *d'Halincourt,* gouverneur de Lyon. — On lit dans
les Notes du P. *Menestrier* (année 1618) : « Incontinent que M. *de Villeroy* eut rendu l'esprit, M. le Chancelier, M. le Garde-des-sceaux, et
le Président *Jeannin,* qui avoient été ses amis les plus intimes, dirent
au roi qu'il ne pouvoit mieux témoigner qu'il avoit aimé le père, qu'en
affectionnant ses enfants. Le roi fit l'honneur au marquis *d'Halincourt*
de lui écrire, le lendemain de cette mort, le 13 *décembre* (1), que

(1) *Fauvelet du Toc.* p. 139 de son *Histoire des secrétaires d'estat,* et le P. *Anselme,*
tome IV, 641 de son *Hist. généalogiq.,* mettent la mort de *Villeroy* au 12 novembre 1617;

comme il avoit perdu en M. *de Villeroy* un bon père, il auroit toujours en lui un bon maistre; que c'estoit une perte qu'il ressentoit particulièrement, non-seulement comme reconnoissant et ayant éprouvé en diverses occasions avec sa fidélité et affection, les effets de la longue expérience qu'il s'estoit acquise au maniement de ses affaires, et combien il lui étoit utile et nécessaire. »

1617. — *Novembre....* M. le président *de Villars* adresse à M. *d'Halincourt* le compliment que voici à l'occasion de la mort de son père :

« Monseigneur, je vouldrois et debvrois imiter le fameux peintre *Timante*, lequel voulant depeindre le sacrifice d'*Iphigenie*, ne trouvant point en son art de couleurs assez vives pour representer la tristesse d'*Agamemnon*, père de l'holocauste, voila sa face d'un crespe (1); de la façon que je vouldrois et debvrois couvrir du *voile du silence* les conceptions que la douleur estouffe dans ma bouche en ung subject si lamentable. Ainsy est-il veritable qu'une grande douleur est tousjours muette; mais ceste compagnie qui a desiré vous rendre le tesmoignage de la part qu'elle vient prendre en vostre affliction et en la perte qui est commune à tous les gens de bien, me met ceste parole en la bouche. Il est donc vray que le grand *Villeroy* est mort, ce prudent nocher, ce saige conseiller de nos Roys, ceste ame qui animoit cest estat, et l'avoit fait respirer aultant de fois qu'il estoit prest d'expirer. Mais, non, Monseigneur, il n'est pas mort; il a changé la terre au ciel, cette vie mortelle à l'immortelle; il vit en l'éternité où il reçoit maintenant la juste récompense de ses longs et pénibles travaulx. L'amour de la France qui le maistrisoit est en son zenith et en sa perfection. Il présente aussy souvent ses vœux à Dieu pour le salut du roy et du royaulme; car il contribuoit volontiers de ses bons advis en bas, et ses vertus heroïques et sans exemple, demeureront enchassées au temple de mémoire, pour servir de notable relicque à la postérité. C'est la plus solide consolation que nous vous sçaurions apporter en vostre juste douleur, qui seroit extresme sy elle tumboit en une ame basse et commune. Nous vous offrons la continuation de nostre obeissance, et nous vous supplions nous honorer tousjours de vostre bienveillance. » MSS de la B. de Lyon, n° XLV du n° 1439.

1617. — Le P. *Paul de Césène*, général de l'ordre des *Capucins*, passa par Lyon, et, pour satisfaire au désir du saint évêque de Genève,

---

je les ai suivis de préférence à la *Biographie universelle* qui l'a mise au 22 du même mois. L'erreur du P. *Menestrier*, en écrivant *décembre* au lieu de *novembre*, est certainement un *lapsus calami*.

(1) Ce tableau était célèbre chez les anciens. *Timante* ou plutôt *Timanthe* florissait sous *Philippe*, père d'*Alexandre*. L'abbé *François Ogier*, qui a publié une *Censure de la doctrine curieuse du* P. GARASSE, reproche à ce Jésuite (p. 43) d'avoir trop fréquemment nommé des *choses exécrables* qu'il aurait pu « déguiser d'une sorte qui n'offenseroit pas « tant les oreilles chastes.... » Puis il ajoute : « En ces occasions, il faut imiter ce pein-« tre qui peignit sans la peindre une extrême douleur, et voiler ces impudicitez sous la « *courtine du silence*, ou de quelque honneste déguisement.» Voyez sur *Timanthe*, VALÈRE-MAXIME, VIII, 11, et le *Catalogus artificum* de *Sillig*.

François de Sales, qui avoit une vénération singulière pour le saint dont il portoit le nom, et qui souhaitoit d'avoir des lettres de filiation de cet ordre, le général les lui fit expédier vers les premiers jours de l'année suivante. M.

1617. — (Circa). Mort de *Guidone de Chaponay* (1), abbesse du monastère de la *Déserte* depuis 1586, fille de *Nicolas*, seigneur de *l'Isle* et de *Feysin*, et d'*Hélène d'Albissi*. Voici l'inscription qu'on lisait sur son tombeau, et qui nous a été conservée dans le *Gallia christiana*, IV, 291 :

> En repos, sous cette lame,
> Gissent les cendres d'une dame,
> Dont le renom vivra toujours.
> Elle a, à la fin de ses jours,
> A nos cœurs sa vertu remise ;
> Nous, son corps au chœur de l'église.

1617. — *Jacques Olier* est nommé intendant de la justice à Lyon, en remplacement de *Guillaume de Montholon*, nommé ambassadeur en *Suisse*. Voyez *supra*, année 1607, et la *Vie de J. J. Olier*, fondateur du séminaire de S. Sulpice (par M. l'abbé *Faillon*), *Paris*, 1841, 2 vol in-8°. — Une des lettres de *Nicolas Pasquier* est adressée à *Guillaume de Montholon*; c'est la 18° du 7° livre ; en voici la première phrase : « Vous « pensez la fortune du mareschal *d'Ancre* attachée à des clous de dia- « mants ; et moy je la croy tremblante et *ancrée* au port de sa ruyne ; « car s'il est permis par les actions passées et les présentes, de juger du « bon ou du mauvais succès qui luy doit arriver, je vous diray qu'il ne « peut attendre qu'un sinistre malheur qui l'avoisine…. » Cette lettre n'est pas datée ; mais M. *de Montholon* était encore à Lyon quand elle lui fut écrite. Chacun sait que *Concini* fut assassiné le 24 avril 1617.

1617. — Etablissement du monastère des *Dames de Sainte-Elisabeth*, fondé par *Marguerite d'Ullins*, épouse de *François Clapisson* (2), président des trésoriers de France. Ces dames vivaient sous la règle du tiers ordre de *S. François d'Assise*, et ce fut un moine de cet ordre, le P. *Vincent Mussard*, auteur du *Fouet des paillards* (voyez les *Publications de 1615*), qui sollicita leur établissement. Le Febvre, *Nombre des églises*, chap. LXIII; *Alm. de Lyon* de 1755, p. 49.

1617. — Etablissement des *chaises à porteurs*, par lettres patentes

____

(1) *Pernetti*, II, 88, l'appelle *Gigonne*; ce n'est pas la seule erreur qu'il ait faite dans les cinq ou six lignes qu'il lui a consacrées. Voyez Du Tems, *Clergé de Fr.*, IV, 400.

(1) *François Clapisson*, seigneur de *la Duchère*, avait été procureur du roi au siège présidial de Lyon (voyez ci-dessus *novembre 1597*); il fut échevin en 1607 et en 1608. Je présume qu'il mourut vers 1615. Il fut inhumé dans l'église du Noviciat des Jésuites ainsi que *Marguerite d'Ullins*, sa femme. *Gelnitz*, pages 329 et suiv. de son *Ulysses Belgico-Gallicus*, et, après lui, *Alolde de Bonne Case*, pages 63 et suiv du tome 2e de son *Tableau des provinces de la France*, nous ont conservé un certain nombre d'inscriptions qui se trouvaient dans le château de la *Duchère*. Voyez les *Nouveaux mélanges* de M. *Breghot*, p. 27 et 402.

du 22 octobre 1617, enregistrées au parlement le 11 décembre. —
Recueil d'*Isambert*, XVI, p. 111; *Revue du Lyonnais*, I, p. 29.

1617. — Mort de *François Caynin*, né en 1546, à *Soudon* en *Bugey*,
lequel, après avoir longtemps exercé la profession de marchand toilier
à Lyon, où il habitait dans la rue *Longue*, se fit *Jésuite*, en 1580. Un de
ses confrères, *Pierre Bullioud*, a composé une vie de ce religieux qui,
avant d'embrasser l'état ecclésiastique, s'était rendu recommandable
par ses vertus, et surtout par sa charité envers les pauvres. Cette vie,
restée inédite, est conservée à la B. de Lyon, MSS, n°ˢ 780 et 1354.
Voyez la *Biogr. de l'Ain*, par Mgr *Depery*, I, 288.

Publications de 1617. — *Les Essais de Michel, seigneur de Montaigne....*
Paris, *Charles Sevestre*, 1617. In-4°. — On lit sur quelques exemplaires:
Paris, pour Claude Rigaud, libraire, demeurant à *Lyon* (Note de
M. *Payen*). Voyez les *Publications* de 1620 (*Langue françoise...*), et celles
1595. Ajoutez à ce que nous avons dit sur le plus attachant de nos mora-
listes, que le président *d'Expilly* fit, à la louange de ses *Essais*, le sonnet
que voici :

> Que tu es admirable en ce mâle langage,
> Mais plus en ces raisons qui dorent tes écrits,
> Capables d'enhardir les plus lâches esprits
> A défier du temps l'inconstance et l'orage.
>
> *Montaigne*, qui nous peint ta vie et ton courage,
> En quelle antique école as tu si bien appris
> De l'effroyable mort le glorieux mépris,
> Que tu soutiens sans peur l'horreur de son visage (1)?
>
> Magnanime stoïque, en ces braves *Essais*,
> Tes fidèles témoins, tu montres que tu sais
> Fouler dessous les piez le soin qui nous dévore.
>
> Les siècles avenir chanteront à bon droit :
> *Montagne* par lui-même enseigna comme on doit
> Et bien dire et bien vivre, et bien mourir encore.

1617. — *Les Fruicts du S. Rosaire*, et les douces semonces de l'immaculée mère de Dieu, la Reyne d'iceluy. Dedié à la Reyne régente,
Mère du Roy Louys XIII, par *Benigne Martin*, advocat à la Cour de
Parlement de Bourgongne, Bailly des terres et seigneuries de *Citeaux*.
A Lyon, chez *Pierre Rigaud*. 1617. In-32. — *Papillon* n'a pas connu ce
livre, mais il en cite un autre de cet avocat bourguignon : *les Saillies de
l'Amant de Jésus et de Marie sur le S. Sacrifice de la Messe*; Dijon, veuve
de *Claude Guyot*, 1634, in-12. Il paraît, dit *Papillon*, par l'approbation et l'avertissement au lecteur, que c'est un ouvrage posthume.

(1) Voyez les *Essais*, livre I, ch. XVIII. — L'abbé *Delille* n'a pas jugé *Montaigne* aussi
favorablement que l'a jugé le présidiat d'*Expilly*. Voyez le 6e chant de l'*Imagination*.
Voyez encore *Essais sur les règnes de Claude et de Néron*, tome 6, p 178 de l'édition
de *Belin*. et l'*Eloge de Montaigne*, par *J. P. Le Clerc*, p. 104.

1617. — *Hippocratis Coi Aphorismi* græce et latine... cum historiis observationibus, cautionibus et remediis selectis à *I. Heurnio* Ultajectino.... **Lugduni, sumptibus** *viduae Antonii de Harsy.* 1617. In-12. B. de Lyon, 12794 (1). — La plus ancienne édition lyonnaise du texte grec des *Aphorismes d'Hippocrate* est probablement celle que *Rabelais* publia en 1532, à la prière de *Séb. Gryphe*, et dont nous avons parlé, p. 99 de nos *Notes et Documents pour servir à l'hist. de Lyon sous Henri IV*. On peut encore consulter sur cette édition un mémoire de *Dreux du Radier* inséré dans le tome LXXX du *Journal de Verdun*, octobre 1756, p. 278-284. Ce *Mémoire* contient en outre des détails fort curieux sur deux pièces apocryphes que *Rabelais* publia aussi à Lyon en 1532, sous ce titre *Ex reliquiis venerandae antiquitatis; Lucii Cuspidii Testamentum : Item Contractus venditionis antiquis romanorum temporibus initus.* Apud *Sebastianum Gryphium* Lugduni. Pet. in-8° de 15 ff. (*Man.* de M. *Brunet*, I, 819). *Rabelais* dédia ce livret à un maître des requêtes nommé *Amaury Bouchard*. Sa dédicace est moitié grecque et moitié latine; *Dreux du Radier* en a donné la version que voici :

« Le présent que je vous fais, mon très-illustre ami, est bien mince si vous avez égard à la grosseur du volume qui ne remplit pas la main ; mais je le crois pourtant digne de votre attention, et de celle de tous les savants de votre mérite; je veux parler du *Testament de L. Cuspidius* arraché par un bonheur particulier aux fureurs de la flamme, des eaux, et à celles du temps. Lorsque vous quittâtes Lyon, vous le regardiez comme une pièce pour laquelle on eût pu négliger l'affaire la plus importante, et se laisser condamner par défaut, même au tribunal du sévère *Cassius* (2). Je n'ai pas cru devoir vous en donner une copie particulière, comme vous me paroissiez le souhaiter; mais j'ai pris le parti de faire imprimer *deux mille exemplaires.* Par ce moyen, en vous satisfaisant, je contenterai aussi, sous vos auspices, bien d'honnêtes gens qui y apprendront la manière dont en usoient les anciens Romains dans les beaux temps de la Republique pour faire leurs testaments, et le stile et la formule de ces actes. — J'ai vu bien des gens qui prétendoient avoir dans leur cabinet le manuscrit original; mais je n'ai jamais pu voir personne qui me l'ait montré. A ce sujet, je vous prie de vous souvenir du célèbre imprimeur *Gryphius.* J'attends de jour à autre votre nouveau traité de l'*Architecture du monde*, qui est sans doute un ouvrage puisé dans les sources les plus pures de la philosophie;

(1) Un médecin de Lyon, *Lazare Meyssonnier*, né à *Mâcon* en 1602, a publié une traduction française des *Aphorismes d'Hippocrate*, oubliée aujourd'hui, mais qui eut alors quelque succès. — Je ne sais si c'est à l'occasion de cette version que *Guy Patin* a dit : « Je n'ai jamais oui parler de la traduction d'*Hippocrate* ; si j'avois du crédit, je l'empêcherois ; ce seroit de la marchandise à faire babiller les barbiers, les apothicaires et autres singes du métier. » *Esprit de Guy Patin*, p. 41.

(2) *L. Cassius Longinus* dont on appelait le tribunal *Scopulus reorum*, auteur de la célèbre maxime cui bono? *Marc Antoine*, le grand-père du triumvir, allant en Asie avec la dignité de questeur, et ayant appris qu'il était accusé d'inceste devant *Cassius*, n'osa se servir du bénéfice de la loi et du privilége des absents *reipublicae causa;* il revint et comparut. C'est à cela que *Rabelais* fait allusion. Voyez *Valère Maxime*, III, 7, 9.

car jusqu'ici vous n'avez encore rien publié ni écrit, qui ne fit voir des connoissances rares, un savoir recherché et tiré de cet autre obscur, où, suivant *Démocrite*, la vérité se plaît à se cacher à nos yeux. Adieu, savant ami; puissiez-vous jouir en paix des honneurs attachés à la haute place que vous remplissez. » Voyez le *Dictionnaire* de *Prosper Marchand*, I, 122, et la *Biogr. lyonn.*, art. *Rabelais.* Voyez aussi l'*Hist. de Léon* X, par M. *Audin*, t. 1, p. 87, et n'attribuez qu'à son imprimeur les fautes et les erreurs qui se trouvent en cet endroit, car nous sommes bien persuadé que son MS a été mal lu.

1617. — *Instrument du premier notaire de Jean Papon*, conseiller du roy, et lieutenant-general au bailliage de *Forests.* Cinquième édition reveuë et augmentée (1). A Lyon, par *Jacques Roussin.* 1617. In-fol. Titre gravé. — La dédicace de l'auteur à Mgr *Henry*, frère du roy, est datée de *Montbrison*, ce 8 mars 1568; elle est suivie d'un sonnet et de quatre pièces en vers latins, à la louange de *Papon.* Voyez sur ce jurisconsulte, la *Biblioth.* de *Richelet*, les *Singularités* de *D. Liron*, et la *Biogr. lyonn.*, p. 215.

1617. — *Livre premier des Antiquitez perdues*, et si au vif representées par la plume de l'illustre jurisconsulte *G. Panciral* (sic) qu'on en peut tirer grand profit de la perte; *accompagné d'un second de choses nouvellement inventées, et auparavant incogneues....* traduit tant de l'Italien que du Latin et du François, par *Pierre de La Nove* (ou *de la Noue*). A Lyon, par *Pierre Roussin*, 1617. In-12 (B. de Lyon, 27679). — La dedicace à *B. G. Oppersdorff*, baron de *Aich*, etc., est datée de Lyon, ce 30 mars 1617. — L'auteur nous apprend, dans sa préface, qu'à son retour d'*Italie*, il s'arrêta dans notre ville et qu'il rencontra un de ses amis à l'invitation duquel il publia son livre. Voyez les *Publications* de 1619, le *Lict d'honneur....*

1617. — *Provinciae divi Bonaventurae*, seu Burgundiae ordinis FF. Minorum Regularis Observantiae coenobiorum *Initium, progressus et descriptio*; per *Claudium Picquet*, doctorem theologum, conventûs divionensis alumnum. Lugduni, 1617. In-8° — Lelong, 13854.

1617. — *Recréations spirituelles* sur l'amour divin et le bien des ames, enrichies d'une infinité d'inventions très subtiles et utiles à la conversation des grandes ames de la Cour, tirées de la bibliothéque de Mre *Baltazar de Villars* ..... Paris, 1617, in-8° — Dédicace à *Marie de Levy de Ventadour*; abbesse de S. Pierre, datée de Lyon le 1er Janvier 1617, et signée B. De Villars. — On trouve parmi les pièces préliminaires de ce Livre, qui a échappé à M. *Barbier*, une pièce de vers sur *l'anagramme de l'auteur* : J'ay de propre le ciel d'amour; or, cette anagramme, qui se retrouve encore à la page 165 du livre, nous offre, en la décomposant, le nom de *Polycarpe de la Riviere*, à

---

2) La B. de Lyon ne possède que le premier tome de cette édition. Les précéden tes éditions sont divisés en trois tomes.

qui l'on doit plusieurs autres ouvrages du même genre que les *Recréa-tions spirituelles*, c'est-à-dire, théologico-mystiques.

1617. *Francisci Remondi* Divionensis e societate Jesu *Carmina et Ora-tiones.* Nova editio.... VIENNAE, apud *Joann. Poyet.* 1617... Veneunt Lugduni, apud *Petrum Rigaud.* In-12 (B. de L., 17135). — Il y a de très-bonnes pièces dans ce volume ; de ce nombre est cet élégant disti-que que le P. *Rémond* met dans la bouche de Ste *Catherine* de *Sienne* :

> Sive mori me, Christe, jubes, seu vivere mavis,
> Dulce mihi tecum vivere, dulce mori.

L'humaniste de Dijon s'est rencontré dans ce dernier vers, avec le poëte de Vénuse :

> Tecum vivere amem, tecum obeam libens,

trait de sentiment, que l'on retrouve à la fin de la 15e Élégie d'*André Chénier* :

> Si tu l'avais voulu, Gallus plein de sa foi,
> Avec toi voulait vivre, et mourir avec toi.

1617. — *Schenckelius detectus :* Seu memoria artificialis hactenus oc-cultata ac à multis quam diu desiderata : nunc primum in gratiam op-timarum artium ac sapientiae studiosorum luce donata, à J. A. P. G. S. P. D..... Avec cette épigraphe : *Tantum scimus, quantum memoria tenemus.* Lugduni, apud *Barth. Vincentium.* 1617. In-12. (B. de L., 14970). — Dédicace de l'auteur *Jean Paepp*, à *Rodolphe de Schauwen-stein*, seigneur *de Richennau*, chevalier de S. Marc, commandant des Suisses de la garnison de Lyon, datée de cette ville, le premier février 1617. — *Paepp*, disciple du fameux mnémoniste *Schenckel*, paraît avoir fait un assez long séjour à Lyon où il avait été retenu par une maladie assez grave. La femme de son maître y était restée pendant que son mari était allé professer son art en *Bohême* (voyez les *Mémoires de Pa-quot*, XV, 59). M. *Weiss*, tome 41, p. 109 de la *Biogr. univ.* cite une édition du *Schenckelius detectus* de Lyon, 1627, in-12. Si cette date n'est pas erronée, je crois que cette édition n'a qu'un titre rafraîchi. Voy z les *Publications* de 1618 et de 1619.

1617. — *Testament de Pierre du Mollet de Morestel*, dédié à très-ver-tueux seigneur, noble *Jacques de Lay*, seigneur de *Balmettes*, *Marcol-lin*, *La Roche*, *Montagneu*, la maison *Blanche*, etc. (1). Ensemble les Lamentations dédiées au sieur *de Balmettes*, augmentées de plusieurs Histoires, Sonnets et Chansons fort récréatives. A Lyon, pour *Jean Hu-guetant.* 1616. In-16 de 60 pages. — Dans son *Testament*, qui est en vers, *Pierre du Mollet* fait des legs à des individus de *Lyon*, de *Mont-*

---

(1) Cette dédicace est datée de *Morestel*, ce xx juillet, **1608** ; et c'est probablement en cette année-là que parut la première édition de *Testament* de P. *du Mollet*.

luel, etc. C'est une espèce de satire qui pouvait avoir quelque chose de piquant lors de sa publication; mais aujourd'hui, il serait difficile de comprendre les plaisanteries du testateur, qui nous apprend qu'il avait composé des poésies intitulées les *Flammes amoureuses*. Une pièce graveleuse figure dans ce recueil, c'est une complainte en style de l'écolier limosin de *Rabelais*, espèce de priapée, où *du Mollet* raconte qu'il lui arriva un désappointement pareil à celui qui inspira a *Polyénos* les vers qu'on lit dans le ch. CXXXII du *Satyricon*. A la fin de ce livret, est le *Discours d'un jeune homme qui devint amoureux de la femme d'un bonnetier, et de ce qu'il lui en advint*. Ce conte, à l'imitation de ceux de *Boccacc* et de la *Royne de Navarre*, est en prose, et cette prose, qui vaut un peu mieux que la poésie de *du Mollet*, pourrait faire présumer que ce conte n'est pas de lui. — Il existe un opuscule non moins rare, qui paraît être du même auteur, ou auquel du moins il aurait coopéré : *La Dispute et interrogation faicte par deux poètes françois*, l'un nommé le sieur Pierre du Mollet, de Morestel en d'Aulphiné, et (l'autre) le sieur Hector de Nantes, de Langres, s'étant rencontré dans le cloistre S. Germain de Lauxerrois, près le Louvre, à Paris..... Paris, *Martin Verac*, 1610, petit in-8°. de 19 pages. Cet opuscule, qui ne peut avoir d'intérêt que pour un bibliophile Dauphinois, est dédié comme le précédent à Mgr de Balmettes.

1617. — *Tragédies de Robert Garnier*. Lyon, *Claude Morillon*. 1617. In-12 de 704 pp. — M. *Brunet* cite six autres éditions de ces Tragédies publiées à Lyon.

1617. — *Traité de la vie spirituelle de S. Vincent Ferrier*, traduit du latin, avec des remarques par *Julienne Morelle* (1). A Lyon, chez *Nicolas Julliéron*. 1617. In-8°. — Dédicace à la reine *Anne d'Autriche*. — S. *Vincent Ferrier* était en grande vénération dans notre ville où il avait prêché en 1504, en 1508, en 1515 et en 1517. Durant une de ces prédications, un écuyer (*armiger*) qui avait commis toutes sortes de crimes, ayant entendu l'homme de Dieu, se rendit, le cœur contrit et repentant auprès d'un prêtre, qui, après avoir oui sa confession, lui enjoignit de se donner la discipline en public avec les autres pénitents. L'écuyer déclara qu'il n'en ferait rien. Consulté sur ce refus, le bienheureux *Vincent* dit au confesseur d'engager l'écuyer à se dépouiller de ses vêtements, et à se mettre, sans prendre des verges, au milieu des flagellants. Le pénitent y consentit et, grâces aux prières, de *Vincent*, il fut tout-à-coup saisi d'une si grande componction, que, prenant un fouet, il se frappa si fort, qu'il se serait tué à force de coups, si on ne lui eût arraché le fouet qu'il tenait en sa main. Voyez la vie de S. *Vincent Ferrier* par *Pierre Ranzan*, tome 3, page 662 des OEuvres de S.

(1) Voyez ci-dessus, année 1606-1607, *ad calcem*. — Il existe une autre traduction du *Traité de la vie spirituelle*, par sœur *Marie de Longueil des Maisons*, religieuse du couvent de Poissy, Paris, 1704, in-12. C'est probablement cette traduction qui a été réimprimée à *Avignon*, en 1823. — M. *Quérard* s'est trompé en attribuant à *Vincent de Lérins* un *Traité de la vie spirituelle*.

Antonin, archevêque de *Florence* (Lyon, 1586, in-fol.). — Il existe une
autre vie de S. *Vincent Ferrier*, écrite en italien, par *Thomas Campa-
gna*, inquisiteur général (*Turin*, 1741, imprimerie du roi). Ce biographe y rapporte une anecdote qui, je crois, a échappé aux Bollandistes :
« Un jour, l'illustre saint crut devoir écrire au ciel pour faire relever
de certaines fautes une pénitente infirme. Il sort de l'église, ferme sa
lettre adressée à la Trinité, et la jette en l'air à la vue du peuple. La
pétition prend la route du Paradis, vole et disparaît. Toute l'assistance,
dans un profond respect, attend et désire l'issue de l'événement. Fort
peu de temps après, la réponse arrive, et se place entre les mains du
confesseur ; il l'ouvre et voit ces mots en caractères d'or : « Nous, très-
« Sainte Trinité, eu égard à la requête de notre frère Vincent Ferrier,
« accordons à la mentionnée pécheresse, le pardon de toutes ses fautes.
« Qu'elle se confesse, et, dans une demi-heure, elle sera avec nous au
« Paradis pour l'éternité. Du CIEL, signé : Nous Père, Fils, Esprit-
« Saint. »

1617. — *Traité des Indulgences* et confirmation de celles du cordon
de S. François, par N. S. P. le Pape Paul V. Recueilli par le R. P. F.
Jacques Fodéré, Observantin, docteur en théologie, provincial de la
province de S. Bonaventure..... A Lyon, chez *Pierre Rigaud*, 1617,
In-32. — On remarque parmi les pièces liminaires, un acrostiche en
latin sur le P. Fodéré, par F. *Jean Huguenyot*, qui a trouvé dans le nom
de son Provincial, *Ave ô decus orbis*; une *Ode sur le cordon de S. François*, par *Le Brun*, advocat Beaujolois, etc. Une des approbations est signée par *Jacques Severt*, docteur en théologie et vicaire-général en l'é-
vêché de *Mascon*; elle porte la date du 5 janvier 1609.

1618. — *Mars* 15. Mort de *Jacqueline de Harlay*, femme de *Charles
de Neufville d'Halincourt*, marquis *de Villeroy*, dame d'honneur de la
reine-mère, fondatrice du monastère des Carmélites de Lyon. SPON, *Recherche*, in-8°., p. 150; TALLEMANT, *Mém.*, ch. XXVIII; *Arch. du Rh.*,
XII, 9.; *Revue du Lyonn.*, XX, 212. Voyez les *Publications* de cette année, *Discours de Consolation*;.... ci-dessus, 11 *février* 1596, et 25 novembre 1608.

1618. — *Juin* 11. Mort du P. *Etienne Carta* (1), dominicain, né
vers 1560. — Il avait prononcé ses vœux le 20 avril 1575, entre les
mains du P. *Jacques Perrier* (2). Il acheva ses études à *Paris*, et reçut,
à l'université de cette ville, le bonnet de docteur, en 1593. L'année suivante, il fut nommé prieur de la maison de Lyon; il s'était déjà acquis
une grande réputation par ses talents oratoires. Il prêcha l'Avent à
Clermont-Ferrand en 1596, et le Carême à *Annecy*, en 1598. Dans un

(1) *Pernetty* l'appelle *Curta*. Cette erreur se retrouve dans la table de son livre où
bien d'autres noms ont été estropiés.

(2) *Perrier* ou *Perier* (*Jacques*), habile prédicateur, mort le 27 août 1582, loué pa
Rubys qui l'appelle tantôt *Pyrus*, tantôt *Piry*. Voyez son *Hist. de Lyon*, p. 391, 400
et 411.

chapitre des religieux de son ordre tenu à *Troyes en Champagne* en 1599, il fut nommé vicaire-général de la Congrégation de France, appelée Gallicane, dont le couvent de Lyon dépendait, et il en exerça les fonctions pendant trois années. Après avoir rempli plusieurs autres charges, il redevint prieur de sa maison en 1605 , et conserva cette dignité jusqu'à sa mort ; il fut inhumé avec cette épitaphe :

« Hic quiescit Stephanus Carta vir clarissimus, et ex aequo pietate, « scientia et sapientia trismegistus, è Duno-Lucii oriundus, doctor theo- « logicus in areopago parisiensi laureatus, in sacro ordine praed. Pater « patratus, et quondam vicarius generalis qui cum annos plusquam xx « domum hanc sapientissime rexisset, tandem ferè sexagenarius, non « tam annis quam meritis oneratus, ad os Domini moriens vitæ diem « clausit extremum xi junii anno Domini 1618 (Arch. de la préf. du « Rh.) » — Voyez les *Publications* de cette année, *Discours funèbre*...

1618. — *Juin*... Lettres patentes de *Louis XIII* qui confirment les priviléges accordés à la ville de Lyon par les rois ses prédécesseurs. — Ces lettres furent enregistrées au parlement de Paris, le 14 juillet de la même année, et en la cour des aides, le 18 août. M.

1618. — Un plan de *Bellecour* fait par ordre du Consulat donne les premières divisions de ce territoire. M. de V.

1618. — Le marquis *de Nerestang*, grand maître de l'ordre du *Mont-Carmel*, un des plus grands hommes de guerre de son temps, fait don aux *Carmes déchaussés*, pour y construire un monastère, de l'emplacement d'une ancienne récluserie qu'on appelait *le Grand Thunes*, et qu'il avait achetée de M. *Scarron* (1). — Aujourd'hui, ce couvent a été converti en caserne ; mais des dispositions ont été prises pour que l'église pût être un jour rendue au culte. LE FEBVRE, *Nombre des églises*, ch. XX ; COCHARD, *Guide*, p. 204 ; DAGIER, *Hist. de l'Hôtel-Dieu*, p. 258. Voyez ci-après, août 1620.

1618. — Apparition d'une *comète*, qui fut un objet de surprise pendant tout le mois de décembre. B. GASPARD, *Hist de Gigny*, p. 223.

1618. — PUBLICATIONS : *Artificiosae memoriae fundamenta*, ex Aristotele, Cicerone, Thoma Aquinate, aliisque praestantissimis doctoribus...... à D. *Joan. Paepp*, Galbaico..., avec cette épigraphe : *Musarum mater memoria*. PLATO. Lugduni sumptibus auctoris : et venundantur apud *Barth. Vincentium*. 1618. In-12 (B. de L., 14968). — C'est au commencement de cet ouvrage que *Paepp* nous apprend qu'à son retour d'un

____

(1) On lit, p. 58 de la *Recherche des curiosités et antiquités de la ville de Lyon*, par *Jacques Spon* : « .... Lyon est admirable pour les belles vues qu'il y a..... Il ne se peut rien voir de plus beau, particulièrement celle qu'on a du jardin des *Carmes Deschaux*, que les estrangers ne doivent pas oublier d'aller voir quand le tems est serain. Il y a dans leur église des balustres, des colonnes et autres ornemens de chapelle, de cette belle pierre qui se trouve à *S. Cire*, à une lieue de Lyon, laquelle étant polie, semble ne rien céder au marbre en beauté et en dureté. Dans la chapelle de sainte *Thérèse*, il y a un tableau de cette sainte, fait par *Gorchin* (lisez *Guerchin*) dont les ouvrages sont bien estimés.... »

voyage d'Italie, il arriva à Lyon tellement abattu par les fatigues de la route qu'il fut obligé d'y séjourner pour rétablir sa santé. Voyez les *Publications* de 1617, *Schenckelius detectus...*

1618. — *Le Bannissement des folles amours*, par le S*r* *d'Avily*, gentilhomme ordinaire de la chambre du Roy. A Lyon, par *Barthelemy Vincent*. 1618. In-12. — Une des approbations porte la signature de *F. J. Foderé*. — La B. de Lyon possède un exemplaire imparfait de ce livre (19331); il y manque les pages 97 à 102, qui contenaient sans doute quelques passages contre les femmes, écrits dans un langage un peu trop libre, quoique le but de l'auteur ait été de composer un traité tout-à-fait moral. — A la fin du volume est un *Hymne à la Pureté*, dont nous citerons les vers suivants :

> Divine Pureté peu cognue en ces lieux,
> Mespris des fous mondains, et cher soucy des cieux,
> Grande et rare vertu qui fais d'un homme un ange,
> Lorsque, net de pensée, à ta suite il se range,
> Qui n'as rien de terrestre, et qui rends bien heureux,
> Et mieux aimé du ciel l'esprit moins amoureux ;
> C'est toy qu'il faut louer, non ces vaines amantes,
> Dont les gestes lascifs, les paroles charmantes,
> Les souris decevans et les yeux affetez,
> La couleur empruntée et les fresles beautez,
> Les mespris attrayans, les pipeuses delices
> Et les traits plus exquis des mignardes malices,
> Font que pour un subjet prisé peu sainement,
> Et peu digne d'amour, on aime son tourment....

1618. — *Discours de consolation* à tres-illustre et tres-noble seigneur, Messire *Charles de Neufville*, sieur *d'Halincourt...*, sur la mort de *Jacqueline du Harley* (sic), sa femme et (sur celle de) son petit fils. Par An. Br. DO. A Lyon, par *Barthelemy Ancelin*. 1618. In-8° (B. de L., 14487). — Ce discours est suivi de quelques pièces de vers sur le même sujet ; voici l'épitaphe que l'auteur propose pour l'enfant :

> Ci gist l'Amour soubs ce tombeau,
> Sorti sans yeux d'une déesse ;
> Si tu crains que son feu te blesse,
> Passant, pleure sur son tombeau.

Voyez ci-dessus au 15 mars.

1618. — *Discours funèbre, panégyrique et consolatoire sur le trespas de R. P. F. Estienne Carta*, docteur en theologie de l'Université de Paris, prieur du couvent de Nostre-Dame-de-Confort à Lyon. Par *Jean Teste-Fort*, Lyonnois, religieux de l'ordre des F. Prescheurs. Dédié à Mgr *d'Halincourt*. A Lyon, chez *Pierre Rigaud*. 1618. In-12 (B. de L., 16337). — S'il faut en croire l'orateur, le P. *Carta* aurait été presque le seul des prédicateurs qui, de son temps, n'eût point abusé de la chaire ni de l'Ecriture sainte pour déclamer contre le roi, pendant les guerres de la Ligue. Le P. *Teste-Fort* accompagna cette oraison funèbre de vers grecs latins et français qui marquent son érudition. Son discours est également farci de grec et de beaucoup de traits de la Fable et de l'histoire profane, selon le mauvais goût de ce temps là. M. Voyez ci-dessus au 11 *juin*.

1618. — *Discours politiques et militaires sur Corneille Tacite*, excellent historien et grand homme d'estat : contenans les fleurs des plus belles histoires du monde, avec des notables advertissemens concernants la conduitte des armées ... traduits, paraphrasez et augmentez par *Laurens Melliet*, sieur de *Mont-Essuy* en *Bresse; avec deux tables l'une des Discours, et l'autre des principales matières. A Lyon, par *Claude Morillon*, M. DC. XVIII. In-4° (B. de L., 2446). — Edition omise dans la *Bibliographie de Tacite*, donnée en 1838, par M. *Panckoucke*, qui cite les réimpressions de 1619, de 1628, de 1633 et de 1642. La dédicace de l'auteur à *Jean de Saulx*, *viscomte de Tavanes* (1), est suivie d'un avis aux lecteurs et de pièces en vers latins et en vers françois à la louange de l'auteur, par *J. Seraud*, custode de l'église de Sainte-Croix, à Lyon; *Antoine Favre*, premier président de Savoye; *G. Bachet*, sieur de *Vauluisant*, président des Esleus pour le Roy en Bresse; *Cl. Lombard Bargarot*, Bressand, et *Clém. Vulliard*, Bressand. Au verso du 16ᵉ feuillet des pièces liminaires est un écusson représentant un lion ayant sur sa tête une étoile, et tenant dans ses pattes une palme. Au-dessus est cette devise : *Virtuti fortuna cedit* (2), et en dessous ce quatrain de l'auteur à son livre :

> Va, prens un front de fer, et pour braver l'envie,
> Garde bien de rougir; va courageusement;
> N'apprehende plus rien ; puisque la calomnie
> Médit de la vertu, c'est signe qu'elle ment.

Le privilège du roy est du 30 août 1618. — Les Discours sur Tacite sont traduits de l'italien de *Scipione Ammirato*, Napolitain, mort à *Florence* en 1601 ; il est assez difficile d'expliquer pourquoi son nom ne se trouve pas sur le titre de la traduction. Le sieur *de Mont-Essuy* a échappé aux biographes, même à Mgr *Depery*; une des pièces à sa louange nous apprend qu'il était de *Villars*, petite ville de la *Bresse*, à 5 lieues de *Trévoux* :

> Quand je lis tes écrits, et entends ta parole,
> Mon esprit est saisi d'un grand estonnement;
> Car notre seul VILLARS a esté ton escole,
> Où tu n'appris jamais qu'à lire seulement.

(1) Il y a dans cette dédicace quelques faits sur la vie militaire du maréchal *de Tavanes*, et sur celle du vicomte, son fils, qui ne sont peut-être pas ailleurs.

(2) Cette devise se trouve au-dessus d'une montre solaire sur la façade d'une maison située à *S. Maurice de Beynost* (AIN), acquise en 1769 par *Jean Melliet Montessuy*, avocat au parlement, et conseiller du roi en l'élection de Bresse, domicilié à *Montluel*, maison que possède aujourd'hui l'auteur de cette note, et qui n'est éloignée que d'un kilomètre de l'ancien château de *Monderoux* ou *Mas de Roux*, propriété de M. le conseiller *Breghot du Lut*, situé sur la commune de *Beynost*.

Ceux qui ont voyagé de l'un à l'autre pôle
Pour devenir sçavans, parlent plus doctement ;
Ils ont vèu Cicéron, Aristote et Bartole,
Tu ne les lèu jamais et parle élégamment...

— Il paraît que le sieur *de Mont-Essuy* avait embrassé fort jeune la carrière militaire, et qu'il avait servi sous le vicomte *de Tavanes*, qui en avoit fait fait probablement son intendant ou son secrétaire ; c'est ce qu'il nous semble résulter de plusieurs passages de la dédicace de l'auteur, qui nous apprend qu'il a demeuré douze années dans la maison de M. *de Tavanes*, où, malgré divers voyages et le maniement de diverses affaires, il a pu lire les meilleurs auteurs et prendre goût à la lecture. C'est dans le cabinet de M. *de Tavanes* qu'il a eu la première connaissance de l'ouvrage d'*Ammirato*, et c'est à *Florence* et à *Rome* que dans la suite, « il l'a profondement examiné. » Cette dédicace a été remplacée par une épître au roi dans l'édition des *Discours* publiée à *Rouen*, 1642, in-4°, où l'on ne retrouve pas les pièces à la louange de l'auteur. Le vicomte *de Tavanes* n'existait plus ; il paraît qu'il mourut peu de temps après avoir fait un testament qui porte la date du 6 octobre 1629. Voyez son article dans la *Biblioth. de Bourgogne*, et dans *Moréri*.

1618. — ΕΙΣΑΓΩΓΗ, seu *Introductio facilis in Praxim artificiosae memoriae* à D. *J. Paepp* Galbaico..... Lugduni, sumptibus auctoris : et venundantur apud *Barth. Vincentium*. 1618. In-12 (B. de L., 14968). — La dédicace de l'auteur est datée de Lyon, le 4 des calendes d'*Avril* 1618 (voyez les *Publications* de 1619, ΧΡΙΣΙΣ....). — *Paepp* a semé, dans ce livre, des bigarrures qu'il paraît avoir empruntées en majeure partie, à *Tabourot*, et dont quelques-unes se retrouvent dans les *Amusements philologiques* de M. *Peignot*. Je ne sais jusqu'à quel point il faut l'en croire quand il dit que ces quatre lettres A. F. P. R. qui signifient *actum fide publica Rutilii*, furent ainsi malicieusement expliquées par Cicéron : *Aemilius fecit, plectitur Rutilius.*

1618. — *Formulaire fort recreatif de tous contracts....*, faict par *Bredin le Cocu*, notaire rural, etc. A Lyon, chez *Pierre Rigaud*. 1618. In-16. — Voyez sur l'auteur de ce livre, *Benoist du Troncy*, la *Biogr. lyonn.*, p. 391 ; ci-dessus, *avril* 1559 ; 14 *juin* 1594 ; 26 *août* 1595 ; 4 *avril* 1602. Voyez aussi les *Publications* de 1594 et de 1610.

1618. — *Histoire des Vaudois...*, par *Jean-Paul Perrin*, Lyonnois. A Genève, pour *Matthieu Berjon*. 1618. In-8° (B. de L., 23859). Quelques exemplaires ont un titre raffraîchi daté de 1619, et dans lequel le nom de *Matth. Berjon* a été remplacé par ceux de *Pierre* et *Jacques Chouet*. — Suivant *Guy-Allard*, cette histoire aurait été imprimée en latin par ordre du Synode de la Province, en 1610 ; mais je crois qu'il se trompe. La dédicace de l'auteur à *François Bonné*, duc *de Lesdiguières*, lieutenant général pour le roi, en *Dauphiné*, est datée de *Nyons en Dauphiné*, ce 1er janvier 1618. *Perrin* n'aurait pas manqué de faire mention de son premier travail. « Ceste histoire, dit-il, vous est deüe, Monseigneur, pour plusieurs raisons : Premierement, les plus populeuses églises des *Vaudois* sont en l'enclos de vostre gouvernement, et n'ont respiré avec liberté que lors seulement que, depuis plus de quarante ans passés, vous les avez garanties des outrages de leurs ennemis..... Les preuves des souffrances de leurs pères ès siècles passés, sont le sainct butin qui fut faict en la ville d'*Ambrun*, lorsque vous réduisistes ceste cité sous l'obéissance du roi. Les archevesques d'icelle ont cherement gardé plus de quatre cens ans les procez et procédures contre lesdites églises vaudoises, lesquelles causeront à ceux qui les ont persécutés une honte éternelle, et au contraire éterniseront la piété et jugement de celui de vos serviteurs qui retira le sac desdits procez de l'embrasement de l'archevesché.... C'est le sieur de *Vulson*, conseiller du roy en la cour de Parlement de *Grenoble*, qui l'acquit et nous l'a mis en main, se contentant, pour toute conqueste, de ce seul sac qui faict le procez au diable et à ses adhérans..... » Les auteurs de la *Bibliothèque hist. de la France* ont fait *Jean-Paul Perrin* auteur d'une *Histoire des Vaudois* et d'une *Histoire des Albigeois* ; c'est une erreur, ces deux histoires n'ont pas été imprimées séparément, et sont dans le même volume. L'ouvrage est divisé en trois parties ; dans la première, l'auteur traite de l'origine des *Vaudois*, de leur *pure* croyance et des persécutions qu'ils ont souffertes ; la 2e contient l'histoire des *Vaudois* appelés *Albigeois* ; la 3e a trait à la doctrine et à la discipline commune à l'une et l'autre secte. Cette dernière partie se termine par une réfutation des écrits publiés contre ces hérétiques. Parmi les pièces liminaires, on remarque des vers à la louange de *Perrin*, par *Christophe de Gamon*, qui était aussi protestant. L'abbé *Goujet* (XIV, 140) croit que ces vers ont été composés avant l'impression de l'*Histoire des Vaudois*. Il pense que *Gamon* ne vivait plus quand elle fut publiée. On lit dans le *Sorbériana*, p. 198 de l'édition de *Toulouse*, 1694, in-12 : « Le livre de *Perrin*, qui naquit protestant et mourut catholique, m'agréa d'autant plus qu'il est fagoté avec moins d'art et d'élégance. » *Perrin* avait été ministre du S. Evangile à *Nyons* en *Dauphiné* ; il est à présumer que son abjuration suivit de près celle de *Lesdiguières*. Nous ne croyons pas qu'il existe d'autre ouvrage de cet auteur, qui n'a d'article ni dans *Moreri* ni dans la *Biographie universelle*. Voyez nos *Documents*, année 1160, où nous avons par erreur attribué à M. *Rey*, évêque de *Pignerol*, des *Recherches historiques sur la véritable origine des Vaudois*, etc. : Paris et Lyon, 1836, in-8° ; ces *Recherches* sont de M. *Charvaz*, successeur de M. *Rey*. Voyez aussi la *Biogr. lyonn.*, article VALDO, et ci-après, année 1655, *ad calcem*.

1618. — *Les Miraculeux effets de la sacrée main des roys de France très-chrestiens pour la guerison des malades et conversion des heretiques*. Dédié au Roy, par J. *Barbier*, advocat consistorial au Parlement de *Dauphiné*, avec cette épigraphe : *Nisi hic esset à Deo non possit facere quidquam. S. Jean, 9.* A *Lyon*, par *Jean l'Autret* (de l'imprimerie de *Jean Royaux*). 1618. In-8° de 8 et XLIII pages. — L'approbation des docteurs est datée de *Paris*, le 14 juillet 1618 ; le permis d'imprimer donné à Lyon et signé *du Sauzet*, est du 30 septembre. L'auteur était protestant ; témoin des guérisons faites à St Germain, le jour de la Pentecoste , « par l'efficace du salutaire et miraculeux attouchement du « Roi, » il se convertit, et il eut ce contentement de voir une quinzaine de ses compagnons, jadis ministres d'erreur, participer à la grace qu'il avait reçue. Il exhorte ses anciens corréligionnaires à suivre son exemple ; toutefois il ne veut pas qu'un peuple soit obligé de changer de religion , à la mode des reformés d'Allemagne , « qui sont tantôt lu-« thériens, tantôt calvinistes, comme leurs princes, et desquels on peut « dire :

Mobile mutatur semper cum principe vulgus (1). »

1618. — *La Nouvelle Muse* ou *les Loisirs de Jean Godard*...., Lyon, *Claude Morillon*. 1618. In-8°. — Voyez la *Biblioth. poétiq.* de M. *Viollet Le Duc*; les *Publications* de 1594 , *OEuvres* ,.... et celles de 1624 ; *Meslanges*....

1618. *L'Ortografe françoise* selon la prononciation de notre langue, par *Claude Expilly* , président au Parlement de Grenoble. Lyon..... 1618. In-fol. — Voyez GOUJET , 1 , 88 , et 11 , 474 ; les *Publications* de 1610 , *Sermon funèbre* ,... et celles de 1636 , *Plaidoyez*....

1618—*Guidonis Papae*... Decisiones : *A. Rambaudi, F. Pisardi, Steph. Ranchini, L. Rabotii, P. Matthaei, Ferrerii, N. Bonetonii,* nec non Reverendi D. *Joannis à Cruce*..... annotationibus illustratae et auctae ; quibus,.. accesserunt... Observationes et doctissimae lucubrationes *Gasparis Baronis* I. V. D..... Lugduni, sumptibus *Joannis de Gabiano.* 1618. In fol. — Dédicace du libraire au Parlement de Dauphiné, datée de Lyon, *Anno salutis* 1609. Voyez ci-dessus les *Publications* de 1593, *Decisiones*.....

1618. — *T. Petronii Arbitri equitis romani Satiricon*, cum Petroniorum fragmentis. Noviter recensitum, interpolatum et auctum. Accesserunt seorsim notae et observationes variorum. Lugduni, apud *Paulum Frellon*. cɔ ɔc xvIII. Petit in-8° de 6 f. non chiffrés, et 972 pages (B. de L., 19826). — Titre raffraîchi. Voyez les *Publications* de 1615....

1618 — *Joannis Pistorii ex Narbono-Gallica Nemausi, D. med. Microcosmus,* seu liber Cephale-Anatomicus de proportione utriusque mundi : in cujus calce *Redivivus Pelops* (seu Libellus de Nobilitate et excellentia cerebri). Lugduni, apud *Barth. Vincentium.* 1618. In-8°. Voyez l'article de *Pistoris* dans le tome 77 de la *Biogr. univ.*, où l'on cite une autre édition lyonnaise de cet ouvrage, qui aurait été publiée en 1612, et qui me paraît douteuse.

1618. — *Remarques d'estat et d'histoire sur la vie et les services de Villeroy....* Par *Pierre Matthieu.* LYON , 1618. In-12. — Ce panégyrique

(1) Ce vers est de *Claudien, de* IV *Consul. Honorii.* 301.

a été réimprimé plusieurs fois, et traduit dans presque toutes les langues.

1618. — *Scribani* (*Caroli*) è Soc. Jesu , *Philosophus christianus.* Lugduni , apud *Michaelem Chevalier.* 1618. In-32 (B. de L., 10521). — La plupart des ouvrages du P. *Scribani* ont été imprimés à Lyon. Malgré le succès qu'ils eurent durant un demi siècle, ils sont tombés dans un oubli dont il serait difficile de les tirer. Cependant, quelques bibliotaphes recherchent encore son *Amphitheatrum honoris*, cité par l'*Estoile* (juin 1605), et son *Adolescens prodigus*, à la suite duquel se trouvent quelques pièces en vers latins.

1618. — *Les Serées de Guillaume Bouchet....* A Lyon, chez *Pierre Rigaud.* 1618. 3 vol in-8° (B. de Lyon). — Voyez les *Publications* de 1608 et de 1614.

1618. — *Les Travaux de Jésus*, poëme composé par *Pierre Colignon de la Charnaye*, dédié à Monseigneur l'éminentissime cardinal de Lyon. Paris , *Jacques Villery.* 1638. In-8° fig. — Voyez la *Biblioth. poëtiq.* de *M. Viollet Le Duc.*

1618. — *Les Tragédies et histoires sainctes de Jean Boisson de Gallardon....* Lyon , *Simon Rigaud.* 1618. Petit in-12. — Catal. *Soleinne*, n° 130 de la dernière partie.

1618. — *Vita M. Tullii Ciceronis* in annos distincta ac in epitome secundum artem mnemonicam redacta, à D. I. *Paepp Galbaico* : cui adjuncti sunt Catalogi Pontificum et Imperatorum à mendis purgati qui typographorum incuria in *Schenckelio detecto* irrepserant. Lugduni , sumptibus auctoris : et venundantur apud *Barthol. Vincentium.* In-12 de 46 pages (B. de L., 15968). — Le titre ne porte pas de date, mais on lit à la fin du volume : Achevé d'imprimer le dixième mars 1618. Voyez les *Publications* de 1617 et de 1619.

1619. — *Février* 1. Le prince de *Piédmont* et son frère, le prince *Thomas*, arrivent à Lyon. — M. *d'Halincourt* leur donna, le même soir, le divertissement d'un ballet. Ils partirent le lendemain en poste, et allèrent coucher à *Tarare*. Mercure françois , tome V.

1619. — *Avril...* L'évêque de *Luçon* (*Armand du Plessis de Richelieu*) avait quitté *Avignon* où il s'était retiré , pour se rendre, par ordre de la cour, auprès de la Reine-mère. La chose avait été menée si secrétement que le Marquis *d'Halincourt*, gouverneur de Lyon, le fit arrêter par ses soldats auprès de *Vienne* en Dauphiné , et fut bien surpris de trouver, entre les mains de son prisonnier, une lettre du roi qui ordonnait de lui laisser partout le passage libre. *Mém. du card. de Richelieu*, p. 193 de l'édition de 1837. Voyez aussi l'*Hist. de Louis XIII*, par M. *Bazin*, tome 2, p. 84.

1619. — *Mai* 14. Lettre du Roi au Consulat :

« De par le Roy, tres-chers et bien amez, le sieur *d'Halincourt* nous ayant faict entendre combien vous vous estes portez favorablement à l'establissement des *Pères Feuillans* en nostre ville de Lyon, sur les tes-

moignages qu'il vous a donnez de l'affection particuliere que nous avons
à leur ordre, nous vous avons bien voulu, faire cette-cy pour vous dire
le bon gré que nous vous en scavons, et vous exhorter de contribuer à
ce que sera de vos charitez pour les accommoder et establir plus
parfaitement en nostre ville; vous asseurant que, outre l'édiffication et
consolation que vous recevrez de ces bons religieux, vous ferez chose
qui nous sera tres-agreable. Donné à *Orléans*, ce xiiij may 1619. Signé
Louis, et plus bas, *Phélipeaux*. » A. M.

1619. — *Octobre 7*. Entrée de madame *Christine de France*, princesse
de *Piémont*.

1619. — *Décembre 10*. Arrêt du parlement de Paris qui renvoie
d'acccusation *Gaspar de Monconys*, condamne l'assesseur criminel (1)
et le procureur du roi (2) du présidial de Lyon en de gros dommages
et intérêts et en tous les dépens; leur enjoint de se défaire de leurs
charges, et les déclare incapables d'en posséder à Lyon; ordonne que
le nom de l'accusé sera rayé des régistres des greffes, etc., etc. — Les
accusateurs avaient supposé qu'un nommé *François Louys*, convaincu
de sacrilège dans l'église de *S. Denis*, et qui, en 1612, avait été condamné aux galères pour neuf ans, n'était autre que *Gaspar de Monconys*, qui avait déguisé son vrai nom, et que ce motif secret était
ce qui avait déterminé le parlement à substituer les galères à la peine
de mort. Voyez le *Dict.* de *Prost de Royer*, tome 2, p. 266; les *Lettres*
de *Guy Patin*, passim; les *Mém.* de *Niceron*, XXVII; ci-après, *Publications* de 1620, *Dicaeologie*... — *Gaspar de Monconys* était le frère de
Balthasar, docteur en droit, si connu par ses *voyages* qu'il poussa jusqu'au fond de l'*Inde*. Voyez son article dans la *Biogr. Lyonnaise*, et au
lieu de 1611, date de sa naissance, mettez qu'il naquit le 1er mars
1608.

1619. — Ouverture de la rue *Neyret*, sur un terrain appartenant à
Claude Neyret, riche négociant en étoffes de soie. *Biogr. Lyonn.*

1619. — Le Consulat fait reconstruire la *porte* dite *du Rhône* « par où
« l'on va au faux-bourg dit *la Guillotière*, » et y fait mettre cette inscription citée par *Alcide de Bonne-Case*, t. 2, p. 60 de son *Tableau des
provinces de France* :

EN L'ANNÉE M. DC. XIX, ET LE IX DU RÈGNE DE LOUIS XIII, ROY DE
FRANCE ET DE NAVARRE, MESSIRE NICOLAS DE NEUFVILLE, MARQUIS DE
VILLEROY, GOUVERNEUR, NOBLE FRANÇOIS DE MERLE, PREVOST DES
MARCHANDS, ALEXANDRE CHOLLIER, OCTAVIAN VANELLE, PHILIPPE SEVE,
BENOIST BEZIN, ESCHEVINS, ONT, POUR LA COMMODITÉ ET SEURTÉ DU
PUBLIC, FAIT REBASTIR CETTE PORTE.

1619. — Cette année, le Consulat fit agrandir et achever la façade
de l'entrée du *Collége*, et les classes furent mises en la basse-cour. —

_____

(1) *Claude Bernard.*
(2) *Jacques d'Aveyne.*

L'inscription gravée à cette occasion nous a été conservée par le P. *Menestrier* dans son *Eloge Hist. de la ville de Lyon*, et par le P. *de Colonia*, t. 2, p. 702 de son *Hist. Litt.*

1619. — S. *François de Sales* repassa par Lyon à son retour de Paris. Ce fut là qu'un général d'ordre vint en poste déguisé pour lui faire sa confession générale dans le parloir des religieuses de *Bellecour*. M.

1619. — PUBLICATIONS. *Aesopi Phrygis Fabulae*, elegantissimis iconibus veras animalium species ad vivum adumbrantes. — *Gabriae Graeci Fabellae.* — Batrachomiomachia Homeri ; — Galeomyomachia, etc. Hæc omnia cum latina interpretatione, etc. Lugduni, apud *Joannem Tornaesium.* 1619. In-16. SCHWEIGER, p. 13. — *Jean de Tournes* père et son fils avaient déjà donné plusieurs éditions d'*Esope* dans le même format, notamment en 1551, en 1570 et 1582.

1619. — *L'Arithmétique de Pierre de Savone d'Avignon*..... Dernière édition enrichie d'une Instruction et manière de trouver le compte faict du toisage de Lyon, composé par le mesme autheur. A Lyon , chez *Pierre Rigaud.* 1619. In-8°. (B. de L., 11983). Il existe un assez grand nombre d'éditions de ce livre, qui fut encore réimprimé à Lyon, en 1630, même format, chez la *veuve de Claude Rigaud* et *Claude Obert*, (B. de L., 11984.) L'auteur l'a dédié à M. *Manfredo Balbani*, gentilhomme ordinaire de la chambre du roi de Navarre. Voyez la *Biographie vauclusienne* de M. *Barjavel*, tome 2, p. 397.

1619. — *L'Arithmétique des marchands...*, par *Claude Boyer*, natif de l'Argentière en Vivarez. A Lyon, chez *Antoine Pillehotte.* 1619. In-4°. (B. de L., 11791). — Dédicace de l'auteur à noble *Octavian Vanelle*, eschevin de Lyon. Au verso du titre, sont les armoiries de ce magistrat. On remarque encore parmi les pièces liminaires, un Sonnet signé *Farel*, sans doute le même qui «charbonnait de ses vers les murs des cabarets.» On a encore de *Boyer*, un autre ouvrage intitulé : *Briefve Méthode et Instruction* pour tenir les livres de raison par parties doubles, en laquelle se void la plus grande partie des négoces que faict Lyon en toutes les principales villes de l'Europe..... A Lyon, chez *Pierre Bailly*, 1644, in-fol., réimprimé l'année suivante avec des augmentations, même format (B. de L., 2337). Parmi les pièces liminaires de ce dernier ouvrage, est le sonnet que voici, adressé à l'auteur par *Jean-François Moissonnier* :

> Ainsi que la Fortune à son Timoléon,
> Le Rhosne à flots mutins et à course bruyante,
> La Saosne à petits pas et d'une mine lente
> Apporte tout le monde au sein de son Lyon.

> Le Rhosne s'alliant à la mer de Marseille,
> Lui donne pour sa part tout l'or de l'Orient ;
> La Saosne charriant ses flots par l'Allemand,
> Au profit de Lyon ne fait moindre merveille.

> Mais, las ! que serviroit quand nous aurions d'Ophyr,
> Tout l'or qu'on peut songer, l'argent et le saphyr,
> Si nous n'avons l'esprit de le mettre en réserve ?

C'est ce que nous apprend ton esprit généreux,
En cela beaucoup plus que nos fleuves heureux :
Eux nous donnent des biens, mais tu nous les conserve.

La *Briefve méthode* contient le prix des principales marchandises dont on faisait alors le trafic à Lyon. Ce livre est un de ceux qui pourra être consulté avec fruit par ceux qui voudront faire l'histoire du commerce de notre ville.

1619. — *La Banqueroute de Maître Antoine Fusi*, ci-devant curé de S. Barthelemy et de S. Leu à Paris, n'aguère devenu apostat à Genève. Ensemble le jugement donné contre son écrit détestable, intitulé le *Franc-Archer catholique*. PARIS, jouxte la Copie imprimée à *Lyon*. 1619. In-8°. de 16 pp. — Voyez NICERON, XXXIV, 313, et ci-dessus, 16 *mai* 1615.

1619. — *Copie d'une lettre du philosophe Lyndorach*, grand gymnosophiste des Indes, au roy Gutheber, touchant les incommoditez du mariage. Lyon, *Jean Poyet.* Pet. in-12. Catal. *Leber*, n°. 2740.

1619. — ΧΡΙΣΙΣ *Jani Phaosphori in qua Schenckelius illustratur...* Lugduni, apud *Barth. Vincentium.* 1619. In-16 de 4 ff. non chiffrés et de 76 pages. Voyez les *Publications* de 1617, *Schenckelius detectus...*

1619. — *Eloge sur les actions les plus signalées et immortelles d'Henry le Grand*, dressé en françois par *Pierre Matthieu*, historiographe du roy, et traduit en hébreu, grec et latin, par trois Pères de la Compagnie de Jesus. A Lyon, par *Nicolas Jullieron*, 1619. In-4°. Voyez ci dessus, *septembre* 1603.

1619. — *Le Franc-Archer de la vraye eglise.....* Par noble *Anthoine Fusi....* Aux despens de l'auteur. 1619 (GENÈVE). In-8° (B. de Lyon, legs *Charvin*). — Ce livre aurait pu figurer dans le *Manuel* de M. Brunet, qui a enregistré un ouvrage non moins rare et non moins curieux du même auteur, le *Mastigophore* (1). La place du *Franc-Archer* devait être tout près de l'*Apologïe pour Hérodote*, car on retrouve, dans le premier de ces ouvrages, bien des emprunts faits à *Henry Estienne*. Nous avons déjà parlé de l'apostat *Fusi* (voyez ci-dessus au 16 *mai* 1615). L'officialité de Lyon avait confirmé la sentence de l'official de Paris qui l'interdisait de toute fonction ecclésiastique. *Fusi*, qui lui gardait rancune, se moque dans son *Franc-Archer*, p. 908, des chanoines de la cathédrale de Lyon, qui, les jours de fête, officient pontificalement, la mitre en tête (2). « .....Une heure après qu'il sont desmitrifiés, vous les rencontrés, dit-il, à tripotter, fesser la bourre, friser la corde, en queste par les estapes, là où repaire le bon Bacchus. Je quitte derrière le reste de la feste. Cependant au chœur, vous les voyés japper en re-

(1) M. *du Roure*, tome 2 p. 125 et suiv. de son *Analectablion* a donné une analyse avec extraits du *Mastigophore.*

(2) L'auteur du *Moyen de parvenir* s'étoit déjà raillé des comtes de S. Jean et de leur mitre. Voyez ci-dessus les *Publications* de 1596; *Théâtre des instruments mathématiques...*

prise, respondre en cadence, se pourmenant en Cyclope, à taston, avec leur gros baston argenté : qui est une momerie ; car, à quel dessin un tel embastonnement ainsi embillonné? Ils s'esbaudissent autour de l'Aigle, afin de se rebaudir autour de la lechefrite, et d'asseoir en perfection une carrelure de ventre ; car, par après ils brimballent des impressions reçeues des fumées du pressis septembral : car ils cognoissent surtout les Calepins et alphabets de chiffre, tres-couverts à pincer le raisin, depuceler une bouteille, et à deffroquer un flacon. Aussi le meritent-ils après avoir miaulé comme chats, croassé comme corbeaux, piaulé comme pies, principalement quand vous les voyés suer autour de leur baston de confrairie, avec des saints de bois plantés au bout..... »

1619. — *L'Histoire de Palmerin d'Olive.... et de la belle Griane. ...* Lyon, *Pierre Rigaud.* 1619. 2 tomes in-16. — Brunet, 111, 618.

1619. — *Lettres amoureuses et morales des beaux esprits de ce temps....* reveues, corrigées et augmentées de nouveau par F. D. R (*François de Rosset*). A Lyon, par *Barth. Ancelin.* 1619, In-12 (B. de L., 20723). — Recueil insignifiant et duquel il n'y a rien à extraire. — La même année, *Rosset* publia la première édition de ses *Histoires mémorables et tragiques*; Paris, in-12, ouvrage souvent réimprimé, et dont la meilleure édition n'est pas celle de 1621, mais celle de Lyon, 1721, ou 1744, in-8°. La XXXVI° et dernière *Histoire* contient la *Relation du malheur arrivé à Lyon*, le 11 octobre 1711, à la porte du pont du Rhône, faubourg de la Guillotière.

1619. — *Le Lict d'honneur*, où bien des gens peuvent honorablement donner la vie et la mort à leurs ambitions, par P. *de La Noue*, gentilhomme angevin. A Lyon, chez *Jean Anard* dit *Jamet.* 1619. In-16 (B. de M. Gonon). — La Dédicace de l'auteur à Adam Gall, de Crecwislz en Austen, etc., est datée de Lyon, ce 24 d'aoust 1618. Voyez les *Publications* de 1617, *livre premier des Antiquitez.....*

1619. — *Miracle advenu en la ville de Lyon en la personne d'un jeune enfant*, lequel ayant esté mort vingt-quatre heures, est ressuscité, par l'intercession de la sacrée Vierge, avec le vœu, prière et oraison faite par son père et sa mère. Jouxte la copie imprimée. Lyon, 1619. In-8°. *Catal. Lavallière-Debure*, tom. 2, p. 722.

1619. — *Narration historique et topographique des convens de l'ordre de S. François.....* Par R. P. F. *Jacques Foderé...* A Lyon, chez *Pierre Rigaud.* 1619. In-4° de 1017 et 271 pp., non compris les pièces liminaires et l'Indice alphabétique, suivi de la Table des matières contenues au *Traicté des monastères Saincte Claire.* — Le P. Foderé composa cet ouvrage à Lyon où il vivait encore en 1623. Voyez la *Biogr. lyonn.,* p. 113.

1619. — *Ordonnances et reiglement* touchant l'art et manufacture des draps d'or, d'argent et de soye, qui se font en la ville de Lyon et fauxbourgs dicelle..... A Lyon, chez *Nicolas Jullieron.* 1619. In-8° (B. de L., 33415, tome 76).

1619. — *Le Parterre divin des fleurettes d'oraisons.....* fait en italien par le R. P. *Jacques-Marie de Stassani*, et traduit en francois par *Louys Garon*. OEuvre utile à tout fidèle chrestien. A Lyon, par *Michel Chevalier*. 1629. In-12. Titre gravé par *L. Gaultier*; figures dans le texte (B. de L., 5849). — La Dédicace de l'auteur à la marquise *de Villeroy* (1), se termine ainsi : « Vivez, Madame, comblée de toute félicité ; Dieu soit propice à tous vos saincts desirs, et le Ciel vous despartant ses plus douces influences, face que vous produisiez des héros de *Villeroy* pour le bien de la France et le service de nostre Roy ; et que Monseigneur *d'Halincourt*, selon les souhaits de vostre bien-aimé espoux, et de tous vos héroïques parents, se voye encores bisayeul de vostre féconde lignée.... » Les permis d'imprimer de M. *Daveyne*, procureur du roy, et de M. *Sève*, lieutenant-général, sont du 14 février 1619.

1619. — *Les Privilèges, franchises et immunitez* octroyées par les Roys tres chrestiens aux Prevost des marchands, Eschevins et habitans de la ville de Lyon, et à leur postérité.... A Lyon, par *Guichard Jullieron*. 1619. In-4°. — Voyez les *Publications* de 1574, et celles de 1634.

1619. — *Posthumus Varandaei* Monspeliensis medici....., ex Bibliotheca ipsius depromptus atque in lucem editus *De morbis et affectibus mulierum*. Opera *Petri Mylaei* doctoris medici..... Lugduni, sumpt. *Barth. Vincentii*. 1619. In-8° (B. de L., 13451). — *Pierre Mylen* ou *de Myle*, était probablement de la même famille que *Christophe Mylen*, professeur d'humanités au Collége de la Trinité, en 1544 (*Biogr. lyonn.*, p. 202). Le Traité des maladies des femmes a été traduit en français, par *I. Bonamour*; Paris, 1666, in-8°. Voyez les *Publications* de 1620, *Tractatus.....*, et celles de 1658, *J. Varandaei Opera....*

1619. — *Joannis Secundi Hagiensis poetae elegantissimi Opera* quae reperiri potuerunt omnia. Curante et edente *Petro Scriverio*. LUGDUNI BATAVORUM, typis *Jacobi Marci*. 1619. In-8° (B. de L.). — Le chantre gracieux des *Baisers*, le jeune et aimable *Jean Second* (né à la Haye, le 10 novembre 1511) parut un instant dans nos murs en 1534. Il était parti de Malines pour se rendre en *Aragon*, où l'attendait sans doute quelque mission diplomatique. Le récit de son passage à Lyon se trouve dans son troisième *Iter gallicum*; M. *Breghot du Lut* en a donné la traduction, p. 90 de ses *Nouveaux mélanges*.

1619. — *Le Sireine de Messire Honoré d'Urfé....* A Lyon, par *Claude Chastelard*. 1619. In-16. — « *Le Sireine*, et non *la Syreine*, comme disent quelques biographies, est un berger dont les aventures forment le sujet d'un petit poëme en trois parties et en stances de six vers.... » M. VIOLLET LE DUC, *Biblioth. poëtiq.*, p. 404. Voyez les *d'Urfé*, par M. *Auguste Bernard*, p. 150, et ci-dessus, 5 janvier 1598.

1619. — *Tablettes de la vie et de la mort*, composées par *Pierre Matthieu*. PARIS, *Jean Petit-Pas*. 1629. — *Tetrasticha de vita et morte à Petro*

(1) *Madelaine de Créquy*, fille du duc de *Lesdiguières*, mariée depuis 1617, à *Nicolas de Neufville*, marquis, puis duc de *Villeroy*.

Matthaeo, histor. regio, gallica, et à *Joanne Thaumasio*, advoc. parisin., latine reddita. PARISIIS, apud *Joannem Petit-Pas*. 1629. In-12 oblong de 160 ff. non chiffrés. — Édition citée par M. BRUNET, comme la plus complète. Voyez les *Publications* de 1611.

1619. — *La Thériaque au Roy.* A Lyon, par *Jacques Roussin*, 1619. In-4°. (B. de L., 13506). — *Louis de La Gryve*, apothicaire et garde-juré en la ville de Lyon, est l'auteur de ce livre dont la principale pièce est une *Paraphrase* (en vers) *sur les vers d'Andromachus*, *des Vertus et Compositions de la Thériaque.* — La strophe la plus remarquable de cette Paraphrase est celle où l'auteur signale la thériaque *prinse du soleil levant*, comme un excellent aphrodisiaque. Voyez les *Publications* de 1632, *Antiparalelle des Vipères*, etc.

1619, — *La Vie du R. P. César de Bus*, fondateur de la Congrégation de la Doctrine chrestienne, érigée en *Avignon*, nouvellement unie à celle des clercs réguliers de Somaque.... Par le P. *I. Marcel*, religieux de la mesme Congrégation. A Lyon, par *Claude Morillon*, 1619. In-8°. (B. de L., 22206).

1620. — *Mai 3.* Départ du cardinal *Barberini*, nonce du pape. — Le repas que le Consulat lui avait donné, coûta 516 livres. M. de V.

1620. — *Août* .... *Philibert de Nerestang*, capitaine de la première compagnie des gardes du corps, dite la *Compagnie ecossoise*, meurt des suites d'une blessure qu'il avait reçue, le 7 de ce mois, à l'attaque du *Pont-de-Cé*. — Son corps fut transporté à Lyon et inhumé dans l'église des *Carmes-Déchaussés*, qu'il avait fait construire en 1618 (1). — Deux de ses fils, *Claude* et *Antoine*, furent abbés d'*Ainay* (2). — Le capitaine *César*, demeurant en la garnison de *Montluel* en *Bresse*, lui avait dédié, en 1607, un livre ascétique ayant pour titre : *L'Espée catholique avec laquelle l'on peut facilement rembarrer et vaincre les faulses opinions de nostre temps* ; Lyon, *Thibaud Ancelin*, in-12. (B. de L., 6604). — M. de *Nerestang*, qui avait survécu à sa blessure, fit un testament dont nous avons retrouvé deux feuillets parmi d'autres papiers, provenant de l'hoirie des demoiselles *Rondet* qui possédaient une maison située montée des *Grands-Capucins*, non loin du couvent des *Carmes-Déchaussés*. Ces fragments pouvant servir à la biographie du pieux capitaine, nous avons cru devoir les reproduire :

« Le jeudy vingtième jour d'aoust mil six cent vingt, après midi ;

« *In nomine Domini*, *Amen* : Devant nous *Jullien Angoulant*, notaire royal à *Angers*, résidant au *Pont-de-Sée*, fut présent en sa personne... Messire *Philibert de Nerestang*, marquis de *Nerestang*, capitaine de cent hommes d'armes des ordonnances de S. M., conseiller en ses conseils d'estat et privé

(1) Voyez LA-CHENAYE-DESBOIS, *Dictionn. de la noblesse*, X, 709 ; LÉTOILE, *Journal d'Henri IV*, 13 avril et 30 octobre 1608 ; ci-dessus, 7 *février* 1592 ; 13 *avril* 1608 ; ci-après les *Publications* de 1623, *Apostrophe*,... et celles de 1630, *Eloge funèbre*. ..

(2) Voyez le *Gallia christiana* IV, 233, 307 et 309.

maréchal de camp dans ses armées, chevalier de ses ordres, grand maistre de l'Ordre de S. Lazare et Notre-Dame du Mont-Carmel, étant à présent gisant dans son lit, malade d'une blessure reçue pour le service du roy, prez la ville et château du Pont-de-Scé; ledit sieur étant en la maison de la Chesnaye, paroisse de S. Aubin dudit Pont-de-Scé; lequel seigneur plein d'esprit, jugement et entendement, a fait présentement son testament et ordonnance de dernière volonté comme s'en suit :

« Premier a recommandé son âme à Dieu, à la glorieuse Vierge Marie et à tous les saints et saintes du Paradis, suppliant le créateur, après qu'il aura fait séparation de son âme d'avec son corps, qu'il lui plaise prendre son âme, et la mettre en son Paradis. — Item veut et ordonne que, après que son âme aura été séparée de son corps, sondit corps être porté au couvent des révérents pères Carmes-Deschaussez qu'il a cy-devant fondez, en Notre-Dame du Mont-Carmel à Lyon, et veut qu'en même temps le corps de défunte dame *Françoise de Chauderasse*, vivant sa mère, qui est à présent en sa maison d'Aure, païs de Velay, soit aussi porté et ensépulturé audit couvent desdits Carmes, le tout avec telles cérémonies qu'il sera advisé par messire *Jean de Nerestang*, son filz, baron d'*Entremont*. — Item veut et ordonne que sondit fils luy succède universellement en tous et chacuns ses biens..... et a supplié son dit fils d'accomplir sondit présent testament de point en point, selon sa forme et teneur, et en a chargé et charge sa conscience et son honneur; et sur l'espérance qu'il a qu'il s'en acquittera dignement et charitablement, luy a donné et donne sa benédiction, et outre l'a prié de vouloir aimer soigneusement le sieur de *Solézel* (1), son bon et intime ami, et qu'il se confie à luy entièrement, comme à un tres-fidèle homme de bien..... Fait et passé en la maison dudit lieu de la Chesnaye, présens, M⁰ *René Hamelin*, sieur de *Richebourg*, advocat au siège présidial d'Angers, M⁰ *Samuel Hulin*, et *Pierre Mesnage*, prestres, demeurant en la paroisse de S. Aubin dudit Pont-de-Scé, témoins à ce requis et appelez..... Et à l'instant ledit sieur testateur nous a requis ajouter à ce présent testament qu'il recommande à son dit fils de faire accomplir le vœu qu'il a fait à Monseigneur S. Jacques de Compostelle, et, pour ce, a ordonné être payé à celuy qui fera ledit voyage la somme de cent cinquante.. *Costerà desunt.*

1620. — *Septembre 9. Mort de Jean Mellet de la Besnerie*, doyen de l'église de Lyon, fils d'*Antoine* Mellet (ou Meslet), seigneur de la Besnerie en *Anjou*, et de *Renée Briand*, du même pays. — Le Chapitre de l'église de Lyon ayant conféré le canonicat de *Théodore de Vichy*, doyen, mort en 1569, à *Claude de la Roche*, celui-ci s'en démit peu de temps après entre les mains du Chapitre, qui, sur les lettres du roi, de la reine, et du maréchal de Vieilleville, le conféra à M. de la Besnerie, lequel fut reçu le 9 mai 1571. — En 1593, il fut nommé prévôt, et, en février 1611, doyen, en remplacement de *Claude de Talaru*, décédé le 15 du même mois. — Le 23 avril 1612, il donna des provisions d'official et juge de la cour commune, des cité et faubourgs de Lyon, à *Aimé de Faulquier de Vitry*, chanoine, avec réquisition au vicaire-gé-

(3) Probablement *Matthieu de Solleysel*, officier des gendarmes écossais, père du célèbre *Jacques de Solleysel*, qui enseigna longtemps, à Lyon, l'art du manége et de l'équitation, auteur d'ouvrages relatifs à cet art. *Biogr. lyonn.* p. 282.

néral de l'archevêché de le mettre en possession de cet office. Il présida le Chapitre du 19 avril 1612, dans lequel, à la mort de l'archevêque *Claude de Bellièvre*, l'église de Lyon, se saisit de la régale de l'archevêché; celui du 30 avril suivant, dans lequel remise de la régale fut faite à *Pierre Saunier*, évêque d'Autun, qui prêta, entre ses mains, le serment de fidélité accoutumé; celui par lequel, à la mort de cet évêque, le Chapitre se saisit de nouveau de l'administration au temporel et au spirituel de l'archevêché de Lyon jusqu'au 1er février 1612, jour auquel *Simon de Marquemont* prit possession de l'archevêché par procureur. Le 9 mai 1614, il présida à la réception en personne de ce prélat, l'accompagna dans sa prise de possession solennelle, reçut son serment pour l'église, et prêta celui de son église à ce nouvel archevêque. — En 1619, il fonda une chapelle et deux prébendiers. Il fut enterré dans cette chapelle à laquelle le Chapitre donna le nom de *La Besnerie*. SEVERT; *Gallia Christ.*, etc.

1620. — Etablissement d'une *Ecole royale d'équitation*, près des anciens remparts d'*Ainay*. ARCH. DU RH., VIII, 248-9.

1620. — Reconstruction de l'église et du monastère des *Dames de la Déserte.*

1620. — Restauration de l'église de S. *Martin* et de S. *Loup*, à l'Ile-Barbe. Voici l'inscription qui fut gravée à cette occasion :

D. O. M. SS. MARTINO ET LUPO SACRUM, IMMANI HAERETICORUM IMPIE-TATE FERRO ET IGNE EVERSUM ANNO M. D. LXII, DEO AUSPICE ET LUDOVICO XIII, GALL. ET NAV. REGE, B. DE CAMILLO DE NEUFVILLE, INSULAE BARBA-RAE ABBATIS, DECANI IMPENSIS, DD. HALINCOURT, MARCHIONIS DE VILLE-ROY ET LUGDUNENSIS PROVINCIAE PROREGIS, IN INTEGRUM RESTITUTUM, ANNO M. DC. XX. Voyez GOLNITZ, *Ulysses Belgico-Gallicus*, p. 329, et ALCIDE DE BONNE-CASE, *Tableau des Provinces de Fr.*, t. 2, p. 63.

1620. — *Melchior Mitte de Chevrières*, marquis de *S. Chaumont*, premier baron de Lyonnois, est fait chevalier des ordres du roi. M.

1620. — PUBLICATIONS. *L'Anti-Ministre, ou Apologie pour les R. Pères Jesuites.* Dédié à *Loys le Juste*, roy de France et de Navarre (par *Guerson*)... A Lyon, jouxte la coppie imprimée à Paris, 1620. In-8°. de 16 pages (B. de L., 23396).

1620. — *Aphtonii Sophistae Progymnasmata*, partim à *Rodolpho Agricola*, partim à *Joanne Maria Catanaeo* latinitate donata, cum luculentis et utilibus in eadem scholiis *Reinhardi Lochichii* (1).... Lugduni, sumpt. *Antonii Pillehotte*. 1620. In-16. (B. de L., 16007). — Il existe

_____

(1) Le véritable nom de ce scholiaste doit être *Lorichius* ou *Lorrichius*. C'est ainsi qu'il est nommé sur le titre de la plupart des éditions d'*Aphtonius*. Voyez l'article LORICH dans MORÉRI, mais ne cherchez pas ce nom dans la *Biogr. lyonn.*

plusieurs autres éditions lyonnaises de cet ouvrage. Celle-ci non plus que celle de 1626, *sumpt. Viduae Cl. Rigaud et Ph. Borde*, n'ont pas été connues d'*Hoffmann*.

1620. — *Le Bouquet royal toujours fleurissant*, composé des vertus royales des trois grands Roys. Par C. *Brunel*, de la comté d'Avignon. A Lyon, de l'imp. de *Simon Rigaud*. 1620. — Les trois roys chantés dans ce recueil de cantiques et autres pièces dévotes sont le *Roy des roys*, le roy très chrestien *Louis XIII*, et M. *de Marquemont*, archevesque, comte de Lyon, etc., roy par le sacerdoce. C'est à ce prélat que l'auteur a dédié son livre qui est divisé en deux parties. En tête de la seconde partie est un sonnet à la louange du même archevêque. Nous y avons aussi remarqué, p. 108, l'*Hymne de saincte Françoise*, religieuse de l'ordre de S. Benoist, suivie d'un quatrain adressé à *Marie de Lévy*, abbesse de S. Pierre. L'approbation de *Fr. Robert de Berthelot*, évêque de Damas, vicaire-général et suffragant de M. de Marquemont, est ainsi conçue : « Ce *Bouquet* est beau, et sent très bon, et partant on s'en servira fort à propos, et en effet il mérite d'être manié et porté. *La rime et la raison le veulent ainsi*. » Ce jugement a été confirmé par un homme de goût, M. *Viollet le Duc*, qui, dans sa *Biblioth. poétiq.*, après avoir dit que les pensées de l'auteur du *Bouquet royal* ne manquent pas d'élévation, et que le style est à leur niveau, ajoute : « *Brunel*, sans être un poëte fort distingué, méritait d'être connu autant et plus qu'un grand nombre de ses contemporains.... » Nous ferons observer que ce poëte a été inconnu à l'abbé *Goujet* et à M. *Barjavel*.

1620. — *Chriserionte de Gaule*. Histoire mémorable nouvellement et miraculeusement trouvée en la Terre-Sainte. Par le sieur *de Sonan*. A Lyon, pour *Barthel. Vincent*. 1620. In-8°. (B. de L , 18702).—Dédicace de l'auteur à M. *des Diguières*, duc, pair et maréchal de France, etc.

1620. — *Dicœologie*, ou Défense justificative pour M. *Gaspard de Monconys*, pourvu de l'office de lieutenant criminel en la sénéchaussée et siège présidial de Lyon, par la résignation de M. *Pierre de Monconys*, son père, sieur *de Liergues*, contre l'étrange, horrible et prodigieuse calomnie de MM. *Claude Bernard*, assesseur, *Nicolas de Masso*, *Claude Terrat*, conseillers, et *Jacques d'Aveyne*, substitut de M. le procureur général audit siége. PARIS, 1620. In-4° de 153 pages. Voyez ci-dessus, au 10 *décembre* 1619.

1620.—*Effroyable bataille apperçue sur la ville de Genesve*, le dimanche des Rameaux dernier (12 *avril*). Ensemble les estranges et prodigieuses choses qui s'y sont vues et remarquées de plus de trois mille personnes. PARIS, jouxte la copie imprimée à Lyon, par *Jean Poyet*, 1620. In-8°, CATAL. *Lavallière Debure*, tom. 2, p. 722.

1620. — *La langue Françoise de Jean Godard*, Parisien. Première partie. A Lyon, par *Nicolas Jullieron*, 1620. In-8° (B. de L. , 15717). — Le Catal. de la B. du Roi ne cite que la première partie; c'est probablement la seule qui ait été publiée (Voyez GOUJET, I, 133, et les

Publications de 1594, *Œuvres de Jean Godard...*) — Quiconque aura lu
quelques pages de la *Langue de Jean Godard*, ne manquera pas de répéter avec le *Rica des Lettres Persanes* : « Les Grammairiens peuvent-ils
se dispenser d'avoir du bon sens? » Bien des siècles avant *Montesquieu*,
l'auteur du *Banquet des savants* avait dit : « Excepté les médecins, il
« il n'y a pas de plus grands fous dans le monde que les grammai-
« riens (1). » Par les médecins, dit l'abbé d'*Olivet*, on voit assez qu'*A-
thénée* voulait dire les charlatans ; par les grammairiens, il entendait,
non ceux qui s'étudient à parler correctement, car il n'y a point là de
folie, mais de ces petits humanistes qui se donnent pour de grands critiques, qui, avec une étude moins que superficielle, prétendent tout
savoir, qui, sans rien savoir, jugent de tout (2)... — *Lamothe le Vayer*,
après avoir cité le mot d'Athénée, *exceptis medicis nihil esse grammati-
cis stultius*, ajoute : Pour moi, qui respecte la médecine, et qui la croy,
hors de ses abus, fort utile au genre humain, je serois bien fâché d'en
dire autant en françois... — *Boiste*, dans son *Dict. de la langue française*,
fait dire à *Montaigne* : « Définissez les termes, car les troubles d'ici-bas
« sont presque tous grammairiens (1). » Suivant le *Dict. de Trévoux*,
l'auteur des *Essais* aurait dit aussi : « Un Grammairien, occupé à une
étude aussi sèche et aussi triste que celle des mots, a toujours le front
ridé, » et *Saint-Evremont* : « Un *Grammairien* ne songe qu'aux mots; il
n'entre ni dans la délicatesse du sentiment, ni dans la finesse de la
pensée. » Ajoutons avec le P. *du Cerceau* :

> « Et gare un froid grammairien,
> Qui, traitant, en homme capable,
> Tout l'ouvrage de détestable,
> Enverra, d'un ton peu chrétien,
> Et la pièce et l'auteur au Diable. »

Citons encore ce mot de Balzac : « La nation des Grammairiens est redoutable à tout le monde. Si on veut la croire, sa juridiction s'étend
jusque sur les têtes couronnées, si elles veulent introduire un nouveau
mot ; » et pour en finir, ces vers qui viennent naturellement se placer
ici, et que *Molière* a mis dans la bouche de *Philaminte* :

> ... Quoi ! toujours, malgré nos remontrances,
> Heurter le fondement de toutes les sciences!
> *La grammaire*, qui sait régenter jusqu'aux rois,
> Et les fait, la main haute, obéir à ses loix!
> *Les Femmes savantes*, II, 6.

(1) *Livre XV*, p. 666 de l'édition de 1597.

(2) *Recueil d'opuscules littéraires*, Amsterdam, 1767, p. 212.

(3) Montaigne a dit, l. 2, p. 12 (p. 175 de l'édition de M. *J. Victor Le Clerc*) : « La
« plus part des occasions des troubles du monde sont *grammairiennes*. » On lit : ... *sont
les grammairiens*, dans l'édition de *Paris*, 1657, et dans celle d'*Amsterdam*, 1659; c'est
peut-être la bonne leçon. *Joseph Scaliger* pensait de même : *Non aliundè dissidia in
religione dependent, quam ab ignoratione* GRAMMATICAE. Voyez les *Publications* de
1617, les *Essais*...,

1620. *La Palme de la fidélité* , ou Recit veritable des amours infortu
nées et heureuses de la princesse Oberlinde et du prince Clarimant,
Mores Grenadins. Par le sieur *Lancelot*. A Lyon , chez *Michel Chevalier*,
1620 In-8° (B. de L. , 18687). — L'auteur de ce livre est probablement le même auquel on doit les *Nouvelles* tirées des plus célèbres
auteurs espagnols. Paris , 1628 ou 1641 , 2 tomes en un volume in 8°,
et le *Parfait ambassadeur*, traduit de l'espagnol , 1642 , petit in-12
(Elsevier). BRUNET, n° 10 286 et 4013.

1620. — *Porphyrii philosophi pythagorici de non necandis ad epulan-
dum animantibus libri IIII*... e graeco exemplari facta versione latina,
scholiis et praefationibus illustrata per *F. de Fogerolles*... Lugduni ,
sumpt. *Claudii Morillon* , 1620. In-8° (B. de L. , 10398). Voyez sur ce
livre et sur son auteur, la *Biogr. Lyonn.*, article FOUGEROLLES, p. 114.

1620. — *Recheute de Geneve plagiaire*. Par *Pierre Coton*, Forisien, de
la Compagnie de Jésus... A Lyon, chez *Claude Morillon* , 1620. In-4°.

1620. — *Tractatus de morbis ventriculi à Joh. Varandaeo* ;... nunc
primum in lucem editus opera *Claudii Dubost*, medico Segusiensi. Lugduni, sumpt. *Barth. Vincentii*, 1620. In-8° (B. de L., , 13451). —
Claude Dubost , médecin à Lyon , était un des disciples de Varandé ,
comme on le voit par ce quatrain , p. 6 des pièces liminaires :

D. JOANNI VARANDAEO
PRAECETORI OLIM SUO OBSERVANTISSIMO.

Si (quae forté alias, tua prisca modestia nobis
Suppressit) luci tradere scripta paro,
Ignóscas, venia digna est audacia tantum;
Namque latere diu fama negabat opus.

Voyez les *Publications* de 1619 , *Postumus Varandaei*....

1620. — *Vérification de quelques propositions* sur le subject du très-
Saint Sacrement de l'Eucharistie... Par F. *Anthoine Ribere*, prestre ,
religieux observantin, recolé (sic). A Lyon, chez *Pierre Rigaud*. (de
l'imprimerie d'*Amy Polier*), 1620. In-12. — A la p. 310, est un second
titre, commençant ainsi : *Vérification de quelques propositions* sur l'ancien usage du signe salutaire de la Croix... (B. de L., 3449). — La dédicace de l'auteur à l'évêque et aux chanoines de Nismes , est datée de
Lyon , le 1 janvier 1620. — Le F. *Ribère* , p. 216 et 265, a traduit en
vers français deux *Rithmes* latins à l'honneur du S. Sacrement de
l'autel.

1621. — *Janvier* 10. Mort de *Guillaume Fouquet de la Varenne* ,
évêque d'*Angers* et abbé d'*Ainay*. Il avait succédé dans cette dernière
dignité à *Michel Chevalier* ou à *Pierre d'Epinac* , et il fut remplacé par
Camille de Neufville (GALLIA CHRIST., IV, 2417). — *J. de la Mure* place
par erreur la mort de G. *Fouquet* au mois de *janvier* 1620 , dans sa
Chronique inédite *de la très-ancienne abbaye royale d'Aisnay*, dont il
existe à la B. de Lyon une copie datée de 1735. Feu *Delandine* qui a

donné une analyse de ce ms. (n° 1335 de son Catalogue), dit que *La Mure* a extrait une grande partie de ses *remarques* , 1° d'un *Missel* imprimé à la fin du XV° siècle, et qui est devenu très-rare ; 2° d'un *Cartulaire* ms , très précieux par son antiquité , souvent cité par nos anciens historiens, et qui vraisemblablement n'existe plus. Nous sommes heureux d'apprendre à ceux de nos lecteurs qui peuvent l'ignorer que ce Cartulaire existe dans le cabinet de M. *Coste.*

1621. — *Février* 15. Consécration, par Mgr. *de Marquemont*, de l'église de S. *Joseph*, construite en 1619. Lefebvre , *Nombre des églises*, ch. LXV.—Le P. *Menestrier* nous a conservé les inscriptions suivantes, qu'on lisait dans cette église ; — du côté de l'Evangile :

AD ÆTERNAM REI MEMORIAM.

ANNO REDEMPTI ORBIS MILLESIMO SEXCENTESIMO VIGESIMO PRIMO, DECIMO SEXTO KALENDAS MARTIAS HANC SANCTI JOSEPHI ÆDEM INAUGURAVIT ILLUSTRISSIMUS AC REVERENDISSIMUS DOMINUS DIONYSIUS SIMON DE MARQUEMONT LUGDUNENSIS ARCHIEPISCOPUS.

GALLIARUM PRIMAS.

Du côté de l'Epître.

D. O. M.

VIRO CLARISSIMO FRANCISCO CLAPISSONIO (1) REGIA PROCURATIONE, CONSULATU, QUAESTORIIQUE SENATUS PRAEFECTURA, NUPER ILLUSTRI, ET LECTISSIMAE FAEMINAE MARGARITAE DULINS PARI CONJUGUM AMANTISSIMO : D. PETRUS CLAPISSONIUS IN PRAETORIO PARISIENSI REGIUS CONSILIARIUS EORUM PATRUELIS FRATER PRO FRANCISCO CLAPISSONIO DULINS FILIO SUO DELECTU MARITI A D. MARGARITA DULINS HAEREDE INSTITUTO SEPULCHRUM POSUIT DEDICAVITQUE IN HAC DIVI JOSEPHI AEDE. AD CUJUS STRUCTURAM TER MILLE AUREOS NUMMOS CONTULIT DEFUNCTORUM CONJUGUM TESTAMENTO LEGATOS.

A la chapelle du Crucifix :

HIC JACET

NICOLAUS DE LA BERCHERE LE GOUX (2)
S. SULPICII ABBAS ; REGIS CONSILIARIUS
ORDINIS CISTERCIENSIS VISITATOR
ET PROCURATOR GENERALIS ; QUO
IN ORDINE VITAM A PRIMA PUERITIA CUM
AD ANNUM SEXAGESIMUM PERDUXISSET ,
PIE AC RELIGIOSE OBIIT HAC IN URBE
OPTATO ISTA IN AEDE TUMULO
QUEM DEFUNCTO XXVI MARTII ANNO MDCIX
POSUIT FRATER AMANS ET MOERENS

(1) Voyez ci-dessus, *novembre* 1697, et ci-après, 21 *juin* 1641

(2) Voyez Chorier, *Estat politique*. tome 1, p. 61 et suiv.

DIONYSIUS DE LA BERCHERE
PRIMUS PRAESES IN DELPHINATIUM
SENATU , CONSILIARIUS IN CONSISTORIO
REGIO , MARCHIO DE SANTONAY, etc.

1621. — *Septembre 22.* Mort d'*Antoine de Baraillon* , seigneur de *Soleymieu* , enseigne d'une compagnie de gens de pied au régiment de Chappes, tué au siège de *Montauban.* Voyez son épitaphe et autres pièces à son éloge, p. 131 et suiv. de *La Bellegarde de S. F. Seraud;* Lyon, 1621. In-8°. — *Antoine Baraillon* était probablement parent d'*Aimé Baraillon*, conseiller du roi et trésorier général de France, prévôt des marchands et échevins de Lyon, en 1616 et 1617. — *Antoine* était fils de *Jean*, seigneur de *Nantua*. PERNETTI, I, 437.

1621. — *Octobre 12.* Mort , à Toulouse, de *Pierre Matthieu*, historien, poète et jurisconsulte, né à *Pesme*, en *Franche-Comté*, le 10 décembre 1563 (1). Voyez son art. dans la *Biogr. Lyonn.*, et ajoutez aux sources qui y sont indiquées : NICERON , t. XXVI; GOUGET, XII, 280 ; *Perroniana*, lettre M.; CH. LABITTE , *Prédicateurs de la Ligue*, p. 205 ; la *Table du Journal des Savants;* les *Publications* de 1611 , *Tablettes de la vie et de la mort...*; celles de 1609, *Guidonis Papæ decisiones* , etc. — *Pierre Matthieu* n'est point , comme on l'a souvent dit , auteur d'une tragédie intitulée le *Triomphe de la Ligue*, imprimée à *Lyon*, 1607, petit in-8° (BRUNET, IV, 513); cette pièce est de *Richard-Jean de Nérée* , ministre protestant, auquel on doit une traduction des *Actes du synode national*, tenu à Dordrecht , l'an 1618 et 1619 , *Leyden*, 1624, in-4° (B. de Lyon, 1256). Parmi les protestants français qui assistèrent à ce synode, nous trouvons *Noë de Noyer*, sieur *de Poncey*, ancien de l'église de *Bussi*, député de la province du duché de Bourgogne , Lionnois, Beaujolois et Bresse , et François Perreaud, ministre du S. Evangile en l'église de Mascon, député de la province de Bourgogne. Voyez le *Jugement du synode national* tenu à Dordrecht...; NISMES, 1620. In-4°, p. 77.

1621. — *Octobre 19.* Mort de *Jean-François Mitte*, comte de *Miolans*, etc., tué au siège de *Montauban.* — *J. Seraud* lui a fait une épitaphe en vers (p. 119 de sa *Bellegarde*). — C'est par erreur que, dans la *Biogr. lyonn.*, art. CHEVRIÈRES, on le fait mourir au siège de *Turin*, en 1640. Voyez HILARION DE COSTE, *Vies et Eloges des dames illustres*, I, 761.

1621. — On donne une forme plus régulière aux *fortifications* qui avoisinent l'abbaye d'*Ainay*. — Ce fut aussi vers le même temps que l'on éleva le *portail d'Ainay*, dit d'*Halincourt*, qui se trouvait près de la tête orientale du pont actuel d'*Ainay*, et dont il existait encore quelques vestiges en 1815. Voyez les *Arch. du Rh.*, III, 311, et VII, 84;

____

(1) LE LABOUREUR, t. 2, p. 30 de ses *Mazures*, s'est trompé quand il a dit que *Matthieu* mourut en 1622.

la *Revue du Lyonn.*, t. XVIII, 196 et suiv. ; ci-après, année 1622, *ad calcem*.

1621. — *Camille de Neufville*, alors *abbé d'Ainay*, ayant demandé au Consulat la concession d'une partie des eaux de *Choulans*, pour les conduire sur l'autre rive de la *Saône*, et les employer à l'embellissement du jardin de l'abbaye, le Consulat arrêta qu'en faveur des services rendus à la ville par la maison *de Villeroy*, notamment par M. *d'Halincourt*, il serait fait un abandon gratuit à l'abbé d'*Ainay* « pour lui et ses successeurs qui seront de sa maison, noms et armes, » de la totalité des eaux de *Choulans*, sauf pendant les temps de contagion, où ces eaux étaient destinées au service de l'*Hôpital de S. Laurent*, affecté aux pestiférés. J. MORIN, *Revue du Lyonn.*, 1, 399 ; *Arch. du Rh.*, X, 313.

1621. — Mort d'*Albert de Bellièvre*, ancien archevêque de Lyon, lequel, en 1604, s'était démis en faveur de *Claude*, son frère. Voyez ci-dessus au 5 *juillet* 1600.

1621. — Mort d'*Anne d'Urfé*, chanoine et comte de Lyon, poète et littérateur, né dans le *Forez* en 1555. — Voyez ROLAND DES MAREST, *Épist.*, 1586, in-12 ; C. BREGHOT, *Mél.*, p. 281 ; AUGUSTE BERNARD, *les d'Urfé*, passim.

1621. — M. *Colomb de Batines* place à cette année, dans son *Catalogue des Dauphinois dignes de mémoire*, l'assassinat d'*Antoine d'Arces*, seigneur de *la Bastie*, surnommé le *Chevalier Blanc*, lieutenant-général du royaume d'*Ecosse*, après la mort de Jacques IV. — Ce n'est point en 1621, qu'*Antoine d'Arces* perdit la vie ; car *Jacques IV* mourut le 9 septembre 1513. Voyez BUCHANAN, *Rerum scoticarum libro decimo quarto*, et AYMAR DU RIVAIL, *de Allobrogibus*, p. 565 de l'édition *princeps* de cet ouvrage publiée à Lyon, en 1844, par M. *de Terrebasse* Si nous relevons cette erreur, c'est parce que nous avons donné place, dans la *Biographie Lyonnaise*, à un personnage de la même famille, *Jean d'Arces*, baron de *Lyvarot*, et non de *Livernot*, mort en juin 1590. Voyez nos *Documents*, à cette dernière date, et ajoutez à ce que nous avons dit sur ce baron, que c'est probablement à lui que le président d'*Expilly* a adressé un sonnet, qu'on lit à la page 281 de ses POEMES, édition de 1624.

1621. — PUBLICATIONS : *L'Admirable conversion* de l'un des prétendus ministres de Lyon, dict *Monsieur* BLANC, en la foy catholique, apostolique et romaine, avec l'Accueil royal de *Pons*, et le Cordial appareil de ceux de *Montauban*. A Lyon, de l'imprimerie de *Guichard Paillé*, 1621. In-8° de 13 pages. — On lit dans cette relation que *Monsieur Blanc*, après avoir mis ordre à sa famille, pour l'envoyer, avant son départ de Lyon, au lieu de sa retraite, dit adieu à ses amis, pour aller s'établir à *Beaune*, où il persista dans la résolution qu'il avait prise de vivre et de mourir catholique.

1621. — *De l'Amour, le Mirouer du devot chrestien*, dans lequel sont aucunement représentées l'extraction, la puissance et les effects du vray amour : enrichi de mainte belle doctrine des anciens. A Lyon, pour *Vincent de Cœursilly*. 1621. In-12 (B. de M. *Gonon*). — Dédicace de l'auteur, qui ne s'est pas nommé, à Mgr le reverendissime evesque, seigneur et compte (sic) de *Gap*, signée : *Son tres-humble neveu* (1). — Le livre *de l'Amour* est en vers; mais quels vers, bon Dieu ! pas la moindre étincelle du feu divin; ce qui n'a pas empêché trois des contemporains de l'auteur, *Pierre Cornu, François de Pracieu et François de Solleyzel du Clapier*, escuyer (2), de lui adresser des compliments et des éloges qui prouvent qu'ils étaient ses amis. Voici le quatrain de l'Ecuyer que nous ne reproduisons que pour le signaler à ceux qui s'occupent de la Biographie des écrivains du *Forez* :

> Ton livre du sainct feu nous montrant le pouvoir,
> La beauté des esprits subjects à ceste flamme,
> C'est plustost un tableau que ce n'est un miroir
> Qui représente au vif la beauté de ton ame.

Ce quatrain qu'on lit à la 262ᵉ page, est suivi de deux errata, l'un pour le livre *de l'Amour*, et l'autre pour les fautes survenues au *Traicté de la Sophie Forestière*, autre ouvrage sans doute du même auteur.

1624. —*De Atheismo et haeresibus recentiores controversiae generales...* Authore *Jacobo Severtio*, sacrae theologiae doctore Parisiensi. Lugduni, ex typogr. *Simonis Rigaud*, 1621. In-8°. — La dédicace de l'auteur, au cardinal *François de la Rochefoucault* (3), archevêque de Senlis, datée de *Mascon*, le 1ᵉʳ mars 1621, est suivie de vers latins à l'éloge de ce prélat, par *Claude de Lavarène*, neveu de l'auteur. Les deux premières approbations sont de 1613, date sans doute d'une première édition de cet ouvrage. Voyez ci-après, *année 1629, ad calcem*.

1621. — *Auli Gellii Noctes atticae...* cum quinque indicibus, etc. *Coloniæ Allobrogum*, apud *Joan. Tornaesium*, 1621. In-16 (B. de Lyon). — Dédicace de *Jean de Tournes* à *Nicolas Bruslart de Sillery*, ambassadeur d'Henri IV en Suisse, datée du 14 mars 1592. *De Tournes*, s'étant ressouvenu que son père avait été, en 1550, éditeur d'un *Aulu-Gelle*, imprimé aux frais de *Séb. Gryphe* (4), n'eut aucun repos avant que de s'être procuré un exemplaire de cette édition. *Jean-Antoine Sarasin*, un des plus célèbres médecins de ce temps, le lui procura, et c'est

(1) L'évêque de *Gap* était alors *Charles Salomon de Serres*. Voyez son article dans le *Nobiliaire de France*, tome XVIII, p. 43.

(2) Ce *François de Solleysel* était probablement le père de *Jacques*, célèbre écuyer, et l'auteur du *Parfait Maréchal*.

(3) *Severt* était depuis longtemps lié d'amitié avec *François de la Rochefoucault*; il l'avait connu à *Paris*, lorsqu'il achevait, lui, sa philosophie, et *la Rochefoucault*, son cours de théologie. *Severt* fut aussi l'ami d'*Alexandré de la Rochefoucault*, frère cadet de *François*, et lui dédia son premier ouvrage, *De Orbis catoptrici.... descriptione ac usu*. Voyez les *Publications* de 1598.

(4) SCHWEIGER donne comme douteuse l'édition de *Gryphe* de 1530; il en cite une de cet imprimeur, de 1559; une autre de ses héritiers, de 1560.

d'après cette édition revue avec le plus grand soin, qu'il en donna une nouvelle en 1592. Nous présumons que celle de 1621 ne diffère que par le titre, probablement rafraîchi, de celle de 1592.

1621. — *La Bellegarde...* (par *Jean Florestan Seraud*). A Lyon, par la veuve de *Claude Morillon*, 1621, in-8° (B. de L., 17578). Voyez les *Publications* de 1609, et celles de 1630, *Reveil*....

1621. — *Compendiaria praxis difficiliorum casuum conscientiae*, in administratione sacramenti poenitentiae crebro occurrentium, in III partes distincta : *P. Reginaldo*, è soc. Jesu authore. Prodit nunc auctior... Lugduni, sumpt. *J. Cardon et Cavellat*, 1621. In-32 (B. de L., 3955). — La première édition doit être de 1618, date des approbations (1). Cet ouvrage a été traduit en français, par le P. *Jacques Jacquet*, religieux carme, Lyon, 1623, in 12. (Voyez les *Publications* de 1616, *Praxis...*, et ci-après, année 1628, *ad calcem*). — S. *François de Sales*, dans une lettre du 9 janvier 1621, adressée au Père général de la congrégation des prêtres de S. Paul, à Milan, pour lui recommander un jeune homme, eunuque de naissance, qui désirait entrer dans cette congrégation, lui rappelle qu'on a élevé au suprême pontificat un eunuque (2), et que dans la Compagnie de Jésus, on compte actuellement le P. *Valère Réginaldi*, auteur du *Thesaurus fori pœnitentialis*, qui est eunuque. *Nouvelles Lettres*; Paris, 1835, tom. 2, p. 293.

1621. — *Eloges de Louis le Juste*, où sont remarquez ses faicts héroïques en son voyage de Guyenne. A Lyon, chez *Cl. Armand*, dit *Alphonse*. 1621. In-8° de 16 pages (B. de L., 25201, tome 30). Ces *Eloges* sont contenus dans une Ode qui porte pour signature DU PERRIER. Le poète débute, comme *Voltaire*, un siècle plus tard, dans sa *Henriade*, par une invocation à la Vérité :

> O Vierge partout recherchée,
> Invincible divinité,
> Belle et puissante Vérité,
> Tousjours me seras-tu cachée?
> Reviens de ceste obscure nuict
> Où le silence te reduit,
> Déesse de moy tant chérie,
> Et viens paroistre dans mes vers,
> Comme paroist la flatterie
> En mille poèmes divers.

(1) Nous ne présumons pas que le P. *Reginaldi*, qui a tant écrit sur la confession et sur les confesseurs, ait cité ce curieux passage de *Menot* : «Quomodo possis perfecte con-« fiteri, cum non es confessus ab anno, et venis in sancta hebdomada ad sacerdotem, orans « ut te expediat citissime? *C'est une confession de renart*. At ergo sacerdos ille qui non « quærit nisi expeditionem et pecumiam, expedit te immediate; dat tibi absolutionem, « et dicit tibi : *O amice vade*. Et quo ibit cum tali absolutione? ad omnes diabolos...» *Quadrages.*, feria quarta tertiae dominicae.

(2) Nous avons cherché inutilement le nom de ce pape dans plusieurs Dictionnaires de théologie et de droit canon, où on aurait pu le citer en parlant des eunuques. Nous ne croyons pas que *Théophile Roynaud*, ni *Ancillon*, en aient rien dit dans les deux traités qu'ils nous ont laissés sur ce sujet.

Cette Ode, ou l'on remarque de bons vers, est peut-être de *Charles du Perrier* , mort à *Paris* en 1692 , et qui était né à **Aix en Provence** , on ne sait en quelle année.

1621. — *L'Espadon satyrique, par le S. Desternod.* A Lyon, par *Jean Lautret* , 1621. In-12 (1). — Toute la licence de certaine école poétique contemporaine de Louis XIII, dit M. *Gustave Brunet,* se retrouve dans ce livre plein de verve et d'esprit , au dire de *Charles Nodier* (2). Son titre d'*Espadon* lui vient de ce qu'il pourfend de part en part les vices et les travers de son époque, mais c'est en termes déhontés qu'il flétrit la corruption des mœurs du temps (*Bulletin du bibliophile belge,* tome 2, p. 100). — Je ne sais si on a remarqué qu'il y a, dans la 3ᵉ satire de *Desternod* , deux vers qui prouvent que le *Portier des Chartreux* était déjà un être proverbial, un siècle avant *Voltaire :*

> Vous servirez d'une estaphette
> Ou d'un portier dans les Chartreux.

Leroux n'a rien dit du *Portier des Chartreux* dans son *Dictionnaire comique ;* il n'en est pas question non plus dans le *Dict.* de *Richelet* où l'on cite ces deux vers d'un anonyme :

> Les amis sur le bien sont comme les Chartreux ;
> Tout doit être commun entre eux.

1621. — *L'Innocence des* JÉSUITES , *contre les calomnies et les fausses imputations de l'Assemblée de la Rochelle.* A Lyon, de l'imprimerie de *Claude Larjot.* 1621. In-8° de 16 p. (L. de R. , 23396).

1621.—*Lettre du Roy escrite à Monsieur d'Halincourt , au camp devant S. Jean d'Angely,* le 3ᵉ jour de juin 1621. A Lyon, par *Nic. Jullieron* et *Claude Larjot* , 1621. In-8° (B. de L. 28415 , tome 76). — Le roi déclare que son « intention n'est point de faire la guerre contre le général « de ceux de la religion prétendue réformée, mais seulement contre les rebelles et desobeyssans ;...» Il fera sentir à ceux qui se sont trouvé ou qui ont adhéré à *l'assemblée de la Rochelle* la résolution qu'il a prise de réprimer leur rebellion par la force des armes et par la rigueur de la justice. — « Le roi donnoit avis du succès de ses armes à M. *d'Halincourt* par de fréquentes lettres, que ce sage gouverneur avoit soin de faire imprimer avec des relations, pour les distribuer dans la province ; ce qui servoit beaucoup à contenir les peuples dans leur devoir, surtout les religionnaires... » Note du P. *Menestrier.*

____

(1) Le permis d'imprimer, daté de Lyon le 25 avril 1629, est signé *du Sauzey*, et c'est en cette même année que parut la première édition de l'*Espadon.* Voyez Brunet. *Manuel*, II, 65 ; Beaupré, *de l'Imprimerie en Lorraine,* p 332, et ci-après les *Publications* de 1626.

(2) N° 561 de la *Description raisonnée* de sa Bibliothèque, publiée par M. *G. Duplessis* : Paris, *Techener,* 1844, in-8°.

1621. — *Lumière de la foy*, donnée par la lumiere de la loy tant divine qu'humaine à Me *Gaspard de Perrin*, docteur ès droicts et advocat en la cour de parlement du Dauphiné. A Lyon, chez *Pierre Rigaud* et associez. 1621. In-12 (B. de L. 5786) — Dédicace de l'auteur à *Jean Adheimar de Brunier*, Seigneur de *Marsane* , *Larange* et *Bonlieu*, baron d'*Aps*, datée de *Montelimart*, le 16 janvier 1621. — Ce seigneur avait contribué à la conversion de *Gaspard de Perrin*. A la fin du volume, est l'abjuration de cet avocat, datée de *Montelimart* , le 28 juin 1620. Parmi les pièces liminaires sont deux sonnets de l'auteur contre les Huguenots , suivie d'une pièce de vers à sa louange. Ce personnage a échappé à *Guy Allard.*

1621. — *Le Mystère sacré de nostre redemption* , contenant en trois parties la mort et passion de J. C. : par *dom Polycarpe de la Rivière*, Velaunois, religieux de la grande Chartreuse et prieur de Sainte-Croix.... A Lyon, chez *Antoine Pillehotte*, 1621. In-8° (titre gravé par *Charles Audran*). — La *Chartreuse de Ste-Croix* était dans la paroisse de *Pavezin*, en Lyonnais. Cette paroisse, située à une lieue de *Condrieu*, fait aujourd'hui partie du dép. de la Loire. — La dédicace de D. *Polycarpe* à M. *de Marquemont* , datée du 1er janvier 1621 , contient ce quatrain :

> Puisse le ciel humain sans aucun accident,
> Mesurer à vos jours une si longue course,
> Qu'elle soit comparable aux estoilles de l'Ourse
> Qui n'arrivent jamais au point de l'Occident.

L'auteur ne manque pas d'une certaine érudition. Son livre, où l'on trouve l'explication de plusieurs mots hébreux, serait peut-être lu avec fruit par ceux qui se livrent à l'étude des livres saints. Voyez les *Publications* de 1617 , *Récréations spirituelles...*

1621. — *Le Picque-bœuf des heretiques* , échauffé par une remontrance charitable adressée au sieur *Benjamin de Rohan*, sieur de *Soubise*, mise au net par *Arphaxad de La Mortonnelle*. Lyon, 1621. In-8°. — Cité p. 255 des *Curiosités bibliographiques*, par *Ludovic Lalanne.*

1621. — *La Piété royale.* Discours présenté au Roy, par *J.-Bapt. Matthieu* (1) , avocat au parlement , sur les glorieux et mémorables effects de la présence de sa Majesté en son pays de Béarn. A Lyon, chez *Claude Larjot* , 1621. In-8°. — Réimprimé dans le tome 2 des *Archives curieuses de l'hist. de France*, 2e série.

1621. — *Le Purgatoire des hommes mariez*, avec les peines et les tourmens qu'ils endurent incessamment au sujet de la malice et meschanceté des femmes... Lyon, 1621. In-8°. — Une édition de la même année , PARIS, P. *Menier*, est citée dans le Catal. *La Vallière-Debure* , I. 2 , p. 703. Voyez la *Bibliogr. Lyonn. du XVe s.* , n° CCCXXXI ter.

____

(1) Fils de l'historien *Pierre Matthieu.*

1621. — *Les Roses du Chapelet* envoyées du Paradis pour estre join-tes à nos Fleurs de lis, marque du bonheur de nostre France, et de ce-luy des fidèles. Par *Jean Testefort*, Lyonnois, de l'ordre des F. Pres-cheurs. Paris, *Simon Lefebvre*. 1621. In-8°. Voyez les *Publications* de 1618 et de 1633.

1621. — *Les Signes effroyables* apparus en l'air sur les villes de Lyon, Nismes, Montpellier et autres lieux. TROYES. 1621. In-8°. Catal *Leber*. 4260.

1621. — *La Somme générale* de toutes les excommunications et des cas réservez, tant de l'absolution papale que de l'épiscopale : divisée en trois parties, etc. Par M. *Jacques Severt*, docteur en la sacrée théo-logie à Paris. A Lyon, de l'imp. de *Simon Rigaud*, 1621, in-8°. — Dé-dicace à *Denys Simon de Marquemont*, archevêque, comte de Lyon, etc., datée de Lyon, ce 1er janvier 1621, suivie de huit vers composés par *Claude Delavarene*, neveu de l'auteur, et précédés de l'anagramme sui-vante :

DENYS SIMON DE MARQUEMONT.

OR MYSTIQUE, MANNE DU MONDE.

Severt avait déjà publié, en 1621, le même ouvrage en latin. Les deux tables des cas réservés en l'archevêché de Lyon, commencent à la page 205, et finissent à la page 281. On y trouve, entr'autres particularités re-latives à l'histoire de Lyon, celle que voici : « .... Les Juifs ont jadis habité dans la noble ville de Lyon, en rue séparée : toutesfois aujour-d'huy ils n'y habitent plus, il y a plus de deux cens ans; comme aussi il n'en reste plus parmy toute la France. Et c'est pour autant que les *Juifs* ont été chassés de la demeure de Lyon l'an 1311, leurs biens et possessions ayant été confisqués le jour feste de saincte *Marie Magdaleine*, auquel temps l'inauguration et sacre du Pape *Clément Cinquiesme* a esté célébrée en l'église collégiale de sainct *Just* audit Lyon.... » page 232. Voyez PARADIN, *Hist. de Lyon*, livre 2, chap. 60.

1621. — *Titi Livii Romanae historiae qui extant quinque et triginta libri....* Lugduni, sumtibus *Thomae Soubron* (ex typographia *Petri Marniolles*). 1621. In-4°. (B. de L., 24038). — La Dédicace de *Soubron* à *Cl. du Sausay*, seigneur de *Varennes*, est suivie d'une préface, datée de Lyon, le 1er octobre 1613, et signée PH. M. D. S. I. (*Philibert Monet*, de la Soc. de Jésus). — Le privilège du roi accordé à *Soubron* est aussi de 1613; c'est donc probablement lui qui publia, en 1614, l'édition in-8° du *Tite-Live*, citée dans la *Notitia litteraria* de cet historien, tome 12, p. 543 du *Tite-Live* de la Collection *Lemaire*.

1622. — *Juillet* ... M. d'*Halincourt* assiste aux cérémonies qui se font à *Grenoble* à l'occasion de la conversion du duc *de Lesdiguières*; le 27, il lui donne, par ordre du roi, le collier de l'ordre du S. Esprit. *Mercure François*, VIII, 683 et suiv.

1622. — *Septembre* 29. « A Lyon, il se fit une esmotion, qui dura le jeudy jour de *S. Michel*, le lendemain et le dimanche suivant, en laquelle il y eut quelqnes meubles et maisons appartenants à des personnes de la Religion prétendue reformée, qui furent bruslez ou pillez par une populace composée d'enfans, de laquais et de vagabonds. Elle commença en la place des *Cordeliers* entre deux petits enfans voisins, sur le mot de *Parpaillau*. Un tallonier (1) de ladite religion ayant frappé celuy qui avait appelé son fils *Parpaillau*, la populace s'y amasse, et en vient jusques-là qu'elle entre dans la boutique de ce tallonnier, monte dans sa chambre, et faict un feu devant sa porte de tout ce qu'elle y trouve. Cela dura jusques sur les dix heures du soir, nonobstant tout ce que put faire le Gouverneur, M. *d'Halincourt*, le penon du quartier et le guet. Ceste populace se ramassa le lendemain en la mesme place des *Cordeliers* où elle pilla la maison d'un moulinier de soye de ladite religion, et voulut faire le mesme au logis d'un barbier de la rue *du Bois* ; mais le sieur *d'Halincourt* et le penon du quartier y estant arrivez l'empeschèrent, et chassèrent ceste canaille qui courant de quartier en quartier, en vouloit faire de mesme, mais y ayant trouvé les penons en armes, ils en furent ainsi empechez : tellement qu'ils ne purent rien piller que la boutique d'un serrurier, et celle d'un menuisier en la place *Confort*, qui fut un pauvre pillage. — Le dimanche suivant, nonobstant la garde de jour et de nuit, qui se faisoit dans Lyon, par tous les quartiers et penonages, sur l'après-dinée, ceste populace s'assembla sur la place des *Terreaux*, où elle entra en la maison d'un de ladite religion qu'ils pillerent, puis bruslerent les meubles devant la porte, et commencerent d'abattre la maison, quand M. *d'Halincourt* y arriva avec le guet et les harquebusiers de la ville, lequel fit prendre et mener prisonniers dix ou douze de ceste populace, ce qui mit fin à ceste emotion, laquelle s'en alloit augmenter par un complot pris entr'eux d'aller brusler le temple de ceux de ceste Religion au village d'*Ulin* (*Oullins*). — Il n'y avoit point de catholiques qui ne blamassent, et qui ne s'employassent à reprimer la violence de ces canailles, mais aussi ils avoient à desdain la superbeté d'aucuns de ceste religion, lesquels estans armez parloient fort hautement : tellement qu'on tint conseil, où estant rapporté qu'il y avoit eu de ceux de ceste religion si insolents que d'avoir frappé des catholiques auparavant ceste esmotion, à quoy il falloit donner ordre, afin que le mal ne s'augmentast, et pour éviter à tous accidents, qu'il falloit proceder à un désarmement de tous ceux de ladite Religion dans Lyon, qui ne devoient estre non plus armez que les catholiques qui estoient dans les villes où ceux de ladite religion estoient les maistres; ce qui fut exécuté, et furent entierement désarmez. Aussi on publia des deffenses à tous, sur peine de la vie, de n'appeler aucun de ceux de ladite Religion *Parpaillau*, lesquelles observées, y ont depuis empesché toute esmotion. » *Mercure François*, tome VIII, p. 827-29.

(1) *Tallonier* ou *talonnier* (*talarius opifex*), ouvrier qui ne fait que des talons de bois pour les femmes. — Il n'y a point de maîtrise parmi les *talonniers*, parce qu'on gagne fort peu à travailler en talons, et qu'il n'y a pas beaucoup de *talonniers*. — Les *talonniers* sont fort pauvres. RICHELET, édition de 1732.

1622. — *Octobre* 18. Jour de S. *Luc.* Le P. *Claude Clément,* professeur de Rhétorique au collège de la Trinité, prononce, à l'ouverture des classes, une harangue latine qui fut imprimée l'année suivante. Voyez les *Publications* de 1623, *Ecclesiae Lugdunensis*, etc.

1622. — *Vendredi*, 9 *novembre.* Le maréchal *de Bassompierre* et le maréchal *de saint Genis* qui s'étoient rencontrés à *Vienne*, arrivent à Lyon. — M. *d'Halincourt,* qui était allé les recevoir à l'entrée de la ville, leur donna à dîner, et les mena saluer la reine à l'archevêché où ils trouvèrent auprès d'elle, les princesses *de Condé* et *de Conty*, les dames *de Chevreuse*, *de Verneuil*, et la comtesse *de Montmorency.* Il y eut comédie, le soir. *Journal* de *Bassompierre*, 2ᵉ partie.

1622. — *Décembre* 4 (second dimanche de l'Avent). *François de Sales* devait prêcher dans l'église du Collège de la Trinité; Madame *de Blonay*, supérieure du couvent de la Visitation dans lequel il avait son logement, lui avait fait préparer un carosse, mais il le refusa en disant : « Il me feroit beau voir aller en carosse prescher la pénitence de S. Jean « et la pauvreté évangélique. » — Vers ce même temps, le saint évêque de Genève fit une visite au P. *Théophile Raynaud*, qui en a consigné le souvenir, p. 61 de son *Hagiologium Lugdunense*, où il s'exprime ainsi : *Vidi sane hunc alterum Eliam, et in amicitia ejus decoratus sum. Visit me ipse perhumaniter in Lugdunensi Collegio, eumque colui ac observavi, et meas aliquid putantem nugas, ad eum expetentem detuli. In quibus benevolentiae argumentis me decoratum, gratus recolo, et ut hinc mihi siat ad Beatitudinem aditus, supplex apprecor.* « J'ai vu ce second Elie, et j'ay esté honoré de son amitié ; il m'a visité dans le Collège de Lyon avec beaucoup de cordialité, et je l'ay toujours aimé et vénéré ; il avoit la bonté d'estimer mes petits ouvrages que je luy ay présentés ; je rappelle avec joye un si précieux souvenir, et je le prie de m'aider à suivre le chemin qui mène à la Beatitude. » Traduction attribuée au Père *Menestrier*, MSS de la B. de Lyon, nᵒ 1345, p. 34.

1622. — *Décembre* .... « Le feu brûla un corps de logis du couvent des *Célestins.* Il y fut mis par un galopin de la cuisine du *Cardinal de Savoye*, qui étoit venu à Lyon pour attendre le roy qui revenoit de Languedoc. » Noté du P. *Menestrier*, qui renvoie à l'*Histoire de N. D. de Bonnes-Nouvelles*, par B. *Gonon*, p. 31. Voyez les *Publications* de 1639.

1622. — *Dimanche* 11 *décembre.* Le roi fait avec la reine son entrée solennelle à Lyon. — « Les quartiers de la ville sortirent en armes, et allèrent au-devant du Roy, au nombre de plus de dix mille hommes, fort bien armez et habillez de diverses livrées. Tous les ordres de la ville y furent en leur rang, puis revinrent en même ordre en la ville toute-tapissée, au passage du Roy, avec divers arcs et représentations fort belles sur les théâtres où étaient représentez plusieurs grands personnages anciens. Monsieur le connestable marchoit devant le Roy, tenant l'espée de connestable, avec Messieurs le duc *de Chevreuse*, grand chambellan, le duc *de Bellegarde*, grand escuyer, Messieurs les mareschaux *de Thémines*, *de Créqui*, *de Bassompierre*, le comte *de Schomberg*, le marquis *de Villeroy* et force noblesse. Le Roy estoit conduit sous un daiz fort richement paré, et monté sur un grand cheval blanc. En après suivoit la Royne de France dans une litiere toute découverte, sous un fort grand daiz, suivie de force carosses du Roy et des dames. Les Lyonnois ont fait présent au Roy d'un Lyon d'or enchaisné avec des chaines d'or. Aussi firent-ils présent à la Royne son épouze d'un très riche *cabinet* garni de pierreries et autres richesses. C'estoit belle chose de voir l'excellence et parade des habitans de Lyon en ceste entrée. Tous les arts et métiers avoient mis un tel soin à esquiper leurs compagnies, qu'outre l'or et le clinquant qui paroissoit sur leurs habits, tous les soldats d'une mesme compagnie n'avoient qu'une mesme parure (1). » Le cortége se rendit dans l'église de *S. Jean* où l'on chanta le *Te Deum*. Leurs majestés logèrent à l'archevêché et séjournèrent à Lyon jusqu'au lundi 19 décembre, jour de leur départ pour *Paris.* — On lit dans la *Vie de la sœur Marie Françoise de Sosion*, une des IX religieuses de l'Ordre de la Visitation sainte Marie, dont *Madelène de Chaugy* a écrit les vies (*Annessy*, 1659, in-4°.) : « Le Roi Louis treiziéme... ayant fait son entrée dans Lyon, on trouva bon que la *sœur Marie* (qui avait des *écrouelles*) sortit (du couvent) pour se faire toucher à ce victorieux et incomparable monarque..., qui devoit toucher les malades dans l'église de saint Jean...; mais entre plusieurs autres qui guérirent par cet attouchement miraculeux,... Dieu permit que cette humble servante de la divine majesté demeurât dans son mal qui luy étoit avantageux pour la consommer dans la perfection... » Voyez sur les *écrouelles*, GODESCARD, *Vies des Saints*, première édition, t. VII, p. 654 et t. IX, p. 672. *Henri IV* toucha aussi à Lyon *les malades des écrouelles.* Voyez ci-dessus, 10 sept. 1595.

1622. — *Lundi* 12 *décembre.* « Le bal se tint chez M. *d'Halincourt.* » — Le même jour, *Gabrielle Angélique*, légitimée de France, fille naturelle d'*Henri IV*, fut mariée avec *Bernard de La Valette*, second fils du duc d'*Espernon.* M.

1622 — *Décembre* 15 (jeudi). « Le Roy fut au-devant des princes et princesses de *Piedmont* et du prince *Thomas*, qui venoient le visiter. » M.

1622. — *Décembre* .... Pendant le séjour du roi à Lyon, « *Nicolas Jullieron*, imprimeur de S. M., lui présenta le *Trésor de l'Imprimerie* démontré par la multitude et diversité de ses caractères, dont il en produisit 45 espèces différentes qui composaient autant d'éloges du Roy en cinq langues, hébraïque, grecque, latine, françoise et allemande. » M.

1622. — *Décembre* .... *Octave de Bellegarde*, nommé à l'archevêché de *Sens*, d'évêque de *Conserans* qu'il étoit auparavant, prête au Roi serment de fidélité. » SEVERT, *Chronologia hist.*, p. 193 des addit.

---

(1) *Histoire journalière du voyage du Roy*, t. 2. p. 328 des *Archives curieuses de l'Hist. de France*, 2ᵉ série. Voyez la *Relation des Entrées solennelles*, Lyon, 1752, in-4°; le *Mercure françois*, VIII, 805; les *Mémoires d'Arnaud d'Andilly*, tome 33 de la *Collection Petitot*, etc.

1622. — *Décembre* 18 (dimanche). M. d'*Espernon* fit un grand fes-
tin au Roy et à toute la Cour ; puis il y eut comédie, et ensuite des feux
d'artifice. Le Roy dit adieu à la Reine, sa mère, à la Reine, son épouse,
et à Madame la princesse de *Piedmont*, sa sœur. — Le lendemain 19,
avant jour, il partit de Lyon pour Paris. » M.

1622. — *Décembre* .... La Reine mère désirant voir la sœur *Marie
de Valence*, qui etoit en grande réputation de vertu et de sainteté, la
fit venir à Lyon, et voulut qu'elle fut logée avec sa compagne dans le
monastère de la *Visitation de Bellecour*, où le P. *Coton*, son directeur,
l'alloit voir au parloir. M.

1622. — *Décembre* 25. On lit dans les *Mémoires de Robert Arnauld d'Andilly* (t. XXXIII de la Collection Petitot, p. 416) : « .... Durant le séjour
du roi à Lyon, M. le *Cardinal de Savoie* vint trouver Sa Majesté. M. l'é-
vêque de *Genève*, depuis canonisé sous le nom de S. *François de Sales*,
l'y accompagna ; et le jour de Noël, madame la marquise de *Seneçay* et
moi étant allés à l'église, il se rencontra que c'étoit lui qui disoit la
messe. Comme ce grand évêque étoit ami de mon père, qu'il n'aimoit,
après la mère *de Chantal*, nulle autre religieuse plus que la mère *Angélique*, ma sœur, et qu'il m'affectionnoit très particulièrement, l'ayant
fort connu en d'autres voyages qu'il avoit faits en France, jamais rencontre ne me fut plus agréable que celle-là. Il nous communia, madame
de *Seneçay* et moi, comme les autres, et j'allai, après la messe, dans
la sacristie pour le voir. Il n'est pas croyable avec quelle joie il me reçut,
et il me dit, en m'embrassant, ces propres paroles : « Ah ! mon fils, je
« vous ai reconnu *in fractione panis*. »

1622. — *Décembre* 28. S. *François de Sales* meurt, à huit heures du
soir, dans le couvent des dames de la *Visitation de sainte Marie*, près
de l'abbaye d'*Ainay* (1). Le corps du saint évêque de *Genève* fut transporté en *Savoie*, et inhumé dans l'église de la Visitation à *Annecy* (voyez
ci-après au 18 janvier 1623), mais son cœur resta aux Visitandines de
Lyon, qui, lors de la suppression de leur maison, l'emportèrent à *Venise* où il est resté, malgré les réclamations des dames de Lyon, depuis
le rétablissement de leur maison. Voyez la *Biogr. lyonn.*, article Du-
RAND (Mélanie). — La plupart des ouvrages de S. *François de Sales* ont
été composés et publiés à Lyon. Le plus connu est son *Introduction à la
vie dévote* qui fut imprimée pour la première fois dans notre ville en

(1) « M. le maréchal *de Villeroy*, dit Mme de *Sévigné*, ne vouloit pas croire que M. *de
Genève* fût saint et canonisé, parce qu'il avoit dîné vingt fois avec lui, à Lyon. » *Lettre*
du 1er janvier 1690. — S. *François de Sales* a eu un grand nombre de biographes ;
mais tout n'a peut-être pas été dit sur cet illustre saint. Nous présumons qu'il y aurait
quelques particularités à extraire d'une *Histoire* inédite de *la fondation du monastère
de la Visitation Sainte Marie de la ville de Lyon*, par un écrivain du dix-septième siècle, probablement le P. *Menestrier*, et dont le MS est conservé à la B. de cette ville,
n° 1345.

1608, et qui y fut réimprimée en 1615 (1). Nous avons omis d'annoncer, parmi les *Publications* de 1600, un de ses livres dont nous ne pouvons nous dispenser de dire un mot; il a pour titre : *Defense de l'estendart de la saincte croix de nostre sauveur Jesus-Christ*, divisée en quatre livres .... contre un petit traicté n'aguère sorti de .... Genève, faussement intitulé : *De la Vertu de la Croix et de la manière de l'honorer*. A Lyon, par *Jean Pillehotte*, 1600. In-8°. — *François de Sales* ne nomme point l'auteur du *petit traicté* contre lequel il fit cette *Défense*. Dans sa préface du *Traicté de l'Amour de Dieu* (Lyon, 1616), il nous apprend qu'on a réimprimé sa Défense « sous le tiltre prodigieux de *la Panthalogie* ou *Thresor de la Croix*, tiltre, dit-il, auquel jamais je ne pensay, comme en vérité aussi ne suis-je pas homme d'estude ny de loisir, ny de memoire, pour pouvoir assembler tant de pièces de prix en un livre, qu'il puisse porter le titre de *Thresor* ny de *Panthalogie*, et ces frontispices insolens me font horreur :

> L'architecte est un sot, qui, privé de raison,
> Fait le portail plus grand que toute la maison. »

A la p. 139 de son livre, *François de Sales* cite des *Heures* imprimées à Lyon par *Michel Jove*, en 1568, à l'usage de Rome. Nous aurions pu en dire davantage sur cette Defense, un des ouvrages où le saint évêque de Genève a prouvé qu'il eût pu devenir aussi célèbre par des travaux d'érudition que par des compositions mystiques.

1622. — Les religieux *recollets* qui avaient leur monastère à *S. Genis-Laval*, viennent s'établir à Lyon où ils furent appelés par *Marie de Médicis*, qui leur donna une maison dite de *Belle-Grève*, dans la rue *S. Barthelemy*. S. *François de Sales* y prêcha lors de leur installation. *Alm. de Lyon* pour 1788, p. 544; BROSSETTE, *Eloge hist*, p. 504.

1622. — Un second couvent de *Capucins* s'établit dans la maison du sieur *Thomassin* appelée le *Petit Foreys*, parce qu'elle avait appartenu, dans le XIV⁰ siècle, à *Jean de Foreys*, riche citoyen de Lyon. — Cette maison fut achetée et rebâtie par les libéralités d'*André Coste* (2), opulent banquier génois, qui dépensa, dit-on, cent mille francs à cette œuvre. L'église fut construite la même année par les bienfaits d'*Anne d'Autriche*, qui assista en personne à la pose de la première pierre. *Arch. du Rh.*, IX, 6; BROSSETTE, *Eloge hist.*, p. 104; *Alm. de Lyon* de 1744, p. 36. Voyez ci-après au 25 *avril* 1635.

1622. — La grosse *cloche* de *S. Jean*, fondue en 1508, était fêlée; on la fait fondre de nouveau avec le même airain. — L'inscription

<hr>

(1) La plupart des bibliographes disent que c'est à *Genève*, en 1740, que les *œuvres* de S. *François de Sales* ont été publiées pour la première fois; c'est à la ville de *Toulouse* qu'appartient cet honneur; les *œuvres* du S. évêque y furent imprimées en 1637, in-fol. La Bibliothèque de la ville de Lyon possède un exemplaire de cette édition.

(2) La maison qu'habitait ce citoyen, montée de la Grande-Côte, et sur laquelle était l'image de *S. André*, avant le siége de Lyon, porte aujourd'hui le n° 9. Les enfants de *Claude Péricaud*, mort victime de la Terreur, en 1793, sont nés dans cette maison.

qu'on lit sur cette cloche a été reproduite par M. *Joseph Bard*, dans sa *Statistique générale des basiliques et du culte de la ville de Lyon*, p. 13. Voyez aussi l'*Union des provinces* (journal de Lyon) du 2 juillet 1843.

1622. — *Décembre* .... Le Roy qui, au sortir d'*Avignon*, passa par le *Dauphiné* pour se rendre à Lyon où les Roynes l'attendoient, après avoir vu les villes de *Montélimart* et de *Valence*, se détourna sur la droite pour voir *Romans*, et de là, il alla droit à *Vizille*, maison du connestable *de Lesdiguières*, et passa par *Grenoble* où il croyoit trouver la princesse de *Piedmont*, sa sœur, mais, comme il apprit qu'elle n'avoit pas encore passé le *Mont-Cenis* que les neiges tenoient fermé, et qu'il falloit ouvrir, il se rendit à Lyon le 6 de *décembre* où il devoit faire son entrée le 8, jour de la Conception de la Sainte-Vierge ; mais ayant sçu que la princesse de *Piedmont* arriveroit deux jours après, il la fit différer au dimanche suivant.... Mss de la B. de Lyon, n° 1345, p. 33. Voyez les *Mém. du Card. de Richelieu*, p. 270 de l'édit de 1837.

1622. — *Décembre* .... *Armand de Richelieu* (qui avait été fait cardinal par *Grégoire XIII*, le 5 septembre précédent), reçut à Lyon la barette par les mains du roi. — « Cette cérémonie, dit l'abbé *Richard*, se fit avec beaucoup de pompe dans la chapelle de l'archevêché ; *Richelieu* eut ensuite l'honneur de dîner avec S. M., mais il ne reçut jamais le chapeau de cardinal ; car il faut aller à Rome pour le recevoir de la propre main du Pape ; il n'avait garde de quitter la France qu'il alloit gouverner comme premier ministre. Ses ennemis auroient profité de son absence pour le ruiner, après quoi rien n'eût pu le dédommager de la perte de son ministère. » *Parallèle du Cardinal de Richelieu et du Cardinal de Mazarin*, édition de 1716, p. 32. — On trouve p. 124 du même ouvrage un portrait du frère d'*Armand* qui se termine ainsi : « .... c'était un petit génie .... plein de scrupules, et qui sembloit n'être né que pour le cloître. *Alphonse* fatiguoit souvent son frère par des lettres dures, où il lui mandoit qu'il se damnoit dans le ministère, et que s'il n'abandonnoit la cour et le gouvernement, il n'entreroit jamais en Paradis. »

1622. — L'inscription suivante fut placée sur la *porte du rempart du Rhosne*, derrière Ste Elisabeth : — « Du regne, et par le commandement du Roy tres-chrestien Louis treizième de ce nom, et par l'authorité et le soin de messire *Charles de Neufville*, seigneur d'*Halincourt*, marquis de *Villeroy*, comte de *Bray*, vicomte *de la Forest*, *Thaumier*, etc., chevalier des ordres du Roy, conseiller en ses conseils d'estat et privé, capitaine de cent hommes d'armes de ses ordonnances, seneschal de Lyonnois, gouverneur et lieutenant pour Sa Majesté en la ville de Lyon, pays de Lyonnois, Forès et Beaujolois, cette ville du tout ouverte depuis la rivière de Saône jusques icy, a esté fermée par ceste closture et fortification achevée en l'an mil six cent vingt-deux. » M. — Voyez ci-dessus, *année 1621 ad calcem*.

1622. — PUBLICATIONS. *Advis salutaire* à ceux de la prétendue religion réformée, sur la bénédiction du temple de *Vizille*, et la première messe qui y a esté ditte, le premier dimanche d'*Aoust* 1622, par le commandement de Mgr le Conestable (*Lesdiguières*), Seigneur de *Vi-zille*... A Lyon, chez *Louis Muguet.* 1622. In-8°. (B. de L., 3222). — Cette relation porte pour signature à la dernière page, ces cinq initiales : C. C. D. M. F. ; elle est probablement sortie de la plume de l'auteur du *Lys d'allegresse.*

1622. — *L'Anti-martyrologe,* ou Vérité manifestée contre les histoires dessupposés martyrs de la religion pretendüe réformée, imprimées à Geneve onze fois. Divisé en douze livres monstrant la difference des vrais martyrs d'avec les faux, corporellement executez en divers lieux, etc. Par M. *Jacques Severt,* docteur théologien en la faculté de Paris, théologal en l'église de Lyon. A Lyon, de l'imprimerie de *Simon Rigaud,* M. DCXXII. In-4° de 23 feuillets non chiffrés contenant la dédicace à *Louis XIII,* datée de Lyon, le 27 novembre 1621. Le brief advertissement au lecteur, les approbations, attestations, etc., la table generale des *traictez ;* de LXXII pages contenant quatre prefaces, de 920 pages de texte, et enfin de 28 feuillets contenant cinq tables (1). — Cet ouvrage n'a pas été jugé trop sévèrement par *Prosper Marchand* (p. 46 et 47 de son Dict.); c'est un veritable fatras où l'auteur réfute assez mal, et d'une manière obscure et prolixe, les erreurs des Calvinistes et des Luthériens. Cependant on trouve dans ce fatras, un certain nombre de faits qui ne doivent pas être dédaignés, car *Severt* invoque plus d'une fois le témoignage de personnes qui ont été témoins des événements qu'il rapporte. Quoiqu'il paraisse avoir composé son livre à Lyon, il ne dit presque rien de ce qui s'est passé dans notre ville pendant les troubles religieux du XVI° siècle. En parlant de la S'. *Barthelemy,* bien loin de blâmer cette horrible boucherie, il s'en fait l'apologiste, et va jusqu'à dire que la *chose fut par trois voyes autho-risée ;* puis il ajoute que les *executions estoient juridiquement faites sous le drapeau sacré du grand lis.* Il paraît avoir ignoré le nombre de ceux qui, suivant ses expressions, furent *tirez au supplice,* et termine ainsi le passage qui a trait au massacre de Lyon : «Le nombre par centaines « d'executez que l'adversaire (*Jean Crespin*) produit est chose simulée, « venue de son Alcoran et commentaire phantasié, sans probabilité, « et le faut dédaigner ; desquels patibulés il nomme bien une partie, « mais je la laisse en arrière, veu qu'il fait tousjours le loup plus grand « qu'il n'est. (2). » Lugd'. 772. — Le chapitre consacré à *Etienne Dolet* offre quelques particularités qui méritent d'être conservées ; l'extrait que nous en mettrons sous les yeux de nos lecteurs, pourra leur faire apprécier le style et la manière de l'auteur ; il est intitulé : Un fameux heretique exécuté, *obmis au livre de Geneve ;* etc. (3).

(1) Ce livre est fort rare, et je ne crois pas qu'il en existe un seul exemplaire à Lyon. Celui que j'ai eu entre les mains, m'avait été confié en 1835 par M. *Vuarin,* curé de Genève.

(2) Voyez *Lyon sous Charles IX,* septembre 1572.

(3) Ce livre est le *Martyrologe* de *Jean Crespin;* il en existe plusieurs éditions; la dernière est, je crois, celle de *Genève,* 1619, in-fol.

« Vrayment Geneve s'est curieusement efforcée de fureter partout, à fin
de rapiecer plusieurs haillons et vieux drappeaux escorniflez, voire faicts de
maintes couleurs à dessein pour recoudre et farcir les garnitures de sa robbe
paysanne et gueuse, qui porte sa laideur et diffamation tout à l'entour. C'est
comme font par exprès les rustaudes Bressanes en leurs vestemens, cuidans
embellir leur cotillon de la façon ; et au rebours elles le maculent d'une mascarade tres-digne de risée. Ainsi les calvinistes garnissent leur Pseudomarty-
rologe de telles ballieures tres-sordides et de faux aloy. Mais néantmoins puis
qu'ils veulent enfler un tel corps heterogené de taches si sordides : encore
n'ont-ils trouvé et ensaché toutes les ordures de la terre pour acheuer de
honnir leur volume, ja tant saly et constupré dés immondices et souilleures
de chascuns des hommes infidèles à Dieu, justément confinez au dernier supplice. Car certes parmi le rang du siecle auquel tombe ce chapitre, vient
deuant nos yeux vn testu lutherien, homme de renom en sa secte, lequel par
eux est lourdement outrepassé, jaçoit qu'ils ayent les cent lunettes d'Argus
pour œillarder parmi tout l'vnivers à joindre leurs diverses bribes ; s'estant de
faict travaillez à ne laisser anglet du monde intact qui n'aye esté fouillé, et
non totalement deterré. Il leur falloit de rechef autres cent yeux, ou le regard
tres-aigu du lynx pour traverser de veue les parois espaisses et condenses, à
desancrer un famé que je scay d'un aspect plus subtil et pénétrant que leurs
besicles à grosse lettre. C'est ce que se proposa *Estienne Dolet*, natif à Orléans,
imprimeur et libraire à Lyon (1), puis à Paris sur la fin. Il estoit homme
lettré qui composoit ce qu'il imprimoit en l'vne et l'autre cité, comme maintes
versions des œuvres de *Ciceron*, faictes du latin en françois, et autres que
j'obmets, bien qu'il n'en aye divulgué touchant la religion en son hérésisme.
Aucunes ses lucubrations ont esté calcographiées par *Gryphius*, lyonnois, et
pour *Josie Ribell* d'*Argentorat*, vulgairement de *Strasbourg* en *Allemagne*. Il
catechisoit ses dogmes adulterains et scandalizoit. Dont par arrest du parlement, il fut estranglé, puis bruslé à Paris en la place Maubert le 30 d'aoust
de l'an M. DXLV (autres XLIV) (2), sous le bruit et la qualité d'homme luthérien. J'ay trois bons garans de mon allegué. L'un estait feu mon pere (3),
lors présent à l'execution et auditeur du jugement leu qui jadis m'en a faict le
recit quand il m'envoya aux estudes à Paris (4). L'autre tesmoin est noble
Jean de Chandon, president en la chambre des enquestes audit parlement,
aujourd'huy vivant, aagé de quatre vingts cinq ans. Le troisiesme est *Hugues
Thibault*, juge au *Beau-jollois*, de mesme aage, aussi vivant, y present avec le
defunct pere, son condisciple lors. Illec par adventure nous trouverions bien
autres sages vieillards (5) pour cautions de ce, si maintenant y estions, et fust
besoin. Mais suffit. Quand *Dolet* sermocinoit près du brasier, il cuidoit d'a-
bondant preschoter : et s'immaginait que la populace circonstante lamentoit

(1) Es années 1536, 38, 40. Note de Severt.

(2) Jour de pluye ou temps d'hyver. Les biographes de *Dolet* placent sa mort à 1546.
Il y a sans doute une faute d'impression dans *Severt*; au lieu de XLIV, il fallait XLVI.
Voyez la *Biogr. lyonn.*, p. 93, et les *Lettres de Marguerite de Navarre*, publiées par
M. *Genin*, p. 148.

(3) Sieur *Claude de Severt*, lequel trespassa en 1584, âgé de 55, et nous de 23. Note
de Severt.

(4) En 1579. Note de Severt.

(5) *Jean Merlin*, officier du roy au scel, à Lyon. Note de Severt.

ou regrettoit sa perte. Dont pour toute prière il songea et profera ce vers latin :

Non *dolet* ipse *Dolet*, sed pia turba *dolet*.

Sur quoy, à l'instant, du contraire, luy fust sagement respondu et repliqué par le sieur lieutenant criminel siz à cheval :

Non pia turba *dolet*, sed *dolet* ipse *Dolet*.

Les Genevistes qui n'ont sçeu ou pris garde à telle histoire ou narration poëtique, sont des *Epimenides*, berger de *Crete*, dormant l'espace de septante cinq ans continuels, qui, reveillé et sorty de son antre obscur, trouva chez soy du changement qu'il n'avoit encore veu : gens ruraux assoupis dans les cauernes de leurs propres ignorances, autant de revolutions solaires qu'il y a despuis l'adjudication de *Dolet* jusques à l'année de cette publication opérante (1), en laquelle ils trouveront ici chose nouuelle que leur songearde paresse n'auroit ouy par cy deuant. Or, pour tout cela, Dolet mort luthérien n'est martyr, moins logeable au catalogue huguenotique, escrit de nul effect. Et jaçoit que cet homme huict ans au dessus eust composé deux liures latins, par luy mis apres en idiome gaulois, *des Gestes du Roy François I*, pour la durée de 27 ans complets : toutesfois cette flatterie et dedicace pour appaiser et retenir la cheute furieuse des edicts royaux sur luy, n'ont peu esbranler l'integrité de ce grand prince, qu'il daignast conceder grace à ce parjure du serment donné à Dieu et à notre mere eglise, ny empescher l'esclat tombé ou esclairs de feux qui ont escrasé le corps de l'apostat. Son nom est condamné en l'*index* du Concile de *Trente*, entre les autheurs heretiques, jaçoit que je ne voye œuvres siennes que sur les lettres humaines. » Pages 475 et 476.

Severt, qui a pris constamment à tâche de réfuter, en le suivant, pas à pas, l'auteur du Martyrologe genevois, a trouvé, à son tour, un adversaire dans un sieur D***, ministre protestant à *La Haye*, auteur d'une *Histoire abrégée des martyrs françois du temps de la réformation ;...* Amst. 1681, in-12. Le sieur D*** qui n'a point *obmis* de parler de *Dolet*, blâme avec raison *Severt* d'en avoir fait un Luthérien, mais il ne nous apprend rien de plus que le théologal de Lyon, sur notre célèbre et malheureux typographe. Toutefois il n'en fait point un martyr de la réformation, et il semble ne le considérer que comme une victime de l'intolérance religieuse.

1622. — *L'Art d'aimer d'Ovide*, divisé en trois livres fidèlement traduit en françois par le sieur *Nasse*. A Lyon, chez *Jean Lautret*, 1622. In-12. — Cette traduction froide et languissante, noyée dans un amas de longues périphrases, qui ôte au poète toute sa délicatesse, et le dépouille de presque tous ses ornements, est dédiée à M. *Just Henry*, conseiller du roi en ses conseils d'état et privé, etc. (Goujet, VI, 397); elle fut réimprimée à *Rouen*, en 1631, et l'on y joignit *les Remèdes contre l'amour*, traduits par *Nicolas Renouard*, in-12. On a omis dans la

(1) 1621. Ce endroict de l'œuvre faict en fevrier 1613. Note de Severt.

Biogr. Lyonn. un humaniste du 16° siècle qui a attaché son nom à celui du poëte de *Sulmone*, et qui parait avoir longtemps séjourné à Lyon, où il a fait plusieurs fois gémir la presse. On lui doit, entr'autres publications, une édition latine des *Métamorphoses d'Ovide*, imprimée en 1539, in-8°. *Seweiger* en cite plusieurs réimpressions, mais il n'a pas connu celle de Lyon, *apud Bartholm. Vincentium*, 1568, in-16, que possède la B. de Lyon, n° 16645. Cet humaniste qui se nommait en latin *Joannes Rœnerius*, est appelé *Jean Reynier* dans la *Bibliothèque du Dauphiné*, de *Guy Allard*, qui s'est borné à dire que ce savant était de *Bourgoin*, et qu'il publia en 1545 des *Notes sur Suétone Tranquille*. Voici, d'après *Schweiger*, p. 987, le titre de ce livre : *Jo. Raenerii in Sueto. Tranq. XII Caesares Scolia* ; Lugduni, apud *Guill. Rovillium*, 1545, in-8°. Quant aux autres travaux de ce philologue, voyez la table du Catalogue de la B. du roi, *Belles-Lettres* ; la Bibliothèque de *Gesner*, p. 488, de l'édition de 1582 ; le Supplément de *Du Verdier* ; Panzer, VII, 354 ; C. Breghot, *Nouveaux Mélanges*, p. 284. — La B. de Lyon possède l'édition qu'il donna en 1554 des *Elegantiae latinae linguae* de *Laurent Valla*. — Un autre humaniste *Guillaume Rameze*, qui, en 1609, dirigeait à Lyon un gymnase ou collège dans la rue de *La Bombarde*, a également payé son tribut à *Ovide* ; il a publié à Lyon, en 1612, un volume in-4., intitulé : *Barth. Merulae elucidatio in Ovidium de Arte amandi et de Remedio amoris emendata*, etc. (B. du roi, *Belles Lettres*, I, 308). Voyez la *Biogr. Lyonn.*, pages 245, et le Catal. de la B. de Lyon, *B. L.*, n° 2244.

1622. — *L'Horoscope du Roy*, par lequel la ville de Lyon prétend qu'ayant heu l'honneur de la conception de sa Majesté, qu'elle est sa vraye patrie et non le lieu de sa naissance. Par M⁰ *François Goujon*, advocat Lyonnois. A Lyon, par *Nicolas Jullieron*, 1622. In-4°. A la suite du titre est une gravure offrant le portrait du jeune roi, au bas de laquelle on lit : *Petrus Faber fecit Lugduni*. Une pièce de vers intitulée : *Les Armes du Roy*, termine le volume. — *François Goujon* cherche à prouver que c'est à Lyon, et que ce ne peut être qu'à Lyon que *Louis XIII* a été conçu ; il fixe le jour de sa conception au 27 décembre 1600, c'est-à-dire, neuf mois tout juste avant le jour de sa naissance (27 septembre 1601). — Il existe une contrefaçon de cet ouvrage publiée en 1623, sans nom de ville ni d'imprimeur, in-8° de 48 pages ; mais on n'y a pas joint la pièce de vers sur les *Armes du roy* (B. de L., n° 25201, t. 43).

1622. — *Institutiones Linguae hebraicae* .... operâ *Georgii Mayr*, è *Societate Jesu*. Lugduni, ex typographia regia *Nicolai Jullieron*, sumptibus *Antonii Pillehotte*. 1622. In-8° (B. de L., 143 - 15386). Le permis d'imprimer donné à *Pillehotte* par le Provincial des Jésuites de Lyon, le 12 septembre 1622, est signé *Johannes Forerius*.

1622. — *Lettre du Roy à Monseigneur d'Halincourt*, avec le véritable discours de ce qui s'est passé au voyage de sa Majesté, et de la défaicte des Rebelles de *Poictou*. A Lyon, chez *Nicolas Jullieron* et *Claude Larjot*. 1622. In-8° (B. de L., 23415, tome 76).

1622. — *Le Lys d'allegresse et l'Olive de reconciliation* sur l'heureuse conversion de Mgr le duc de *Lesdiguières* à la foy catholique, apostolique et romaine.... A Lyon, chez *Louis Muguet*, 1622. In-8° (B. de Lyon, 3225). — La dédicace de l'auteur à Messieurs de *Créquy* et de *Sainct-Chaumont*, commandeur de l'ordre du roy, et commis par S. M. pour la reception (faite à *Grenoble*) de M. *de Lesdiguières*, à l'Ordre du St Esprit, est signée de ces trois initiales : C. M. F. Voyez ci-dessus, juillet 1622.

1622 — *Le Magnifique et royal ballet dansé à Lyon, en présence des deux reynes, sous le nom de l'Aurore et Céphale* (en vers). PARIS, *Jean Martin*. 1622. In-8° de 15 p. — *Catal. Soleinne*, n° 3262.

1622. — *Parallelle* (sic) *de deux soleils. Dédié à Mgr d'Halincourt,* l'un d'iceux. Par le Sr *Goujon* (François) fils, advocat à Lyon. A Lyon, par *Nic. Jullieron*. 1622. In-8° de 26 pages. — C'est un panégyrique en vers très-médiocres du marquis *de Villeroy*, gouverneur de Lyon ; nous n'en citerons que cette strophe, parce qu'elle contient un compliment qui depuis a été adressé à plusieurs de nos magistrats :

> Lyon, tu dois tout le bonheur
> Que tu as à ton gouverneur,
> Qui mieux que César pourra dire
> Que, par un embellissement,
> Il a changé parfaitement
> Ta brique en marbre et en porphyre.

1622. — *La Resjouissance publique du généreux peuple de Lyon*, sur l'heureuse arrivée de son Roy débonnaire Louis-le-Juste. Par *I. P.* (Jean-Philippe) *Varin*. A Lyon, par *Guichard Bailly*. 1622. In-8° de 16 pages (B. de L., tome 3 du n° 25415). — L'auteur, qui était *Bernois*, avait publié, en 1604, *l'Adieu à la prétendue reformation* ; Paris, *Toussaint du Bray*, in-12, précédé d'une épître dédicatoire à *Henri de Gondy*, evêque de Paris. Dans ce dernier ouvrage *Varin* soutient, p. 172, qu'il n'est pas vrai qu'il ait quitté le parti des prétendus réformés à l'instigation de l'archevêque de *Vienne*, qui lui aurait promis de l'argent. A la p. 178, il fait l'eloge du père *Rufus*, dit *Margat*, prédicateur à Lyon, qui a doctement *burelé* et refuté les absurdités des prétendus reformez. A la p. 188, est un *Sonnet* adressé à ce prédicateur. A ce livre est joint un opuscule du même auteur : *La Nudité de l'erreur des prétendus reformez.* L'auteur y relève quelques fautes qui se trouvent dans les *Psaumes de Marot.* Il reproche aux protestants d'entrer au temple sans se découvrir la tête, de porter un bouquet sur l'oreille, l'épée au côté, et le manteau pendant sur une épaule quand ils viennent prendre leur cene, et aux femmes d'y venir « avec de grandes cornes hideuses et « monstrueuses sur le front reformé de tels badinages et déguisemens, « avec de gros torchons de poil sur la teste, et d'habits deffigurez, « sauvages et estrangers, avec de larges culs embourez à la façon des « courtisannes d'Italie, les bouteilles et flaconnets aux oreilles, comme « les esclaves entre les Turcs.... »

1622. — *Theologia naturalis*,... Auctore R. P. Theophilo Raynaudo, ex soc. Jesu, s. theologiae professore. Lugduni, sumpt. *Claudii Landry*. 1622. In-4°, titre gravé par *G. Audran* (B. de L. 2455). — Parmi les pièces liminaires sont des vers latins à la louange de l'auteur, par *Charles du Lieu*. À la fin du volume est une traduction en vers latins de l'Hymne à Dieu attribué à *Mercure Trismegiste*.

1622 — *De Vera perfectaque prudentia*, seu de Perfecto virtutum usu libri quatuor. Autore *Balthasare Chavassio*, societatis Jesu: ... Lugduni, sumptibus *Jacobi Cardon* et *Petri Cavellat*. 1622. In-8° (B. de L., 11245). — L'approbation du père provincial (*I. Forerius*) est datée de Lyon, le 22 mars 1622.

1623 — *Janvier* 18. Translation du corps de S. *François de Sales*, de Lyon à *Annecy*. — Vers les premiers jours de ce mois, le comte *Senglia de Verrua*, ambassadeur du duc de *Savoie* près la cour de France, était venu à Lyon pour se faire remettre le corps du saint évêque de *Genève*. Cette remise éprouva quelques difficultés de la part de M. *d'Halincourt* et de M. Olier, intendant de la justice; mais la volonté de M. de *Genève* était trop clairement exprimée dans son testament pour que l'on pût s'opposer à la translation de son corps dans l'église d'*Annecy*. Voyez les *Nouvelles lettres inédites de S. François de Sales*, Paris, 1835, in-8°, p. 383 - 387.

1623. — *Mars* 2 (jeudi). — Le prince de *Condé* revenant d'*Italie* passe à Lyon et couche à l'hôtellerie des *Trois Rois* (1) ; il part le lendemain et s'arrête à *Tarare*, où il dîne à l'hôtellerie de S. *Sébastien*. Voyage de M. le prince de Condé en Italie, Lyon, 1665, in-12, p. 161.

1623. — *Juin* 10. — Mort du P. *Michel Coyssard*, Jésuite, né à *Besse*, diocèse de *Clermont*, le 25 septembre 1547, auteur de plusieurs ouvrages ascétiques et littéraires, publiés à Lyon, où il fut recteur du Collége de la Trinité. Il avait été auparavant recteur du Collége de la Compagnie à *Vienne* en *Dauphiné*, où il avait prononcé, lors de l'ouverture de ce collége, au mois d'octobre 1592, un discours dans lequel il faisait l'éloge des témoignages récents que les habitants de *Vienne* avaient donnés de leur piété. Voyez les additions de *Jean Marquis*, à la Chronologie de *Génébrard*, p. 719 de l'édition de Lyon, 1609, in-fol.; *Colonia*, *Hist. litt.*, 11, 706 ; la *Biblioth. poétique* de M. *Viollet le Duc*, p. 402 ; les *Publications* de 1590, *Thesaurus Virgilii* ....; celles de 1607, *Nouveau Dictionnaire*, ... et celles de 1610, *Thesaurus Virgilii* ....

1623. — *Août* 8. — Le Parlement de Paris enregistre une Bulle de *Grégoire XV*, qui érige en métropole l'église de Paris, qui dépendait alors de la Province de *Sens*. Une des conditions de cette Bulle, qui avait été sollicitée par M. *de Marquemont*, archevêque de Lyon, et qui était ambassadeur de France auprès de S. S., fut que la Province de Paris demeurerait assujettie à la Province de Lyon : « Nos igitur prae-

1) Cette hôtellerie était dans la rue de *la Saulnerie* ou de *Flandre*, quartier S. *Paul*; dans cette même rue était l'hôtel du *Chapeau-Rouge*, qui subsiste encore aujourd'hui.

« dictam ecclesiam Parisiensem in metropolim, sedemque episcopalem
« Parisiensem in archiepiscopalem erigimus ; ita tamen quod ecclesia
« ipsa Parisiensi, ecclesiae primatiali Lugdunensi, et illius archie-
« piscopo seu primati ad instar dictae ecclesiae Senonensis subjacere
« debeat. » POULLIN DE LUMINA, *Hist. de l'Eglise de Lyon*, p. 405. Voyez
ci-dessus au *17 février* 1616.

1623. — *Marguerite de Quibly*, abbesse de la *Déserte*, qui avait succédé, en 1618, à *Guidonne de Chaponay*, sa tante, fait rebâtir l'église
de son couvent. *Biogr. lyonn.*, p. 241.

1623. *Charles Auguste de Sales*, neveu de S. François de Sales, vient
étudier la Theologie au Collège de Lyon. M. Voyez les *Publ.* de 1627.
Praecociorum Quasillus ....

1623. — *Guillaume Ruelle*, chantre de l'église de N. D. de Paris,
conseiller au parlement, vicaire de l'archevêque de Lyon, absout l'archidiacre d'Angers de l'excommunication portée par l'évêque d'Angers
contre lui. *Mercure franç.*, X, 541.

1623. — Les Bénédictines de *Chazaux en Forez* viennent s'établir à
Lyon, en la montée de *Belle-Grève*, dans le bâtiment où est aujourd'hui
le Dépôt de mendicité. — Ces religieuses avaient alors pour prieure de
leur communauté *Gilberte Françoise d'Amanzé de Chauffailles*, qui avait
succédé à *Cécile d'Amanzé*, sa parente. LE FEBVRE, *Nombre des églises*,
ch. VIII ; LA MURE, *Hist. eccl. de Lyon*, p. 362. Voyez ci-après, 17 déc.
1639.

1623. — Mort de *Jean-Baptiste Charrier*, né à Lyon, aumônier de
Louis XIII, abbé de Chaage, dans le diocèse de Meaux. — Il eut pour
successeur dans son abbaye *Guillaume Charrier*, son frère, abbé de
Quimperlay en Bretagne, qui assista, en 1645, à l'assemblée du Clergé
de France, tenue à Paris. Le Cardinal *de Retz*, dont il était l'ami, vint,
après s'être échappé de sa prison, en 1654, se cacher pendant quelque
temps dans la maison de cet abbé, près de Lyon (notes du P. *Menestrier*).
Suivant SÉNECÉ (p. 268 de ses *Œuvres*, édit. de 1806), *Guillaume
Charrier* n'aurait pas été étranger à la composition des *Mémoires* du Cardinal de Retz.

1623. — *Nicolas Bergier*, auteur du savant ouvrage sur les *Grands
chemins de l'Empire*, meurt le *15 septembre*, dans le château de *Grignon*,
qui appartenait alors à M. *de Bellièvre*. NICERON, VI, 397.

1623 — PUBLICATIONS : *L'Anacrise des Bibles* .... par *Jacques Severt*
.... A Lyon, de l'imprimerie de *Simon Rigaud*. 1625. 3 vol. in-fol.
(B. de L., 535). — La dédicace du tome 1ᵉʳ aux prélats de France est
datée de Mascon, le 15 mars 1621, celle du tome 2ᵉ au cardinal François de La Rochefoucault, de Lyon, le 30 juin 1622, et celle du 3ᵉ tome,
à M. de Gondy, archevêque de Paris, est aussi datée de Lyon, le 1ᵉʳ jour
de l'an 1623. — Severt s'attache à prouver dans cet ouvrage, qui peut
encore être lu avec fruit par ceux qui se livrent à l'étude des textes
sacrés, que le sens adopté par l'Eglise est le seul exact, le seul vrai.

1623. — *Apostrophe sur les armes de M. le marquis de Nerestan*, grand maistre des chevaliers de N. D. du Mont-Carmel et S. Lazare. Par le sieur *Nicolas Regnauld*, escuyer, conseiller, secrétaire du Roy, maison et couronne de France (Lyon, 1623) in-4° de VI et 24 p. (**B. de L.**, n° 16035). Voyez ci-dessus, *août 1620*.

1623. — *Jacobi Bidermani, Bernardi Bauhusii, Balduini Cabillavi Epigrammata selecta*. Lugduni, sumpt. *Claudii Landry*. 1623. In-12 (B. de L., 17318). — Dédicace du libraire au provincial des jésuites dans la province de Lyon (*Joannes Forerius*). — En réunissant dans un même volume ces trois épigrammatistes de l'ordre de S. Ignace, *Landry* voulut sans doute les opposer aux *Poetae tres elegantissimi* (ANGERIANO, MARULLE et JEAN SECOND), que Louis Martel, de Rouen, avait publiés dans un petit in-16, imprimé à Paris, en 1582; mais les trois poëtes jésuites ne se trouvent plus aujourd'hui que dans les bibliothèques publiques, tandis que les trois autres sont encore recherchés par les bibliophiles, et le seront toujours par les hommes de goût. — Parmi les épigrammes de *Biderman*, il en est une (la 75e du 3e livre) dont le sujet est tiré de Grégoire de Tours (1); c'est un petit conte sur un cabaretier de Lyon qui mettait de l'eau dans le vin qu'il vendait; un milan lui enleva sa bourse, et la laissa tomber dans la *Saône* :

> Juris amans avis ista fuit : nam, judice milvo,
> Quas undae dederant, unda recepit opes.

Voyez les commentateurs de *Martial*, livre IX, ép. 100, et ci-après, les *Publ.* de 1711.

1623 — *Bref recueil* de plusieurs titres et actes, touchant l'ancienneté et pouvoir de l'Office de Capitaine de la ville de Lyon..... Par V. S. F. (2). A Lyon, par *Pierre Colombier*. 1623. In-8° (B. de L., 24319). — Ce volume, précieux pour l'histoire de notre cité, se termine par une liste des capitaines de la ville. Le plus ancien est *André de Borneville*, dont le nom se trouve dans un acte du 14 février 1389; le dernier est *Nicolas Grolier*, sieur *du Soleil*, qui succéda, en décembre 1612, à son père, *Imbert Grolier*, qui comptait 32 ans de service. — Dans sa séance du 23 juin 1627, le Consulat reproche, entr'autres griefs, à M. *Grolier du Soleil*, « d'avoir fait imprimer depuis plusieurs « années, un livre par lequel il entreprend sur l'autorité du Consulat; « .... de prendre induement le titre de Capitaine de la ville, au lieu « de Capitaine des deux cents arquebusiers de la ville ; de vouloir pré- « céder le corps de la ville (dans les cérémonies publiques), etc., etc. »

1623. — *Breviarium chronologicum* Pontificum et Conciliorum omnium quae à S. Petro ad haec usque nostra tempora celebrata sunt .... Studio ac labore *Francisci Longi*, Capuccini..... Lugduni, sumptibus

______

(1) *De Gloria confessorum*, ad calcem.

(2) Ces lettres indiquent peut-être la profession de l'auteur : *Un sergent fourrier*.

Ludovici Prost, haeredis *Roville.* 1623. In-fol. Titre gravé par *C. Audran,* et suivi du portrait de *Charles de Neufville de Villeroy,* gravé par le même artiste, avec ce distique, dont nous ne comprenons pas le second vers:

En vultum : excelsae quaeris vestigia mentis?
PROLES. Lugdunum Gallia, Roma refert.

1623. — *Clemens IV,* eruditione vitae sanctimonia, rerum gestarum gloria, et Pontificatu maximus : Reipub. christianae, Galliae suae, et *Grossorum* gentis illustre ornamentum. Accessit, é re nata, *Rodulphi de Chevriers,* episcopi ebroicensis et cardinalis *Albani,* gentilitius splendor, contestata pietas, et obitorum in Gallia munerum, Clementisque nomine legationum amplitudo.... Opera *Claudii Clementis,* è Soc. Jesu. Lugduni, apud *Joann. Jullieron.* 1623. In-12. — Quelques exemplaires portent le millésime de 1624 (B. de L., 22103 et 22104). — Dédicace de l'auteur à *Réné Gros de Saint-Joyre* (1) qui comptait parmi ses ancêtres le pape *Clément IV,* et qui avait engagé le P. *Clément* à traiter ce sujet. Outre les recherches généalogiques consignées dans ce petit volume sur la famille des *Gros de Saint-Joyre* et sur celle des *Chevriers,* nous y trouvons mentionné deux fois (p. 83 et 138), *Gaspar de Mornieu* (2), conseiller au présidial de Lyon, qui fut quatre fois échevin, et qui avait entrepris une histoire de l'Eglisse gallicane, que la mort ne lui permit pas d'achever. Voyez COLONIA, II, 330 ; ci-dessus, au 18 oct. 1622, et ci-après, au 23 déc. 1642.

1623. — *Ecclesiae Lugdunensis christiana simul ac humana majestas* .... Oratio habita in solemni studiorum instauratione in Aula Collegii Lugdunensis sanctissimae Trinitatis, Soc. Jesu, x cal. Nov. CIↃIↃC XXII, Lugduni, apud *Claudium Cayne,* ejusdem Collegii typographium, 1623. In-4° de 47 pages. — La dédicace à M. *de Marquemont* et aux Comtes de Lyon est signée *Claudius Clemens,* de Societate Jesu; Rhetor. Voyez l'article CLÉMENT (Claude) dans la *Biog. univ.* et dans la *Biogr. lyonn.* ; ci-dessus, au 18 *octobre* 1622, et ci-après, les *Publ.* de 1635, *Musei,* etc.

1623. — *Histoire d'Ogier le Dannois....* A Lyon, pour *Jean Huguetton.* 1623. In-4°, gravure dans le texte (B. de L., 18593). — Edition omise par M. *Brunet,* qui cite trois autres éditions lyonnaises du même roman.

1623. — *Histoire généalogique des Dieux des anciens,* par *Richelle.* Lyon, *Treslou.* 1623. In-8°. — L'épitre liminaire contient l'histoire généalogique de la maison de *Tournon.* Nous ne citons cet ouvrage que d'après LELONG, n° 44281, et nous pouvons assurer que ce titre est inexact et fautif. Voyez les *Publ.* de 1610, *Images des Dieux* ....

(1) Voyez l'article de ce personnage dans le supplément de la *Biogr. univ.* Voyez aussi l'article *Chevrier* dans la *Biogr. lyon.,* et ajoutez aux sources qui y sont indiquées: PASQUIER, *Recherches,* livre VIII, chap. 3.

(2) Voyez son article dans la *Biogr. lyonn.* p. 200, où sa mort a été placée par erreur l'année 1625. Il est certain que ce magistrat n'existait plus quand le P. *Clément* publia la vie de *Clément IV.*

1623. — *Homélies panégyriques de S. Ignace de Loyola , ... par Jean
pierre Camus ..,. A Lyon, chez Jacques Gaudion, 1623. In-8°* (B. de L.,
22316). — Le panégyriste de S Ignace aurait pu mettre pour épigraphe
à son livre , ces deux vers imités de Virgile , et qui se trouvent dans sa
quatrième Homélie, prononcée à Chambéry, le 1er août 1620 :

> Versons à pleins paniers et des lys et des roses,
> Pour honnorer celuy qui a fait tant de choses.

Dans cette même Homélie, est une particularité qui a peut-être échappé aux biographes de l'évêque de Belley : « .... Et quoy, cher Chambéry, as-tu desjà mis en oubli cette tienne prodigieuse hospitalité par laquelle tu receus (1) cinq mille de mes diocésains par l'espace de deux nuits, lesquels je menois en procession solennelle, en un lieu de dévotion situé parmy les abymes qui t'environnent ; et à la teste de tous ces pèlerins, qu'estois-je, que ce que je suis, et ce que je seray toute ma vie, pèlerin sur la terre ? .... » Dans cette Homélie, se trouve une imitation en vers français de l'Ode d'Horace : *Eheu! fugaces, Postume....* (II. XIV).

1623. — *De Justitia et jure Libri IV.*, auctore *Leonardo Lessio*. Lugduni, 1622. In-fol. — Edition citée par M. PEIGNOT, t. I, p. 235 de son *Dict. des Livres condamnés.*

1623. — *De la Maladie d'amour,* ou Mélancholie, par *Jacques Ferrand*, Agenois.... A PARIS, chez *Denis Moreau.* 1623. In-8°. (B. de L., 13371). — Après avoir rapporté ce que dit Plutarque de l'étrange frénésie des filles de Milet, qui , dégoutées de la vie, se noyaient, s'étranglaient ou se poignardoient, et après avoir avancé que cette maladie n'était autre que celle qui fait le sujet de son livre, l'auteur ajoute (page 78) : « Jose encores faire le même jugement des femmes de Lyon, qui
« se précipitoient dans les puits , croyans trouver remède à leur feu :
« comme durant la peste d'Athènes , les malades, pour trouver du sou-
« lagement à leur fièvre ardente, se précipitoient avec désespoir dans
« les fleuves ou cloaques, au rapport de Thucydide et de Lucrèce. » — Il
est assez surprenant qu'aucun de nos anciens chroniqueurs n'aient rien
dit de la frénésie des filles de Lyon. Un savant Tourangeau, *Jean Brodeau*, mort en 1563, paraît être le seul garant de cette anecdote ; voici en quels termes il en parle dans le 27e chapitre du 5e livre de ses *Miscellanea* (2) : « Qui olim morbus, cujus in libro, cui titulus *de Mulierum vir-*
« *tutibus*, meminit Plutarchus, Milesias virgines invadit, idem sexa-
« ginta abhinc plus minus annos *Lugdunenses* miserrime afflixit : per-
« multae enim mentis impotes se in puteos deturbare ; quaedam laqueo
« sibi gulam frangere ; aliae, in ferrum incumbere, omnes mortis deside-
« rio teneri. Hoc quam plurimi in neglectas religiones, ac praetermissas

---

(1) Mgr de Belley rappelle ici le pélerinage qu'il fit avec 5000 de ses diocésains, en mai 1613, à *Notre-Dame de Mians.*

(2) Tome 2, p. 545, du *Thesaurus criticus de Gruter*, édition de 1604.

« ceremonias..... conferebant. » Mais par *Lugdunenses*, Brodeau a peut-être voulu parler des filles de Leyde ou de toute autre ville; et alors s'expliquerait le silence des historiens de Lyon sur cet événement. Nous sommes portés à croire que si notre ville en eût été le théâtre, vers la fin du 15ᵉ siècle, le médecin *Symphorien Champier*, qui vivait alors, n'eût pas manqué d'en parler dans un de ses nombreux écrits. Voyez les *Mélanges* de M. *Breghot*, p. 260.

1623. — *Les Merveilles des bains d'Aix en Savoye* : Dédiées à Mgr le sérénissime Prince Thomas de Savoye : Par *Jean Baptiste de Cabias*, docteur en médecine, natif du Pont S. Esprit, en Languedoc. A Lyon, par *Jacques Roussin*. 1623. Petit in-8°.

1623. — *La Naissance de l'Antechrist en Babylone*, envoyée par l'ambassadeur de France estant en Turquie. Jouxte la copie imprimée à Lyon. A PARIS, *Laurent Laquehay*. 1623. In-8°. *Catal. Lavallière-Debure*, tome II, p. 726.

1623. — *Petit Traicté de l'exercice militaire*, contenant les mouvements et passage du jeu de la Picque, du Mousquet, de la Hallebarde, Pertusanne et l'Enseigne... Par le capitaine *Collombon*, commissaire de l'artillerie de France... A Lyon, pour *Vincent de Cœursilly*. 1623. In-12. (B. de L., 13824, tome 2). — Au verso du titre est un quatrain de *Louis Garon*. — Dédicace à M. d'*Halincourt*. A la page 10, est le portrait de l'auteur, « gravé *sans mains*, par luy-mesme, » et ayant pour légende : *Jacques Coullombon* (sic), aagé de 42 ans. 1619. A la fin du volume, sont des vers latins et français à la louange de l'auteur, suivis d'une traduction en vers français et en distiques des règles de la guerre contenues au chap. XXVI du 3ᵉ livre de VÉGÈCE, *de Re militari*. Voyez les *Public.* de 1650, *Traité de l'exercice...*

1623. — *La Prise de Théophile* par un prévost des mareschaux dans la citadelle du *Castellet* en *Picardie*... A Lyon, chez *Claude Armand*, dit *Alphonse*. 1623. In-8°. de 15 pages (B. de L., 25201, tome 45). — On a joint à cette relation plusieurs pièces composées par *Théophile* en 1623 et 1624, et un opuscule ayant pour titre : *Response de Tircis à la plainte de Théophile prisonnier*; *Paris* (s. n. de libraire), 1623, in-8° de 14 pages. L'auteur de ce pamphlet engage très charitablement *Théophile* à subir la peine à laquelle il a été condamné; « O qu'il serait beau « voir, lui dit-il, que tu te servisses d'une si belle occasion pour mons- « trer publiquement ou ton innocence ou ton repentir, en acceptant, « d'un cœur ardent de la divine charité, l'exécution de l'arrest de ce « sainct et vénérable parlement, afin que cela fust une véritable es- « preuve de ta pieté, en espousant et embrassant ces flammes qui ont « esté si chèrement recherchées par tant de belles et pieuses ames, pour « illustrer l'Eglise, et accroistre le nombre des glorieux martyrs !.... » Voyez les *Public.* de 1630, *Œuvres du sieur Théophile*, et celles de 1634, *l'Apparition de Théophile...*

1623. — *Prosodia Henrici Smetii Alostani med. D. promptissima*, quae syllabarum positione et dipthongis carentium quantitates, sola veterum poetarum auctoritate, adductis exemplis demonstrat... Lugduni, ap. *Petr. du Plessier.* In-8º — *Henri Smel* ou *Smith*, médecin, né à Alost dans la Flandre, en 1537, mourut à Heidelberg, le 15 mars 1614. Sa Prosodie n'a pas été citée dans l'article que lui ont consacré les auteurs de la *Biogr. médicale* de Panckoucke (1). A la fin du volume est une pièce en vers latins sous ce titre : *Deo vero, aeterno, uni et trino servatori Eucharisticon* Henrici Smetii *vitam complectens.*

1623. — *Reception* de très chrestien, très juste et très victorieux monarque Louis XIII, roi de France et de Navarre, premier comte et chanoine de l'église de Lyon, et de très chrestienne, très auguste et très vertueuse Royne Anne d'Austriche, par Messieurs les Doyen, chanoines et comtes de Lyon, en leur cloistre et Eglise, le xi décembre M. DC. XXII. A Lyon, par *Jacques Roussin.* 1623. In-fol. fig. — A la page 41, commence la *Réception* de S. M. au Collège de Lyon de la Compagnie de Jésus. (le jeudi, 15 décembre). COLONIA, *Hist. litt.* II, 331, attribue au P. *Claude Clément*, jésuite, une *Action de théâtre*, pour la réception de Louis XIII dans le Collège de Lyon. Cette *Action* est probablement celle qui se trouve analysée dans le vol. dont nous venons de donner le titre.

1623. — *Satyre menippée contre les femmes*, par *Th. de Courval Sonnet.* Lyon, *Cœursilly*, 1623. In-8º. BRUNET, IV, 310.

1623. — *Le Soleil au signe de Lyon*, d'où quelques parallèles sont tirez avec le très-chrestien, très-juste et très-victorieux monarque Louis XIII en son Entrée triomphante dans la ville de Lyon. Ensemble un sommaire récit de tout ce qui s'est passé de remarquable en ladite entrée de Sa Majesté et de la plus illustre princesse de la terre, Anne d'Austriche, Royne de France et de Navarre, dans ladite ville de Lyon, le 11 déc. 1622. A Lyon, chez *Jean Jullieron.* 1623. In-fol., fig.

1624. — *Mars 8.* Lettre de *Louis Tronson*, secrétaire du cabinet du roi (2), au Consulat :

« Messieurs, le peu de service que j'ay fait à vostre ville, et les qualitez que vous avez recogneu en moy, n'ont pas mérité les ressentimens et bons tesmoignages contenuz en vos lettres ; c'est une particuliere faveur dont vous avez voulu accompagner les grâces que j'ay reçues du Roy pour tesmoignages de vos inclinations à reverer ses volontez d'un commun applaudissement. Les louanges que vous donnez sur mon subjet au choix qu'a fait S. M. de ses serviteurs pour les eslever aux charges de son estat, n'ont leur source qu'en l'estime que vous faictes de sa prudence, et demeurent en tesmoignage de la bonté de son naturel à recognoistre les services que l'on lui rend. Je souhaitte pour mon regard que les événemens soient conformes à vos espérances ; le Roy fi-

---

(1) Cette Prosodie était encore usitée dans les colléges, du temps de *Boileau*, qui a dit : *Utile tunc* SMETIUM *manibus tunc sordescere nostris.* Voyez l'édition de M. *Daunou*, II, 145, et III 357.

(2) *Louis Tronson* avoit épousé *Claude Sève*, fille, à ce que je crois, d'un échevin de Lyon. Il eut de ce mariage *Louis* 2ᵉ du nom, qui a un article dans MORÉRI et dans la *Biogr. univ.*

dellement servy, le peuple soulagé, et vostre ville secourue en ses nécessitez, sous la direction et conduitte dont je suis chargé en conséquence du département qui m'en a esté donné. Je l'accepte très volontiers, me promettant plus d'occasions de tesmoigner que je suis, Messieurs, vostre humble et plus affectionné serviteur, TRONSON. *Paris*, ce
8 mars 1624. » A. M., *Corresp.*, tome 28.

1624. — *Mars 26*. Arrêt du Conseil d'état portant que les *marchandises étrangères* qui sont apportées à Lyon et y payent le droit de
douane, sont exemptes de payer, aux frontières, celui de l'entrée. Voyez
Un Mot sur les fabriques étrangères, etc., par M. *Arlès-Dufour*, p. 126.

1624. — *Mars* .... Pose de la première pierre de l'église du couvent des religieuses de *Sainte-Marie de Bellecour*. C. B., *Nouveaux mélanges*, p. 119.

1624. — *Mai* .... *Arrest du Conseil d'estal du Roy* obtenu par les deputez des provinces de Dauphiné et de la ville de Lyon et provinces
circonvoisines, portant abolition de la *douanne de Vienne* establie à Valence, donné à Compiengne (sic), le 11. Jour de mai 1624. (Imprimé
à Lyon, par *Nic. Jullieron* et *Claude Larjot*. 1624. In-8°. (B. de L.,
23415, tome 76).

1624. — *Juillet 4*. Le Chapitre de l'église de Lyon accorde à *Jacques Severt* une somme de trois cents livres, pour subvenir aux frais
d'une nouvelle édition de la Chronologie historique des archevêques de
Lyon, édition qui ne fut publiée qu'en 1628. *Arch. du Rh.*, XII, 94.

1624. — *Septembre 3*. Lettre de *Louis Tronson* au Consulat :

« Messieurs, Je croyois que les propositions faites pour la construction
du *Palais* de vostre ville vous auroient été communiquées. Ayant appris
par vostre lettre du 27 du passé, que n'en aviez encores la cognoissance,
j'ay envoyé vers ceux qui m'ont fait ladite proposition pour vous en
envoyer coppie. Ilz ont desiré qu'elle fust accompagnée de la présente
que je donne d'autant plus volontiers que je seray très aise de me servir des occasions qni s'offriront pour tesmoigner l'affection que j'ay aux
choses qui sont du bien et de la commodité de vostre ville. Vous me
trouverez toujours en cette même disposition, etc. TRONSON. A *St-
Germain en Laye*, le 3e septembre 1624. » A M., *Corresp.*, tom. 28.
Voyez ci-après, *année 1627*, *ad calcem*.

1624. — Cette année, « la foudre tomba, pendant la nuit, dans le clocher de *Notre Dame de Fourvière*, et vint éclater sur l'autel. « C'est un
signe de l'ire de Dieu, se dirent les Chanoines. » Ils firent donc vœu sur
le champ de célébrer, chaque année, une messe solennelle, et dressèrent de nouveaux réglements pour favoriser la piété des fidèles et pour
répondre aux intentions du ciel manifestées par des prodiges. » L'abbé
CAHOUR, *N. D. de Fourvière*, p. 181.

1624. — *Septembre 23*. *Gabrielle de Gadagne*, veuve de *Jacques
Mitte de Chevrières*, écrit au Consulat :

« Messieurs, Ayant tousjours eu l'intention de fonder une maison de filles relligieuses, Dieu a permis que j'aye traicté avecq celles de l'*An-nonciade*, appelées *Célestes*, pour les establir dans vostre ville, à laquelle pour les bonnes erres et l'honneur que j'y ai eu, mon affection a tousjours esté portée ; et j'ay creu y debvoir aussy porter ma dévotion, afin d'y faire ma dernière retraicte auprez de ces bonnes filles, s'il vous plaist, Messieurs, de l'agréer, comme très humblement je vous en supplie, et de m'en vouloir donner vostre consentement. Ce sera y augmenter l'honneur et la gloire de Dieu, sans incommodité au public, comme vous dira le R. P. *Lhoste*, et je me promets l'octroy de ma requeste, puisque c'est pour un sy bon œuvre à laquelle vous participerez, et que je vous en veux demeurer toute ma vie obligée, pour vous en rendre en general et en particulier mon tres humble service, et prier Dieu qu'il vous donne, Messieurs, ses sainctes graces avecq très heureuse et longue vie. A *Mascon*, le 23ᵉ septembre 1624. Vostre plus humble servante. DE GADAIGNE. » A M. Corresp., tome XVIᵉ. — Voyez l'*Alm. de Lyon* de 1755, p. 55 ; les *Arch. du Rh.*, IX, 10, et et ci-après *année 1639*.

1624. — M. *de Marquemont* permet aux *Augustins réformés* de s'établir dans le faubourg de la *Croix-Rousse*, pour donner des secours spirituels aux habitants de ce faubourg qui étaient sans prêtres et sans église. Un citoyen de Lyon, M. *Giraudeau*, contribua à leur établissement. Ces religieux connus à Paris sous le nom de *Petits-Pères*, possédaient une bibliothèque dont ils avaient fait imprimer le Catalogue (1), afin qu'on vînt les visiter, et, par ce moyen, s'attirer des aumônes. Quelques-uns de leurs livres et de leurs manuscrits se trouvent aujourd'hui dans la B. de Lyon. SEVERT., *Chronol. hist.*, p. 428 ; *Alm. de Lyon* pour 1755, p. 44.

1624. — PUBLICATIONS : *Aristandre. Histoire germanique.* Par M. *de Belley*. Lyon .... 1624. In-12. — Dédicace à madame *Marie Lévy de Vantadour*, abbesse de Saint-Pierre. Voyez les *Publications* de 1625, l'*Iphigène*.

1624. — *L'Avant-Triomphe de la foy catholique* : Contenant quatre petits Traictez tirez du Triomphe entier dressé pour Response au Bouclier de la foy huguenotte de *Pierre du Moulin*. Par le P. *I. Marcel*, religieux de la Doctrine chrestienne (2). A Lyon, par *Simon Arnoullet*. 1624. In-12. — A la fin de ce volume est une *Ode* signée *Meillier*, qui se termine par cette strophe adressée probablement à *Pierre du Moulin* :

> Recognoy doncqúes ton erreur
> Et tes impietez extremes,
> Et conçois une grande horreur
> D'avoir commis tant de blaphemes ;
> Dieu t'attend pour te recevoir :
> Mais si tu ne fais ton devoir,

(1) La B. de Lyon possède un exemplaire sans titre de ce Catal. (t. 55 du nº 20464).

(2) J'ignore si ce religieux est le même *J. Marcel* auquel on doit une traduction de la *Sage folie* de *Spelta*, publiée à Lyon en 1649. Voyez les *Variétés* d'A. P., p. 87.

> Il te punira de la peine
> Qu'il te réserve dans l'Enfer ;
> Car bien qu'il ait les *pieds de laine*,
> Sçache qu'il a les *bras de fer* (1).

Je ne saurais dire si le *Triomphe entier* a été publié. Le P. Marcel avait déjà donné *la Vie du R. P. César de Bus*, Lyon, *Cl. Morillon*, 1619. In-8°.

1624. — *Le Démocrite des Reformez ou prétendus tels*. Response apologetique aux supposez motifs de l'apostasie d'*Eléazar Charles*, natif d'Avignon ,., à *Lyon*, chez *Louis Muguet*. 1624. Titre imprimé, précédé d'un titre gravé moins développé. In-12. — La dédicace à *François*, Sire *de Créquy*, comte *de Sault* (2), lieutenant général au gouvernement du *Dauphiné*, est signée F. CHARLES DE S. AGNÈS , *prédicateur Augustin deschaussé, Supérieur à Lyon*. Cette dédicace nous apprend que le pamphlet auquel ce religieux répond, a pour titre : *Les Motifs de la conversion*, etc., et qu'il fut composé par un ministre de Grenoble, dont le nom commence par un B (3). Il est à croire que ce pamphlet

(1) Voyez le *Lexicon* de *Forcellini*, au mot LANGUS.

(2) Petit-fils de *François d'Agoult* comte de *Sault* , lieutenant du roi à Lyon, de 1561 à 1564, mort en 1567, à la bataille de *Saint-Denis*, où il portait les armes pour les Huguenots. Nous avons publié sa correspondance avec *Charles IX* dans la cinquième partie de nos *Notes et Documents*. Voyez son article dans la *Biographie lyonnaise*, p. 271, et ajoutez aux sources qui y sont indiquées : RUBYS. *Privilèges*, p. 57 ; *Hist.*, p. 389 et 399 ; DU VERDIER, art. *Estienne Valencier*. M. *Barjavel* qui a donné dans sa *Biographie vauclusienne*, p. 15, une courte notice sur *François d'Agoult*, n'a rien dit de l'auteur du *Démocrite des Reformez*.

(3) Parmi les pièces liminaires du *Démocrite* est une épitre en vers dans laquelle l'auteur dit au comte *de Sault*, en le félicitant sur *son heureuse conversion :*

> Tu as quitté Jean Hus, *Jean Blaise*,
> Martin Luther, Calvin et Beze,
> Prenant Saint Pierre pour tuteur.

On pourrait croire que ce *Jean Blaise*, qui vient ici rimer avec *Béze*, est l'auteur des *Motifs de la conversion*, etc. ; mais il n'en est rien : le nom de cet auteur se trouve dans ces trois anagrammes, qu'on lit aux pages 131, 132 et 257 du *Démocrite des Reformez :* O O TURENES DIEU ; — O O DIEU TE REBUTE ; — Ô ! ROS VENIO, TU VIDERIS. Ajoutez à cela qu'à la page 415, le frère Sainte-Agnès donne *Saint Denis* pour patron à son antagoniste, et veut, quand il sera canonisé, qu'on mette au-dessus de son image S. DENIS B., *ministre de Grenoble ;* et au-dessous ces six vers :

> Le grand Denis, mon bon patron,
> Proche de Paris, ce dit-on,
> Porte son chef, peur qu'il n'*échappe ;*
> Moy qui ne suis pas si grand *sainct*,
> Je me contente du *dessein*
> D'avoir ma cervelle en *écharpe.*

En décomposant la troisième anagramme, celle qui est en latin, et qui paraît la plus complète, on trouve *Dionisius Bouteroue*, et je ne serais pas étonné que ce fût là le nom de l'auteur des *Motifs de ma conversion*. Cette conjecture se changera en certitude, quand on verra que le **28 novembre 1622**, Louis XIII, à son arrivée à Grenoble, fut harangué par le ministre *Bouteroue*, au nom de l'église prétendue réformée de cette ville. Sa harangue a été insérée dans le tome 8 du *Mercure françois*, p. 891.

parut sous le voile de l'anonyme, et nous regrettons que le frère de
Saint-Agnès ne nous en ait pas donné le titre tout entier. Nous pensons
aussi qu'il fut saisi et supprimé, et nous l'avons vainement cherché dans
plusieurs catalogues où il aurait dû se trouver. Quoiqu'il en soit, la
réfutation de l'Augustin déchaussé est un de ces curieux ouvrages où
le gros sel n'est pas ménagé. Il est parsemé de pointes, d'épigrammes,
en vers latins et français, et même de chansons (p. 103). On y trouve,
et la chose mérite d'être notée, une parodie du *Pange lingua*, contre
l'église de *Calvin* (p. 320 et suiv.)

> Pangé, lingua, rabiosi
> Calvini delirium,
> Hominisque vitiosi
> Horrendum flagitium,
> Per quod ignis tenebro
> Meruit incendium, etc.

Frère de *Saint-Agnès*, p. 345, nous offre une parodie encore plus
hardie, en parlant de la cène des Réformés :

> Ecce panis asinorum,
> Factus cibus impiorum,
> Vere panis jumentorum
> Jaciendus canibus.

Il faut que le Frère Augustin ait eu quelque part à la conversion
du comte de *Sault*, et qu'il ait été attaqué dans le pamphlet du ministre de Grenoble pour se livrer à de pareilles invectives contre les secta-
teurs de *Calvin*, et surtout contre le pasteur dauphinois :

Va, lui dit-il,

> Va, coquin, insolent, sans ame,
> Brutal, harlequin, cornichon,
> Indigne d'honneur, homme infame,
> Pourceau de race de cochon ;
> Va, maudit de Dieu ; anathème,
> Plein de malheur et de blasphème...

Voici une anecdote que l'auteur raconte, page 363 de son livre où
elle serait sans doute à jamais restée, si nous ne l'eussions par-
couru avec quelque attention : « Un ministre de Lyon (appelé *Le
Blanc*)... voyant un des pauvres freres en Christ, que l'on menoit
pendre... desireux de luy rendre ce dernier office de ministre, et
accompagner le bourreau à cest œuvre de charité, se transporte au logis du gouverneur de la ville, pour lors occupé par M. *de St Chaulmont*, rencontre un des pages, le prie de faire avertir M. le gouverneur que *Monsieur de Lyon* étoit là pour luy parler. Le page fait le mes-
sage ; le gouverneur quitte tout,... et se trouve prestement sur le perron pour recevoir, ce luy sembloit, l'archevesque ; la noblesse le suit ;
ses gardes l'assistent. Il demande où est Monsieur de Lyon ? se trouve
là un ministre crotté jusqu'aux genouils, couvert d'un manteau court,
accompagné, selon sa qualité, c'est-à-dire, tout seul, qui respond à

la demande : *Le voicy , Monseigneur*. A quoy le gouverneur : « Est-ce vous, mon amy , qui estes *Monsieur de Lyon* ? Ouy , monsieur, respond le ministre.—Et depuis quand , mon amy ? — Je suis le ministre de l'Eglise réformée de Lyon, et par conséquence de nostre théologie ; ce tiltre m'est legitimement deu. — Et bien ! que desirez vous, *Monsieur de Lyon* ? — Monseigneur, c'est un de nos pauvres freres que l'on va pendre aux *Terreaux* ; je suis venu vous demander licence de luy faire compagnie. — Ouy-da , *Monsieur de Lyon*, respond le gouverneur; cela est essentiel à vostre office ; à Dieu ne plaise que j'empesche les edits de sa Majesté, mais si Monsieur de Lyon est chargé d'appoincte-ments, Monsieur *de S. Chaulmont* n'en respondra pas. — Je laisse au lecteur à penser si ce *Monsieur de Lyon* prétendu donnast à rire à la compagnie... » — Nous avons dit qu'il y avait même des chansons dans le livre de notre Augustin Déchaussé ; voici trois couplets de celle que l'on trouve à la p. 103, et que le ministre est supposé débiter dans son presche :

1.

Je veids hier soubs une fueille,
Un limaçon ouvrant la gueule,
Qui engloutit un éléphant ;
Un oyseau tirer la charrue,
Et un bœuf voler par la nue ;
Advisez un peu si je mens.

2.

Je viens du pays de conqueste ,
Où les femmes n'ont point de teste,
Et sont douces comme le miel ;
Les filles sont toutes pucelles,
Et si ont du lait aux mamelles,
Et les abeilles font le fiel.

5.

J'ay veu sur le pole antartique
Les elephants porter la pique,
Montez sur des aranes sorets :
Les cirons, craignant ces gendarmes,
Apprennent à tirer des armes,
De peur d'y laisser les jarrets (1).

Frère Charles a composé d'autres ouvrages ; la Bibliothèque de Lyon en possède deux publiés en 1652 à Lyon , chez *Alexandre Fumeux* ; le premier, in-8°, a pour titre : *le Grand Homme considéré dans les excellences de S. Jean Baptiste* ; le second est intitulé : *Vray Pénitent, avec l'alphabet des quatre fins de l'homme*. Dans ce dernier ouvrage,

(1) Cette chanson est probablement l'aînée de la chansonnette populaire : *J'ai vu une mouche qui étoit en couche,* etc. Il y en a une du même genre dans le *Formulaire de du Troncy,* p. 62 de l'édition de 1618 : *Qui veut ouy una chanson Qu'est toutà de mensonge...*

dédié aux Pénitens de l'Archiconfrerie de Lyon, les sept Psaumes de la pénitence sont traduits en vers françois. Frère de Saint-Agnès ne prend plus le titre de supérieur qu'il avait pris en 1624. L'attestation de F. *Jean Baptiste de Sainte Elizabeth*, provincial des frères hermites deschaussez en la province de Lyon et Dauphiné, se termine ainsi : Fait en nostre couvent de la *Croix Rousse*, à Lyon le 30 mars 1652. Le Catalogue de la B. du Roi (*Théologie*) nous fournit le titre d'un quatrième ouvrage de Charles de Saint-Agnès ; c'est l'*Apologie pour M. l'Evesque de Belley*, auteur du *Directeur désintéressé*... ROUEN, 1632, in-8° (D. 5197 et 7053).

1624. — *L'Entrée du Roy et de la Reyne* dans sa (sic) ville de Lyon ; ou *le Soleil au signe de Lyon*... A Lyon, chez *Jean Jullieron*. 1624. Infol. — Ce frontispice, suivi d'une dédicace au Roi et d'un avis au lecteur, a été fait pour être mis en tête du volume publié, l'année précédente, et qui a pour titre : *le Soleil au signe du Lyon*, etc.

1624. — *Le Grand dispensaire médécinal*... composé en latin, par le sieur *Jean de Renou*, conseiller et médecin du Roy, à Paris, puiz traduict de latin en françois... par M. *Louys de Serres*, docteur en médecine et aggregé au Collège de médecine de la ville de Lyon. A Lyon, chez *Pierre Rigaud*, 1624. In-4°. (B. de L. 13577). Ce titre est précédé d'un frontispice, gravé par *Cl. Duret*, sur lequel on lit : *les Œuvres pharmaceutiques du sieur Jean de Renou*... traduites par M. *Louis de Serres*, Dauphinois, etc. — Cet ouvrage est dedié à *Philibert Sarrazin*, seigneur *de la Pierre* (1), médecin à Lyon. — A la dernière page du livre, la 982e, sont ces deux vers :

> Saecula bis centum liber hic, à funere liber,
> Vivet, et aeternos *Renodaei* dicet honores.

La même année, Louis de Serres publia une seconde édition des *Œuvres pharmaceutiques de Jean de Renou*, augmentées d'un tiers. A Lyon, chez *Antoine Chard*, in-fol., avec un titre gravé.

1624. — *Jo. Stephani Duranti... Quaestiones notatissimae...* His adduntur Notae, sive Dissertationes *Jacobi Ferreri*... cum summariis, etc. studio et opera *Jo. Fehi*, J. C. Franci. Lugduni, sumpt. *Jo. Petri Charlot*. 1624. In 4°. — Dédicace du libraire à *Pierre de Sève*, seigneur *de Montellier*, conseiller du roi, et président de la sénéchaussée et siége présidial de Lyon.

---

(1) Vers la fin du dix-huitième siècle, un ministre de Genève, du nom de *Sarrazin*, fut ramené au catholicisme, à l'aspect des souffrances de *Pie VI*, et publia, à cette époque, sa *Profession de foi* (voyez la *Gazette de Lyon* du 4 novembre 1845). Nous rappellerons ici que le médecin ordinaire de *Calvin* se nommait *Sarrasin*, et nous avons quelques raisons de croire que ce médecin doit être le Lyonnais *Philibert Sarrazin*, qui alla s'établir, en 1551, à Genève, où il emmena sa fille *Louise* et son fils *Jean Antoine*.

1624. — *Homeri Nepenthes*, seu de Abolendo luctu, liber in quinque divisus partes .... Auctore *Petro la Seine*. Lugduni , sumptibus *Ludovici Prost*. 1624. In-8° — *Pierre la Seine*, ou plutôt *la Sena*, composa cet ouvrage pour se consoler de la mort de *Virginia*, sa sœur. *Biog. univ.* tome XXIII, page 408; *Journal des Sçavans*, 1689, p. 277, et 1692, p. 362.

1624. — *Inventaires généraux*, ou Lieux communs sur chacunes les vies excellentes des saincts de l'un et l'autre sexe .... Par *Jacques Severt*, ... theologal en l'église de Lyon. A Lyon, de l'imprimerie de *Simond Rigaud*, aux despens de l'autheur. 1624. 3 vol. in-4° (B. de L., 22953). Dédicace de l'auteur à *Camille de Neufville*, abbé et comte de *Lagny*, abbé d'*Esnay*, de l'*Isle-Barbe*, etc. — Cet ouvrage est une espèce de Légende dorée, classée par ordre de matières ; ainsi l'on trouvera réuni dans un seul chapitre, ce que *Severt* a pu recueillir sur les lumières apparues aux saints ; — sur les oiseaux obéissant aux saints ; — sur les croix miraculeuses ; — sur les saints repus par miracles, etc. , etc. Celui qui aurait la patience de lire cette compilation d'un bout à l'autre, y trouverait probablement des faits curieux à extraire pour l'histoire ecclésiastique de Lyon (1). Pour donner une idée de la crédulité et du style de *Severt*, nous reproduirons l'anecdote suivante, extraite du chapitre 34, (p. 1034) : « Reverend *Gaspard (Dinet)*, moderne evesque de Mascon, faisant (l'an 1612) sa seconde visite générale par tout son diocèse, et arrivant à l'église paroissiale de *Savigny*, (le 16 juillet), visita aussi une chapelle en dépendante, placée dans un bois , lieu appartenant en toute justice au seigneur paroissial, terre aujourd'hui tombée à madame *de Mandelot*, veufve du gouverneur de Lyon. En icelle chapelle fut trouvée histoire miraculeuse y jadis descrite en tableau de vélin , sous le contenu de 254 vers françois, comprenant le faict, qui en sommaire est tel : Le seigneur du lieu qui florissoit l'an 1353, fit lors chasse , et un *escurieu* fuyant devant luy , pour se musser à sauveté , monta sur un vieux chesne, arbre néanmoins vif, et y entra dedans par un seul petit trou , tellement estroict que ne veneurs, ne chiens, n'y pouvoient mettre main ne patte. Les hommes y grinpans, et œilladans au pertuis apperceurent dans un creux peculier de l'arbre, une image de Nostre-Dame , tenant son fils Jésus entre ses bras, y contenue bien peinte et belle , et ce avec l'animal posé auprès, assis comme en un havre de seureté , sans plus fuir, ains faisant feste aux regardans. Lors ils veirent que le trou s'eslargissoit à l'instant par grand miracle, en sorte qu'on pouvoit tirer ce qui latitoit dedans. Or le seigneur du lieu mit reveremment hors l'image , trouvée artistement faite de bois, fort gentilment colorée : duquel ouvrage on n'a sçeu le peintre, fors Dieu par l'opération du S. Esprit : et en l'arbre fort entier n'a esté recogneu aucun conduict par où l'image eust peu estre insérée, l'unique petit trou

---

(1) Voyez dans la table des matières, les mots *Beauj u*, *Lyon*, *Renins (S. Georges)*, de *Savigny*, etc.

que dessus estant d'abord trop estroict au respect de l'image grande d'un pied et plus. *Mellegié*, la Dame du chastel, très-dévote à la Vierge, la retira à son oratoire jusqu'à ce qu'expressement elle eust faict bastir une chapelle, au pied de l'arbre dans la forest, sur l'autel de laquelle on colloqua ce précieux joyau en pompe solennelle de processions religieuses, laquelle fût consacrée par Reverend Jean III, surnommé de Salagny, adonc evesque de Mascou le Diocésain : là où furent et sont encore guaris plusieurs malades, singulièrement tous les innocens des deux sexes, quand on les présente sus l'autel de l'image, estant preveus mourans au ventre de la mère, ou au sortir fort languissans, en respirant devant l'image ou donnant autre signe de vie jusqu'à ce qu'ils aient receu le sacré baptesme, lequel promptement on leur administre, qui en séroient autrement privés ; marque de bien spirituel grandement privilégié. Icelle église, deslors à huy, s'en fait appeler Nostre-Dame (ou Nostre-Mère) de-Grace : et ladite consécration fut publiée sous le tiltre ou en mémoire de l'Annonciation Nostre-Dame. Mais la feste annuelle de la dédicace a esté establie par le Prélat, à chascun mardy de la Pentecoste, auquel jour sont concédées grandes indulgences.... » — Il est à regretter que M. l'abbé *Roux* n'ait pas connu cette légende, qui, aurait pu trouver place dans son intéressante Notice sur *Savigny et son abbaye*, p. 153 et suivantes de l'*Album du Lyonnais* de 1844. — Cet ouvrage est le dernier qui soit sorti de la féconde plume de *Severt*, qui, étant alors fort âgé et accablé d'infirmités, devait aspirer au repos. Voyez ci-après, année 1629, ad *calcem*.

1624. — *Antonii Jordini à S. Floro*, e Soc. Jesu theologi, *Hebraicae radices* .... Lugduni, sumpt. *Claudii Landry*. 1624. In-8° (B. de L., 15387). — Le permis d'imprimer, donné par le provincial des jésuites de Lyon, le 22 mars 1624, est signé JOANNES FORERIUS.

1624. — *Lettre de consolation à monseigneur de Favre*, premier président au souverain sénat de Savoye, baron de *Pérouges*, etc., sur le trespas de Madame sa femme. A Lyon, pour *Vincent de Cœursilly*. 1624. In-12 de 24 pages (B. de L., 20464, tome 16). — Cette Lettre datée de Lyon, le 24 janvier 1624, est du sieur de *Longue-Terre*, qui publia, chez le même libraire, les ouvrages suivants : *l'Esclave de la Vierge Marie*, in-8° de 926 p. (avec un premier titre, gravé par *C. Audran*), — 2° *La Vie de ..... François de Sales*, in-8° de 488 p. — 3° *Les Soupirs de Philotée*, ou Seconde partie de la vie de feu monsieur l'evesque de Genève, in-8° de 488 p., dédié à *Marie de Lévi de Ventadour*, abbesse de S. Pierre.

1624. — *Meslanges poétiques, tragiques, comiques* .... de l'invention de *L. D. L. F.* (l'auteur de *la Franciade*) .... A Lyon, chez *Ambroise Travers*. 1624. In-8°. — L'auteur de la *Franciade* est *Jean Godard* dont les Poésies ont été publiées à Lyon, en 1594 (voyez ce que nous en avons dit aux *Publ.* de cette dernière année). Or ces *Meslanges* ne sont autre chose que le second volume de ces Poésies, que l'on a raffraîchi au moyen d'un nouveau titre et de la réimpression de la première feuille, laquelle est précédée d'une épître dédicatoire en vers, de l'auteur à *la France*, de deux sonnets à sa louange , et d'une épître à Louis XIII, d'environ 300 vers (B. de L. , 17510, exemplaire imparfait).

1624 — *Problèmes plaisans et délectables* qui se font par les nombres; partie recueillie de divers autheurs , partie inventez de nouveau avec leur demonstration , par *Claude Gaspar Bachet*, sieur *de Meziriac*. Seconde édition , reveue , corrigée et augmentée .... A Lyon, chez *Pierre Rigaud* et associez. 1624. Petit in-8° (B. de L. , 14000). — Dédicace à M. le Comte *de Tournon*, suivie de pièces de vers latins et français à la louange de l'auteur, l'une par *Charles Legrand* , advocat au siège présidial de Bresse ; les deux autres par *Philibert Collet*. — Dans sa préface, Bachet rappelle qu'il « y a onze ans que son livre fut premièrement imprimé. » La plupart de ses Problèmes ont été reproduits dans les *Recréations mathématiques* d'*Ozanam*.

1624. — *Antonii Saportae* , consil. medici..., de *Tumoribus practer naturam* , libri quinque. Ex instructissima Bibliotheca Ranchiniana eruti , et publici juris facti , cura et studio *Henrici Gras* , philosophi et medici.... Accessit *Joannis Saportae* Tractatus de lue venerea. Lugduni, sumptibus *Petri Ravaud*. 1624. In-12 (B. de Lyon, 13357). — Dédicace d'*Henri Gras* à *François Ranchin*, médecin de *Montpellier*. — En 1627, H. Gras publia les *Opuscula medica* de ce dernier médecin, et en 1657, les *Œuvres de Varanda*, etc. Il mourut à Lyon , le 22 mai 1665.

1624. — *Scalae a visibili creatura ad Deum R. P. Théophili Raynaudi* soc. Jesu theol. Lugduni, sumpt *Claudii Landry*. 1624. In-12 (B. de L., 5547). Titre gravé. Dédicace de l'auteur à *Pierre de Montconys*, prévôt des marchands , et à *Bonaventure Michel, Louis Landry , Luc de Sève* , seigneur *de Charly*, et *Gabriel Mozeilles* (sic), tous quatre échevins, suivie d'une pièce en vers latins à la louange du livre, par *Pierre Saulnier*, Jésuite. A la fin du volume est l'Hymne d'Orphée sur la Nature , en grec et en latin (la 9ᵉ dans la traduction française du *Panthéon*, p. 39).

1624. — *Les Véritables éloges*, ou Contr'images de *Théodore de Beze*, contenant les vies des héresiarques caynistes , ou précurseurs de l'Anti-Christ, etc. Par *C. P. V. L.* (sans nom de ville ni d'imprimeur). M. DC. XXIV. Petit in-8° de 127 pages, précédées d'une dédicace de 4 pages à messeigneurs les doyen , comtes, seigneurs et chapitre de l'Eglise de Lyon. — Rien n'annonce que l'auteur de ce pamphlet soit Lyonnais ; sa dédicace ne contient rien qui puisse le faire considérer comme tel. Il me semble que s'il eût été citoyen de Lyon, il n'aurait pas manqué de parsemer son livre de faits qui ont eu lieu en cette ville où les hérétiques ont joué un si grand rôle. Il ne parle de Lyon que deux fois, à l'art. *Pierre Viret*, où il dit que l'église de S. *Irénée* fut renversée du haut en bas , et à l'article *Alexandre Canus* , où il rapporte que ce renégat envoyé par *Farel* à Lyon, pour y prêcher secrètement aux *Desvoyez* , fut découvert, emprisonné et conduit à Paris , comme appelant des juges de Lyon, dont la sentence, confirmée par arrêt, fut exécutée en 1534.

1624. — *La Vie du tres-illustre martyr saint Gabin*, neveu de l'empereur Diocletian, soubs lequel il souffrit la mort avec son frère S. Caie, pape, et sa fille sainte Susanne, le 19 de février de l'année 296 : le corps duquel repose maintenant en l'église du Collège de Lyon de la Compagnie de Jésus. Par le P. *Henry Albi*, de la mesme compagnie. A Lyon, par *Jean Jullieron*. 1624. In-12. — Dédicace à M. *de Villeroy*, gouverneur de Lyon. Voyez ci-dessus, 7 *juin* 1608.

1625. — *Avril* 28. Entrée à Lyon du cardinal *Barberin*, neveu et légat du pape Urbain VIII (1). « Ce prélat, pour éviter la foule et le désordre des parties qui s'estoient dressées pour avoir sa *mule*, estoit descendu devant la porte de *Ste Croix*, à un signal que le Marquis *de Villeroy* luy avoit fait, comme ils en avoient auparavant délibéré, tellement qu'il fut conduit par ledit sieur Marquis, au travers des églises de *Ste Croix* et de *S. Estienne*, d'où il entra dans celle de *S. Jean*, et où, après avoir fait ses prières, il se rendit à l'archevesché sans aucune incommodité. Son dernier dais fut déchiré en pièces par ceux qui en purent avoir, et sa mule fut enlevée par ceux de la partie de *Brocquin*, qui se trouva la plus forte .... » *Mercure Franç.* tome XI, p. 625. — Pour conserver le souvenir du passage de l'illustre prélat, le Chapitre de S. Jean fit placer sur la porte du palais de l'archevêque les armes d'Urbain VIII (trois abeilles), et y joignit ces vers :

> Sugite nectareo madidantia lilia rore,
>   Delicias pacis sugite, pacis apes.
> Sugite pacifici volucres in floribus : orbem
>   Nam condire suo lilia melle queunt.

Le cardinal Barberin partit de Lyon, le 3 mars, accompagné de M. *de Saint-Chaumond*, qui était venu depuis quelques jours, de la part du roi, « pour avoir le soin du traitement dudit seigneur légat, et le « conduire .... en la ville de Paris. » *Entrées solenn. dans la ville de Lyon*, p. 174.

1625. — *Septembre* 15. Mort, à Bordeaux, du P. *Louis Richeome*, né à Digne en Provence, en 1538. — Il avait été deux fois Provincial de la province de Lyon, et plusieurs de ses ouvrages ont été imprimés dans cette ville. Ce jésuite n'a que quelques lignes dans Moréri et dans Feller ; il a été omis dans la *Biogr. univ.*, et ne méritait pas cet oubli.

1625. — *Octobre* .... Tous les *banquiers génois* qui se trouvaient à Lyon furent arrêtés et emprisonnés en vertu d'un édit du roi du 4 de ce mois, qui s'étendait à toutes les villes du royaume. Cette arrestation se fit en représailles d'un attentat au droit des gens commis par les Génois. Notes de M. *M. de V.* ; *Recueil d'Isambert*, XVI, 151. Voyez aussi les *Publ.* de 1628, *Le Chasse-ennuy*...

(1) Le P. *Menestrier* et le P. *de Colonia* ont mis par erreur, dans leur chronologie consulaire, l'entrée de ce cardinal à l'année 1626.

1625. — *Novembre* 23. Mariage de *Louis Binet*, seigneur de *Chas-sinpierre* et du *Chastellard de Luyres*, écuyer de la grande écurie du roi, et l'un des cent gentilshommes de sa maison, avec *Lucrèce de Champier*, fille d'*Antoine*. — L'année suivante, *Guillaume de Champier*, frère aîné de *Lucrèce*, contracta mariage avec *Esther d'Oncieux*. LE LABOU-REUR, *Maz.*, 11, 274-5.

1625. — *Mai* 4. Mort, à *Vienne*, de *Jean Marquis*, médecin à Lyon, né à *Condrieu* en 1553, éditeur de la Chronologie de *Genebrard*, avec supplément (à partir de la page 788), Lyon, *Pillehotte*, 1609, in-4°. LE-LONG, n°. 32017 ; *Biogr. lyonn.*, p. 181. Voyez les *Publ.* de 1630, *la Fille du Temps*.

1625. — Le Consulat passe bail au sieur *Lagier*, pour huit ans, du vieil *Hôtel de Ville*, moyennant 3004 livres. M. *de* V.

1625. — *César Laure*, natif de Milan, un des plus habiles teintu-riers de son temps, fait construire, sur un terrain qu'il avait acquis des RR. PP. *Carmes*, une chapelle destinée à une confrérie de *Pénitents de la Miséricorde*, et dans laquelle il fit pratiquer des caveaux pour l'inhu-mation des suppliciés, qu'on enterrait alors dans les fossés de la place des *Terreaux*. — Les *Almanachs de Lyon* ne font remonter la fondation de cette confrérie qu'à l'année 1636, et ils ajoutent que le P. *Jacques Morticelly*, Célestin du couvent de Lyon, y eut beaucoup de part. Voyez la notice que M. *Léon Boitel* a publiée en 1837 sous le titre : *Chapelle des Pénitents de la Miséricorde*, et ci-après au 2 *mars* 1636.

1625. — Mort de *Gaspard de Mornieu*, fils d'*André*, élu pour le roi et quatre fois échevin, en 1567, 72, 78 et 94, conseiller au présidial, etc., auteur d'un Catalogue des archevêques de Lyon. Il était l'ami des savants, et si savant lui-même, qu'on aurait pu, suivant *Severt*, former de ses recueils une véritable encyclopédie (1). — Il avait légué, par son testament, 50 livres de rente à la *Charité*, pour régaler les pauvres de cet hospice, le jour de la FÊTE-DIEU. Voyez PERNETTI, 1,442, et la *Biogr. lyonn.*, p. 200.

1625. — PUBLICATIONS. *Advis spirituels donnez par le P. Michel Hie-rosme*, de la Comp. de Jésus, à une jeune demoiselle très-noble entrée en religion... traduits d'italien en françois par un P. de la mesme Com-pagnie..., et adressez à une damoiselle Vefve entrée n'aguere en un mo-nastère des religieuses de l'Annonciade... A Lyon, chez *Pierre Rigaud et associez*. 1625. In-12. — Dédicace du libraire aux Dames et vénéra-bles religieuses des neuf monastères de la ville de Lyon. (B. de L., 6395). Rien ne nous apprend quel était le nom de la veuve qui se fit re-ligieuse, ni celui du traducteur des *Advis spirituels*. — Voici quels étaient ces neuf monastères que P. *Rigaud* compare au *neuf Chœurs des anges* : S. *Pierre-les-Nonains*, la *Déserte*, *Sainte-Marie*, *Sainte-Elisabeth*,

______

(1) On portera, un jour, le même jugement sur l'auteur des *Lettres lyonnaises* et des *Mélanges biographiques et littéraires pour servir à l'histoire de Lyon.*

Sainte-Claire, les *Sœurs Célestes*, les *Ursulines*, *Nostre-Dame de Chazaut*
et les *Carmélites*. — On ne comptait à Lyon vers la même époque que
douze couvents ou Chapitres de religieux, savoir : L'abbaye d'*Esnay*,
les *Jacobins* ou *Confort*, les *Cordeliers*, les *Carmes*, les *Carmes-deschaux*,
les *Augustins*, les *Célestins*, l'*Observance*, les *Minimes*, les *Antonins*, le
Collège des *Jésuites* et leur noviciat, les *Capucins du grand couvent*, ceux
du *Petit Forest*, les *Recollez* et les *Pères de l'Oratoire*. Les églises parois-
siales étaient au nombre de huit : S. *Nizier*, S. *Irénée*, S. *Just*, S. *Paul*,
S. *Pierre-les-Nonains*, la *Platière*, S. *George* et S. *Michel*. Voyez la *Description de la ville de Lyon*, jointe au *plan de Lyon*, fait par *Simon Maupin*, en 1625, et les Notes Mstes du P. *Menestrier*, année 1525.

1625. — *Les Desirs du peuple françois pour le bien de l'Estat*, et les
Moyens pour réprimer les abus et mal-versations qui se commettent au
maniement des finances, representez à la Reyne Mere du Roy. In-8°.,
sans date et sans nom de ville (B. de L., Recueil vert, tome 82). —
Lelong (n°. 28027) et Barbier, d'après *Van Thol*, attribuent ce livre à
Jean Bourgoin (1), auteur de plusieurs pamphlets contre les financiers.
L'édition qu'ils citent porte le millésime de 1625; mais je crois celle
sans date plus ancienne, et je me fonde sur le passage suivant (p. 89) :
« ... Au *Ballet des bons Partis* (2), qui fut fait, *il n'y a pas longtemps*
(en 1620), on représenta naïvement les gros estats qu'ils (les financiers)
donnent à leurs fils, les dots presque royaux qu'ils donnent a leurs
filles, la joye et la félicité qui est continuellement entre eux ; et en
l'assemblée de plusieurs, sur ce qu'un personnage sans qualité finan-
cière tesmoignoit, par gestes, désirer une jeune damoiselle, à luy
d'abord et d'accès difficile, une bonne femme.... chanta ces vers (3) :

> « Ma fille, prenez moy ces fils de financiers,
> Dont, après cinquante ans, les pères usuriers,
> Volans à toutes mains, ont mis en leur famille
> Plus d'argent que le Roy n'en a dans la Bastille. »

Quelques partisans lyonnais ou d'origine lyonnaise figurent dans le
Roolle que l'auteur donne de ceux dont la recherche doit estre faite
en la Chambre de justice. Nous y avons remarqué *Michel-Antoine Scarron* et *George Scarron*, probablement de la famille de *Pierre Scarron*,
trésorier général de France au bureau des finances de la généralité de
Lyon ; *Michel Particelli*, qui descendait d'une famille d'Italie établie à
Lyon, et *Guillaume Balmes*, fermier des gabelles de lyonnois. L'auteur
n'a pas manqué de rappeler l'histoire de *Licinius*, intendant d'*Auguste*
dans les Gaules (4). Ce libelle où l'on trouve des anecdotes et des faits

(1) *Jean Bourgoin* est nommé dans le Sommaire du chap. XXXII de ce livre, p. 92.

(2) L'auteur revient encore sur ce *Ballet*, à la p. 104 et à la p. 125.

(3) Tirés de *Régnier*, sat. XII, 259, avec un léger changement au 1er vers.

(4) Voyez sur cet intendant, la *Biogr. lyonn.*, p. 170 ; Suétone, *in Augusto*, c. 67;
M. Bolo, *Pauliska*, I, 290 ; M. Serrand, *Hist. d'Anse*, p. 9 et 285.

plus ou moins authentiques sur l'état des finances à cette époque peut faire suite aux ouvrages que l'on attribue à *Nicolas Barnaud*, et dont M. *Weiss* nous a donné la liste dans la notice sur *Nicolas Froumenteau*, t. 16 de la *Biogr. univ.*

1625. — *Les Entretiens de l'amour divin...*, par *Nicolas Poteau*, de l'ordre des freres prescheurs. Lyon, *Jacques Favre*, 1625. In-12. — Cet ouvrage est dédié à *Marc-Antoine Saminiati*, noble Lucquois établi à Lyon. — Le véritable nom de l'auteur, qui paraît être de Lyon, et qui avait été envoyé fort jeune à Lucques où il avait été élevé et où il s'était fait dominicain, est sans doute *Pouteau*. On sait qu'en Italie, les noms français s'altrèent souvent. C'est ainsi que l'*u* a disparu du nom de *Buonaparte*. Plusieurs personnages notables ont porté à Lyon le nom de *Pouteau*; le plus célèbre est le chirurgien *Claude Pouteau*, auteur d'ouvrages relatifs à sa profession. Il y a eu aussi un médecin, qui s'appelait *Potot* (Jean-Baptiste), et qui était de l'académie de Lyon. On a de lui quelques opuscules restés inédits dans les archives de cette compagnie, notamment une vie de *Palingène* et la traduction du 5ᵉ chant du *Zodiaque* de ce poëte. — Voyez les *Publ.* de 1616, *les Quinze degrez....*

1625. — *La Guide et entretient* (sic) *des ames dévotes et bons chrestiens au chemin de salut...* Par R. P. F. *Claude Bécoulx*, religieux Célestin. A Lyon, chez *Pierre Rigaud* et associez. 1625. In-12. — Titre gravé par *Cl. Duret*. — La dédicace de l'auteur à M. *de Verdun*, premier président au parlement de Paris, et l'approbation de frère *Jean Boiron*, prieur provincial des Célestins de France, sont datées de Lyon. — A la p. 267, Frère Bécoulx cite le Sonnet suivant composé, dit-il, par un grand docteur et fameux prédicateur :

CONTRE L'HUGUENOT.

La voix qui faict mouvoir et l'un et l'autre pole,
Qui de rien fit ce tout en disant qu'il soit faict,
Christ fils de cette voix, et la voix en effect,
Nous a laissé son corps par sa seule parole.

Cesse donc, Huguenot, de dire à ton escole
Que Jesus a laissé ce propos imparfaict,
Il a dit : C'est mon corps. S'il l'a dit, il l'a faict;
Et pour le censurer ta cervelle est trop molle.

Viens çà, viens, respons-moy; tu dis que Christ le peut;
Tu crois bien qu'il l'a dit; s'il l'a dit, il le veut.
S'il le veut, il le peut; tu tiens qu'il se doit faire.

Or le propos de Dieu n'est jamais sans effect ;
S'il l'a dit, il le veut : s'il le veut, il l'a faict.
Il le peut, il le veut ; il l'a faict ; il faut croire.

1625. — *Histoire plaisante de Reinier.* Lyon, *Rigaud*, 1625. In-16. — BRUNET, II, 63.

1625. — *Les Homélies dominicales de Messire Jean-Pierre Camus ....*

A Lyon, chez *Pierre Rigaud*. 1625. In-8°. (B. de L. , 4787. — Toutes les préfaces de Mgr *de Belley* contiennent des passages plus ou moins curieux ; celle des Homélies dominicales nous offre quelques phrases bonnes à reproduire : « .... Vous trouverez, mon cher lecteur, une Iliade de rapports, sous la noix de ce petit volume ;.... Agathe de Pyrrhus, comprenant beaucoup de visages en un petit espace ; Navire de Myrmécides, qui fait voir toutes les pièces d'un grand vaisseau sous l'aisleron d'un moucheron..... La hache de Phocion a esté employée maintefois pour couper la redondance des mots ; aussi bien avons nous prou de longs parleurs en ce subject ; on ne se fait que plaindre de la LONGUERIE de leur LANGUERIE ; *la voix de cette plainte sonnant à nos oreilles, j'ay pensé que le temps de retrancher estoit arrivé* (CANT. 2), et qu'il falloit hormais abandonner les paroles à la chaire, et les espargner sur le papier qu'il est bon de ne le charger que de choses encore TRIÉES et non TIRÉES...... Celuy fut plus prisé qui effigia Alexandre sur un ongle, que celuy qui le vouloit représenter en une montagne, comme estant plus difficile de travailler en un ATOME qu'en un ATHOS... Je te sers des viandes crues ; c'est à toy de les cuire en les ruminant pour les bien digérer, puis ingérer. Tu as bien la viande et le poisson, fay la sauce et l'apprest..... Tu as icy du metail et le moule, fonds le, et compose en l'airain haut et sonnant la divine parole...... Ceux qui ont essayé de dicter ce qu'ils avoient dict, n'ont jamais reussy ny peu venir à bout de leur project ; car, en la chaleur du discours, l'esprit a des saillies par la langue, que, refroidy, il ne peut aucunement communiquer à la plume ; quant à moy, si j'ay quelque expérience en ce mestier, je loge cela à l'impossible. Si j'ay quelquefois voulu dicter ce que j'avois dit, je ne sçavois ny ce que j'avois dit, ny ce que je dictois...... Si, au commencement, je voulus escrire avant que parler pour affermir mon asseurance dès mon premier essay, mon esprit renonça en ces liens, et refusa toutes autres paroles que celles qui luy croissent sur le champ par la chaleur de son action. Se lier à des mots est une chose basse, fragile et subjecte à de grandes glissades...... Très-bien à celuy qui admiroit une action escrite de DÉMOSTHÈNE (1) : O, fit un autre, *si vous l'eussiez ouy là tonnant ;* donnant bien à entendre la grande différence qui est entre une pièce haranguée et tracée ; celle-cy a quelque lustre et esclat pareil à l'éclair, mais l'autre est un foudre, un tonnerre, notamment la parole de **Dieu**, *voix de vertu et de magnificence, qui froisse les cèdres, croule les monts et fracasse les rochers* (PSAL. 28).... »

1625. — *L'Iphigène de M. de Belley.* Rigueur sarmatique. A Lyon, chez *Antoine Chard*, 1625. 2 vol. in-8°. — Dédicace de l'auteur à Mgr le duc de *Vantadour*, lieutenant général pour le roy en Languedoc. — Suivant son usage, Mgr *Camus* a parsemé ce roman d'un assez grand

---

(1) Chacun sait que ce mot est d'*Eschine.* L'abbé *Auger* l'a mis pour épigraphe à sa traduction des OEuvres de *Démosthène.* Il est rapporté dans les Vies des dix orateurs attribuées à *Plutarque*, tome 9, p. 343 du *Plutarque* de *Re'ske*, Leipzig, 1778, in-8°.

146

nombre de pièces de vers ; nous ne citerons que ce quatrain dont la pensée appartient à *Martial* (1):

> Sans toy je ne puis vivre,
> Ni vivre avecque toy ;
> J'ay horreur de te suivre,
> Et te suis malgré moy.

Voyez les *Publ.* de 1624, *Aristandre...* et celles de 1641, *Martialis Epigrammata...*

1625. — *Jugements astronomiques sur les nativités*. Par *Auger Ferrier*, médecin, natif de *Toulouse*. A Lyon, chez *Pierre Rigaud* et associez. 1622. In-16 (B. de M. Gonon).

1625. — *Le Livre d'Arcandam*, docteur et astrologue, traictant des predictions d'astrologie, principalement des naissances ou fatales dispositions, et du jour de la nativité des enfans : avec faciles inventions pour trouver le signe et planete (sic) dominant en la nativité d'un chacun. A Lyon, chez *Pierre Rigaud* et Associez, 1625. In-16; figures dans le texte. (B. de M. Gonon).

1625.—*Le Miroir de la beauté et santé corporelle*. Par M. *Loys Guyon*, Dolois. A Lyon, par *Antoine Chard*. 1625. In-8°. — Titre gravé par *C. Audran*. — Cet ouvrage avait déjà paru à Lyon, en 1615; *Laurent Meyssonnier* en a donné une nouvelle édition avec des additions. Lyon, 1664, in-4°. Voyez les *Publ.* de 1610, *Diverses leçons...*

1625.—*Ordre et OEconomie* que moy *Jean-Jacques Pincetty*, escuyer, ay observé en la charge et administration que j'ay eue durant les années 1623 et 1624, des greniers, moulin et four de l'Aumosne generale de Lyon... A Lyon, par *Claude Cayne*. 1625. In-8°. (B. de L. 23419). —Sur le titre sont les armoiries de l'auteur.

1625. — *Premières homélies quadragésimales* de messire *Jean Pierre Camus*. A Lyon, chez *Pierre Rigaud* et Associez, 1625. In-8° (B. de L., 4791). — « On ne vit, dit Mgr de Belley, dans sa préface, jamais tant de délicats, si peu de suffisans, tant de controlleurs et nulle mise, tant de juges et moins de causes :

> Majores nusquam rhonchi : juvenesque, senesque,
> Et pueri nasum Rhinocerotis habent (2).

---

(1) XII, 87. A la page 115 de *Lyon sous Henry* IV, nous avons cité une imitation de l'épigramme 14 du livre I ; en voici une autre, qui est également inédite, et dans laquelle M. C. B. s'est attaché à rendre le texte avec une scrupuleuse fidélité :

> Arrie, à son époux tendant le fer brutal
> Que de son noble sein elle venait d'extraire,
> Lui dit : « Ce que j'ai fait ne me fait point de mal ;
> « Ce qui m'en fait, Pétus, c'est ce que tu vas faire. »

(2) *Martial*, I, 4 :

> Chacun tombe sur nous comme un chien sur des os ;
> L'enfant lui-même, à Rome, est un rhinocéros.

« Pour belle que soit une beauté, il y a tousjours quelques *mais* ;
pour bon que soit un ouvrage, il y a sans cesse du *si*... quelle pitié
d'avoir à faire à tant de monde, qui mesmes trouveroient à mordre sur
la *Minerve d'Apelles,* voire et de par de là la pantouffle! ô qui pourroit,
à l'imitation de ce peintre (1) qui, de toutes les beautez des dames de
la Grèce, composa la *Vénus,* dame de toutes les beautez, aussi sur les
tares des autres former la parfaicte *Homélie,* ou le prédicateur accom-
ply ; mais cette idée est plus à desirer qu'à espérer, comme la République de *Plato,* et l'Orateur de *Cicero...* » — Les *Homélies* de M. de
Belley peuvent encore se lire avec quelque intérêt ; l'auteur y a semé
beaucoup d'anecdotes, de mots saillants et d'apophthègmes (1). Le plus
souvent, au lieu d'un sermon, on croit avoir sous les yeux un chapitre
refait des *Essais de Montaigne,* que M. de *Belley* connaissait si bien, et
qu'il semble avoir pris pour modèle. Voyez les *Public.* de 1610. *Diversitez...*

1625. — *R. Patris Thomae Sanchez,* cordubensis, è Soc. Jesu, *de
Sancto matrimonii Sacramento disputationes tomi tres.* Lugduni ,sumpt.
Societatis Typographorum, 1625. In-fol. (B. de L., 5912). — Les
quatre imprimeurs, aux frais desquels cette édition a été publiée,
sont *Nicolas* et *Jean Jullieron,* *Irénée Barlet* et *Claude Larjot.* Il existe
plusieurs autres éditions Lyonnaises de cet ouvrage si célèbre, et contre
lequel on ne se fût pas récrié, s'il eût été composé par tout autre que par
un disciple de S. Ignace. *Pierre de Lestoille* termine ainsi le jugement
qu'il en a porté : « .... De moy, pource que *j'aime les Jésuistes,* j'ay
voulu avoir ce livre, qui m'a cousté huict francs relié en parchemin,
non que le subject m'en plaise, que j'ay au contraire en horreur et de-
testation ; mais pour testifier de plus en plus la bonne vie et saine
doctrine de ces nouveaux prophètes agrafés par leurs propres écrits,
que j'ay accreus de cestui-cy, et l'ay entassé avec les autres qu'on trouvera ramassés en bon nombre. » *Journal d'Henri IV,* p. 657 de la Collection Michaud.

1625. — *De Successionibus testati ac intestati Opus absolutissimum...*
Auctore D. *Francisco de Barry,* uno ex nobilibus Delphinatibus...
Lugduni, apud *Joann. Huguetan.* 1625. In-fol. (B. de L., 1637). —
Dédicace de l'auteur à *Jacques Ier,* roi d'Angleterre (2), suivie d'un
avis au lecteur, d'une petite harangue (*Oratiuncula*) du fils de *François Barry* à ce monarque, et d'une lettre écrite en français par ce
prince à l'auteur, datée de Wheithall (sic) le 21 juillet 1615. — Une
nouvelle édition de cet ouvrage a été publiée à Lyon, en 1671,

---

(1) Ce peintre n'est pas *Apelles,* comme on pourrait le croire, mais *Zeuxis.* Voyez le
Cicéroniana, p. 766.

(2) Cette dédicace finit par ce vœu tiré d'Horace, *Od.* I, 2, 48, sauf le dernier mot :

> Serus in cœlum redeas, diuque
> Laetus Intersis populo Britanno.

même format, par *Louis Ant. Huguetan* et *Hugues Barbier*, qui l'ont dédiée au célèbre bibliothécaire de Florence, *Antoine Magliabecchi*. Cette dédicace aurait pu fournir quelques lignes à ajouter à l'intéressante notice que mon laborieux collègue, *Charles Weiss*, a faite sur le savant Florentin dans la *Biogr. univ.* Les auteurs de la *Biblioth. de droit*, donnent à cette dernière édition la date de 1670, et disent qu'on prétend que Lebrun a mis à contribution l'ouvrage de *Barry*, pour composer son *Traité des successions*. Ce reproche est injuste ; quand on veut composer un livre, et surtout un livre de droit, on serait bien mal avisé de n'avoir pas mis à contribution les auteurs qui ont déjà traité le même sujet. *Denis Simon* cite une dition du Traité de *Barry*, publiée à Francfort, 1653, in-fol.

1625. — *La Vie de l'illustrissime et reverendissime François de Sales....* Par le R. P. *Louys de la Riviere*, de l'ordre des Minimes. A Lyon, chez *Pierre Rigaud*. 1625. In-8° (B. de L., 23162). — Ce livre est orné d'un portrait du saint, gravé par *Cl. Durel.*

1625. — *Jacobi Zevecotii Poematum* editio nova... Lugd. Batavorum. Apud Andr. Cloucquium. 1625. In-12. Paquot, I, 130. — M. *Breghot du Lut* a donné, p. 16 de ses *Mélanges*, la traduction de quelques vers remarquables où *Zévécotius* a parlé de son passage à Lyon.

1626. — *Janvier* 18. Mort de Jérôme de *Villars*, archevêque de Vienne, frère puiné de *Pierre* et de *Barthelemy de Villars*. Sa mort a été mise au *premier janvier*, par *Drouet de Maupertuy*, p. 318 de l'*Hist. de la sainte église de Vienne*. Lyon, 1608, in-4°. C'est une erreur. Le *Gallia christ.* rapporte l'inscription qui fut mise sur son tombeau, et qui se termine ainsi : *obiit 18 januarii* 1626. Voyez ci-dessus au 16 *juillet 1613*, et ci-après, *avril 1627.*

1626. — *Janvier* 9. Les sieurs *de Torvéon*, *Murard* et autres députés de la ville écrivent de Paris, au Consulat :

« .... Hier, M. le colonel d'*Ornano* fut faict mareschal de France, et en presta serment avec beaucoup d'honneur, car bien qu'il n'y ayt point de place vacante, le roy luy dict qu'il le faisoit mareschal de France au mesme jour que son père estoit mort. Toute la cour lui en a tesmoigné beaucoup de contentement... » A. M. Corresp., tom. 30. Voyez ci-dessus, au 21 janvier 1610.

1626. — *Janvier....* Lettres patentes qui érigent en seigneurie haute, moyenne et basse, la terre du *Soleil*, située entre *Montluel* et *Miribel*, appartenant à *Aymé-Nicolas Grollier*, écuyer, seigneur *du Soleil*, capitaine de la ville de Lyon. Guichenon, *Preuves de l'Hist. de Bresse*, p. 142.

1626. — *Mars* 29. Mort, à Paris, du P. *Coton*, célèbre prédicateur, etc., confesseur d'Henri IV, né à *Néronde*, petite ville du Forez, le 7 mars 1564. Voyez ci-dessus, *septembre* 1603 ; sa vie par le P. *Rover* (?), et par le P. *Dorléans*. G Peignot, *Livres condamnés*, I, 84 ; et les Mes-

de la B. de Lyon, n°ˢ 1110 et 1453. Voyez aussi les *Public.* de 1612,
le Contr'assassin.....

1626. — *Juin 3. François de Mendoza*, Jésuite portugais, qui reve-
nait de *Rome* pour retourner dans sa patrie, meurt pendant son séjour
à Lyon. MORÉRI.

1626. — *Juin 7*. Fête de la Trinité. Le Consulat se rend, suivant
l'usage, au grand collège. Le P. *Millieu*, recteur, en offrant un cierge à
M. de Villars, prévôt des marchands, lui fit un compliment auquel ce
magistrat répondit en ces termes :

« Mon Père, nous acceptons volontiers cette recognoissance que
vous nous debvez en tesmoignage de vos bonnes volontez en ceste so-
lennité de la plus grande feste de l'année, et dont ce flambeau est le
vray hiéroglyphe, qui contient en soy la *mesche*, la *cire* et la *lumiere*,
qui toutesfois ne font qu'un mesme composé, comme en cest ineffable
mystere les trois divines personnes n'ont qu'une essence. Mais encore
mieux la *mesche* represente la fécondité du Père, *Pater generans*, la *lumiere*, les propriétés du filz, *Ego sum lux mundi*, et la *chaleur* les effetz
du St Esprit, *Ignis consumens inflammatus*. Et ainsy ce Collège est fondé
sous les heureux auspices de cette saincte Triade, et pour vostre regard, nous vous pouvons dire que vous ressemblez au flambeau sur la
table allumé, qui, pour servir aultruy se consume soy mesme. Nous
nous sentons vos obligez pour le soing que vous avez d'eslever
nostre jeunesse en la pieté et ès lettres, pour la rendre capable de tenir
un jour noz places, servir le roy et la patrie, et vous recognoistre les autheurs de leur bien, et jusques à ce qu'ilz vous en puissent rendre la gratitude qu'ilz doibvent, nous vous offrons de continuer
envers vous l'affection et le soing que nous debvons prendre de ceste
maison, et de la conduire à sa perfection tant que nos foibles moyens le
nous pourront permettre, qui ne seront jamais esgaulx à nos desirs. »
Mss de la B. de Lyon, n° 1439, dernière pièce; *Archives du Rh.*,
VI, 379.

1626.—*Aout 28*. Mort, au *Château S. Ange*, de *Jean Dubois*, ancien
Célestin de la maison de Lyon. Voyez ci-dessus, au 16 *mai* 1605,
Floriacensis vetus bibliotheca...

1626. — *Septembre 16*. Mort, à Rome, du cardinal *Denys Simon de
Marquemont*, archevêque de Lyon, né à Paris en 1572. — Ce prélat
était fils de *Marie Rouillard* et de *Denys Simon*, sieur de *Marquemont*,
receveur des tailles de *Paris*. En octobre 1595, le duc de Luxembourg,
prince de Tingry, et Jacques Davy du Perron, alors évêque d'Évreux
et depuis Cardinal, ayant été envoyés à Rome pour remercier Clément VIII de l'absolution que ce pape avoit donnée à Henri IV, prirent pour leur secrétaire le jeune *de Marquemont*, qui avait fait de
brillantes études, et qui se proposait d'embrasser l'état ecclésiastique.
Il dut cette bonne fortune à l'estime que son père s'était acquise en gé-
rant les affaires de la maison de Luxembourg. Un célèbre Lyonnais,

Séraphin Olivier, qui était alors auditeur de Rote, fut promu au cardinalat, et remplacé dans cet office par le secrétaire des deux ambassadeurs. Lorsque M. de Sillery fut chargé de se rendre à Florence pour négocier le mariage du roi avec Marie de Médicis, M. de Marquemont l'accompagna. Il était encore auditeur de Rote, et remplissait cette place avec distinction quand le siège épiscopal de Lyon devint vacant par la mort de *Claude de Bellièvre*. M. de Marquemont qui avait de nombreux amis à la cour de *Paris* et à celle de Rome, sollicita le siège vacant et l'obtint. Il prit possession par procureur, le 1ᵉʳ février 1612, et en personne, le 9 mars 1613 (1). Le mercredi 16 avril 1614, il tint un synode où il publia différentes ordonnances que nous avons mentionnées parmi les Publications de 1614. Cette même année, il parla au nom du clergé dont il était le député aux états de Paris (voyez ci-dessus au 27 octobre 1614). Dans le compliment qu'il fit au roi, se trouve cette phrase remarquable : « Nous avons les *tables de la loi* pour « enseigner aux peuples la crainte de Dieu et l'obéissance au roi, *la* « *verge* pour les conduire, et *la manne* pour les nourrir. » Deux ans après, il présida l'assemblée du clergé. Après l'assassinat du maréchal *d'Ancre*, il fut nommé ambassadeur de France à la cour de Rome. On conserve à la Bibliothèque royale les lettres qu'il écrivit au roi et à M. de Puyzieux, secrétaire d'état, depuis le 9 juin 1617 jusqu'au 27 juin 1626 (2), époque assez rapprochée de sa mort (3). Il fut inhumé dans l'église des *Minimes* de *Rome* avec une épitaphe des plus honorables. Les communautés qui s'établirent à Lyon sous son épiscopat sont les *Chartreux*, dont il bénit l'église en 1616; les *Prêtres de l'Institution de l'Oratoire*, la même année ; les *Carmes déchaussés* en 1618; les *Feuillants* en 1620 ; les *Capucins du Petit-Forêt*, les *Récollets* et l'*Hôpital de la Charité*, en 1622; les *Augustins réformés* en 1624 ; les *Ursulines* du 1ᵉʳ *monastère* en 1612; les *Religieuses du premier monastère de la Visitation* en 1614; celles du *second*, quelques temps après, et les *Religieuses du Prieuré de Chazaux* transféré du Forez et érigé en abbaye, en 1623. Les établissements religieux qu'il approuva dans le reste de son diocèse sont les *Capucins de Bourg*, ceux de *Ville-franche*, en 1615; ceux de *Saint-Etienne*, en 1618; *les Minimes* de *Saint Chamond*, le *Collège de Roanne* ; *les Prêtres de l'Oratoire du Collège de Montbrison*, en 1624, et les *Religieuses de la Visitation* de *Saint-Etienne*

(1) Dans la préface de ses *Ordonnances et Instructions aux curés du diocèse de Lyon*, publiées en 1614, M. *de Marquemont* parle d'une visite pastorale qu'il avait commencée l'année précédente. Il est à croire qu'il fit cette visite peu de temps après sa prise de possession.

(2) Voyez Lelong, numéros 30440, 30490 et 30491.

(3) « On rapporte de lui que, dans sa dernière maladie, quelqu'un lui ayant témoigné de l'admiration de sa patience dans les douleurs qu'il souffroit, il répondit qu'il les estimoit si précieuses qu'il ne voudroit pas perdre une once d'une monnoie si propre à acheter le Paradis. » Poullin de Lumina, *Hist. de l'Eglise de Lyon*, p. 405. — On lit dans l'*Abrégé chronologique* du même auteur, p. 359, que ce prélat « ne prenoit jamais « de vin qu'au sacrifice de la messe, et jeunoit régulièrement deux jours de la semaine »

en 1620. C'est lui qui permit, durant la vacance de l'évêché d'*Autun*, l'établissement des *Augustins* de *Moulins* en 1617, et qui fit faire, l'année suivante, la dédicace de leur église par *Robert Berthelet*, évêque de Damas, son suffragant. C'est aussi par ses conseils que S. François de Sales assujettit à la clôture les *Religieuses de la Visitation* qu'il venait d'instituer (*Rituel* de M. *de Montazet*, p. LXIIJ de l'édition in-12). M. de Marquemont légua à l'Hôpital de Lyon sa chapelle qui était d'un grand prix ; en 1617, il avait fait un don de 5 mille francs (1) pour la construction de l'église de *la Charité*. Il faut que ses largesses envers les pauvres de l'Aumône générale de Lyon aient été bien considérables, car le P. *Jacques de S. Denis*, après les avoir rappelées dans l'oraison funèbre de l'illustre prélat, ajoute: « *Démosthène* disoit que les promesses des Athéniens ne pouvoient être publiées qu'avec la bouche du temps ; mais pour moy, j'estime que le temps est muet et sans parole pour publier la libéralité de la céleste rosée qu'il a fait couler sur cet hospital, et qu'il n'y a que l'éternité qui puisse rendre des témoignages de louange et de gratitude proportionnés à ce qu'elle mérite ; ou si le temps a quelque voix propre à faire cet office, il faut qu'il employe la bouche de seize mille pauvres qui sont nourris par l'Aumosne générale... »

1626. — *Novembre 28.* — Consécration de la Chapelle de la *Charité*, par messire *Nicolas Ménard*, grand vicaire-général de l'église de Lyon, où assista M. *de Vitry*, l'un des illustres Comtes de la ville de Lyon, qui y célébra la première messe ; et à même jour y furent faites les cérémonies funèbres du cardinal *de Marquemont*, et l'oraison funèbre, prononcée à sa louange, par Dom *Jacques de Saint-Denys*. LE FEBVRE, *Nombre des Églises*, page 50. Voyez les *Publ.* de 1627.

1626. — *Décembre 2.* — Le pape Urbain VIII, qui, après la mort de M. *de Marquemont*, avait cru pouvoir disposer du siège de Lyon, parce qu'il avait vaqué *in curia*, le donne à *Charles Miron*, évêque d'*Angers*, par une bulle en date de ce jour, et la fait signifier au roi. — Le procureur-général *Talon* protesta contre cette nomination et contre tout ce qui pourrait s'en suivre. POULLIN DE LUMINA, *Hist. de l'Église de Lyon*, p. 406. Voyez ci-après au *12 février*.

1626. — On lit dans l'*Histoire des Confesseurs des empereurs*, etc., par GRÉGOIRE, p. 336 : « Le père *Arnoux* (confesseur de Louis XIII) finit ses jours à Lyon, en 1626. » — C'est une erreur ; le P. *Arnoux* (*Jean*) mourut à Toulouse, le 14 mai 1636. Voyez la *Biblioth. scriptor. soc. Jesu*, p. 405.

1626. — Le sieur *Leblanc*, peintre de la ville, reçut 150 livres pour un *portrait du roi*, que le Consulat fit placer dans la salle de ses séances. M. de V.

_____

(1) DAGIER, *Hist. du gr. Hôtel-Dieu*, 1, 238.

1626. — *Louis Panthot*, chirurgien distingué, qui avait accrédité dans notre ville l'opération césarienne, en fit cette année l'expérience sur une femme de *Messimy*. PERNETTI, 1 , 442.

1626. — PUBLICATIONS : *Angélique. Des Excellences et perfections de l'immortalité de l'ame.* Par Dom *Polycarpe de la Rivière*, prieur de la Chartreuse de Ste Croix (diocèse de Lyon). A Lyon, chez *Antoine Pillehotte* et *Jean Coffin.* 1626. In-4°, titre gravé par *C. Audran* (B. de L., 10826). — A la fin du volume, sont plusieurs pièces de vers à la louange de l'auteur. — Ouvrage remarquable par le grand nombre de citations tirées des auteurs sacrés et profanes. C'est toujours à *Angélique*, type de la perfection, que s'adresse l'auteur, qui souvent abandonne la prose pour lui parler le langage des dieux. Voici quelques vers extraits du 8ᵉ Discours *de la Paix et constance de l'ame* :

> Celuy-là nous semond de l'aller haïssant,
> Celuy-ci nous remet en l'esprit ses mérites,
> Si que nous demeurons au milieu balançant
> Comme un morceau de fer entre deux calamites.
> Mais, mon Dieu, si jamais vous ouystes mon vœu,
> Faites que l'un à l'autre en mon cœur fasse place,
> Et qu'en un mot je sois en amour tout de feu,
> Et en la hayne aussi que je sois tout de glace.

Dans son 11ᵉ Discours, l'auteur, après avoir dit qu'il aurait voulu pouvoir « rapporter la fable de l'*Androgine*, ou *Hermaphrodite*, dont *Platon* « fait un si grand triomphe, s'il n'y avoit tant d'inepties et d'impu- « retez à dévorer, devant que d'arriver aux mystères de cette fiction, » ajoute qu'il se contentera « pour cela de la passer sous silence, après « ces vers qu'un très-poly poëte nous en a laissé pour la mémoire de « son amour extrême : »

> Ainsi ma vie, ainsi mon bien,
> L'unissement de nos deux flammes,
> Mon esprit s'estant joint au lien
> Ne fait qu'une ame de nos ames (1).
>
> Tu vis en moy, je vis en toi,
> Et peut nostre amour estre dite,
> Etant plus toy que non pas moy,
> Une invisible hermaphrodite,
>
> Que nul cruel éloignement,
> Ni la faux de la parque blême,
> Divisera d'ensemblement
> Ni separera de moy-même;
> Nous finirons en même jour,
> Faits un corps, un cœur, un amour.

Voyez sur *Polycarpe de la Rivière*, la *Biog. lyonn.*, p. 257, et MORÉRI, art. AVIGNON.

(1) Cette pensée appartient à *Aristote.* Voyez *Sénèque*, ép. 48.

1626. — *Marci Antonini* imperatoris et philosophi *de Vita sua Libri XII* græcè et latinè... Lugduni, sumptibus *Francisci de la Botiere*. 1626. In-12 de 475 p. non compris 12 f. de pieces liminaires et 5 f. de notes à la fin du volume. — Dédicace de *la Bottiere* à *Pierre de Seve*, seigneur de *Montellier*, conseiller du roi, etc. — Cette édition est, je crois, la première qui ait paru en France du texte de Marc-Aurèle: c'est aussi à Lyon qu'a été publiée la première version de cet auteur en notre langue; on la doit à *Pardoux du Prat*; elle parut sous ce titre : *l'Institution de la vie humaine*, dressée par Marc-Antoine, 1570, petit in-8°. Elle eut pour éditeur, *Antoinette Peronnet*, veuve de *Gabriel Cotier*, qui la dédia à *François de Mandelot*. Il existe encore une traduction de Marc-Aurèle, imprimée à Lyon; elle est intitulée : *Les Pensées morales de Marc-Antonin, empereur, de soy et à soy-mesme (sic), en douze livres*, traduits de grec en françois; troisiesme edition reveue, corrigée et augmentée de la vie du même Empereur, à Lyon, chez *J. B. Deville*. 1669. In-12. signat. a 2 - i 2. - A - L. Au bas d'un titre gravé offrant le portrait de *Marc-Antoine*, on lit : A Lyon, chez *Antoine Beaujollin*... 1669. — La *Vie de Marc-Antoine* est signée *L. M.* (peut-être *Louis Moreri*). La permission donnée à *Charles Mathevet*, libraire, est du 5 avril 1666. On lit dans la préface : « ... Il n'a paru jusques icy que deux traductions (de Marc-Antoine); l'une en anglois, mais faite par un François... voicy l'autre en françois, mais faite par un *Suédois*, qui peut-être ne l'auroit pas entreprise s'il estoit né en France... » — Suivant M. *Barbier* (n° 13992), ce *Suédois*, qui aurait pour initiales *B. I. K.*, s'appellerait *Balbisky* ; et suivant *Schweiger* (*Handbuch der classischen Bibliographie*, p. 34), ce serait *Bened. Jesper Krus*. — Pendant qu'un Suédois traduisait Marc-Aurèle en français, un illustre cardinal, *François Barberini il vecchio*, qui voulait répandre parmi les fidèles les vivifiantes semences des pensées de l'empereur romain, en préparait, en italien, une version, qu'il dédia à son âme, *pour la rendre, dit-il, plus rouge que sa pourpre, au spectacle des vertus de ce gentil* (voyez la traduction de M. Alexis Pierron , Paris, 1843, in-12, p. xxviii de l'*Introduction*).

1626. — *Christophori a Vega.... Opera omnia .... illustrata opera et labore Ludovici Serrani, doctoris medici Lugdunensis. ... Lugduni , sumptibus Antonii Chard*. 1526. In-fol. (B. de L., 2590). V. les *Publ.* de 1624 et de 1628.

1626. — *Eloge historial de Marie de Médicis*, par *Jean-Baptiste Matthieu*. Paris, *Loyson*, 1625. In-8° (Lelong , 25145). Voyez les *Publ.* de 1613, le *Brillant de la Royne*....

1626. — *Les Epistres du bienheureux messire François de Sales* , ... recueillies par messire *Louis de Sales*, prevost de l'église de Genève. A Lyon , pour *Vincent de Cœursilly*. 1626. In-4° (B. de L., 5321). — En 1634 , le même libraire publia une 4e édition de ces Epitres, revue , corrigée et augmentée.

1626. — *Erreurs populaires* touchant la médecine et régime de santé : Œuvre nouvelle desirée de plusieurs et promise par feu M. *Lau-*

rens Joubert, contenant cinq livres, par *Gaspard Bachot*, Bourbonnois, conseiller et médecin du roi à Moulins. A Lyon, pour *Barthél. Vincent*. 1626. In-8° (B. de M. Gonon). — La B. de Lyon possède un exemplaire du même ouvrage, avec cet autre titre : *Partie troisième des erreurs populaires touchant la médecine et régime de santé*, en suite de celles de feu M. *Laurens Joubert*, etc. ; à Lyon, pour la *veufve de feu Thomas Soubron* ; 1626. — Dans sa dédicace à M. *de Lorme*, premier medecin de la reine-mère, *Bachot* rappelle deux voyages qu'il a faits à Lyon, en 1600 et en 1624, et à la page 277 de son livre, il fait remarquer que « ceux de Lyon se plaignent grandement de leur serein. » Quand il cite des vers grecs ou latins, il les traduit en vers français, mais assez platement, témoins ce distique, imité de l'Ecole de Salerne :

> Ne mange avant que ta panse soit nette,
> Du premier mets, avant qu'autre on y mette ;

et cet autre :

> Après souper, debout demeureras,
> Ou mille pas tu te promèneras ;

et les suivants, imités de *Linus*, p. 31 :

> En sept jours, ce grand Dieu parfit tout ce grand monde,
> Et le nombre de sept fut la source féconde
> De toute chose faite, et dit bien plus parfait.
> La première semaine enclose en sept journées,
> De sept flambeaux errants les boules sont ornées
> Du ciel, qui de sept ronds roue autour de nous fait.

Bachot avait un fils unique, qui mourut, à l'âge de 17 ans , au collège des Jésuites de Moulins ; c'est lui qui nous l'apprend dans la dédicace en vers qu'il a faite, *aux Ombres* de cet enfant, du 5° livre de son ouvrage.

1626. — *L'Espadon satyrique*, par le S. *Desternod*, reveu et augmenté de nouveau. A Lyon, par *Jean Lautret*. M. DCXXVI. In-12 de 143 pages (B. de L. , 17836). — Le permis d'imprimer, signé *du Sauzey*, lieutenant particulier, et daté de Lyon le 25 avril 1619 , se retrouve dans cette édition. Voyez les *Publ*. de 1621.

1626. — *Hieroglyphicorum Collectanea ex veteribus et neotericis descripta.... Lugduni*, sumpt. *Pauli Frellon*. 1626. In-fol. (B. de L., 3382). La dédicace de *Frellon* à *Jacques Pons* (1), datée du 1er janvier 1610, nous autorise à croire qu'il existe une édition publiée cette année-là. — On trouve dans cette collection, par appendice, et avec une pagination particulière, 1 à 88, les *Hiéroglyphes d'Horus Apollo*, en

---

(1) *Jacques Pons*, médecin à Lyon, mort, en 1612. Voyez son article dans la *Biogr. univ.*, tome 77, et ci-dessus, *Publ*. de 1600.

grec et en latin, avec figures. M. *de Guignes*, qui a rendu compte, dans le *Journal des savants* (avril 1779), de la traduction française que *J. B. Requier*, ancien oratorien, a publiée de ces Hiéroglyphes, loue le traducteur d'en avoir supprimé quelques-uns dont la pudeur aurait pu s'offenser.

1626. — *Observatio fluxus dyssenterici* Lugduni Gallor. populariter grassantis, anno Domini 1626, et remediorum illi utilium : authore *Joanne de Lamoniere*, Lugdunensi, universitatis Monspeliensis doctore medico, inter medicos Lugdunenses cooptato, et utriusque Nosocomii medico ordinario...... Lugduni, sumptibus *Bartholomaei Vincentii*. 1626. In-12. (B. de L., 13362). Parmi les piéces liminaires, il s'en trouve plusieurs en vers latins à la louange de l'auteur. La 1re est signée J. P. Bugnet, *Lugd. doctor medicus;* la 2e Jacobus Pelerinus, *Delphinus, doctor medicus*, etc.; la 3e Petrus Guillemin, *Lugd. doctor medicus;* la 4e Joannes Condentialis, *Forisius.*

1626. — *Petronille.* Accident pitoyable de nos jours, cause d'une vocation religieuse, par M. l'evesque de *Belley.* A Lyon, par *Jacques Gaudion.* 1626. In-8°. — Dédicace à *Marie de Lévy de Vantadour*, abbesse de *S. Pierre*, à laquelle l'auteur avait déjà dédié son *Aristandre*, en 1624. Mgr de Belley a, suivant son usage, glissé dans ce roman quelques vers de sa façon. Voici un Sonnet qu'adresse à son luth *Tristan*, l'amant de *Pétronille* :

> Le Thébain assembloit aux accords de sa lyre
> Les pierres dont il fit les murs d'une cité :
> Sur le dos d'un dauphin Arion fut porté,
> Et charma de la mer les vents, l'audace et l'ire.
>
> Orphée avec sa harpe, espris d'un doux martyre,
> Des rochers et des bois fut jadis escouté :
> Mesmes il adoucit parmi l'obscurité
> L'Hydre, Pluton, la Mort dans l'infernal empire.
>
> O mon luth, je ne veux qu'au toucher de mes doigts
> Tu fléchisses l'Enfer, les rochers et les bois,
> Ni les flots de la Mer, par ta voix charmeresse :
>
> Mais, ô cher compagnon, je voudrois seulement
> Adoucir tant soit peu la douleur qui me blesse,
> Si tu ne peux chasser son rigoureux tourment.

A la fin de son livre, et dans un appendice intitulé *Dilude*, le pieux évêque exhale ses plaintes contre la mauvaise presse. « Tous les jours, dit-il, le mal s'accroist et s'estend ; le monde s'ennyvre de fables, se repaist de viandes creuses et venteuses..... Tous les jours on voit esclore une fourmiliere de ces papiers empoisonnez qui jettent leur venin dans les cœurs par les yeux de ceux qui les lisent..... Ces semences malignes ne manquent point de territoires qui les reçoivent, ni de presses qui se chargent de publier ces mauvaistiez, et si on les contrepointe, il semble que ce soit une charge pour le public. En tous les arts et en toutes les sciences les livres s'accroissent demesurement..... Il y a des Histoires sans nombre; la Critique n'a point de fin ; la Théologie beaucoup moins, parce qu'elle traitte d'un sujet dont la grandeur est infinie. Un seul escrivain de nos jours a fait vingt et quatre volumes en *fueille* (*in-folio*) sur une partie de la *Somme de S. Thomas*; et S. *Thomas* que n'a-t-il escrit ? Quoi non Tostat ? quoi non tant d'anciens Pères ? quoi non le grand *Baronius* ? Je laisse les escrivains des autres professions. Oui, ce sont matières sérieuses; c'est en quoi il leur est facile d'escrire beaucoup ; la plus grande part de tous ces ouvrages ne consistant qu'en ramas et redites. Il est aisé de nager en grande eau et de voler en grand air ; les grands sujets se soutiennent d'eux-mesmes ; les plus stériles esprits y trouvent de la fertilité, d'amples moissons , et des fruits aussi gros qu'*Israël* en trouva en la terre de promesse. Mais d'enfler de petits sujets , et d'estendre des matières simples et stériles, et y manier les mœurs à toutes mains , c'est un travail d'autre considération qu'il ne paraist. Jusques à présent , je ne voy point que les imprimeurs ni les libraires se trouvent chargez de nos veilles; leurs ordinaires importunitez qui me battent sans cesse les oreilles , me contraignent de croire qu'ils ne perdent rien à les publier. Si j'escrivois trois ou quatre fois autant (1) , et que je fusse un *Briarée* en escriture, ils ne seroient pas encore satisfaicts... »

1626. — *Plan de la ville de Lyon*. A Lyon, chès *Claude Savary* et *Barthelemy Gaultier*, 1626. In-plano max. — Ce plan a été gravé, en 1625, par *D. V. Velthem*, sur les dessins de *Simon Maupin*, qui l'a dédié au marquis de *Villeroy*. Cette dédicace est suivie d'une description de la ville de Lyon. A droite, et, dans un écusson, est une pièce en vers latins, à l'éloge de Lyon. — A la p. 132 du Catalogue de l'abbé de Marolles, où ce plan est cité, on lit que ce même sieur Maupin, voyer de Lyon, a dessiné la *Maison de ville de Lyon*, et que *Nicolas Auroux* l'a gravée. Voyez les *Publ.* de 1627. *Reigles et Offices*.....

1626 — *Réglement pour le trafic et manufacture des futaines....* A Lyon, chez *Nicolas Jullieron*. 1626. In-8°. (B. de L., 8300).

1626. — *Les Satyres du sieur Regnier*. Revuës et augmentées de nouveau... A Lyon, par *Jean Lautret*. M. DC. XXVI. In-12. de 144 pp. italiq. (B. de Lyon). — L'abbé *Goujet* n'a pas connu cette édition, mais il cite celle de Lyon, *Claude Chaland*, 1617, in 12 , laquelle est, dit-il, plus ample que l'édition originale, Paris, 1608, in-4°. (*Biblioth. franç.*, XIV, 853). — L'édition de Paris, de l'imp. d'*Anthoine du Breuil*, 1614, in-8°, à la fin de laquelle sont les *Satyres et Folastreries*, tant des sieurs de *Sigogne* et *Berthelot* qu'autres des plus signalez poëtes de ce temps, n'a

(1) Quand Mgr *Camus* disait cela, il ne prévoyait pas qu'il enfanterait cent quatre-vingt-six ouvrages, dont quelques-uns ont été réimprimés plusieurs fois. C'était, pour nous servir de ses propres paroles, un véritable *Briarée en escriture*. Voyez son article dans NICERON, tome XXXVI.

pas été citée par les bibliographes. La **B.** de Lyon en possède un exemplaire. Voyez NICERON, XX, 33.

1626. — *Traicté du tabac*, ou Nicotiane panacée, petun; autrement herbe à la Reyne....... Composé premièrement en latin par *Iean Neander*,... et mis de nouveau en françois par I. V.... A Lyon, chez *Barthélemy Vincent*. 1626. Pet. in-8°. (B. de L.). — Dédicace du libraire à M. *de Merle*, premier président au bureau des trésoriers-généraux de France, établi à Lyon. Rien ne décèle le nom du traducteur, qui, dans son avis au lecteur, dit que c'est à la prière de *Barthélemy Vincent* qu'il a fait cette version. On lit à la fin du volume : Achevé d'imprimer le 30 oct. 1625. — M. *Brunet* indique une édition avec ce millésime, d'où il résulte que l'exemplaire que nous avons sous les yeux, doit avoir un titre rafraîchi. — On a beaucoup écrit pour et contre l'usage du tabac ; tout récemment deux médecins estimables, M. *Montain*, de Lyon, et M. *Serrand*, d'*Anse*, se sont déclarés les antagonistes de l'*herbe à la reyne*. Le dernier surtout ne croit pas qu'il y ait « trop d'exagération de dire « que cet ingrédient agit sur les Français de même que l'opium sur les « Chinois (1). » Mais ni l'un ni l'autre de ces deux docteurs ne sera écouté. Les priseurs et les fumeurs se moquent d'*Aristote* et de sa docte cabale, et redisent avec *Sganarelle* :

Le tabac est divin, il n'est rien qui l'égale.

1626. — *Le Trésor de l'amitié parfaite*, par M. *J. Goujon*, advocat. A Lyon, chez *Jean Lautret* (1626). In-4°. ; titre gravé par *Pierre Faber*. — Ce volume est sorti des presses de *Nicolas Jullieron* ; il y a une double dédicace à *Horace Cardon*, seigneur de *La Roche*; l'une par *Jean Goujon*, et l'autre par son fils *François*, suivie de pièces de vers latins et françois à la louange des deux *Goujon*. Une de ces pièces, *Piis manibus J. G.*, est de *P. de Billy*, avocat. Voyez les *Publ.* de 1610, *Discours funèbre*.

1627. — *Janvier* 12. Une grande foule d'*ouvriers en soie* se présentent au Consulat, au nom de tous leurs camarades, faisant en nombre plus de 20,000 personnes ; ils exposent qu'ils sont sur le point d'être réduits à la mendicité par la cessation du commerce et de la fabrique des draps de soie provenant du bruit qui court que le roi en veut interdire l'usage, et que, pour ce, il y a lettres patentes adressées au parlement de Paris. — Le Consulat répond que les députés qui étaient à Paris, avaient charge expresse de supplier S. M. et son Conseil de ne vouloir faire cette interdiction.... C'est pourquoi les comparants se doivent donner patience... — Après plusieurs grandes doléances et plaintes dédui-

---

1) *Histoire d'Anse*, 333. Cette intéressante et spirituelle production nous offre quelques faits qui trouveront plus tard place dans nos Documents. Il est fâcheux qu'il soit resté dans un aussi bon livre bien des fautes d'impression, et nous croyons que l'auteur ne peut se dispenser d'y joindre un errata.

tes en confusion, le Consulat a essayé au mieux qu'il lui a été possible de les consoler et modérer ; ils se sont retirés témoignant un grand ressentiment et appréhension de ladite interdiction. — Le 20 du même mois, environ six ou sept cents ouvriers en soie se rendent à l'hôtel de ville. Le Consulat refuse d'abord de les recevoir, mais il se ravise dans la crainte de mécontenter un si grand nombre de peuple. Le prévôt des marchands les reçoit en leur faisant défense de se présenter à l'avenir au nombre de plus de 10 ou 12 à la fois. Les ouvriers renouvellent leurs plaintes sur leur misère ; le prévôt des marchands leur fait une réponse semblable à celle qui leur avait déjà été faite le 12. J. M. -

1627. — *Février* 12. *Charles Miron*, nommé archevêque de Lyon, prend possession de son siège par *Hector de Crémeaux*, doyen du Chapitre de Lyon. Voyez ci-dessus au 16 *sept.* et au 2 *déc.* 1626.

1627. — *Février* 14. *Dimanche gras.* Il y eut ce jour là une grande mascarade dans laquelle le peuple voulut faire probablement une parodie des entrées solennelles dont nos échevins étaient alors si prodigues. Voyez les *Publ.* de cette année, *Entrée magnifique….*

1627. — *Février* 18. Le Gouverneur avait donné des ordres pour le redoublement des gardes. Le Consulat, blessé de n'avoir pas été prévenu, arrête qu'il en sera député au Gouverneur pour le prier de donner une déclaration qu'il n'a pas entendu déroger aux privilèges de la ville. — Le Gouverneur répondit à la députation qu'il n'avait pas entendu entreprendre sur l'autorité du Consulat ; que ce qu'il avait fait, c'était à cause des désordres du carnaval, et qu'il croyait que le sergent major en avait donné avis au Consulat. J. M.

1627. — *Mars* 2. Le Consulat traite avec *Clément Gendre* (?), maître sculpteur, pour le projet de la *Statue équestre du roi.* — Ce projet devait être en bronze d'un pied, trois pouces de haut, pour la statue et le cheval, et d'un pied pour le piédestal qui devait être soutenu par quatre lions, et sur les faces duquel le sculpteur devait ciseler les quatre batailles de S. M. — Prix convenu, 450 livres. J. M.

1627. — *Mars* 4. Les sergents des arquebusiers présentés par le sieur *du Soleil*, capitaine de la ville, demandent pardon au Consulat de quelques propos irrévérentieux tenus par eux. — Le prévôt des marchands répond que le Consulat avait jugé à propos de se servir d'autres que d'eux, mais que, puisqu'ils revenaient à leur devoir, il verrait ce qu'il aurait à faire. J. M.

1627. — *Mars* 9. Le roi avait imposé sur la généralité de Lyon, la somme de 6000 livres pour les frais de démolition de plusieurs châteaux en Languedoc, et ordonné que cette somme serait avancée sur les deniers et octrois de la ville. — Le Consulat arrête que cette somme sera empruntée. J. M.

1627. — *Même jour 9 Mars.* Le Consulat approuve un règlement de l'Hôpital, dressé à la requête de l'Aumône générale, et contenant nouvelle défense de laisser entrer dans la ville les *religieux mendiants*. — Il sera enjoint aux commis aux portes d'y tenir la main. J. M.

1627. — *Avril* 10. Le *Palais de Justice* avait besoin de réparations ; un sieur *Merlin* avait fait des offres au roi pour en construire un nouveau sur la place des *Terreaux*. Un arrêt du Conseil ayant admis ces offres, elles furent signifiées au Consulat, qui tint une séance extraordinaire, où il appela, entr'autres personnes, MM. de St-Jean et MM. de la Justice. — Les avis furent qu'on s'opposerait au transférement du Palais de Justice. On considéra que l'établissement du Palais sur les Terreaux, serait un grand préjudice à plusieurs manufacturiers, lesquels y ont pris logement, comme en un lieu propre à leur profession, qui a besoin d'un grand air ; en sorte que si on les y ôtait, on mettrait à la faim dix à douze mille personnes qui sont logées en bonne commodité dans de petites cabuttes propres pour eux, et qui ne le seraient pour officiers et gens de qualité que le Palais y attirerait ; que les avenues en sont sombres, étroites, difficiles ;... que la justice ne peut avoir mieux son siège que du côté qui a toujours été le côté du royaume ; qu'aux Terreaux, il serait entouré de quantité de magasins, d'écuries, lieu propre à réunir chariots, chevaux, mulets, fardeaux, et de maisons commodes pour les artisans et gens de métiers ;... qu'il y manquait de bonnes eaux, à cause du manque de puits et de la putréfaction des eaux du fossé ; enfin que les fonds laissés naguères par S. M. pour la réparation du Palais, étaient suffisants ;... que cette ville était autrefois du côté de *Fourvière*, et que, pour cela, ceux qui y résident ont été appelés *veterani*, ce qui rend ce côté plus honorable...; enfin, que le lieu où il est assis, qui porte le nom de cette sainte dame *Rhodana*, qui fut du nombre des martyrisées avec *Pothinus*, premier évêque de cette ville, aucuns ont cru que ledit palais de *Rouanne* appartenait à ladite *Rhodana*, et que, dès son martyre, il fut confisqué, et depuis destiné pour les jugements publics...—Le Consulat ayant été autorisé à s'opposer à l'exécution du projet du sieur *Merlin*, parvint à le faire rejeter par le roi. L'arrêt du Conseil qui donna gain de cause à la ville et qui l'autorisa à faire réparer le *Palais de Roanne*, fut inséré dans le procès-verbal de la séance tenue par le Consulat, le 2 septembre suivant. J. MORIN. *Revue du Lyonnais*, 1, 397. Voyez ci-dessus au 3 *septembre* 1624.

1627. — *Avril* 17, *à minuit*. Mort de *Balthazar de Villars*, président en la sénéchaussée et siège présidial de Lyon, etc., etc. — L'inscription qu'on lisait sur sa tombe dans l'église de *Sainte Claire*, a été insérée 1° à la suite de son Oraison funèbre, par *Chérubin de Marcigny* ; 2° dans un opuscule in-4° sans date, intitulé : *Plusieurs tombeaux*, etc. (B. de L., tome 3 du n° 19033) ; 3° dans le tome 9 des *Archives du Rhône*, p. 161. La date de la mort de M. *de Villars* varie dans les trois textes de cette inscription ; mais la date que nous donnons, et que nous croyons exacte, a été prise dans le procès-verbal de la séance consulaire du 18 avril. Une erreur plus grave a été commise par le P. *An-*

selme qui a placé à l'année 1629 la mort de M. de Villars (tome V, p. 103), et cette erreur a été reproduite dans *Moréri*, dans la *Biogr. univ.*, et même dans la *Biogr. lyonn* (voyez les *Publications* de cette année, *Discours funèbre…*; ci-dessus au 16 *juillet* 1613, et ci-après au 9 *août* 1630). — Ce magistrat, recommandable par ses vertus et par son savoir, naquit à Lyon, le 25 août 1557, « en une maison du clois-« tre de S. Jean, habitée par feu monsieur son père, en qualité de « juge de Mgr le reverendissime archevêque de Lyon, auquel apparte-« noit la justice de la ville, qu'il remit depuis au roi (1). » Son père l'envoya, dès l'âge de 8 ans, au collège des Jésuites ; deux ans après, à Paris, avec son cousin *Nicolas de Villars* (depuis évêque d'Agen), pour y achever ses études à l'université. Il fut reçu docteur en droit à Toulouse en 1579, et la même année, avocat au parlement de Paris ; en 1581, conseiller au parlement de Dombes. L'année suivante, il épousa *Louise*, fille de *Nicolas de Langes*, qu'il rendit seize fois mère. « Treize de ses enfants lui furent enlevés en leur plus tendre fleur. » Il ne lui resta que trois filles, *Hélène, Eléonore et Claire*. Il avait été nommé, en 1582, lieutenant particulier, civil et criminel au parlement de Dombes, et la même année, après la mort de son père, lieutenant gé-néral ; il émigra de Lyon en 1589, quand cette ville arbora les couleurs de la Ligue, et n'y revint qu'après sa réduction à l'obéissance du roi. En 1597, il fut nommé premier président au parlement de Dombes. Il fut appelé trois fois aux fonctions de prévôt des marchands, en 1596, en 1610 et en 1625. Sa piété était exemplaire ; il assistait tous les jours à la messe, et communiait une fois par mois (2). Sa conduite comme magistrat et comme citoyen justifia la devise qu'il avait adoptée, et qu'il prit pour texte de sa dernière Mercuriale : *Homo sum ; humani nihil à me alienum puto* (3). Voyez ci-dessus, *passim*, et ci-après, 9 août 1630.

(1) Chérubin de Marcigny, *Discours funèbre* sur la mort de Balth. de Villars (voyez les *Publications* de 1627). — Le P. de Colonia, t. 2, p. 794 de son *Hist. litt.*, dit que la maison paternelle des *Villars* est celle où étaient les *Filles de la Providence*, à mi-côte de *Fourvière*. Au même endroit, il attribue à Balth. de Villars un *Abrégé très-utile* con-tenant la doctrine chrétienne, imprimé en 1594. *Pernetti* attribue le même ouvrage, qu'il cite sous un titre un peu différent, à François de Villars, père de Balthazar. Pour décider auquel des deux il appartient, il faudrait avoir le livre sous les yeux.

(2) Dans la distribution qui se fit après la mort de S. *François de Sales* des effets qui étaient à l'usage du pieux évêque de Génève, M. de *Villars* eut ses lunettes, et la pre-mière guérison qui fut remarquée à Lyon, se fit par le moyen de ces lunettes. « M. de « Villars voyant une personne qui avoit un mal très violent aux yeux, et fort dangereux, « ne fit que les luy mettre sur le nez, et, au moment même, elle fut guérie. » *Hist. de la fondation du monastère de la Visitation Sainte-Marie de la ville de Lyon*, dit de *Bellecour* (MSS. de la B. de Lyon, n° 1345). Voyez aussi *Divers suppléments* aux OEu-vres de S. François de Sales, recueillis par M. l'abbé *de Baudry*; Lyon, 1837, in-8°, p. 205.

(3) Térence *Heautontimorumenos*, I, 1. Ce vers proverbial a été heureusement rendu par *Louis Racine* :

« Je suis homme, et tout homme est un ami pour moi. »

M. *Godard de Belbeuf*, aujourd'hui président de la Cour royale de Lyon, était pénétré

1627. — *Mai 36.* Procession à l'occasion du *Jubilé.* — Le nouvel archevêque, *Charles Miron*, qui avait fait son entrée à Lyon, le 12 de ce mois, tint, le 12 juin suivant, un Conseil où il fit des règlements dont nous parlerons aux *Publ.* de cette année.

1627. — *Juillet 23. Thomas Aldendorf*, calviniste allemand, ayant rompu et cassé, à 7 heures du matin, le crucifix de la croix qui étoit sur le *Pont de Saône*, fut arrêté par le peuple qui se souleva contre ce fanatique, et le conduisit en prison. Son procès lui fut fait, et, déclaré criminel de leze-majesté divine, il fut condamné à être pendu et brûlé sur le pont où il avait commis cet attentat ; ce qui fut exécuté le lendemain. M.; GAULTIER, *Table chronographiq.*, p. 865, édition de 1651. — La pierre sur laquelle était cette croix avait une inscription antique rapportée par *Spon*, p. 126 de sa *Recherche* ; elle a été transportée au Musée, en 1834.

1627. — *Décembre....* Le prince de *Condé* vient à Lyon pour organiser des forces destinées à marcher contre les *Protestants*, qui occupaient les passages du *Rhône.* J. MORIN, VI, 133.

1627. — Les religieuses du *Verbe incarné* quittent la ville de *Roanne* pour venir s'établir à Lyon dans la maison de *Guillaume du Choul*, montée du *Gourguillon.* Voyez l'*Alm.* de *Lyon* de 1755, p. 58, et le *Guide* de M. *Cochard*, qui met cette translation à l'année 1637.

1627. — PUBLICATIONS : *Actes consulaires de la Maison et communauté de la ville de Lyon*, touchant la charge de capitaine des 200 Arquebusiers de ladite ville, avec le procès-verbal sur le sujet de la cérémonie du *feu de la S. Jean* (1) de la présente année. Lyon, *Jean Jullieron.* 1627. In-4° (Notes de l'abbé S.).

1627. — *Entrée magnifique de Bacchus avec madame Dimanche grasse, sa femme*, faite en la ville de Lyon, le 14 febvrier 1627. In-4° de 31 pages, sans nom d'auteur ni d'imprimeur (B. de L. 18287, tom. 5). — Une nouvelle édition de cette facétie dialoguée a été imprimée à Lyon, en 1838, in-8°, et enrichie de notes et de vignettes. Cette réimpression est précédée d'une lettre à l'éditeur, par un arrière petit-neveu du docteur *Matanasius* (M. C. B. d. L.)

1627. — *Forme du gouvernement œconomique du grand Hostel Dieu de Nostre-Dame de Pitié du Pont du Rhosne....* A Lyon, chez *Iean Iullieron.* 1627. In-8° de 122 pages, plus de 3 pages de table (B. de Lyon, 11851).

du même sentiment, lorsque, faisant le résumé d'un procès porté à la Cour d'assises de Paris sous sa présidence, il disait au jury : « Hommes, vous devez juger humainement « les choses humaines. »

(1) *Claude de Bellièvre* rapporte, dans son *Lugdunum priscum*, un singulier usage : Chaque année, la veille de la *S. Jean*, les dames qui tenaient à avoir le teint frais, remplissaient une bouteille d'eau, puisée dans la *Saône*, et s'en lavaient le visage jusqu'à la S. Jean de l'année suivante.

21

1627. — *De Ludis privatis ac domesticis veterum liber unicus*, ad illustrissum puerum *Justum Ludovicum à Turnone*, comitem Rossillaeum, illustriss. herois *Henrici à Turnone*, filium. Auctore *Julio Caesare Bulengero*, soc. Jesu presbytero. Lugduni, sumpt. *Lud. Prost*, haeredis *Roville*. 1627. In-8°. — Cette même année, le P. *Boulanger* publia, aux dépens du même libraire, son traité *de Conviviis*, qu'il dédia à *Nicolas de Verdun*, président du parlement de Paris, et celui *de Pictura, plastice, statuaria libri duo*, dédié à *Just-Henri de Tournon*, comte de *Roussillon*. Cette dernière dédicace est datée de Lyon, le 1er juin 1626.

1627. — *Nombre des Eglises* qui sont dans l'enclos et dépendances de la ville de Lyon, avec une exacte recherche du temps et par qui elles ont esté fondées : le tout curieusement recherché sur les anciennes archives et vieux documents de chacune d'icelles. Par *I. L. F.* (*Isaac Le Febvre*), Lyonnois. Dédié à M. *de Gibertes* (1), comte et archidiacre de l'église de Lyon. A Lyon, par *Jean Jacquemetton*, demeurant pres de l'Hostel-ville. M.DC.XXVII. Petit in-8° de viii et 62 pages (B. *Coste*). Sur ce titre est un écusson dans lequel est un lion grimpant, surmonté de trois fleurs de lis. La dédicace et l'avis au lecteur n'offrent rien d'intéressant, si ce n'est que l'auteur y exprime ses regrets sur la perte d'un grand nombre de pièces pendant l'invasion des religionnaires. « qui ne « se sont pas contentez de faire esclater leur rage sur la chair et le sang « baptisé au nom de Jésus-Christ, ains se sont monstrueusement ruez « sur les choses insensibles mesme, sur les temples et les pierres sans « raison, ont fouillé dans les archives, et ce qu'ils devoient tenir de « plus cher, ils ont bruslé les vieux mémoriaux de beaucoup de choses « dignes de remarque .... ». — L'ouvrage de *Le Febvre* est divisé en 78 chapitres, qui contiennent une description sommaire des édifices religieux qui existaient alors dans notre ville. Son extrême rareté nous aurait engagé à le reproduire, si nous n'avions l'assurance qu'il doit être incessamment réimprimé. Nous nous bornerons à citer les articles suivants : Chap. I. L'église cathédrale de S. Jean a été fondée par un roi de Bourgogne, nommé *Jean*, qui y établit « douze seigneurs des plus il- « lustres maisons du royaume, et dessus eux, il créa un duc qu'on ap- « pelle maintenant le doyen. Du depuis ce fameux et plus relevé Cha- « pitre de la chrestienté n'a rien dégenéré des prérogayives de sa première « institution, ... et est aujourd'hui composé de nobles seigneurs ap- « pelez Comtes et qui sont des plus anciennes maisons de France (2)... » —Chap. XI. «Au plus haut de la montaigne, est relevée comme un haut phare, l'église collégiale de *S. Thomas de Fourvière*, paroisse, et a esté bastie au mesme lieu où estoit jadis le magnifique temple de la déesse

(1) M. *de Gibertes* (*Antoine*) était baron de *Coindrieu* (sic), seigneur de *Chambon*, de *Blau*, *Rochetaillée*, *Saint-Paul*, *Lentilly*, *La Tour*, etc. Il tirait, dit *Le Febvre*, son origine de l'ancienne race de *Talaru* et de *Chalmazel*. Il avait été reçu comte en 1579, et fut député aux états généraux de 1614.

(2) Voyez *supra*, année 1610, *ad calcem*.

Minerve (1). Le supérieur de là-dedans se dit prévost de l'église de Lyon. Il y a treize chanoines qui sont d'ordinaire messieurs les Comtes de S. Jean, aussi est-ce comme un membre de cette vénérable église. » — Chap. XV. « L'église Collégiale et paroisse de *S. Paul* .... reconnoist pour son fondateur un saint archevesque nommé *Sacerdos*, oncle de *S. Nizier.* Le temps de sa fondation n'est pas bien asseuré, mais l'on tient par tradition ancienne qu'elle a esté consacrée par *Jesus-Christ* mesme ; et beaucoup de personnes assurent avoir ouy dire aux anciens qu'il y avoit autrefois dans ladite église un encensoir d'un métail (sic) incogneu, et aussi un cierge qu'on tenoit ordinairement allumé sur le grand autel, et ne diminuoit point. Ce vénérable chapitre est composé de dix-huit chanoines. »

1627. — *Oraison funèbre sur la mort de Mgr Denys Simon de Marquemont,* Archevesque Comte de Lyon, et Primat des Gaules, prononcée en l'église de Nostre-Dame de la Charité de l'Aumosne générale de Lyon, le 28 novembre 1626, par le P. Dom *Jacques de Sainct Denys,* supérieur du monastère de saint Charles des Pères Fueillens (sic) de Lyon. A Lyon, chez *Claude Larjot.* 1627. In-8° (B. de L., 225 et 23250, tome 1er). — Le portrait de M. *de Marquemont* qui doit se trouver devant le titre de cette Oraison funèbre, manque aux deux exemplaires que nous avons sous les yeux (2). — Voyez ci-dessus au 16 *septembre* 1626.

1627. — *L'Orphée sacré du Paradis* .... Par *Claude Girard*, prestre, docteur es droits et advocat ecclésiastique. A Lyon, chez la *vefve de Jonas Gautherin*, 1626. In-8° (B. de L., 17513, exemplaire sans titre). — Dédicace de l'auteur à *Louys Dinet*, evesque de Mascon, suivie de plusieurs pièces en vers grecs, latins et français à la louange de l'auteur. L'approbation donnée par *Jacques Severt*, théologal de l'église de Lyon, nous apprend que *Claude Girard* avait composé un autre ouvrage intitulé *Les Irrésolutions résolues.* Nous ignorons si ce dernier ouvrage est en prose ou en vers ; quant à *l'Orphée sacré*, c'est un recueil de 148 sonnets accompagnés d'*Annotations*, et suivis de paraphrases, stances et autres poésies de la dernière médiocrité. Cependant nous croyons devoir citer le sonnet suivant (le 134e) :

> Je ne dis pas qu'on doive refuser
> A notre ventre un peu de nourriture ;
> Je pecherois, et pourroit la Nature
> Très-justement envers Dieu m'accuser.

(1) L'auteur a voulu dire *Vénus.*—Quoique *Lefebvre* ne dise rien du culte que l'on rendait à la *Vierge* dans l'église de *S. Thomas*, on ne doit rien conclure de son silence. Aux preuves que M. l'abbé *Cahour* a recueillies sur l'antiquité de ce culte, il faut ajouter un témoignage qui, je crois, ne se trouve pas dans sa *Notre Dame de Fourvière;* c'est celui d'*Humbert Fournier*, qui commence ainsi une lettre adressée en 1506 à *Symphorien Champier :* « Vous désirez savoir ce que nous faisons sur *cette fameuse montagne de Fourvière consacrée à la Sainte-Vierge Mère de Dieu*..... » Voyez ci-dessus, année 1506.

(2) Le P. *Lelong* cite trois portraits de ce prélat exécutés par trois artistes différents.

Mais de vouloir aussi en abuser,
Le nourrissant avec la confiture,
Vivres exquis et telle autre pasture,
C'est un péché qu'on ne peut excuser

Avec fort peu nature se contente ;
Mais l'homme glout desespère et lamente,
S'il n'est toujours farcy jusqu'au gosier.

Las ! cognoissons que notre gourmandise
Trouble nos sens, et dans nos cœurs attise
Du Cyprien l'impudique brasier.

Dans son Annotation, l'auteur ne manque pas de citer S. *Jérôme*, qui a dit : *Saturitati semper juncta est lascivia.* Voyez BRUNET, II, 411.

1627. — *La Perle des Almanachs* pour l'an de grace 1627, diligemment calculé par *Pierre Larrivey le jeune*, Troyen, à l'imitation du comte *de la Janin....* A Lyon, par *François Arnollet.* 1627. In-16.

1627. — *Pharmacopée. ... de M. Brice Bauderon....* Ensemble les additions de feu M. *Gratian Bauderon....* A Lyon, chez *Claude Rigaud* et *Claude Obert.* 1627. In-8°. (B. de Lyon, 13702). — En regard de la première page est le portrait de *Brice Bauderon*, et à la fin du volume, le *Traicté des eaux distillées*, qu'un apothicaire doit tenir en sa boutique, par *Laurens Catelan.* A la suite de ce *Traicté*, sont des vers à la louange des deux *Bauderon*, par différents auteurs, entre lesquels on remarque *P. Tamisier*, Mâconnois, connu par sa traduction d'un choix de l'Anthologie, et M. *Landrier*, conseiller au siège présidial de Lyon.

1627. — *Phrases poeticae*, seu Sylvae poeticarum locutionum uberrimae, quarum prima vestigia à M. *Fundano* posita, deinde ab A. S. I. T. auctiores factae... Lugduni, sumptibus *Claudii Rigaud* et *Claudii Obert.* 1627. In-16. (B. de L., 16523). — Je propose de traduire ainsi les initiales de l'augmentateur de ce livre : *ab Anonymo societatis Jesu Tauredunensi;* car, parmi les pièces liminaires, il s'en trouve quatre en vers latins composées par des humanistes du Collège de *Tournon.*

1627. — *Les Princes victorieux*, tragédie françoise,.... par M. *Borée.* Lyon, *Vincent de Cœursilly.* — 1627. In-8°. — Catal. Soleinne, n° 135 de la dernière partie.

1627. — *Reglements faicts au Conseil de Reverend Père en Dieu M.*^re *Charles Myron*, archevesque et conte de Lion, Primat des Gaules, pour la function (sic) des curés du Diocese de Lion. A Lion, par *Jacques Roussin.* 1627. In-8°. (B. de Lyon, 23419).

1627. — *Régule.* Histoire belgique. Par M. de *Belley.* A Lyon, par *Jean Lautret.* 1627. In-12. — L'évêque de Belley cite, sans en nommer l'auteur, les vers que voici, dans son proëme :

Le monde est un grand livre où du souverain maistre
L'admirable artifice on lit en grosse lettre.
Chaque œuvre est une page, et chaque sien effect
Est un beau caractère en tous ses traicts parfaict ;

> Mais tous tels que l'enfant qui se paist dans l'eschole,
> Pour l'estude des arts, d'une estude frivole;
> Ne s'amuse qu'à voir ses marges peinturez,
> Son cuir fleurdelisé et ses bords surdorez.

Parmi les vers que l'auteur a glissés dans ce roman, se trouve cette imitation d'une pièce de *Claudien* :

> Je sens que d'un costé la pauvreté m'accable ;
> Les fléches, d'autre part, je sens de Cupidon :
> Je voi que celle-là me rendra misérable ;
> Encor de celui-ci je crains plus le brandon.

A la page 309, est cette maxime qui est, je crois, de *Térence* :

> Qui dict : Je n'aime point,
> Il aime au plus haut point.

1627. — *Reigles et Offices* des Compagnies des Poenitents du tres-sainct et tres-auguste sacrement de l'autel..... pour l'usage des *Poenitents* de *Roanne*, et des Compagnies instituées à leur instar... A Lyon, chez *Loüys Muguet*. 1627. In-8°. (B. de L., 10154). Titre gravé par *D. K. Veithem* (1). — Dédicace des Pénitents à Mgr *Miron*, archevêque de Lyon. — A la fin du volume, est une ordonnance de ce prélat, datée de Lyon, le 3 décembre 1620, qui permet la publication d'une bulle du pape *Paul V*, relative à cette Confrérie.

1627. — *Remondi (Francisci)*, Divionensis, è societate Jesu , *Panegyricae Orationes* xxx..... Lugduni, sumpt. *Jac. Cardon* et *Petri Cavellat*. 1637. In-12. (B. de L., 4694). Voyez les *Publ.* de 1616. *Remondi.... Carmina.....*

1627. — *Caroli Augusti Salesii Tulliani Allobrogis*, praecociorum *Quasillus*. Anno MDCXXVII. Petit in-4°. de 78 pages, sur la dernière desquelles est l'errata, sans nom de ville ni d'imprimeur (2). — Voyez ci-dessus, année 1623. — *Charles Auguste de Sales*, seigneur de la Thuille, né au château de Sales, le 1er janvier 1606, était le neveu de S. François de Sales. Il fit ses études à Lyon, dans le Collège de la Trinité, sous le P. *Philibert Monet*, un des plus savants humanistes de son temps. Il mourut évêque de Genève, le 6 février 1660, et nous a laissé plusieurs ouvrages d'histoire et de théologie. L'extrême rareté du *Quasillus* nous engage à en faire connaître quelques morceaux. L'objet des

---

(1) Voyez les *Publications* de 1626, *Plan de la ville de Lyon*....

(2) GRILLET, t. 3, p. 321 de son *Dict. hist. des dép. du Montblanc et du Leman*, cite une édit. du *Quasillus*, publiée à Lyon, en 1627, in-8°. Peut-être s'est-il trompé sur le format : car il n'est pas présumable qu'il y ait eu, la même année, deux éditions de ce livre. Nous présumons aussi que le *Quasillus* fut revu par *François Baranci*, qui était alors correcteur d'imprimerie à Lyon ; ce qui nous le ferait croire, c'est qu'à la p. 31, est une pièce ayant pour titre : *De libris baranzanianis*.

feux du jeune Savoyard l'emporte sur toutes les amantes des poëtes de l'ancienne Rome :

> Cedat Luciolae Catulliana,
> Cedat Luciolae Tibulliana;
> Cedat Luciolae Corinna nostrae, etc.

Le distique suivant nous offre une heureuse imitation des vers de *Catulle* à *Juventius :*

> Basia dum rosidis, praebes mihi, *Lucia,* labris
> Spiritus ille tuus pectora nostra rapit (1).

Cet autre distique est encore imité du même poëte, ou plutôt d'une épigramme de l'Anthologie grecque :

> Felicem facies, reddunt tuo verba beatum,
> Basia semideum, caetera, credo, deum.

L'élégie sur la mort de *Lucie* n'est qu'une parodie des vers sur la mort du moineau de *Lesbie.* Au reste, s'il faut se garder d'accuser de plagiat le jeune poëte, il faut surtout ne pas hésiter à croire que celle qu'il a chantée, était une Iris en l'air; car on lit dans son avis au lecteur : *Imitata nonnulla, aenigmatica et emblematica, praesertim quae erotica nuncupavimus (ne quisquam aliter interpretetur).* On ne doit donc considérer que comme des jeux d'esprit, ou si l'on veut des juvénilités sans conséquence, quelques pièces érotiques échappées à la plume du disciple du P. *Monet.* Nous avons remarqué dans son élégie sur l'*Aurore* des vers sur le chant des oiseaux, qui nous rappellent ceux qu'on lit dans la *Philomèle* attribuée à *Ovide* (2), et que *Charles Nodier* eût sans doute cités, s'il les eût connus, dans son *Dictionnaire des onomatopées :*

> En cristatus Ales, laribus custodia nostris,
>   *Cuchelucu* cantat sole oriente suum ;
> En veteres iterum renovat Philomela querelas,
>   Et ramo in viridi cantica mille facit,
> Dulcis Alauda suum recinit *tiralira* liransque
>   Tentat inexhausto gutture fila lyrae.
> Ingeminant gemitus niveae per tecta Columbae,
>   Et variant pennas luce micante suas.
> Garrula mordaci Perdix absconsa rubeto,
>   Solis in adventu *caccara* multa canit.
> Ecce *pipi* tenui Passer sonat ore misellus,
>   Nec satis ipse malum qua levet, artis habet.

(1) *Ménage,* qui peut avoir connu les poésies du seigneur *de la Thuille,* a aussi mis en un distique les seize vers de *Catulle :*

> Surripui, ludens, tenerae duo basia Gallae.
> Non impune tuli; me mihi surripuit.

Voyez l'*Anti-Baillet,* partie III, ch. CXXXI.

(2) Voyez l'*Anthol. lat.* de *Meyer,* 233 et 1079, et le *Lexicon* de *Cavallucci.*

> Proxima per sylvam Cuculo respondet amanti
>   Echo, sonant valles et nemora alta *cocu.*
> Stridula per dumos dispersa et tesqua Cicada
>   *Frifri* importuna, *frifrique* voce facit.
> Pergit Apis bene plena thymo sua pensa referre,
>   Et circum flores *bombilat* alma novos.
> Quaeque fugit frigus, praenuncia veris Hirundo
>   *Zinzizulat* varios in trabe mœsta sonos.
> Psittacus humanas imitatur rite loquelas,
>   Dumque cano hos versus, hic mihi dicit, *ave.*
> Territus in foribus Canis est à voce Padella,
>   Et *vau vau* vasto protinus ore latrat.

Les vers suivants sont tirés de l'*Epithalame* de Corillinus et de Sylvia.

> In Venerem quae non terris animalia vivunt?
>   Crescere jussit et haec multiplicare Deus.
> Ipsae etiam frondes coeunt, ramique vicissim
>   Luxuriant ; arbor fertilis omnis amat.
> Palma trahit palmam, pinu se pinea nectit,
>   Cum platano platanus proxima foedus init.
> Quercubus arrident quercus, assibilat alno
>   Alnus, et in cedrum nutat amica cedrus....

Nous terminerons ces citations par une pièce que l'auteur adresse à un Lyonnais qui s'appelait probablement Régis ou Leroy :

Ad regium Lugd.

> Invadant urbes alii, dominentur et ipsis,
>   Regna regant, populis imperitare juvet.
> Urbs tibi tu, populusque : tibi dominaris et ipsum
>   Te regis. O quantum est imperitare sibi.

Voyez ci-après, année 1634, *ad calcem.*

1627. — *Les six premiers livres des Eléments géométriques d'Euclide*, avec les démonstrations de *Jacques Pelletier du Mans.* A Geneve, de l'imprimerie et frais de *Jean de Tournes* (1). 1627. In-8º. (B. de L., 13780). — La dédicace de *Jean de Tournes* (2ᵉ du nom) à la *Noblesse françoise,* se termine ainsi : « .... Et vous, Généreuse Noblesse, à qui Dieu a tant départi de ses graces, qui avez le cœur si noble, et qu'on peut nommer comme membres de la plus belle et plus florissante monarchie qui soit ny qui fut jamais au monde, voulez-vous qu'à présent et à l'advenir, on ne puisse vous reprocher et à votre mémoire, qu'au lieu d'estre estançons, solides colonnes et arc-boutans de ces belles fleurs de lis, vous abbatez par vos propres mains, de jour à autre, les piliers qui les peuvent maintenir contre les bourrasques de la mer impetueuse de ce siècle? Sur la pointe d'une esguille vous fondez des querelles; vous appellez honneur ce qui est directement contre l'honneur

---

(1) Ce *Jean de Tournes* doit être le troisième du nom ; c'était probablement le fils de *Jean II.* mort à *Genève* en 1615.

de Dieu? vous vous bouchez les oreilles contre les commandements qui vous sont donnez en la sainte Escriture? contre les conseils et admonitions de vos parents, de vos amis, de ceux qui vous sont donnez pour conducteurs et pour directeurs de vos actions? contre les édits formels de vostre prince (1), de ce grand *Henry* qui sçavoit, si jamais homme le sçeut, que c'est du poinct d'honneur? Ha! Messieurs, pardonnez moy, je vous prie, si je vous dis franchement que vous pouvez et devez mieux faire, tant pour l'obeissance que vous devez à Dieu, que pour le devoir et obligation que vous avez à la France vostre patrie. Le prince des princes, le Seigneur des seigneurs, à l'honneur duquel tous les habitants de la terre doivent buter, vous vueille de plus en plus combler de ses graces, à sa gloire, et au bien et repos de la France. De mon imprimerie, ce 28 may 1611. IEAN DE TOURNES. » — Cette édition de 1627 des *six premiers livres des Elémens géométriques d'Euclide*, n'est pas citée par *Hoffmann*. Il doit y en avoir une de 1611, date de la dédicace, qui n'est pas non plus citée par ce bibliographe.

1627. — *La Vie du glorieux confesseur S. Homobon,* cousturier, protecteur de la ville de *Crémone,* et patron des couturiers (par le P. *Henry Albi,* jésuite). A Lyon, chez *François de la Bottiere.* 1627. In-12. — En 1668, les négociants de Lyon prirent saint *Homobon* pour leur patron, et établirent leur confrérie dans l'église des P. *Feuillants.* Voyez la *Biogr. Lyonn.*, art. HOMMEBON, et les *Publ.* de 1668, article *Institution....*

1628. — *Février 3. Ch. Barth. Morisot* a joint à la lettre qu'il écrivit, de *Dijon,* à *Paul Rubens,* une pièce de vers intitulée *Porticus Medicaea* (la galerie de *Médicis*), dans laquelle il décrit les tableaux peints par cet habile artiste. Le sujet du 9e tableau est le mariage d'*Henri IV* avec *Marie de Médicis.* La description que *Morisot* en a faite commence ainsi :

> Jamque Araris Rhodanique Deae (quo nomine gaudet
> Lugdunum, bifidos urbs inter nobilis amnes)
> Curras adest....

1628. — *Avril* 28. Une procession générale, partie de la Cathédrale, se rend à la chapelle de *S. Roch* (2) pour implorer la protection de ce saint contre la *peste* qui désolait l'Italie, et qui s'était même manifestée dans le Midi de la France. Voyez ci-après au 7 et au 17 *octobre,* etc.

1628. — *Mai* .... On envoie de Lyon du canon à M. *de Montmo-*

---

(1) *De Tournes,* qui était protestant, se plaint ici de l'inexécution des édits rendus par *Henri IV* en faveur des religionnaires. Il est probable qu'il aurait voulu rentrer en France d'où il avait été obligé de sortir, à cause de sa religion, en 1585. Voyez les *Publications* de 1610, *Iac. Pelletarii in Euclidis Elementa....*

(2) Cette chapelle était sur la colline de S. *Just,* hors les murs de la ville. On avait fait vœu de l'élever pendant la peste de 1577. On en posa les fondements en 1581. DAGIER, *Hist. de l'Hôtel-Dieu,* année 1628 ; *Alm. de Lyon* pour 1755, p. 47.

ranci **pour assiéger** *le Pouzin*, qui se rendit à composition sur la fin de ce mois. Mém. *de Richelieu*, p. 508 de l'édition de 1837.

1628 — *Juin* .... Les troupes de M. *de Mantoue* arrivent à Lyon, pour se rendre en Dauphiné. Mém. *de Richelieu*, p. 546 de l'édit. de 1837. — On lit dans l'*Histoire de Lyon*, par M. *Morin*, VI, 136 : « Des troupes louées par le duc de Mantoue, charriaient, dit-on, avec elles, le fléau (la *peste*) comme leur bagage. Ce qu'il y a de certain, c'est que ces mercenaires marquaient leur passage par la dévastation et tout ce qui vient à la suite des bandes sans discipline ; en sorte qu'ayant traversé le Lyonnais, des troupes de paysans fugitifs encombraient la ville au moment où la peste s'y déclara.... »

1628. — *Juillet* 7. Le Consulat reçoit avis que la *peste* règne à *Parayle-Monial*, *Saint Didier*, *la Chapelle*, divers points de la Bourgogne, et, en même temps, à *Vaux*, en Dauphiné, aux portes de Lyon. J. Morin, VI, 136.

1638. — *Août* 6. Mort de *Charles Miron*, archevêque de Lyon. — Ce prélat, qui était fils de *Marc Miron*, seigneur de *l'Hermitage*, et de *Marie Gentian*, naquit en 1570. Sa famille, originaire de la Catalogne (1), a produit plusieurs personnages illustres dans la robe (2). Grâce au crédit de son père, premier médecin d'Henri III, Charles qui avait à peine atteint sa dix-huitième année, fut nommé, en 1588, évêque d'Angers. Toutefois il ne prit possession que l'année suivante, malgré les oppositions du Chapitre qui lui garda longtemps rancune. Les différends qu'il eut au sujet de la juridiction épiscopale dont ses chanoines se prétendaient exempts, l'engagèrent, en 1616, à se démettre de son évêché, en faveur de Guillaume Fouquet de La Varenne, qui lui donna plusieurs abbayes, et entr'autres celle d'*Ainay*, (3) ; mais, après la mort de son co-permutant, arrivée en 1621, il fut nommé de rechef à l'évêché d'Angers. Un de ses premiers actes fut d'excommunier l'archidiacre de sa cathédrale, qui avait appelé comme d'abus des procédures faites contre lui par ce prélat ; mais le parlement, par arrêt du 30 juin 1623, le condamna à révoquer cette excommunication, ordonna que son temporel fût saisi, et lui défendit de procéder à l'avenir par telles voies. Irrité de cet arrêt, *Charles* eut recours à Rome dont il obtint un bref qui fait un cas réservé au S. Siège du recours aux juges séculiers par les ecclésiastiques : mais le bref fut sans effet. L'archevêché de Lyon étant devenu vacant par la mort du cardinal *de Marquemont*, arrivée à Rome le 16 septembre 1626, Charles se fit transférer à ce siège, par une bulle d'Urbain VIII, du 2 décembre suivant. Ce Pape qui avait cru pouvoir disposer librement du siége de Lyon, parce qu'il avait vaqué *in curia*, signifia au Roi la nomination qu'il avait faite ; mais l'avocat-

(1) Un des neuf barons de Catalogne, Mgr. *de Pins*, a administré le diocèse de Lyon pendant l'exil du cardinal *Fesch*, et jusqu'à la mort de ce prélat, qui a eu pour successeur Mgr. *de Bonald*.

(2) *Gabriel Miron*, qui fut intendant à Lyon, de 1564 à 1567, était probablement oncle de *Charles*.

(3) Si les auteurs du Moréri, auxquels nous empruntons ce fait, ne se sont pas trompés, il faut placer sur le catalogue des abbés d'*Ainay*, *Charles Miron* qui n'y figure pas, et le glisser entre *Guillaume Fouquet de la Varenne* et *Camille de Neufville*.

général Talon, ce constant défenseur des libertés de l'Eglise gallicane, se hâta de mettre à couvert les droits du roi, en protestant contre cette nomi‑nation (1). Toutefois les choses s'arrangèrent, et Charles prit possession par procureur de l'archevêché de Lyon, le vendredi 12 février 1627. Le 16 juin suivant, le nouveau prélat tint dans son palais une assemblée où il fit un règlement relatif aux fonctions des archiprêtres, et aux congrégations des curés de son diocèse. La même année, il permit aux dames de la *Visitation Ste‑Marie*, de fonder un second monastère à l'*Antiquaille*, mais différentes circonstances et, sans doute, la peste qui éclata l'année suivante, retardèrent l'établissement de ce monastère (2). Nous ne connaissons pas d'autres actes de l'administration de Charles, dont l'épiscopat fut de bien courte durée. Le 6 août 1628, il était allé rendre une visite à *Marguerite de Quibly*, supérieure des religieuses de *Notre‑Dame de la Déserte*. C'était une des plus belles, des plus aimables et des plus vertueuses femmes de son temps (3). Pendant qu'il s'entre‑tenait avec elle des réformes que la jeune abbesse voulait introduire dans son monastère, le vénérable prélat fut frappé d'apoplexie. On se hâta de le trans‑porter dans son palais, mais à peine y fut‑il arrivé qu'il rendit les derniers soupirs. Quoiqu'il ne fût âgé que de 58 ans, il se trouvait alors le plus ancien des prélats de France. Cette mort prématurée ne précéda que de peu de jours l'explosion de la peste la plus cruelle qui ait jamais affligé la ville de Lyon. On aurait pu inscrire sur la tombe du pasteur qu'elle venait de perdre, ces mots du prophète Zacharie : *Percutiam pastorem, et dispergentur oves*, XIII, 7. Charles avait toujours été très‑attaché à *Henri IV*. Il fut présent à l'abjuration de ce prince, il assista à son sacre, et prononça son oraison fu‑nèbre dans l'église de Saint‑Denis. Les historiens disent que ce discours fut goûté et applaudi, mais il paraît qu'il ne fut pas imprimé. Suivant *La Mure* (4), Charles passait pour un des plus grands orateurs de son temps ; il eut pour vicaire général *Hector de Crémeaux*, doyen du chapitre de la cathédrale. Il portait son écusson écartelé des armes de son père et de sa mère, le premier et le dernier quartier de gueules, au miroir à l'antique, glacé d'argent, pommeté d'or qui est *Miron*, second et troisième d'argent à trois fasces vivrées de gueule, et une bande d'azur sur le tout semée de fleurs de lys d'or, qui est *Gentian*. LA MURE cite quelques livres de liturgie, à l'usage de son diocèse, qui furent publiés par ses soins. Voyez les *Public.* de 1628. *Chronologia his‑torica....*

---

(1) *Gallia christiana*, et DU TEMS, *Clergé de France*. IV.

(2) *Rituel* de M. de *Montazet*, I, xxxj ; *Alm. de Lyon*, pour 1755, p. 83 ; *Hist. de l'Hospice de l'Antiquaille*, par M. *Achard‑James*, p. 28.

(3) «.... Sa taille était haute, fine et aisée ; son visage des plus réguliers avait le tour juste, les traits délicats, les couleurs douces et mêlées fort agréablement ; on ne vit ja‑mais des yeux ni plus vifs ni plus chastes, etc. » *Oraison funèbre de Marguerite Quibly* (par *Pierre Polla*, jésuite) ; Lyon, 1675, petit in‑8°, p. 110. PERNETTI, qui a défiguré bien des noms, l'appelle *Guibly*. Elle était née le 17 février 1594 ; elle mourut le 12 juin 1675. Avant elle, il y avait une grande *liberté* dans son monastère ; elle y rétablit la discipline, malgré l'opposition de quelques‑unes de ses brebis. Une d'elles voulut un jour mettre le feu dans l'endroit où se trouvait l'abbesse, afin de l'y brûler toute vive. Une main invisible arrêta le bras de cette insensée, qui, chassée du couvent, se sauva à Genève, où elle fit une double apostasie. Voyez l'*Oraison funèbre* déjà citée, p. 50.

(4) *Hist. ecclés. du diocèse de Lyon*, p. 219.

1628. — *Août 8.* — Le Consulat reçoit de nouveaux avis des progrès de la contagion ; des maladies suspectes lui sont signalées à *la Guillotière.* J. MORIN, VI, 136.

1628. — *Septembre 9.* — M. *de Villeroy,* revenu tout exprès de sa retraite de *Kimy,* convoque le Consulat à son hôtel. Il est ordonné que tous les chefs de famille qui sortiront de la ville, seront tenus de laisser personnes capables de porter armes en cas de nécessité ; qu'ils reviendront à première injonction ; que tous les capitaines penons, lieutenants et enseignes seront tenus de rentrer dans demain ; qu'ils dresseront un rôle de ceux de la religion prétendue réformée, etc. » J. MORIN, VI, 138.

1628. — *Septembre 11.* — Une ordonnance du Consulat défend de tirer des coups d'arquebuse, mousquet et pistolet, sous prétexte de dissiper le mauvais air. - Voyez ci-après, *Septembre* 1638.

1628. — *Septembre 12.* — Le Consulat enjoint à chaque penon de se transporter, assisté d'un sergent et de 3 à 4 soldats, « dans les maisons de ceux de la religion prétendue réformée, pour prendre par inventaire, et retirer en leur pouvoir toutes les armes qui s'y trouveront. »

1628. — *Octobre 3.* — Le Consulat fait compter aux Pères Minimes *Torvéon* et *Millet* 365 livres pour les frais du voyage qu'ils feront à *N. D. de Lorette,* afin d'y rendre le vœu de la ville. J. M.

1628. — *Octobre 7.* — Une des victimes de la peste, qui fit, cette année, de si grands ravages à Lyon, fut un sieur *Jean Prudhomme* (1), qui fut enterré à *Fontanières,* paroisse de *Sainte-Foy-lès-Lyon,* à l'angle d'un mur de terrasse, où se lit encore cette inscription :

A LA GLOIRE DE DIEU.

DAME ESTIENNETTE NALOT A FAIT ESLEVER CESTE CROIX

HONORANT LA MEMOIRE DU SIEUR JEAN PRUDHOMME, SON MARY,

DVQVEL LES OS REPOSENT SOUBS ICELLE,

QVI DECEDA EN CE LIEV DE LA MALADIE CONTAGIEUSE,

LE 7 OCTOBRE 1628. — 1629.

1628. — *Octobre 17.* — Le P. *François Boulon,* jésuite, professeur de rhétorique et de philosophie au Collège de la Trinité, né à Chamblay, près de Dole, en 1578, meurt victime de son zèle à secourir les pestiférés (2) Voyez sa notice dans la *Biogr. univ.,* et dans la *Revue du Lyonnais.* Voyez aussi le *Catal. des Mss.* de la B. de Lyon, n° 6.

1628. — *Octobre 24.* — L'Administration de la santé, présidée par

____

(1) Le célèbre journaliste, *Louis Prud'homme,* mort à Paris le 20 avril 1830, naqui à Lyon en 1752 ; il était probablement de la même famille, et peut-être le fils du relieur cité p. 3 et 14 des *Nouveaux Mélanges* de M. *Breghot du Lut.*

(2) « Il mourut avec sept de ses confrères dans cet exercice de la plus éminente piété. » COLONIA, *Hist. litt.,* II, 733.

M. *de Silvecane* (1), exposé dans un mémoire adressé au roi pour réclamer des secours, que le nombre des pestiférés alors à l'hôpital de *Saint-Laurent*, était de six mille, indépendamment de ceux qui étaient malades dans leurs maisons, etc. J. MORIN, VI, 140. Voyez aussi les *Recherches historiques* sur l'église de Brou, par M. *Baux*, p. 304, et ci-dessus, 21 *déc.* 1612.

1628. — *Novembre ....* — Vers les premiers jours de ce mois, le Consulat reçut des lettres du roi qui ordonnait des réjouissances publiques au sujet de la prise de *La Rochelle*. L'échevin *Charles Bayle* (2), représentant le Consulat, assista au *Te Deum* qui fut chanté à la cathédrale, en l'absence du gouverneur et de l'archevêque (3). J. MORIN, VI, 143.

1628. — *Novembre* 16. — La comtesse *de Gadaigne* fait don de 24,000 livres aux *Pères Jésuites* du Collége de la Trinité, à condition d'établir du côté de *Fourvière* une maison pour l'enseignement des trois basses classes. Voyez la *Revue du Lyonn.*, 1, 403 - 5, ci-après, au 17 *septembre* 1630.

1628. Le P. *Jean-François*, de la famille des *Bartholi* de Florence (4) et le P. *Antoine*, de Lyon, de la famille des *Murard*, de Lyon, tous deux capucins, moururent de la maladie contagieuse, avec trente de leurs confréres, en se dévouant au service des pestiférés. PERNETTI, 11, 3. — Lorsque l'honorable M. *Viennet* fit une satire si amère contre les fils de S. *François d'Assise*, il ne se souvenait sans doute plus que ces braves religieux avaient mérité les éloges de *Montaigne* : « Pour n'être continent, « humble, mortifié ni fervent, dit l'auteur des *Essais*, je ne laisse pas « d'avouer sincérement toutes ces vertus chez les *Capucins*, de bien trou- « ver l'air de leur train, et de m'édifier à leurs fatigues apostoliques (5). » — Dans son *Voyage en Italie*, Montaigne ne s'explique pas avec moins de franchise sur les *Jésuites* : « C'est merveille, dit-il, combien de part ce Collége tient en la chrétienté, et crois qu'il ne fut jamais confrérie et

(1) M. *de Silvecane* et M. *Melier* étaient les seuls officiers de la justice qui fussent restés à Lyon. Le roi avait ordonné que le siège présidial fût transféré dans une autre ville, mais on lui représenta que ces deux officiers étaient restés à leur poste, et n'avaient cessé de « tenir la cour et de rendre droit aux parties... » C'était dans une des salles de l'*Archevêché* qu'ils tenaient leurs audiences. J. MORIN, VI. 141.

(2) *François de Chapponay* était alors prévôt des marchands ; trois échevins avaient fui avec lui : *Hugonin de Bourg, Benoit de Pomey* et *Jacques Prost*.

(3) *Alphonse de Richelieu*, archevêque d'*Aix*, qui devait succéder à *Miron*, mort le 6 *août* de cette année, n'avait pas sans doute fait encore ratifier son élection par la cour de Rome. Voyez ci-après au 15 *mars* 1629, et *août* 1638

(4) Deux membres de cette famille figurent dans nos fastes consulaires, 1° *Thomas Bartholi*, écuyer, conseiller du roi et receveur des deniers du diocèse de Lyon, marié le 7 janvier 1589, à *Suzanne de Villars* (sœur de *Balthasar*), échevin en 1604 et 1605, lequel émigra de Lyon lorsque cette ville se déclara pour la Ligue ; — 2° *Etienne Bartholi*, prévôt des marchands en 1691.

(5) Voyez CHASSAIGNON, *Cataractes de l'imagination*, II, 334.

corps parmi nous qui tînt un tel rang, ni qui produisît enfin des effets tels que feront ceux-ci. Ils possèdent tantôt toute la chrétienté. C'est une pépinière de grands hommes en toute sorte de grandeur. C'est celui de nos membres qui menace le plus les hérétiques de notre temps.... »

1628.—Mort de *Jacques Jacquet*, Carme, né à Lyon, auteur d'ouvrages théologiques, etc., cités, t. I, p. 670 de la *Biblioth. Carmelitana* ; mais on y a omis sa traduction d'un livre du P. *Valère Renaud*, sur les cas de conscience ; Lyon, 1623, in-12, mentionnée par M. *Weiss*, t. 37, p. 328 de la *Biogr. univ.* — *Jacques Jacquet* était probablement de la même famille que son homonyme, *Jacques Jacquet*, échevin en 1594, qui fut député par le Consulat, avec *Pierre Allard*, autre échevin, auprès du maréchal d'Ornano, pour traiter de la reddition de la ville, et la rendre à l'obéissance du roi. Voyez les *Publications* de 1621, *Compendiaria praxis......*

1623. — Peste de 1628 et 1629 (1). — « Lyon s'était repeuplé depuis les ravages de la contagion en 1564, 1577 et 1582 ; mais des symptômes alarmants le tenaient depuis un demi-siècle dans un malaise presque continuel. Une procession générale partie de S. Jean, le 28 *avril* 1628, avait été implorer la protection de S. *Roch* ; car la peste désolait l'Italie, et s'était même manifestée dans le midi de la France. Elle se montra aux portes de la ville, à la fin du mois de *juin* ; quelques soldats l'y avaient ramenée en revenant d'au-delà des Alpes. Le village de *Vaux* éprouva les préludes de sa fureur ; ils furent terribles. Deux Capucins s'y rendirent le premier jour d'*août*. Renfermés avec les pauvres villageois auxquels tout commerce extérieur était interdit, ils manquèrent de tout, de pain même, et succombèrent au bout de quelques jours (2). Cependant le fléau alla serrant la ville de plus près. On apprit avec terreur, au mois de septembre, qu'il avait attaqué le faubourg de la *Guillotière*. Des gardes avaient été mises aux portes, mais il paraît qu'elles manquèrent de vigilance, car la contagion franchit bientôt le *Rhône*, cachée, dit-on, dans quelques vêtements infectés, qui furent vendus auprès de l'église de S. *Nizier*. Les magistrats firent aussitôt visiter toutes les personnes qu'on soupçonna d'être atteintes ; on condamna les portes de leurs maisons. Mais toute précaution allait devenir insuffisante. Le soir même ou le lendemain de ce jour fatal, le fléau avait franchi la *Saône*, et désolait le quartier *Saint-George* ; quinze jours après, il avait envahi toute la cité (3). Rien pourtant dans la nature n'avait pu favoriser cet épanchement subit de la contagion. La campagne souriait couronnée de fruits de

______

(1) Nous empruntons ce récit à la *Notre-Dame de Fourvière* de M. l'abbé *Cahour* ; il est plus complet et plus exact que celui de *J. P. Papon* que nous avons joint à notre *Notice sur A. L. du Plessis de Richelieu*, Lyon, *Barret*, 1829, in-8°. — La relation qui se trouve dans le *Mercure françois* a été reproduite dans les *Archives curieuses* de l'histoire de France, tome 1 de la 2ᵉ série.

(2) *Annales minorum capucinor.*, tome 3, ad ann. 1628, p. 739. *Traité de l'estat pitoyable auquel se trouva la province des capucins de Lyon pendant le temps de la peste, en l'an 1628*, par le P. *Michel-Ange Bergon*, définiteur des Capucins de Lyon, ch. 1 (Ms de la B. de Lyon, nᵒˢ 1232 et 1364.

(3) *Lyon affligé de contagion*, par le P. *Jean Grillot*, p. 21, 23 et 31.

l'automne ; le ciel éta't serein ; une bise légère purifiait l'air , mais le mal allait se jouer de tout. Il s'éloignait des lieux infectés, des rues étroites , des quartiers étouffés, tandis qu'il sévissait dans les demeures aérées et sur les col- linés (1). Les remèdes dictés par l'art et l'expérience furent presque toujours employés sans succès. Les médecins les plus francs et les plus habiles se retiraient du lit des mourants , consternés , avouant qu'ils ne comprenaient rien à une maladie entour e d'accidents étranges (2). — Le bruit s'était ré- pa: du dès les premiers j urs , que de nombreux malfaiteurs posséd s du be- soin de nuire, mus par une fureur infernale , composaient un onguent pes- tilentiel dont ils enduisaient les vêtements et les portes; et qu'ils déposaient jusque dans l'intérieur des maisons et des églises. On rûla du genièvre et des parfums de toute espèce dans les rues et sur les places publiques. Le peuple crut avoir découvert quelques-uns de ces mi érables qu'il appelait *engraisseurs* ; ils furent massacrés sur le champ, sans excuse et sans pitié , malgré leurs cris et leurs protestations d'innoc nce. — Les rues étai nt dé- sertes , les boutiques fermées. Ceux que les besoins de la vie et les devoirs de religion forçaient à sortir , se munissaient de flacons d'odeur, marchaient à grands pas , silencieux et solitaires; les amis, les parents n'osa ent plus s'aborder. Si quelque affaire indispensable obligeait un étranger à passer par Lyon , il n'y paraissait qu'à cheval, la bouche couverte de son m nteau , courant à bride abattue, comme si l'ennemi l'eût poursuivi l'épée dans les reins.—Des milliers d'habitants avaient pris la fuite (3) , mais ceux qui ne s'échappèrent qu'à la fin de *septembre* , quand la terreur fut répandue dans les campagnes environnantes , ne purent trouver d'asile ni dans les villes, ni dans les villages ; chassés par les paysans qui les poursuivaient à coups de pierres , ils erraient çà et là, sans vivres , loin des habitations , et mou- ruient délaissés au milieu des champs et des bois. La faim en ramena un grand nombre à Lyon , quelques familles restèrent plusieurs mois dans des barques sur le *Rhône* et sur la *Saône* , occupées à s'isoler de toute part. — Le prévôt des marchands et les échevins montrèrent , dès le principe du mal, beaucoup de dévouement et de constance ; mais dix mille personnes avaient déjà succombé avant que la police eût eu le temps de se reconnître. On nomma treize commissaires chargés de faire exécuter les ordonnances sanitaires , d'empêcher les communications dangereuses , de veiller à l'ordre

(1) Le P. GAILLOT, p. 22 et 38. — Il paraît cependant que la *Croix-Rousse* fut exempte de la peste... On voyait autrefois à la montée de la *Grande-Côte*, au-dessus de la rue *Neyret*, sur la porte d'entrée d'une maison, une petite statue de S. *Roch* avec cette légende : *Ejus praesidio non ultra pestis.* 1628. L'image du protecteur de ce quartier a disparu pendant la révolution, et en renouvelant l'inscription, il y a quelques années, on en a retranché les mots *ejus praesidio.*

(2) Une transpiration forte sauva quelques malades traités à temps. Deux frères bou- langers avaient été attaqués à la même heure. Le plus jeune se mit aussitôt dans son four, qui était encore très chaud ; et la sueur abondante qu'il y versa emporta la mala- die. L'autre , qui ne voulut pas suivre son exemple, mourut au bout de cinq jours. Il y en eut qui, dans les ardeurs de la fièvre, se guérirent en buvant du vin. Des hommes du peuple bien portants, persuadés qu'il fallait chasser le mauvais air avec le bon vin. en firent un usage immodéré , et périrent en grand nombre. J.-B. PAPON, *de la Pes- te*, etc., I, 17.

(3) *Balthasar de Monconys*, célèbre voyageur, né à Lyon le 1er mars 1608 (et non en 1611), fut alors envoyé par ses parents à *Salamanque*, et il y fut reçu docteur en droit. A. P.

des hôpitaux, de réprimer les émeutes et les brigandages (1). Ces officiers avaient pouvoir de vie et de mort. Ils firent dresser des potences sur les places publiques, afin d'effrayer les malfaiteurs. — Un grand nombre de religieux et de prêtres séculiers s'étaient dévoués au service des pestiférés. Ils étaient couverts d'une sorte de treillis ou toile gommée, portaient une baguette blanche d'une main, un crucifix dans l'autre, à leur cou pendait un vase sacré rempli d'hosties. Les *Capucins*, heureux d'avoir fourni les premières victimes à la charité, prodiguèrent leur vie dans la paroisse de *Saint-Paul* et à l'hôpital des pestiférés. Les *Minimes*, animés par un vieillard de soixante-huit ans, s'exposèrent dans les quartiers de *Saint-Jean* et de *Saint-George*. Huit *Recollets* exercèrent leur zèle à *Saint-Clair* et à l'*Hôtel-Dieu*; les Pères du *Tiers-Ordre*, à *La Guillotière*; les Jésuites, entre le *Rhône* et la *Saône*, depuis l'église de *Saint-Nizier* jusqu'à celle d'*Ainay*. Les *Carmes deschaussés* et plusieurs autres religieux se sacrifièrent ailleurs; nous ignorons dans quels quartiers (2). — Cinq à six chariots et trois barques, toujours en mouvement, portaient les malades et les cadavres au confluent des deux fleuves, qui s'unissaient alors à peu de distance de l'église d'*Ainay* (3). Dans le champ appelé alors *la Garenne*, derrière le magnifique rempart qui couvrait l'abbaye, on avait construit des cabanes à la hâte. L'île voisine, nommée le *Broteau d'Ainay*, et comprise aujourd'hui dans le quartier Perrache, en fut aussi couverte. C'est là qu'on soumettait aux épreuves de la quarantaine tous les convalescents, et ceux que le commerce avec les pestiférés avaient rendus suspects. Vis à vis, sur la rive droite de la *Saône*, s'élevait l'hôpital de *S. Laurent* (4); où l'on déposait ceux qui étaient frappés de contagion. Ses bâtiments ne purent bientôt plus suffire; on y compta jusqu'à quatre mille malades à la fois. Les cours et les jardins étaient remplis de ces malheureux qui expiraient couchés pêle mêle, les uns sur les autres, exposés aux injures de l'air. L'imagination frémit au souvenir des maux de toute espèce qui se trouvèrent réunis dans cette enceinte. La bise soufflait; la saison devint rigoureuse aux mois d'octobre, de novembre et de décembre. Des milliers de misérables ne savaient plus où s'abriter. Un grand nombre de pestiférés avaient appuyé leurs huttes contre le mur d'une terrasse, élevée au pied de la colline; un orage survint; la pluie fut affreuse; un torrent se précipitant à l'improviste des hauteurs voisines, mina les fondements de la muraille, qui ensevelit tout-à-coup une foule de victimes sous ses ruines. Ce qui rendait surtout épouvantable le spectacle de cet hospice infect, tumultueux, jonché de morts et de mourants, c'était la monstrueuse variété des accidents qui accompagnait l'agonie des malades. Un sommeil pénible, des songes effrayants, de violents maux de tête, des douleurs de reins avaient été les avant-coureurs du fléau. Ceux qu'il avait frappés arrivaient à *Saint-Laurent*, couverts d'exanthèmes livides, de charbons et de

(1) Parmi ces commissaires, on trouve *Jacques Cretenet*, qui depuis institua les missionnaires de Saint-Joseph, *Gabriel Cartier* et *Paul Roussin* dit *Lacroix*. A. P.

(2) Le P. Grillot, p. 35, 88 et suiv.; le P. Théophile Raynaud, *de Martyrio per pestem*, tome 18 de ses OEuvres, p. 490.

(3) Ce ne fut qu'à la fin du siècle dernier qu'un bras hardi fit fléchir le *Rhône*, et recula sa jonction avec la *Saône* jusqu'au quartier de la *Mulatière*.

(4) Cet hôpital fut fondé, à l'instigation du savant dominicain *Sante Pagnino*, mort à Lyon en 1536, par *Thomas de Gadagne*, riche banquier de *Florence*, établi à Lyon, où il mourut, suivant une note de M. *Cochard*, avant 1545. A. P.

bubons, étouffés par des abcès à la gorge. Ils périssaient souvent après des vomissements affreux, ou épuisés par des flux de sang continuels. Plusieurs atteints à l'improviste, comme d'un coup de foudre, avaient expiré sans avoir eu le temps de se traîner jusqu'au pied de leurs lits : quelques autres, déchirés par de longues souffrances, ne pouvaient rendre l'âme qu'après trois jours d'une lutte violente. On en voyait qui demeuraient plongés dans un sommeil profond ; les confesseurs en obtenaient à peine quelques paroles. D'autres, au contraire, s'agitaient jour et nuit, travaillés par des insomnies perpétuelles, appelant en vain le repos, brûlés par une fièvre ardente ; ils tombaient souvent dans de longues défaillances, sans pouls, immobiles, pâles comme si la vie les eût abandonnés. Il s'en trouva qu'il fallut enchaîner dans les accès de leur délire ; une frénésie obstinée les avait saisis dès les premières atteintes de la contagion ; elle les exaltait jusqu'à la fin, et leurs derniers soupirs étaient des hurlements affreux. Quelques-uns passèrent six à sept jours sans nourriture, tandis que d'autres ne pouvaient se rassasier. La mort sembla se jouer quelquefois de ses victimes ; des malheureux, sur le point de recevoir le dernier coup, s'écrièrent qu'ils étaient guéris, et expirèrent en se livrant aux démonstrations d'une joie excessive. — Cependant ni les chars, ni les fossoyeurs ne purent suffire au nombre des malades et des morts qu'il fallait conduire à *Ainay* et à *Saint-Laurent*. Tous les hospices furent encombrés dès la fin du mois de *septembre*. La contagion atteignit ou enleva jusqu'à trois ou quatre cents personnes par heure : la ville ne fut plus qu'un vaste hôpital ; les rues, les maisons même étaient jonchées de cadavres; on les ensevelissait à la hâte dans les jardins, et jusque dans les caves. Les religieux étaient souvent obligés de passer au milieu des morts étendus dans les chambres et dans les escaliers, pour porter secours à ceux qui respiraient encore. Des familles entières succombaient à la fois, et personne n'était là pour leur donner des remèdes et la sépulture. On découvrit des cadavres abandonnés depuis plus de huit jours dans des maisons désertes ; il fallut les y couvrir de chaux vive ; on n'eût pu les remuer sans infecter tout le voisinage (1). Tandis que tous les habitants étaient atteints par la contagion ou frappés de stupeur, la générale battit un jour (2). L'ennemi, disait-on, arrivait pour surprendre la ville. C'étaient sans doute les protestants qu'une terreur panique faisait craindre. Tous ceux qui peuvent encore soutenir les armes courent aux portes ; on établit des corps-degarde ; on met des sentinelles partout ; on n'entend que le bruit des fifres et des tambours. Ce rassemblement tumultueux ne servit qu'à propager la contagion. Plusieurs de ceux qui jusqu'à ce moment s'étaient préservés de la peste, la prirent. Sur quarante personnes qui montèrent la garde pendant la nuit, vingt y furent frappées du mal. Le lendemain les rues étaient redevenues désertes et silencieuses. — Il y eut des hommes chez qui l'excès des maux éteignit tout sentiment d'humanité. En retrouvant dans les mémoires contemporains la peinture de leur frénésie, le cœur nous a manqué plus d'une fois, et notre plume se refusa d'abord à la reproduire. Mais il est des leçons qu'un historien ne doit pas taire. Avant de montrer le courage du plus grand nombre des habitants fortifié par une résignation chrétienne, nous

(1) « Ceux qui nous avoient appelés, dit le P. *Grillot*, étoient souvent aussi incommodés que les malades eux-mêmes ; et maintes fois, en entrant, nous ne trouvions que des morts dans les lits et les chambres, au lieu d'infirmes. »

(2) Le P. Grillot, p 36.

devons faire voir jusqu'où peut aller la dégradation quand la religion n'est pas là pour soutenir la nature. — On rapporte qu'à *Saint Laurent* quelques misérables ne trouvant plus de bois pour construire des cabanes, dressèrent des cadavres roidis par la mort, en les liant entre eux, les couvrirent avec d'autres corps étendus en forme de toit, et rendirent le dernier soupir sous ces refuges livides, hideux (1). Dans la ville on attendait avec impatience les chars funèbres pour y déposer ceux qui venaient d'expirer; et souvent la crainte de manquer l'occasion y fit jeter des moribonds qui luttèrent encore longtemps entre la mort et la vie. Quelques-uns se débattaient sans voix, mais en vain, entre les bras des farouches conducteurs du fatal tombereau. Les religieux en trouvèrent plusieurs déjà ensevelis qui respiraient encore, étendaient même les bras hors du linceul. On vit avec horreur un de ces malheureux porté jusqu'au broteau d'*Ainay*, et déposé le soir avec un tas de cadavres sur le bord de la fosse immense où la tombée de la nuit avait empêché de le précipiter, se dégager le matin du milieu des morts parmi lesquels il avait passé dix heures, et regagner péniblement sa maison. Il reprit lentement ses forces et survécut au fléau. — Une satanique exaltation s'était emparée de ces hommes chargés par la police de recueillir les victimes que la contagion moissonnait à chaque instant. A force de traiter avec la mort, ils l'avaient méprisée. Leur horrible métier était devenu pour eux un objet de spéculation, une assurance d'impunité dans l'exercice de leur brigandage : ils avaient fini par se regarder comme des porte-faix aux gages du fléau, intéressés au succès de ses opérations. Ils pillaient les maisons, et dépouillaient jusqu'aux cadavres. Un des témoins oculaires qui nous ont transmis la plupart des détails que nous venons de tracer, assure qu'il en a vu conduisant à *Ainay*, au son du haut-bois, des barques chargées de cadavres ; que d'autres entassaient sur la même charrette, des morts, des malades, des coqs d'Inde, des épaules de mouton et des flacons de vin. Le même auteur, qui était religieux, fut apostrophé à *Bellecour* par un jeune homme de vingt ans, à formes athlétiques, qui, le chapeau sur l'oreille, un pied en l'air, et se tenant les côtés à deux mains, comme transporté d'un contentement indicible, se mit à chanter en le regardant ; puis s'arrêtant tout court : « C'est ainsi, s'écria-t-il, d'un ton à glacer d'horreur, que, tous les matins, je chantais et me réjouissais à *Saint-Laurent* quand j'enterrais les morts ; je n'en saurais dire le nombre (2). — Il se trouva des compagnes dignes de pareils monstres. C'est au milieu du deuil et de l'épouvante générale que plusieurs célébrèrent les orgies de leurs noces. On entendit une de ces misérables se vanter en pleine rue d'avoir cousu dans le linceul son père, sa mère, son mari et ses enfants. Une autre ensevelit jusqu'à cinq ou six époux qu'elle prit successivement pendant quelques mois. La peste s'étant un peu calmée pendant l'hiver, la ville retentit tout d'un coup des joies bruyantes de nombreux hyménées. Huit jours après, la nouvelle lune et le vent du midi avaient rallumé la contagion, et presque tous ces nouveaux mariés périrent. — Mais abandonnons ces peintures hideuses de l'irréligion et du désespoir, pour passer à des images douces et consolantes. La masse des habitants

(1) Ms. du P. Michel-Ange, déjà cité. Ce mémoire fut rédigé par ordre du R. P. J.-M. *de Notto*, général des Capucins, et des premiers supérieurs de la province de Lyon; il réclame donc quelque confiance.

(2) Le P. Grillot, p. 52 et suiv.

s'était humiliée sous la main de Dieu. Que restait-il à ce pauvre peuple au milieu de ces épouvantables scènes, sinon de lever les yeux au ciel, et d'invoquer le nom de sa douce médiatrice ? Dès le commencement de la contagion, les magistrats avaient fait un vœu à *Notre-Dame-du-Puy* (1) , et député deux Pères Minimes à *Lorette* (2) ; mais le pélerinage de ces religieux fut long et pénible; on leur refusait partout le passage. Ce ne fut donc qu'après bien du temps et bien des tentatives qu'ils purent enfin suspendre dans la *Santa Casa* une lampe magnifique sur laquelle étaient gravés les noms des échevins (3). — Les Pénitents de *Notre-Dame du Confalon* firent des processions à plusieurs reprises. On versait des larmes, en les voyant, des fenêtres, passer couverts de gros sacs, les reins serrés avec des cordes, portant des torches en mains pour faire amende honorable à Dieu au nom de leurs concitoyens. Quelques-uns marchaient pieds nus au plus fort de l'hiver. Tous s'avançaient dans les rues désertes, en un lugubre silence qu'ils interrompaient par intervalle en chantant ce verset : *O piissima Stella maris! à peste succurre nobis...* — Si le ciel n'enchaîna pas le fléau, il versa continuellement le baume sur les plaies des victimes ; et les ministres de la religion se multiplièrent pour soutenir leur courage. Les Capucins couraient de lit en lit dans l'hospice des pestiférés ; les Jésuites occupés ailleurs leur envièrent cette mission glorieuse, et vinrent plus d'une fois partager leurs travaux. On prêchait dans les cours ; on célébrait la messe à *Saint-Laurent* et à la pointe d'*Ainay*, sur des autels élevés d'où le prêtre pouvait être aperçu d'un grand nombre de malades et de convalescents couchés en plein air, ou qui se traînaient à la porte de leurs cabanes. — Dans la ville, les confessionnaux étaient assiégés. Quand un prêtre passait pour porter des secours aux malades, on l'arrêtait dans les rues en lui demandant l'absolution ; s'il ne pouvait attendre, on l'accompagnait en se confessant. On affrontait le danger de la contagion, lorsqu'il s'agissait d'aller chercher les consolations de la foi. Les jours de fête, le peuple se groupait sur les places publiques, autour des religieux qui l'animaient à apaiser la colère du ciel, en recourant à la pénitence et aux prières. Ces rassemblements étaient dangereux sans doute ; mais on ne voyait plus d'espérance que dans la religion ; et le besoin de recourir à Dieu ne connaissait point de calcul. — Le désespoir est le comble des maux : il y a de la douceur, au contraire, à bénir, en tombant, le ciel qui nous châtie. « De plusieurs milliers moribonds que nous avons assistés, « écrivait un religieux (le P. *Grillot*), quelques mois plus tard, il ne s'en « est pas trouvé trois ou quatre qui n'aient fait à Dieu un généreux sacrifice « de leur vie. » Ainsi la nature, dégradée, comme nous l'avons vu, chez quelques malheureux livrés aux impressions de la terreur et du fatalisme, fut soutenue par la religion dans la masse du peuple, élevée même jusqu'à l'héroïsme dans un grand nombre d'individus. — Que ne pouvons-nous recueillir en quelques pages les traits sublimes de charité et de résignation consignés dans les relations contemporaines ! Nous verrions les magistrats parcourir les quartiers les plus maltraités par le fléau ; des citoyens distingués s'enfermer avec les religieux dans les hôpitaux, conduire à *Saint-Laurent* des voitures chargées de pestiférés, ou présider même aux funérailles ; des

(1) Voyez ci-après au **22 *janvier* 1629**.

(2) Les Pères *Tourvéon* et *Millet*. Voyez ci-dessus, au 3 octobre 1628.

(3) On conserve encore aux archives de la ville une ancienne image de cette lampe.

femmes attirées par les cris d'enfants à la mamelle qui s'agitaient sur le corps inanimé de leurs mères, recueillir ces petites créatures, présenter leur propre sein à leurs lèvres desséchées, ou les soutenir avec du lait de chèvre, et succomber enfin avec ces nourrissons adoptifs, victimes d'un amour puisé dans la foi. — Un vieillard fait appeler un Jésuite pour confesser son fils prêt à rendre le dernier soupir. « Mon Père, lui dit-il, avec l'expression d'une douleur profonde, mais calme, voilà le dixième de mes « enfants que je vais ensevelir de mes propres mains. Je me sens frappé « moi-même, et je me dispose à expirer le dernier. Au reste, je n'ai qu'à « remercier le bon Dieu : ils sont morts en chrétiens. J'ai été, il est vrai, « cruellement trompé dans mes espérances ; toutefois ni ma foi, ni ma cons- « tance n'ont été ébranlées. » — La prévision des horribles funérailles qui attendaient les malades abandonnés, les révoltait plus souvent que l'idée de la mort même. Quelques-uns eurent le courage de s'envelopper dans leurs draps, et de s'y coudre de leurs propres mains, dès qu'ils se sentirent frappés. Étendus sur leurs lits, ensevelis jusqu'au cou, ils ne demandaient au ciel que l'arrivée d'un confesseur, et lorsque ce vœu avait été exaucé, ils attendaient tranquillement qu'il plût à Dieu de terminer leurs souffrances. — Dans le voisinage de Lyon, un vieillard plus qu'octogénaire, mais vert encore et robuste, avait échappé aux pestes qui, depuis 64 ans, dévastaient sa patrie. Emportée par le fléau meurtrier, sa famille avait disparu ; un gendre lui était seul resté ; c'était son dernier espoir ; il venait encore de lui fermer les yeux. Lui-même se sentait enfin attaqué, et ne pouvait tarder à mourir. Mais qui l'ensevelira à son tour ? Le voilà demeuré seul dans sa chaumière ; il n'a plus d'amis, ni de voisins sur lesquels il puisse compter. Il peut rester longtemps étendu mort sur son lit, sans qu'on s'aperçoive qu'il manque, ou qu'on ose approcher pour le jeter en terre. D'ailleurs, la pensée d'une sépulture telle qu'on la donne aux animaux, lui répugne ; il veut être en-terré chrétiennement comme ses pères et ses enfants, et puisque tout se-cours étranger lui manque, il va lui-même préparer ses funérailles. Le malheureux vieillard sentant donc qu'il ne lui restait que peu d'heures à vivre, prend sa bêche et son hoyau, sort de sa chaumière, et se met à creuser la terre dans le champ voisin. Ce travail long et lugubre achève de l'abattre. Il avait quatre-vingt-quatorze ans, et la fièvre lui rompait les bras. Il persiste pourtant ; son âme était forte ; une pensée religieuse le ra-nimait. Après bien des efforts et de pénibles reprises, la tombe était deve-nue assez profonde ; il en sort épuisé, moribond, incline le terrain sur un des bords, et plante de l'autre côté ses instruments liés en forme de croix. Il ne lui restait qu'à rendre l'âme. Il se couche les yeux tournés vers ce signe de salut, s'arrange de manière à glisser de son propre poids dès que la vie aura cessé de l'animer ; et là, recueilli, recommandant son âme à Dieu, il pousse le dernier soupir, et tombe dans la fosse, où l'intérêt com-mun, la charité peut-être allait engager le premier passant à le couvrir de terre (1). — La maladie avait sévi sans relache pendant les quatre premiers mois ; elle se ralentit à la fin de *décembre*, reprit avec une nouvelle force aux *Rois* de l'année suivante 1629, commença à diminuer sensiblement au

(1) Le P. *Théophile Raynaud*, qui raconte ce fait extraordinaire, p. 448 du volume déjà cité, fut un des jésuites qui se dévouèrent au service des pestiférés ; il dit : *Visa mihi, non audita referam.* — Il était alors âgé de 48 ans.

mois de *mars*, et s'éteignit peu à peu pendant les chaleurs de l'été qui auraient dû la rallumer. — Mais à la fin du mois d'*août*, quelques personnes furent frappées, et l'alarme se répandit tout à coup. C'était à cette époque que le fléau avait envahi la ville l'année précédente. On ferma les boutiques. Tout Lyon se mit en prières, et se rendit à une procession générale qui devait partir de *Saint-Jean*. Le concours fut immense : le gouverneur et les magistrats s'y trouvèrent. Le clergé commençait à sortir de la cathédrale, et la foule s'épanchait déjà dans la rue *Saint-Jean*, se dirigeant vers la place du *Change*, lorsqu'une terreur panique saisit en un clin d'œil tous les assistants ; en sorte que criant, se pressant et se renversant les uns les autres, sans savoir de quel côté il fallait fuir, ils se précipitent par toutes les issues, dans les rues adjacentes, dans les allées, dans les maisons. On voulut en vain savoir la cause d'un effroi si subit et si général. Les uns disaient qu'on avait cru que le corps-de-garde avait été forcé au *Change* ; les autres qu'on avait entendu le bruit d'un carrosse, et que les premiers voulant reculer avaient excité ce tumulte (1). Pour nous, en étudiant la position morale du peuple lyonnais à cette époque, nous n'avons pu voir dans cette alarme universelle que l'expression d'un sentiment de terreur habituel et profond, nourri par un siècle de sombres pressentiments et de calamités presque continuelles,...... — Les Lyonnais ne connurent toute l'étendue de leurs malheurs que lorsque les relations furent entièrement rétablies entre les familles. Chaque jour instruisait de quelques nouvelles pertes. Aux larmes de joie que les amis et les proches versaient en se voyant, se mêlaient toujours des gémissements et des regrets. On pleurait sur ceux qui n'étaient plus, on plaignait et l'on consolait tout ensemble ceux qui, ayant résisté aux coups du fléau, portaient encore les traces de sa fureur. La guérison du plus grand nombre avait été incomplète ; ils n'avaient plus qu'une santé languissante ; on en voyait même qui étaient restés aveugles ou sourds ; d'autres avaient perdu l'usage de la parole ou de quelqu'un de leurs membres (2). — Quant au nombre des morts, il était inappréciable ; les calculs les plus exagérés le portaient à soixante-dix mille personnes moissonnées en quelques mois ; les plus modérés à trente-cinq mille. Seize cents habitants étaient morts au seul faubourg de *La Guillotière* ; de dix-huit mille pauvres, auxquels on donnait l'aumône générale, il n'en était resté que six cents ; de trois cents confrères de *Notre-Dame*, cent vingt n'étaient plus ; de trois cents *Suisses* de la garnison, plus de cent avaient été emportés. Huit médecins, soixante-dix chirurgiens, les deux tiers des imprimeurs avaient succombé. Le clergé de *Saint-Nizier* avait perdu jusqu'à vingt de ses membres ; les filles de *Sainte-Catherine* furent réduites à vingt, de quatre-vingts qu'elles étaient avant la contagion ; et sur quarante religieux qui s'étaient dévoués au service des pestiférés, près de trente furent victimes de leur héroïsme (1). Il n'était mort que sept ou huit cent personnes de qualité, et cinq ou six

(1) Le P. GRILLOT, p. 106 et 107.

(2) Le P. GRILLOT, p. 66 et suiv.

(3) Parmi ces victimes de la charité, on compta deux *Recollets*, trois *Minimes*, deux *Carmes-déchaussés*, huit *Jésuites*, sept *Capucins*. Nous ne parlons ici que des religieux morts dans l'exercice du ministère public, et non de ceux qui se sacrifièrent dans l'intérieur des couvents en secourant leurs frères. Le P. MICHEL-ANGE, *Ms* déjà cité ; le P. GRILLOT, p. 88 ; le P. THÉOPHILE RAYNAUD, tome XVIII de ses *Œuvres*, p. 489.

cents de condition médiocre. Ce fut parmi le peuple, et les ouvriers en soie surtout, que la peste sévit ; et là un calcul devint impossible. On avait tiré jusqu'à cent cadavres d'une maison placée aux *Terreaux*. Mais c'était sur les bords du *Rhône* qu'on pouvait apprécier d'un seul coup d'œil tous les ravages. On voyait les années précédentes dix-neuf moulins toujours en mouvement ur le fleuve ; il n'en resta que neuf occupés ; encore étaient-ils quelquefois sans ouvrage... » Voyez ci-après , *mai 1631.*

1628. — Publications. *Abrégé du parallele des langues françoise et latine. ...* Par le P. *Philibert Monet* , de la compagnie de Jesus, Seconde édition, reveüe, rangée, augmantée, et suppléée des omissions survenues parmi l'impression par le même auteur. A Lyon, chés *Antoine Largeau,* et chés *Louis Muguet.* In-4°, (B. de L., 15628). — L'*Advis* de l'auteur *au lecteur* commence ainsi : « Je n'avoi autre dessein , à la première édition (1) de mon Parallele que de fraier un chemin plus aisé aux études de la jeunesse de nos écoles de Lyon , et de soulager les continuels travaux de leurs regeans, et, par cette voie , donner quelque occasion de petit gain à un libraire. Je ne m'étoi donques pas promis , ni même imaginé que mon ouvrage deut passer au delà des bornes du Lyonnois, ou, pour le plus, outre les limites des villes circonvoisines ; et ce fut l'une des causes qui me retint de procurer que ladite edition fut de plus de *dix-sept cans exemplaires.* Or, sur cette même saison, *partant de Lyon* pour aller sejourner ailleurs, je laissai le soin de reimprimer ledit Parallele, si besoin étoit , à la discretion de ceux à qui touchoit le benefice du Privilege et de ma copie ; lesquels , à faute de l'avoir remis quatre ou cinq fois sur la presse, pendant mon absence, ont d'autant diminué leur juste et bien aise avantage, et tout ansamble fourni hardiesse et sujet à des libraires etrangers de contrefaire leurs copies. Ces dites impressions de contrebande, quoique grandement fautives , ont neanmoins, à faute d'autres, été avidemant recueillies de quasi tous les androits de la France, et ancore des Provinces etrangeres.... Ce qui m'a fait croire que mon ouvrage etant soigneusement reimprimé , tout an un volume, de commode et belle forme , pourroit être du moins aussi bien accueilli qu'aurait été ci-devant le supposé, mal poli et fautif par toute l'etandue de sa teneur.... » — Comme on le voit, le P. Monet s'est servi d'une orthographe qui lui était propre. Cela parut d'abord ridicule, dit Micyault (*Mélanges,* II, 60) ; cependant plus de la moitié de ce qu'il avait proposé avec tant d'aversion de la part du public, a passé en usage. Voyez Goujet, I, 210 ; ci-après au 31 *mars,* 1643, et les *Publ.* de 1629, de 1633, de 1635.

1628. — *Les Aphorismes d'Hipocrates* (sic).... traduits de grec en françois par M. *J. Bréché* (de Tours).... À Lyon, chez *Cl. Rigaud* et

(1) Cette première édition doit être de 1620 ; car l'avis au lecteur du P. *Monet,* qui a été reproduit dans l'édition de son *Abrégé,* publié à Pontamousson, par *François Dubois,* 1637, 2 vol in-8°, est datée de Lyon, ce 20 mars 1620. Le privilége du roi n'a été reproduit ni dans l'édition de Pontamousson, ni dans celle de Lyon de 1628.

Cl, Obert. 1628. In-16. (B. de L., 12798). — HOFFMANN cite une édition de cette traduction publiée à Lyon en 1557. — La plus ancienne version latine des Aphorismes imprimés à Lyon, fait partie d'un recueil d'opuscules médicaux, in-8°., donné par *François Fradin* en 1505 ; mais la plus ancienne édition lyonnaise du texte grec de ces Aphorismes est, je crois, celle qui est sortie des belles presses de *Séb. Gryphe*, en 1532. Voyez les *Publ.* de 1617.

1628. — *Le Chassé-ennuy*, ou l'Honneste entretien des bonnes compagnies. Divisé en V centuries, par *Louys Garon*. A Lyon, chez *Claude Larjot*, imprimeur ordinaire du Roy. 1628. In-12. — Dédicace de l'auteur (1) à *Jehan Durand*, conseiller du Roy,... et secrétaire de Mgr *d'Halincourt*, gouverneur, et lieutenant-général pour Sa Majesté en la ville de Lyon, etc. — Il en est de ce livre comme du *Formulaire fort récréatif* de *Benoist du Troncy*, publié vers la fin du siècle précédent ; on y trouve un certain nombre d'anecdotes curieuses et d'un intérêt local. Nous n'en extrairons que celles qui nous ont paru les plus piquantes :

I. Il n'y a pas longtemps qu'un ecclésiastique relevé en dignité dans la ville de Lyon, quoiqu'il eust de grands revenus, neantmoins, avant que l'année fût finie, se trouvoit d'ordinaire court et faloit aller aux emprunts. Advint que, tombant un jour malade d'une fiebvre continue avec d'un pleuresie, son médecin le vint voir qui luy ordonna promptement un lavement et la saignée. Voicy son chirurgien, après qu'il eut reçu le lavement, qui luy ouvre la veine, et luy ayant tiré du sang suivant l'ordonnance, il remarque ce sang aduste, grandement corrompu et verdastre. Alors le chirurgien dit au malade : Monsieur, vostre sang est tout vert, vous aviez besoin de cette saignée. Le malade repartit à l'instant : « Mon ami, ne trouve pas cela estrange, « car j'ay mangé mon bled de cette année en herbe. » P. 37.

II. Un homme dans Lyon fut appelé pardevant Monsieur le lieutenant criminel pour dire vérité touchant une batture survenue la nuit devant son logis, où quelques-uns furent blessez. Après avoir levé la main, il dit : Que vrayement, lorsque la dispute commença, il avoit la teste à la fenestre, mais qu'oyant le bruict des espées, pour ne rien voir de la batture, il avoit soudain avallé son chassis, et s'estoit allé coucher tout droit. Le juge ayant oüy sa deposition dit au greffier : « Ecrivez qu'il n'a rien veu de la batture, et « qu'il avalla son chassis, et s'alla coucher tout droit. » P. 211.

III. Dans la ville de Lyon, un honneste homme avoit une fièvre continue, qui luy apportoit une grande alteration. Le medecin le venant voir, après avoir ordonné quelques remèdes, dit au malade : « Monsieur, il vous faut « prendre parfois quelques griottes confites, ou quelques tranches de citron « pour vous desalterer et esteindre cette grande ardeur que vous avez dans « le corps et à la bouche. » Le malade repliqua à son medecin : « Monsieur, « ordonnez-moi seulement des remedes pour m'oster la fièvre, car, quant à « la soif, je sçauray bien me l'oster (2). » P. 236.

(1) Voyez sur *Louis Garon*, sa *Notice* par A. P., Lyon, 1837, in-8°, et son article par M. *Weiss* dans le Supplément de la *Biogr. univ.* Voyez aussi les *Publications* de 1628, *le Parterre divin*..., et celles de 1631, *le Chasse-ennuy*, seconde partie.

(2) *J.-B. Rousseau* a mis ce petit conte en vers, livre 1, épigr. 13.

IV. Un homme assez cogneu dans Lyon qui, faisant de l'empirique, estoit plus propre à faire empirer les maladies qu'à les guérir, s'adressa au sieur *Chavagneu*, l'un de mes bons amis, qui, depuis environ sept ans, est grandement incommodé de sa personne par une longue maladie, et promit de lui donner entière guérison, quoyque les medecins, pharmaciens et chirurgiens eussent fait tout leur pouvoir pour le remettre en santé. Le malade convint de donner à son nouveau médecin douze escus, tant pour acheter des drogues que pour ses peines et vacations, et sur bon compte luy avança six ducatons que cet empirique promettoit de luy restituer en cas qu'il ne guerist. Voicy donc nostre nouveau Esculape empesché et empressé à composer ses medicamens, qui faict ses cinq cens (sic) de nature pour guerir nostre malade; mais voyant qu'il y perdoit son latin, et qu'il ne cognoissoit rien à son mal, il luy dit : « Puisque vostre mal est plus grand que mes remedes, il faut recourir aux « remedes divins; il y a une belle Oraison de S. *Vincent Ferrier*, tres bonne « à ces maladies incurables que je vous donneray par escrit, et si vous la « dites pendant quelques jours devotement, moyennant la grace de Dieu, « vous recevrez guerison. » Nostre malade, contre l'accord fait, en eut pour ses six ducatons, et s'il eust voulu croire ce nouveau medecin, il luy eust encore donné le reste. Pour l'oraison, il ne s'en parla plus. » P. 238.

V. Un jeune garçon se battant à coups de pierres avec quelques autres, eut par malheur un œil crevé. Comme il se vit entre les mains du chirurgien pour estre pansé, il luy dit : Monsieur, croyez-vous que je doive perdre l'œil de ce coup. Le chirurgien respondit : « N'en ayez point de crainte, vous ne « le pouvez pas perdre, puisque je l'ay dans ma main (1). » P. 242.

VI. Il y a quelques années qu'un vieux notaire de Lyon, nommé *Poursant*, assez cogneu dans la ville, et particulierement parce qu'il alloit toujours vestu à l'antique, se trouva un soir d'esté au milieu de *Belle-cour*; le soleil couché et les estoilles commençans à paroistre, où s'arrestant il esleva sa face vers le ciel, et demeura environ un quart d'heure à le contempler attentivement. Le peuple qui se pourmenoit sur cette belle place, voyant ce venerable vieillard si attentif à regarder les estoilles, creut que, comme un nouveau Nostradamus, il devoit prognostisquer quelque evenement merveilleux, et pour ce sujet l'environna de toutes parts, desireux d'ouyr ce qu'il diroit. Son extase, s'il faut parler ainsi, l'ayant quitté, abaissant la teste et la veue, et se voyant environné de toutes parts, desireux de contenter la compagnie, il dit d'une voix tremblante : « Messieurs et dames, selon la cognois- « sance que je peux avoir des astres, et suivant mon jugement, devant qu'il « soit deux ans, nous aurons changement de temps. » Toute l'assemblée se prit à rire, et se retira avec moins d'un pied et demy de nez. P. 251.

VII. *Raphael Toscan* (2), poëte mediocre, ayant fait mettre au jour un livre de ses œuvres, fut interrogé par un homme très-docte s'il avoit une bibliothèque; il lui respondit avec plusieurs sermens, pour faire voir la galantise de son bel esprit, qu'on ne trouveroit en sa chambre qu'un escritoire et quelques fueilles de papier. Le docte lui respondit : « Je vous en croy bien « sans que vous en juriez. » P. 257.

---

(1) Imité par *J.-B. Rousseau*, l. 1, épigr. 15.

(2) Ce poëte a fait quelque séjour à Lyon, où il a composé 59 sonnets à la louange de Florentins et de Lucquois, qui résidaient en cette ville. Il vivait encore en 1590. Colonia, *Hist. litt.* 11, 461 ; *Biogr. lyonn.*, Addit. manuscrites, art. Rafaello.

VIII. Une troupe d'escoliers estudians à Lyon, allans un *jeudy* au pourmenoir du costé de *la Guillotiere*, rencontrèrent un paysan monté sur son asne, qui se mit à braire au même instant qu'il fut proche d'eux. Ceux-ci voulant gausser le villageois, luy dirent : Ne scais-tu pas mieux instruire ta beste qui brait hors de saison ? Il leur respondit : Mon asne, Messieurs, est si spirituel et bien appris, que non seulement, comme font les autres, il chante au mois de may ; mais toutes les fois qu'il rencontre quelque brigade de ses freres, en signe de grande liesse il se met à rossignoler, comme vous l'avez ouy maintenant. A cette response nos escoliers demeurèrent avec moins d'un pied et demy de nez. P. 278.

IX. Deux banquiers italiens se pourmenant, il y a environ trois ans en la place du Change à Lyon, arrestèrent Monsieur *Clément* (1), musicien très-fameux (lequel, outre ce qu'il a bien estudié, ne manque pas d'avoir le mot gaillard, accompagné de beaux rencontres et riches reparties) et luy monstrèrent le portrait d'un flamand peint en huile, tenant un verre plein de vin à la main, et un livre de musique ouvert devant luy, qui estoit estallé en l'un des coings du *Change*. Ces banquiers croyans de le gausser luy dirent : « Que « représente autre chose ce Flamand avec le verre à la main, et le livre de « musique ouvert, sinon que les musiciens aiment bien à boire ? » Alors Monsieur *Clément* repartit : « Messieurs, vous vous trompez ; ce n'est pas ce « que vous dites ; car ce qu'il tient le verre plein de vin à la main, c'est « pour monstrer qu'il fait raison à tout le monde, et le livre ouvert manifeste « qu'il tient bon compte et ne fraude personne. » Nos banquiers estans suspects, et se sentans piquez, lorsqu'ils en voulurent donner d'une, en eurent de deux, et se retirèrent sans sonner mot. P. 265.

X. Deux frères qui n'ont esté que trop cogneus dans la ville de Lyon, ayans fait une banqueroute frauduleuse, et pris la fuitte, furent pendus en effigie à la place du Change. Or le charpentier qui avoit fait et dressé la potence, fut renvoyé à un certain marchand, qui avoit acheté le fonds de boutique desdits banqueroutiers, pour avoir son paiement. Comme il lui demande vingt livres, il fait response qu'il n'en veut pas tant donner. Le charpentier lui repartit que la taxe en estoit faite, et luy dit d'abondant : « Monsieur, quand « ce seroit pour vous-mesme, je n'en rabatrois pas un liard. » P. 458.

XI. *Bernardin de Pistoye*, demeurant à Lyon en la maison du sieur *Bonvize*, avoit ouy dire qu'une broche estoit meilleur françois qu'un haste. Quelques jours après un paquet de lettres tomba entre ses mains qui s'adressoit à Paris, sur lequel estoit escrit : A L'HASTE, A L'HASTE. *Bernardin* pensant que ces lettres fussent envoyées à l'hostellerie de l'*Haste*, print sa plume, et effaçant A L'HASTE, A L'HASTE, il écrivit *à la broche*, A LA BROCHE. P. 440.

XII. Un ecclésiastique, autrefois très-renommé dans Lyon, tant pour sa piété que pour le rang qu'il tenoit entre les doctes, quoyqu'il fut presque d'ordinaire tourmenté des gouttes, avoit neanmoins la langue libre, et ne manquoit de très-belles reparties. Advint qu'un jeune homme de ses amis et familiers ayant demeuré un mois sans le voir, le vint visiter, et tout joyeux en sautant luy annonça qu'il s'estoit marié depuis qu'il ne l'avoit veu. Le

_____

(1) Nous ne trouvons pas ce très-fameux musicien dans la *Biogr.* de M. Fétis, qui a aussi omis un *Clément Jenequin*, mentionné par *du Verdier*, et dont les *Inventions muicales* ont été imprimées par *Jacq. Moderne*, qui exerçait encore en 1557.

personnage repartit à l'instant : « Je ne m'estonne pas si vous estes si
« joyeux; car vous me faites souvenir de ces jeunes cabrils qui sautent et se
« resjouissent lorsque les cornes leur viennent. » Cela se trouva véritable,
car la femme de ce nouveau marié escoucha (sic) d'un beau fils au bout de
cinq mois. P. 440.

XIII. Un Lyonnois très-libéral à despendre son bien en compagnie, ou
plustost prodigue, se voyant un jour repris par un vieil usurier très-avari-
cieux, qui, entre autres discours, luy disoit : « Quand cesseras-tu de dissiper tes biens? » — Lorsque tu cesseras, repartit le prodigue, de desrober
ceux des autres. P. 419.

XIV. Un croquant qui n'avoit pas encore esté desgnaisé dans Lyon, ap-
porta au *Change* une grosse liasse d'esparges, comme elles estoient encore
nouvelles : la garde, qui estoit du penonage du *Plastre* n'estant pas encore
levée, il y eut un des caporals nommé le sieur *Astruc*, autrement Maistre
Estienne le Bastier, qui demande à ce villageois combien il les vouloit vendre;
il respondit dix sols. Au mesme instant il luy en offre quatre, disant qu'il n'en
vouloit que la moitié. Le paysan la luy accorde. Alors Maistre *Estienne* qui
tenoit un couteau bien esguisé dans sa main, coupa le costé du vert des esparges, et laissa le blanc entre les mains de nostre manant. Le pauvre lour-
daut se voyant attrapé, et qu'il servoit de risée à la compagnie, se retira sans
sonner mot. P. 371.

XV. Un maistre lanternier de Lyon, nommé Maistre *Nicolas*, estoit en
marché pour vendre un falot à l'un de mes amis où un tiers intervint pour
aider à en faire le marché, et jugea de ce qu'il pouvoit valoir, à quoy le lanternier ne voulut condescendre. Quelques heures après le même lanternier,
avec son falot et trois ou quatre lanternes, rencontrant ce tiers par la ville,
il lui dit : « Dieu vous gard, Monsieur le juge, des cornes. » Cettui-cy, qui
ne manquoit point d'avoir de belles reparties, luy dit à l'instant : « J'ay bien
« jugé de celles que vous portez, mais non pas de celles que vous avez. » Le
lanternier se voulant fascher, il repartit, «j'entends de celles que vous avez
en magasin. P. 472.

XVI. Un jeune garçon duquel le père estoit incogneu, jettoit des pierres
en une place de Lyon. Un libraire qui le cognoissoit fils de p....., luy dit :
« Prens garde à ce que tu fais, car tu pourrois bien, peut-être sans y penser,
« frapper ton père. » P. 467 (1).

XVII. *Caussarara*, tailleur d'habits, assez cogneu dans Lyon pour estre naturellement estropié du cerveau et tenir de la lune, fut un jour appelé par le
capitaine *Quinard*, penon de la grande rue de l'*Hospital*, pour lui tailler une
paire de bas de chausses. Caussarara se voyant à mesme la pièce, se hazarda
d'en couper une à son usage, ce qu'il ne peut faire si subtilement qu'il ne
fust descouvert. Alors le capitaine Quinard luy dit : «Qu'est cela, *Caussarara*,
« je croy que tu en as coupé deux paires?» Il repartit : « Excusez-moi, mon
« capitaine, je croyois que vous les voulussiez doubler. » P. 297.

XVIII. Un libraire de Lyon, nommé *Anthoine Huguetan*, dit *le Bossu*,
assez cogneu dans la ville pour estre jovial et de belle humeur, fit conduire

---

(1) Ce mot est, comme tant d'autres, renouvelé des Grecs. Voyéz la Vie de *Diogène*
le cynique, par *Diogène de Laërte*.

une bale de livres reliez à Grenoble, croyant d'en avoir bonne debite, et d'y gagner quelque chose. Comme il y fut arrivé avec sa marchaudise, il la met en vente en destail; mais voyant que la debite en estoit fort longue, il delibere de la vendre en gros au marchand libraire de Grenoble... Ce libraire luy offre beaucoup moins de ses livres qu'il ne les avait achetés à Lyon; ce que voyant il se despite, prend sa quinte, et luy dit; « Vous ne voulez pas les acheter, « mais je trouveray bien moyen de m'en desfaire. » Au mesme temps il prend un gagne-denier, luy fait porter sa bale quant et soy; et comme il fut sur le pont de *Lizere* (sic), voicy une fille qui luy demande le peage de sa bale. Cecy redoublant sa fantaisie, il la fait descharger sur les accoudoires du pont; puis il dit à la fille en poussant sa bale dans la riviere : « Si tu veux « estre payée de ton péage, cours luy après. » P. 519.

XIX. *Pierre Basot*, lyonnois, imprimeur de vacation (1), estoit un jeune homme dont les père et mère estoient taverniers; ils l'avoient tellement nourry au vin dès sa jeunesse, qu'il luy fut impossible d'en perdre la coustume; mesmes il avoit deux sœurs qui moururent jeunes pour escrimer trop souvent à la bouteille et au verre. Or advint qu'il me pria de chercher son anagramme; ce que je fis, et le trouvay si à propos de la vertu où il estoit enclin, que je dis à l'instant :

> Conveniunt rebus nomina saepe suis.

Voicy donc qu'ayant trouvé sur *Pierre Basot*, PREST A BOIRE, cela m'occasionna, pour le luy mieux expliquer, de faire ce quatrain :

> La vertu qui se rend notoire
> En l'anagramme de Basot,
> Ou dans le verre, ou dans le pot,
> On le voit tousjours *prest à boire*.

Je croy que cet anagramme l'aiguillonna à boire de bien en mieux, à ce que je ne fusse point trouvé menteur, et fit en sorte qu'il en perdit un œil à la poursuite, aimant mieux à ce qu'il disoit perdre une fenestre que tout le bastiment (2). Finalement aagé environ de trente ans, estant au lict de la mort, la dernière chose qu'il fit, ce fut d'avaller un grand verre plein de vin à la santé de la compagnie; puis il dit : « A Dieu, mes amis, je me ressouviens « encor de mon anagramme, *Prest à boire* ; au moins celuy qui me l'a faict « ne pourra pas dire que je ne l'aye praticqué jusques au dernier souspir. » Ce furent là ses dernières paroles, après s'estre recommandé à Dieu, et ainsi rendit l'esprit. P. 521.

XX. Un Savoyard venu à Lyon tout de nouveau, ayant oüy parler de la *Pyramide* en la place de *Confort*, fut curieux de la voir. Comme il la contemploit, voyant en l'une des faces un grand nombre de caractères hébreux, caldées, syriaques et arabiques, n'y cognoissant que le haut allemand, il se retourna vers la face qui regarde l'église, où voyant plusieurs mots escrits en caracteres grecs, croyant que ce fussent des lettres capitales romaines, il va lire TA IEPA, et TON IEPON, et creut que ce fust en langue savoyarde *Ta*

(1) De métier, de profession.
(2) Voyez *J.-B. Rousseau*, I, II, épigr. 16.

iepa et *Ton iepon* ; puis tournant à 'a troisième face où il vid ArION, croyant
que le Γ fust un L renversé, il dit en son patois : *E lon fai ouna fauta en cé
mot.* Après se retournant vers quelques-uns qui le regardoient, il va dire : *Di
garde ma cé qu'a fay ceta perameda poi que ly a mecla de savoyar.* P. 523.

Le Recueil de Garon se termine par une historiette dont la scène se
passe dans une prison de Lyon où était détenu un riche *banquier génois*,
« pour quelques affaires du temps qui couroit, regardans l'Estat. »
Quelques détails un peu trop graveleux ne nous permettent pas de reproduire cette historiette où l'on voit que les chirurgiens de notre ville
connaissaient l'usage du *speculum matricis.* Voyez ci-dessus, *octobre*
1625.

1628. — *Chronologia historica* successionis hierarchicae illustrissi-
morum archiantistitum Lugdunensis archiepiscopatus, etc., secunda
editio multo auctior et emendatior quam prius, etc. Authore *Jacobo
Severtio* .... *Lugduni*, ex typogr. *Simonis Rigaud* ; 1628. 3 parties
en un vol. in-fol. — Dédicace de l'auteur à *Charles Miron*, archevêque
de Lyon, datée de Lyon, le lendemain de l'Ascension (14 mai 1627).
—Les approbations, datées de 1628, se trouvent parmi les pièces préliminaires de la 2ᵉ partie. — Malgré le jugement défavorable que plusieurs critiques ont porté de cet ouvrage, nous croyons que ceux qui
s'occupent de l'histoire de Lyon, y trouveront une infinité de faits et de
détails qui ont été négligés par leurs devanciers et qui méritent d'être
relevés. Voyez la *Préface* de l'*Hist. de Lyon*, par *S. Aubin* ; MENESTRIER,
Divers caractères, page 223 ; COLONIA, *Hist. litt.*, II, 729 ; LELONG,
nº 855, et le *Catal. des Mss. de la B. de Lyon*, tome 3, page 207.

1628. — *De l'Embrasement du monde*, et du Jour du jugement ; traduction nouvelle et curieuse tirée des œuvres latines de *Jerosme Magius*,
Italien ; puis illustrée et embellie de plusieurs belles remarques, et mise
en lumière par le sieur *Louis de Serres*, docteur en médecine et aggrégé
à Lyon. A Lyon, chez *Antoine Pillehotte* (imprimé par *Pierre Colombier*).
1628. In-8º — Dédicace à *Camille de Neufville*, abbé d'*Enai* (sic), de
l'*Isle-Barbe*, etc.

1628. — *Les Estats généraux convoqués au ciel* (1). Par *François
Arnoux.* A Lyon, chez *Claude Rigaud* et *Claude Obert.* 1628. In-8º (B.
de L., 5589). — Titre gravé, suivi d'un second titre imprimé plus développé. — Ce livre n'a dé curieux que le titre ; il en est de même des
autres ouvrages du même auteur ; un des plus recherchés est *la Poste
royale du Paradis*, très-utile à chacun pour heureusement s'y rendre ;
Lyon, *Nicolas Gay*, 1635, in-12. Voyez les *Curiosités bibliogr.* de M. La-
anne, p. 253.

---

(1) *J.-M. Chassaignon*, né à Lyon vers 1735 mort à Thoissey, en 1795, a publié un
ouvrage qui porte à peu près le même titre : *les Etats généraux de l'autre monde* ; vi-
sion prophétique, etc.; *Langres* (Lyon), 1789 ; 2 vol. in-8º. BARBIER, *Anonym.*, numéros 6018 et 22463, attribue à tort ce livre à *J.-M. Julien*, personnage qui nous est
tout-à-fait inconnu.

1628. — *Les Evénemens singuliers de M. de Belley*. Divisez en quatre livres. A Lyon, en la boutique de *Jean Pillehotte* (1), chez *Jean Caffin* et *François Pleignard*. 1628. In-8° (B. de L. , 1115). — Dédicace de *Jean Caffin* à M. *de Chaponnay*, seigneur de l'*Isle de Méan, Beauregard*, etc. , lieutenant général en la sénéchaussée et siége présidial de Lyon. — L'intention de M. *de Belley*, en composant ce livre, a été de l'opposer à ces recueils de Nouvelles, de Facéties et de Contes qui ont eu dans tous les temps, un si grand attrait pour les lecteurs. Il espère faire oublier Bocace, Bandel, Belleforest, Gyraldi, Sansonin (2) et Straparolle, dont les écrits fourmillent d'impuretés, d'impiétés, de fadaises et d'absurdités, et qui, pour la plupart, sont aussi *pleines de chair que de sang*. « O que n'a ma plume, dit le pieux romancier, la vertu de la baguette du législateur des Hébreux pour guérir les plaies que ces mauvais livres causent dans l'Egypte du monde : ou du moins que ne peut-elle, comme celle-là, dévorer ces serpens que les écrivains de ces ouvrages-là, vrais enchanteurs d'esprits, font paroistre en forme de livres, ou, comme celle de l'aigle, ronger ces autres plumes ! .... » Le bon évêque avait plus de zèle que de talent. Ses *Evénemens singuliers* sont oubliés aujourd'hui, et, chaque année, la presse reproduit quelques-uns de ces conteurs du bon vieux temps, et gémit tous les jours sous des productions bien plus dangereuses. Cependant ce livre est un des plus curieux qui soient sortis de la plume féconde de M. *de Belley*. Il y a quelques histoires assez piquantes, mais si on voulait le réimprimer, il faudrait en retoucher le style   Nous croyons aussi que malgré le but moral de l'auteur, on ne pourrait pas reproduire plusieurs histoires du genre de celle qui a pour titre *la Parolle mortelle* (livre 4, ch. XIII).

1628. — *Les Harangues de Louis Grotto, aveugle* d'Hadrie, traduites du latin et de l'italien en françois, par *Barth de Viette*, Lyonnois. Paris, *Nicolas Bessin*. 1628. Petit in-8°. — GOUJET , II , 331 et 526 , donne cette édition avec le millésime de 1638. Voyez BRUNET, II, 474, et les *Publ.* de 1608 , *Divines contemplations* .....

1628. — *Le Nouveau Testament de Nostre Seigneur Jesus-Christ*, traduit de latin et en françois, par les Théologiens de Louvain, et exactement reveu. A Lyon, par *Jean Jullieron*. 1628. In-32 (B. de L. , 354). Jolie édition en petit-texte, ornée de gravures sur bois qui, par leur bonne exécution, rappellent celles du *petit Bernard*. — A la fin et après la table, est un petit traité de six pages, intitulé : *l'Etat des Juifs sous la monarchie des Romains*. — Nous saisirons cette occasion pour dire un mot de deux manuscrits du *Livre des Evangiles* que les Jésuites de Lyon pos-

---

(1) Il parait que *Pillehotte* (*Jean II*) s'était retiré et avait cédé son fonds à *Jean Caffin* et à *François Pleignard*. Il avait hérité de son père, *Jean I*, d'une fortune immense. Il devint seigneur *de la Pape*, fut échevin en 1643, et mourut en 1650. C B., *Nouveaux Mélanges*, p 399.

2 Lisez *Sansovin* et mieux *Sansovino*. Voyez sur ce fécond écrivain, la *Biogr. univ.* tome 40.

sédaient dans leur bibliothèque, et que le **P.** *de Colonia* a mentionnés, tome 2, p. 125 et 765 de son *Hist. litt.* De ces deux *Mss.*, il en est un qui a disparu ; c'est celui qui est décrit à la page 125, et qui avait un *ex dono* d'*Agobard*, évêque de Lyon au 9ᵉ siècle ; c'était le plus précieux. Il n'existait plus quand M. *Delandine* a publié le Catalogue des *Mss.* de la B. de Lyon ; car il n'a décrit que celui qui est cité p. 765, et que *Baluze*, lors de son passage à Lyon, en 1701, jugea ancien d'environ 800 ans.

1628. — *Les Procès civil et criminel ....* par] *Claude le Brun de la Rochelle*, jurisconsulte Beaujolois. A Lyon, chez *Claude Rigaud* et *Claude Obert*. 1628. In-4º — La première édition de cet ouvrage, qui a été plusieurs fois réimprimé, est de 1618. La dernière est peut-être celle de Lyon, chez *Bailly*, 1643, petit in-4º. — Né à *Beaujeu*, en 1560, Le Brun de la Rochelle est encore auteur des ouvrages suivants : *Soupirs spirituels* ; — *La vraie Repentance du Chrestien, et l'Enthousiasme, ou Divin Ravissement de l'Ame par l'Oraison*, Lyon, Jacq. Roussin, 1598, in-8º ; (B de L., 20518, t. 2) ; — *Diurnale tyronum juris*, Lugduni, 1608, in-12 (B. de Grenoble, 5801) ; — *Discours sur la conversion du sieur Chollet*, Lyon, 1614, même format. — Je crois qu'il ne faut pas confondre le jurisconsulte Beaujolois avec *B. Caesar de la Rochette* dict *de Breun*, gentilhomme Lyonnois, advocat au parlement de Paris, auteur d'une *Harangue* prononcée au sene de sainct Luc à Lyon le mercredy xix octobre 1583, imprimée la même année, à Lyon. in-8º de 22 pages (B. de L., 23415, t. 3), et dédiée à *Pierre de Pinac* (sic), archevêque de Lyon.

1628. — *La Règle de S. Augustin*, et les constitutions pour les Religieuses de saincte Ursule au diocèse de Lyon. A Lyon, par *Jacques Roussin*. 1628. In-16 (B. de L., 2067). — Les *Ursulines* avaient alors pour directeur M. *Simianes*. — Elle dînaient à dix heures et soupaient à six. Leurs journées étaient remplies par la prière et par l'instruction qu'elles donnaient aux jeunes filles dont l'éducation leur était confiée

1628. — *La Sage folie*, fontaine d'allegresse, mère des plaisirs, reyne des belles humeurs, ... Faite italienne par *Antoine Marie Spelte* (sic), ... et traduite par *L. Garon ....* A Lyon, chez *Claude Larjot*. 1628. In-12. — Dédicace du traducteur à *Charles Dumay*, secrétaire de M. *d'Halincourt*. Voyez ce que nous avons dit de ce livre dans notre notice sur Louis Garon, p. 86 de nos *Variétés hist.* Voyez aussi l'analyse qu'en a donnée M. *du Roure*, t. 2, p. 106 de son *Analectabiblion*, analyse qui se termine par cette judicieuse réflexion : « Les bonnes fortunes, en fait de plaisanteries, sont rares chez l'auteur, beaucoup trop sage pour un écrivain facétieux. La faute, il est vrai, pourrait retomber en partie sur le traducteur, puisqu'*il n'y a rien de plus intraduisible que le rire.* »

1628. — *Des Secrets souverains et vrais remedes contre la peste ....* par *Estienne Ydelez ....* Lyon, 1628, in-8º — La première édition de ce livre avait été publiée à Lyon, en 1581. Voyez les *Nouveaux mélanges* de M. *Bréghot*, p. 74.

1628. — *Statuts et Ordonnances du noble Jeu de l'Arc* , pour les archers de la ville de Lyon , suivant les anciennes coutumes pratiquées dans la conversation d'une si noble Compagnie. A Lyon , chez *Jean Didier*. 1626. In-8° (B. de L. , 8300). — *Horace Didier* était alors roi du noble Jeu , et c'est à ses dépens que ces Statuts furent réimprimés.

1629. — *Janvier* 22. Le Consulat écrit au R. P. Gardien et autres religieux du couvent des *R. P. Capucins de N. D. du Puy.*

« Mon Reverend Pere , parmy le mal contagieux dont Dieu permit que ceste ville soit affligée depuis assés longtemps en ça, nous avons eu recours à sa divine Majesté, et pris pour mediatrice la glorieuse Vierge mère, affin que par son intercession nos vœux soient exaucez, ayant mis ordre que prieres à ceste nostre intention luy soient faictes en plusieurs endroits, esquels on a remarqué, qu'elle aggrée d'estre invoquée, entre autres à *Laurette*, où des bons religieux sont expressement allés , au nom du general de ceste ville. Mais estants pleinement informés que laditte Vierge ne rejette les supplications qui luy sont faictes en son eglise du *Puy*, ains qu'elle les y reçoit favorablement, nous croyons luy devoir encore faire presenter les nostres en ce lieu nostre voisin, et avons choisy à cest effect vostre personne que nous sçavons estre ordinairement portée d'insigne zèle et charité aux bonnes œuvres , vous priants de toute nostre affection de ne nous denier cest office , qui sera d'eternelle memoire à cest d. ville , luy estant desparty en saison si opportune que celle-cy, en laquelle ce secours luy est si necessaire : duquel esperons que ne serons esconduits ; nous n'amplifficrons ceste lettre pour vous y convier , et seulement vous dirons que les devotions qu'il vous plaira de faire au subject predit, seront suivies d'un tableau, que nous dedierons à lad. eglise en l'honneur et gloire de cette Consolatrice des affligés , nostre refuge, et cependant implorants de sa bonté et clemence que nos très humbles instances soyent efficaces , nous demeurons, M. R. Pere , vos très humbles et très affectionnés serviteurs , —Le Prevost des marchands et eschevins de la ville de Lyon , DE CHAPONAY, *prévost* ; PROST, BAYLE , ANTHOINE SERRE , YON , *eschevins* ; DEMOULCEAU , *secretaire.* — A Lyon , ce 22 janvier 1629. » — Cette lettre a été conservée par le P. *Michel Ange* , dans la relation manuscrite de la peste de Lyon , en 1628 (Mss de la B. de Lyon , n°° 1252 et 1364). Elle a été publiée pour la première fois par M. l'abbé *Cahour* , p. 431 de sa *Notice de Notre-Dame de Fourvière.*

1629. — *Février* .... Le roi passe à Lyon pour se rendre à Grenoble, où S. M. arriva le 14 de ce mois. *Mém. de Richelieu,* p. 594 de l'édition de 1837. — « Le Roy, dit le P. *Menestrier* , allant en Piedmont, descendant de Màcon , et laissant Lyon à cause de la peste , passe le *Rhône* au port d'*Anton.* Le lieutenant général de Màcon en sa harangue parle de l'accident déplorable de la ville de Lyon. » Notes inédites.

1629. — *Avril* 12. C'est par erreur que plusieurs biographes ont mis à cette date la mort de *Barthelemy de Villars*. Voyez ci-dessus au 17 avril 1627.

1629. — *Juillet* 13. *Jean Silvecane*, conseiller à la sénéchaussée et siège présidial de Lyon, *Antoine de Coddeville*, bourgeois de Lyon, et *Arnaud Rochette*, marchand drapier, tous trois deputés du bureau de la santé établi à Lyon, rendent, dans l'eglise de N. Dame de Brou, le vœu que le commissaire de la santé avait fait, le 7 novembre précédent, à S. *Nicolas de Tolentin*, pour le prier « d'intercéder envers Nostre Sei-« gneur d'appaiser l'ire et le fléau de la peste. » A l'offertoire de la grand'messe, ils présentent un calice d'argent du poids de 4 marcs, gravé aux armes de la ville de Lyon, en témoignage de la reconnaissance des habitants. J. BAUX, *Recherches hist. sur l'église de Brou*, p. 301.

1629. — *Juin* 29. Lettre du roi :
« A Monsieur d'*Halincourt*, chevalier de mes ordres, capitaine de cent hommes d'armes de mes ordonnances, gouverneur et mon lieutenant général en Lyonnois, Forez et Beaujolois.

« Monsieur d'*Halincourt*, je vous ay, par mes dernieres lettres, donné avis de la reduction de la ville de *Privas* en mon obeissance ; et vous aurez sçu depuis comme l'exemple du juste châtiment éprouvé par les habitans de cette ville rebelle, avoit donné sujet à ceux de La *Gorée*, *Valon*, *Berjac* et *S. Ambrois*, de recourir à ma clemence, crainte d'une pareille punition, et comme ceux d'*Allez* qui s'estoient resolus d'abord de soustenir le siege à la faveur de leurs grandes fortifications et de secours fort proche qu'ils pouvoient recevoir d'Anduze, ont aussi esté obligez à me demander grace avant que le canon ait tiré, laquelle je leur ay accordée comme à ces autres villes qui s'estoient mises à leur devoir avec la vie, les biens et le libre exercice de leur religion. J'ai ensuite donné un si bon ordre de faire exactement observer en tous les lieux qui se sont rendus, les choses qui leur avoient été promises, et de leur faire connoître la différence de la douceur de la paix et de l'obéissance, d'avec les misères, calamités et ruines de la guerre et de la rebellion, que le duc *de Rohan*, comme aussi toutes les autres villes, tant des *Cevennes* que du haut et bas *Languedoc* et *Rouergues* jusques icy rebelles, invitez, comme je croy, plutôt par le favorable traitemont que j'ay fait à ceux qui se sont volontairement soumis que par l'exemple du châtiment des autres, ont envoyé vers moy les deputez qui s'estoient trouvez en l'assemblée de *Nismes* et depuis à *Anduze* avec le duc de Rohan, lesquels se sont venus jeter à mes pieds pour implorer ma misericorde avec toutes les submissions que des sujets peuvent rendre à leur roy, m'ayant tesmoigné un repentir extresme de leurs fautes passées et une resolution ferme et constante de mourir plustôt que de se départir jamais de l'obeissance qu'ils me doivent. Sur quoy, après avoir mis en considération ce qui est du bien general de mon royaume, du soulagement de mon pauvre peuple, et l'appuy et le soulagement que les alliez de cette couronne peuvent à present attendre de moy au dehors , j'ay resolu de leur faire grace comme à mes sujets, de leur donner la vie, les biens et le libre exercice de leur religion suivant mes edicts : ayant neanmoins voulu et ordonné pour la sureté du repos de cet estat, et pour oster à l'advenir la cause des altercations et troubles qui ont esté cy-devant excitez par aucuns de mes sujets de la religion pretendue reformée , que toutes lesdites villes que je reçois à grâce , feront dans trois mois la demolition entière de toutes leurs fortifications vieilles et nouvelles sans reserve quelconque, leur ayant seulement laissé la ceinture de leurs murailles anciennes, pour servir de closture ; ce que lesd. deputez ont accepté et promis que le tout sera executé; les ayant obligez de donner tel nombre d'ostages de chacune ville et de telle condition que je voudrais commander pour assurance de cette demolition ; en sorte qu'ils declarent que desormais , ils desirent mettre toute leur sureté en bonne grace et protection sans la rechercher ailleurs. C'est sur ces fondemens que je me propose de restablir en ces provinces de deçà et en toute l'estendue de mon royaume , la tranquillité tant desirée, dont j'ay bien voulu vous donner advis , afin que vous en informiez mes sujets et serviteurs qui sont sous vostre charge, m'assurant qu'ils auront tous beaucoup de joye de jouir du repos que je leur ay acquis par mes peines et travaux, que ; Dieu aidant, sera pour longues années. Sur ce je prie Dieu qu'il vous ait , Monsieur d'*Halincourt*, en sa sainte et digne garde. Ecrit au camp de *Ledignan*, le 29° jour de juin 1629. Signé Louis, et plus bas Phelippeaux. » M.— Imprimée , Lyon, *Claude Larjot* , 1629 ; in-8° (B. de L., tom. 76 du n° 23415).

1629. — *Juillet* 10. Alphonse de Richelieu , qui avait pris par procureur (1) possession de l'archevêché de Lyon , fait son entrée solennelle en cette ville. — « Je suis, disait-il (2) , arrivé dans un pays incogneu , qu'on dit estre la contrée des femmes ; je m'en estonne , car ce sont des animaux que j'avois ouy priser pour les soins qu'ils ont de se conserver ; et cependant , je trouve que leur délicatesse y est exposée à mille sorte d'incommoditez. On nage dans les boues en ce temps mesme que le soleil qui nous brusle , les devroit avoir séchées ; l'odeur qui en sort est capable de faire naître et de nourrir la peste ; les mouches belles et grandes y sont si communes , qu'elles en ont le visage couvert, et je crois que c'est pour ce sujet qu'elles se l'enduisent pour en éviter les morsures. Leur occupation est de ne rien faire , que j'estime la plus malheureuse de celles que l'on sçauroit choisir. On assure qu'elles y sont toutes esclaves , et lorsque je demande si c'est de leurs maris, on me répond que non ; que les sottes croient qu'elles leur doivent une obéissance aveugle, mais que les plus habiles , en se

---

(1) *Antoine de Gibertes*, archidiacre de l'église de Lyon.

(2) Cette lettre est sans date et sans suscription ; je la crois adressée à une religieuse. Mss de la B. de Lyon, n° 1458, tome 1.

deffaisant de cette erreur (qui n'a dû avoir cours que dans les siècles où la nature estoit encore si foible qu'elle ne produisoit que des esprits de peu de résolution), ont secoué leur joug pour en prendre un qu'elles estiment plus doux; mais je me moque d'elles aussi bien que des esclaves d'Alcidiane, qui, estant chargez de chaînes d'or, ne considéroient point la pesanteur de ce métal, laquelle, selon mon avis, se trouvoit extrêmement augmentée par la forme que l'artifice et la cruauté de cette dédaigneuse luy avoit donnée, et suis bien aise de voir que certaine justice qu'on appelle distributrice, pour ce qu'elle rend à un chacun au prorata de ses œuvres, les ait faict tomber dans la fosse qu'elles avoient préparée pour autruy, et qu'elles sont obligées à gémir sous la tyrannie de ceux auxquels elles estoient destinées pour leur servir de supplice... Si certaine sorte de personnes estoient bannies de Lyon, ce seroit une agréable demeure. J'en voudrois chasser les recueilleurs de subsistance, harpies nouvellement créées pour tourmenter quelques pauvres étrangers qui s'y sont retirez à l'abri de la foy publique; ceux qui y viennent troubler nos aises, en vexant ceux qu'ils appellent *aisez*, et ceux qui se veulent enrichir de la ruine des immunitez de l'église; je voudrois chasser les femmes médisantes, qui se plaisent à faire des intrigues, qui prostituent l'honneur aussi facilement que la conscience, et qui n'en font point de blesser injustement celuy des plus retenues et des plus gentilles, pourveu qu'elles s'imaginent de couvrir en quelque façon leur honte et leur infamie, comme un larron se cache aisément dans une foule de peuple... J'en voudrois chasser quelques-unes dont les corps et les visages semblent n'estre reservez que pour servir à la nature de modèles de monstres...; mais Hercule n'est plus pour en deffaire le monde; par conséquent je finiray cette lettre, en disant que s'il les faut souffrir, il s'en faut garder, et que bienheureux sera celuy qui le pourra faire, vu qu'elles veillent nuit et jour pour decevoir le simple, et dévorer l'innocent à cachette. »

1629. — *Juillet 22*. Le roi passe à Lyon, mais ne s'arrête pas dans la ville, et va coucher à *Bully*. » J. MORIN, VI, 144.

1629. — *Décembre* .... Jean Barclay, auteur de l'*Argénis*, camérier du pape, apporte au roi deux bonnets de cardinaux, l'un pour le nonce *Jean François Bagni* (1), l'autre pour l'archevêque de Lyon. M.

1629. — .... « Cette année, on pava, aligna et élargit la rue de S. Bernard, qui est le rempart qui monte de la porte du Port Notre-Dame (vers S. Clair), à la rüe de la *Vieille monnoye*... » — A cette occasion, le Consulat fit graver une inscription que le P. *Menestrier* a insérée dans son *Eloge hist. de la ville de Lyon*.

1629. — (*circa*) Mort, à *Lyon* ou à *Beaujeu*, de *Jacques Severt*, historien, écrivain ascétique, auteur d'ouvrages de controverse reli-

(1) Ce prélat eut pour bibliothécaire *Gabriel Naudé*, qui lui dédia ses *Coups d'estat*. Il a un article dans BAYLE et dans MORERI; mais il n'en a point dans la *Biogr. univ.*

gieuse, docteur en théologie de la faculté de Paris, théologal en l'église de Lyon, chanoine et doyen de l'église de *Beaujeu*, etc. Il était né en 1559, et, s'il faut en croire *La Mure*, il aurait vu le jour à *Saint-Marcel-de-Félines*, une des seigneuries de la maison de *Chalmazel* (1). Nous avons quelques raisons de croire que son père était de *Beaujeu*, et qu'il était parent de *Laurent Severt*, natif de cette ville, marchand canébassier à Lyon, auquel le Consulat fit payer, le 7 mars 1594, 14 escus et 48 sols pour les voyages qu'il avait faits vers le colonel d'*Ornano*, depuis le 22 février jusqu'au 9 mars. Il faut qu'à cette époque Jacques Severt ait été connu du Consulat, puisque, après le bannissement des Jésuites, il fut appelé à remplir les fonctions de principal du collège de la Trinité, fonctions qu'il exerça jusqu'au mois d'avril 1597 (2). Nous avons cité, sous leurs dates, ses différentes productions, et nous avons indiqué dans la *Biogr. Lyonn.*, les sources où devront puiser ceux qui voudroient faire mieux connaître qu'on ne l'a fait jusqu'à présent ce fécond écrivain. Voyez les *Publications* de 1598, de 1601, de 1607, de 1621, de 1622, de 1623 et de 1624.

1629. — Publications. *Indiculus sanctorum Lugdunensium*, concinnatus a *Theophilo Reynaudo*, Societatis Iesu Theologo. Addita Mantissa de piis quibusdam Lugdunensibus non vindicatis. Lugduni, sumpt. *Claudii Landry*. 1629. In-12. — Dédicace à l'archevêque de Lyon. — L'auteur reproduisit cet ouvrage avec de nombreuses additions dans son *Hagiologium Lugdunense*, publié à Lyon en 1662, in-fol.; il y joignit plusieurs dissertations et un Catalogue des saints, divisé par état et condition (3); toutefois ce Catalogue laisse beaucoup à désirer; on n'y trouve pas S. *Yves*, le patron des avocats, et S. *Crispus*, celui des plaideurs. La vie de S. *Yves* se trouve dans toutes les hagiographies (4); il n'en est pas de même de celle de S. *Crispus*. Un de mes collègues à l'Académie et à la Société littéraire de Lyon, M. le docteur Gauthier, pour le venger de cet oubli, lui a fait la notice que voici :

Crispus (*Benoît*) naquit à *Amiternum*, aujourd'hui *Aquila*, vers le milieu du 7e siècle. Il fut nommé, l'an 681, archevêque de *Milan*, et mourut le

---

(1) *Hist. du Forez*, p. 328. Voyez aussi l'*Almanach de Lyon*, pour 1760, p. 175 de la *Description des villes, bourgs*, etc., article Severt. Nous ferons cependant observer que, dans le titre de son premier ouvrage, de *Orbis catoptrici descriptione*, dont la seconde édition est de 1598, *Severt* se qualifie de *Belli-Jocensis*. Peut-être était-il déjà chanoine de *Beaujeu* à cette époque.

(2) *Severt* fut remplacé dans ses fonctions de principal du collège de la Trinité, par le P. Porsan. Voyez ci-dessus au 16 et au 20 octobre 1597.

(3) On trouve un Catalogue de ce genre dans les *Heures de la Sainte Vierge* (par de *Saint-Pères*), Paris, 1657, in-8°. Voyez aussi l'*Hexaméron* rustique de *Lamothe le Vayer*, ad calcem.

(4) Voyez une notice sur S. Yves à la suite du *Calendrier de Thémis*, Lyon, 1821, in-8°; son Panégyrique en latin, par *Sergardi*, t. IV de ses OEuvres. Voyez aussi le *Coelum empyreum* du P. *Henri Engelgrave*, p. 402 et suiv. de l'édition de 1668, in-fol.; les *Antiquités nationales* de *Millin*, tome 4, art. xxxvii; ci-après les *Publications* de 1669.

11 mars 725, suivant les uns, et, suivant d'autres, dix ans plus tard. Il
fut mis au rang des saints peu de temps après sa mort, et il est invoqué en
Italie comme le Patron des plaideurs. On lui attribue la fondation du couvent des Bénédictins de Milan. Pendant son épiscopat, il eut de longs
démêlés avec l'évêque de Pavie, il se rendit à Rome pour soutenir les droits
de son église. L.-A. Muratori (*Anecdota ex Ambrosianae Biblioth. Codicibus*, I, 229) expose avec détails ces démêlés, et donne même un discours
que *Crispus* aurait prononcé à Rome, à cette occasion ; mais il prétend que
ce discours est plutôt de l'historien Landulphe que de notre saint. Paul
Diacre, livre VI, chap. 9 de son Histoire des Lombards, parle avec éloge
de ce prélat qui avait, dit-on, composé divers écrits ; mais il ne reste de
lui qu'une épitaphe d'un roi anglo-saxon, nommé *Cedual*, qui mourut à
Rome après s'être converti au christianisme (1) ; plus un poëme de 241 vers
hexamètres, intitulé *Commentarium medicinale*, divisé en 26 chapitres. Les
maladies y sont décrites, en commençant par celles de la tête, et finissant par
celles des extrémités. Il est imité de celui de Sérénus Samonicus sur le
même sujet. Les moyens de traitement que l'auteur indique sont tirés de
Pline ou de Dioscoride, ou sont des remèdes populaires. La latinité en est
très peu correcte, même quelquefois les vers n'ont pas la mesure voulue.
L'auteur n'était encore que diacre quand il le composa pour l'instruction
d'un de ses élèves nommé Maurus. Il a été publié pour la première fois
par Mgr Angelo Mai dans ses *Classici auctores e vaticanis codicibus editi*,
V, 391-403. J. V. Ulrich en a aussi donné une nouvelle édition d'après un
Ms de la B. de Vienne, imprimée à *Kitzingen*, 1855, in-8°. de 16 p. Benoît
Lentino a écrit la vie de Crispus, sous ce titre : *Breve compendio della vita
e morte del glorioso arcivescovo di Milano S. Benedetto Crespo*, protettore e
avvocato de' litiganti e tribulati ; *Naples*, 1674. Voyez aussi l'*Italia sacra*,
V, 95.

1629. — *Les Saincts de Lyon du R. P. Théophile Raynaud*, professeur
en théologie de la Compagnie de Jésus : traduicts du latin par un Religieux de la mesme Compagnie, A Lyon, chez *Esprit Scot*. (de l'impri-
rie de feu *Jonas Gautherin*, par *Marcellin* et *Pierre Gautherin*). 1629.
In-12. — Décicace du libraire à l'archevêque de Lyon. — Le traducteur
est *François Allian*, natif de Crest en Dauphiné, mort à Grenoble en
1669, et non en 1696, comme on l'a imprimé par erreur dans la
Biogr. lyonn.

1629. — *Ligatures des langues françoise et latine ….* Par le P. *Philibert Monet*, de la C. de J. A Lyon, pour *Abraham Cloquemin*, 1629.
In-16 (B. de L. ; 15531). — L'*Advis* de l'auteur *au lecteur* est la pièce
la plus curieuse de ce volume ; en voici un échantillon : « La maîtresse
main de la Nature atache et unit par ansamble d'une liaison admirable
les os, les nerfs et la chair, es jointures de l'animal …. Le discours de
l'homme, exprimé de parole, et couché par ecrit, est de sa nature un
vrai corps artificiel, et les mambres d'icelui sont batis d'os, de muscles,

(1) Cette épitaphe en 24 vers élégiaques se trouve dans la *Biblioth. med. et inf. lat*
de *Fabricius*, 1, 436, et dans le tome V des *Classici auctores*, publiés par Mgr *Mai*.

de cartilages, de ners, de mambrannes, de tendons, et le tout de son
estoc et qualibre. La batisse de ce cors verbal ne sauroit etre resseante,
ni recevable, si tous les membres, grands, mediocres, petits, ne sont
reciproquement entrecousus par une sortable distribution, assiette et
convenance de ligamens du totage et des parties … » Voyez les *Publ.*
de 1628 et de 1633, etc.

1629 — *Lugdunum Lue affectum et refectum* … (Autore P. Joanne
Grillotio, è Soc. Jesu. Lugduni, sumpt. *Francisci de la Bottiere.* 1629.
Petit in-8° (B. de L., 18941).

1629 — *Lyon affligé de contagion* … Par le P. *Jean Grillot*, de la
Compagnie de Jésus. A Lyon, chez *François de la Bottiere.* 1629. Petit
in-8° (B. de L., 18952). — Cet ouvrage, qui a été analysé dans le
t. 14 du *Mercure françois*, n'est point une traduction du *Lugdunum lue
affectum* du même auteur ; cependant les mêmes faits s'y retrouvent. Le
P. Grillot, alors professeur au Collège de la Trinité, était natif d'Arnay-
le-Duc ; il mourut à Grenoble, le 3 sept. 1647. *Biogr. lyonn.*, p. 135.

1629 — *Moralis disciplina* ad praestruendam theologiae praticae,
ac jurisprudentiae viam, plenè diligenterque explicata, à R. P. *Theophilo Reynaudo*, soc. Jesu theologo … Lugduni, sumpt, *Jacobi Cardon.*
1629. In-fol. ; titre gravé par *Greg. Huret* (B. de L., 5821). — Parmi
les pièces liminaires est une ode latine, par un disciple de l'auteur,
signée, C. D. T. — Le P. *Théophile Reynaud* se plaît à citer les auteurs
profanes, et il les savait bien. Pour établir cette proposition que l'on
ne doit pas s'abandonner à la tristesse et à la douleur, il n'a pas craint,
après avoir cité les livres saints (1), d'emprunter le témoignage d'*Horace*
(*Ode* 18, l. 1), puis il rappelle (p. 463) ces vers de *Varron* que nous
a conservés *Nonius* (verbo *Coagulum*) :

> Vino nihil jucundius quicquam cluit,
> Hoc aegritudinem ad medendam invenerunt ;
> Hoc hilaritatis dulce seminarium ;
> Hoc continet coagulum convivia.

Au lieu de *quicquam cluit*, quelques éditions portent *quisquam bibit*, et
cette leçon a été adoptée par M. *Oehler* dans l'édition qu'il a donnée en
1844 des fragments qui nous restent des Satires ménippées de *Varron*.
M. *Charles Labitte*, qui a rendu compte de cette publication dans la
Revue des deux mondes (juillet 1844), traduit ainsi les quatre vers du
savant ami d'*Horace* et de *Virgile* : « Le vin! Personne n'a rien bu de
« plus exquis ; il est le remède trouvé contre le chagrin ; il est la source
« de la gaieté ; il est le lien des festins. » *Burmann*, p. 538 de

____

(1) *Vinum laetificat cor hominis*, a dit le prophète-roi (*Ps.* CIII, 15). Le fils de *Si-
rach* y ajoute la musique : *Vinum et musica laetificant cor* (*Eccles.* xl. 20 ; mais il ne
veut pas que ce soit une femme qui remplisse la coupe ; ce serait pour le sage un double
achopement : *Vinum et mulieres faciunt apostatare sapientes et arguunt sensatos*
(XIX, 2).

son *Anthologie latine*, voulait qu'on lût comme *Pithou* avait lu : *Vino nihil quidquam jucundius cluit*. Toute autre leçon lui semblait peu satisfaisante, et on doit être de son avis, à moins que l'on ne préfère la leçon du P. *Raynaud* introduite avant lui par *Scaliger* (1). Dans tous les cas, il faut proscrire le *quisquam bibit*. Quelle apparence que *Varron* se fût contenté de dire : Entre toutes les choses qui se boivent, le vin est la plus délectable ! il est moins trivial de dire : Rien n'est plus excellent, rien n'a plus de charme que le vin. Il est même permis de supposer que le savant Romain a voulu donner un démenti à *Pindare* qui avait proclamé l'eau le meilleur des dons faits au genre humain. Un poète moderne, *Laurent Frisoli*, a dit dans une semblable intention :

> Thebane vates, parce, parce, nunc scio,
> Est unda rerum pessima.

Cela nous rappelle un passage de la touchante lettre de *Montaigne* sur les derniers moments de son digne ami, *Estienne de la Boëtie* : « Il me demanda un peu de vin, et puis s'en estant bien trouvé, me dict que c'estoit la meilleure liqueur du monde. « Non est dea, feis-je pour le mettre en propos; c'est l'eau. » — « C'est mon, répliqua-t-il, ὕδωρ ἄριστον » (2). Voyez le *Montaigne* de M. *Victor le Clerc*, t. V, p. 251.

1629. — *Remèdes souverains contre la peste et la mort soudaine*, d'où les ames dévotes peuvent tirer une très-douce consolation et spirituelle recréation, tant durant la contagion, qu'en toute affliction ou maladie. Avec les prières pour réciter au temps contagieux. Par le R. P. *Estienne Binet*, de la Compagnie de Jésus. Edition augmentée par l'autheur. A Lyon, pour *François la Bottière*. 1629. In-12. — Ouvrage purement ascétique, dédié par *F. la Bottière* à *Jean de Silvecane*, conseiller du roy en la seneschaucée et siege présidial de Lyon, etc., *Pierre Mellier*, conseiller en ladicte seneschaucée, etc., *Luc de Seve*, sieur de *Charly*, *Pancrace Marcellin*, docteur médecin, *François Mizauld*, *Jean Antoine de Codeville*, *François Roy*, *Armand Rochette*, *Mathurin Coquel*, *Ennemond Duplomb*, et *Barthélemy Ballet*, commissaires et députés de la santé. — Voici un passage de cette dédicace : « … Pendant six mois, ceste florissante cité qui, depuis si longtemps sembloit avoir enserré dans ses murailles tout le bon-heur dont elle faisoit jouir les autres, a servi de

(1) Cette leçon est aussi celle que *Sallengre* a adoptée, mais les quatre vers de Varron se lisent ainsi dans son *Eloge de l'ivresse* :

> Vino nihil quicquam jucundius cluit ;
> Hoc continet coagulum convivia ;
> Hoc hilaritatis dulce seminarium ;
> Hoc aegritudinem ad medendam invenerunt,

(2) L'eau est la meilleure des choses. Les deux mots grecs sont de *Pindare*, qui commence par là sa première *Olympique*.

théâtre à une tragédie, si pleine d'horreurs qu'elle a donné autant de compassion à toute l'Europe qu'elle estoit capable auparavant de donner de l'envie à toutes les plus belles villes. Elle ne voyoit plus sa grandeur que dans l'excès de son mal-heur : et le nombre de ses citoyens ne paroissoit plus que dans la multitude des morts .... » — La permission, signée : DE SILVECANE, est datée de Lyon, le 10 janvier 1629; elle est suivie d'une dédicace de l'auteur à *Messieurs de Vienne* (en Dauphiné) où se trouvant alors « avec un peu moins d'affaire que de cous- « tume, on l'*avoit* prié de faire ce livret. » — Deux éditions de cet ouvrage avaient été publiées en 1628, l'une à *Bourg-en-Bresse*, par *Jean Tainturier*, sans pièces préliminaires, avec une approbation datée du 17 novembre; l'autre à *Vienne*, par *Jean Poyet*, avec la dédicace à MM. de Vienne, et une permission datée du 20 novembre. On en cite une de Paris, 1629, dans la *Bibliotheca scriptor. soc. Jes.*, art. STEPHANUS BINETUS, et l'art. JOSEPHUS FOTIUS en mentionne une traduction italienne, publiée par ce dernier Jésuite, 1638, in-12.

1630. — *Janvier* .... — Retour à Lyon d'*Alphonse de Richelieu*. — Le 7 de ce mois, le roi lui avait donné le bonnet de cardinal dans la chapelle Bourbon à Paris. MERCURE FR., tome XVI.

1630. — *Janvier* 18. — Le Cardinal *Armand de Richelieu* arrive à Lyon. *Mém.*, p. 143.—Il fit faire en cette ville, 6000 paires de souliers et cent charrettes pour l'artillerie (p. 145). — Il dépêcha de Lyon le sieur *Mazarin* pour s'en retourner vers S. S., de la part de laquelle il étoit venu pour solliciter une suspension d'armes .... *Mazarin* partit de Lyon le 29 janvier (p. 148). Voyez aussi le MERCURE FR., p. 20.

1630. — *Mars* 11. — Un arrêt du parlement de Paris décide que la régale n'a pas lieu à Lyon pendant la vacance du siége, et que les bénéfices qui tombent dans les mains des gradués, leur doivent être conférés. HENRYS, livre 1, Question 47.

1630. — *Avril* 3. Les religieuses du deuxième monastère de la *Visitation* prennent possession, sous la conduite de *Marie de Quérard* leur supérieure, du bâtiment de l'*Antiquaille*. — Ce bâtiment avait été acquis, en 1629, par *Matthieu de Sève*, seigneur de *Saint-André*, *Fromente* et *Flécheres*, qui en fit don à ces religieuses. ACHARD-JAMES, *Hist. de l'hospice de l'Antiquaille*, p. 28. Voyez les *Publ.* de 1633; *Recueil de la Vie*....

1630. — *Mai* 2. *Louis XIII*, la *Reine-mère* et le cardinal *de Richelieu* arrivent à Lyon. MERCURE FR., tome XVI, p. 168 et 787; J. MORIN, VI, 147.

1630. — *Mai* 10. Le roi arrive à Grenoble, mais il ne tarde guère à revenir à Lyon où il avait laissé la reine. MÉM. *de Richelieu*, p. 202.

1630. *Mai* .... Le sieur *Savine*, qui avait averti les habitants du fort *Lauset* de l'attaque que les troupes du roi devaient y faire, est conduit par *Montréal* vers le roi qui le fait mettre au château de *Pierre-Encise*. MÉM. *de Richelieu*, p. 109.

1630. — *Mai* 20. « Le lundi de la Pentecôte, *Anne d'Autriche* monta à *Fourvière*; elle ne s'était point fait annoncer, et la porte de la chapelle de Notre-Dame se trouva fermée. C'était un reste des usages du moyen âge, un dernier témoignage de la négligence héréditaire des sacristains. Ils laissaient souvent la lampe éteinte, et on les accusa plus d'une fois d'avoir condamné l'oratoire de la Vierge à la solitude lorsqu'ils allaient en ville. Tout le Chapitre se remua; on ne put trouver ni les clés ni le sacristain; et les gens de la suite de la reine finirent par forcer la petite porte à barreaux... » L'abbé CAHOUR, *N. D. de Fourvière*, p. 187.

1630. — *Juin*. 21. Un édit du roi, daté de Lyon, abolit la *Compagnie de la Mere folle de Dijon*. DU TILLOT, *Mém. pour servir à l'Hist. de la fête des fous*, p. 111, édit. in-4°. *Biblioth. de l'Ecole des Chartes*, I, 121. — La *fête des fous* se célébrait aussi à Lyon (voyez ci-dessus, années 1397 et 1405). Le P. *Théophile Raynaud*, cité par *du Tillot*, p. 8, témoigne qu'à la Messe de cette fête, le jour de *S. Etienne*, on chantait une *Prose de l'Ane*, qu'il a vue dans le Rituel d'une église métropolitaine qu'il ne nomme point, et que cette Prose s'appelait aussi la *Prose des fous*. Il ajoute encore qu'il y en avait une autre que l'on chantait le jour de *S. Jean l'Evangéliste*, laquelle se nommait la *Prose du Bœuf* (voyez *Heteroclit. spritual. cœlest. et inferna*. Sect. 11, punct. 8, n° 20).

1630. — *Juin*.... Lettres patentes datées de Lyon, par lesquelles les habitants du quartier de *S. Just* et de *S. Irénée*, pour être habitants de la ville de Lyon, sont déclarés exempts de tailles, et du logement des gens de guerre. RECUEIL de 1771, in-fol., p. 24. — Voyez ci-dessus au 18 *septembre* 1585; *juin* 1630; et ci-après 29 *décembre* 1634.

1630. — Même jour *juin* 21. Le roi part de Lyon pour se rendre à Grenoble où il arriva le 24. — La Reine resta à Lyon où se trouvait M. de *Béthune*. MÉM. de *Richelieu*, p. 218. — En ce temps là, le duc de *Guise* vint de Provence à Lyon (p. 239).

1630. — *Juillet* 30. « Assemblée générale tenue au logis de M. *d'Halincourt*, en laquelle furent nommez pour intendants des bleds de l'*Abondance*, *Horace Cardon*, sieur de *La Roche*, *Luc Sève*, seigneur de *Charly*, *Gonin de Bourg*, ex-consul, *Claude Neyret*, sieur de *Bellevue*, *Claude de Couleur*, *Jean Vidaud*, *Hierôme de Cotton* et *Hugues Blauf*, bourgeois de Lyon, auxquels fut donné pouvoir et authorité de pourvoir aux nécessitez tant de la ville que des lieux circonvoisins, notamment pour la nourriture de la Cour qui estoit en cette ville avec les reines, le Privé Conseil, et le Grand Conseil. Le sieur de *Couleur* fut requis d'exercer l'office de trésorier de l'*Abondance*. » M.

1630. — *Août* 7. Le Roi revient à Lyon, et prend son logement dans la maison attenante au pont de bois de *Bellecour*, nommée depuis le PETIT-LOUVRE, *Mercure franç.*, tome XVI, p. 634 et 787. — Le PETIT-LOUVRE, qui prit plus tard le nom de PALAIS ROYAL, fut construit sur un emplacement acheté par *Pierre de Chaponay-Feyzin*, du cardinal de *Marquemont*. Voyez COCHARD, *Guide*, p. 573.

1630. — *Août 9.* Mort de *Louise de Langes*, fille de *Nicolas de Langes*, veuve de *Balthazar de Villars*, fondatrice de l'église de *Sainte-Claire* (1) où elle fut enterrée auprès de son mari, décédé en avril 1627. Voici l'inscription qu'on lisait encore en 1790 sur la tombe de cette pieuse dame :

BALTHAZAR DE VILLARS PERILLUSTRI ET INCOMPARABILI FOEMINAE ALOYSIAE DE LANGES UXORI CHARISSIMAE, QUAM FOECUNDITAS, PRUDENTIA, PIETAS ET CAETERAE VIRTUTES CLARISSIMAM FECERE : TABULAM HANC VOVI ET MEAE ADJUNGI VOLUI UT CONNUBIALIS NOSTRAE PER ANNOS.... CONCORDIAE ET INCOMPARABILIS AMORIS MONUMENTUM ESSET POSTERITATI. NON OBIIT SED ABIIT LUDOVICA, DIE 9 MENSIS AUGUSTI, ANNO 1630 (2).

1630. — *Août 22.* Le cardinal *Armand de Richelieu* revient à Lyon. *Mém.*, p. 308.

1630. — *Septembre 8.* Le Roi et la Reine assistent à la cérémonie de la vêture de *Louise Catherine Vernal*, dans le monastère de la *Visitation. Mss* de la B. de L., 1345.

1630. — *Septembre 17.* Le Consulat autorise les *Jésuites* à établir un *second collège* du côté de *Fourvière*, pour l'enseignement des trois basses classes. J. Mottin, VI, 147; *Revue du Lyonn.*, I, 403. Voyez ci-dessus, au 16 *novembre* 1628, et ci-après *octobre*.

1630. — *Septembre ...* Le Roi qui était à Lyon depuis le 7 août tomba malade. « .... Il eut, au commencement, de petits accès de fièvre qui furent enfin suivis d'une fort dangereuse maladie qui le mit à l'extrémité. Le dimanche 22 *septembre* (3), une grosse fièvre continue le fit mettre au lit à 2 heures après midy. Les renforts de fièvre tierce estoient accompagnés d'un mal de teste très-violent, et le 27, estant comme désespéré des médecins, on parla au P. *de Suffren*, son confesseur, pour le disposer à recevoir les sacrements. Les deux reynes consternées firent plusieurs vœux à Dieu, à la Sainte Vierge et aux Saints pour la conservation d'un si bon prince ; et, comme il se faisoit plusieurs miracles par l'intercession de M. *de Genève* (S. *François de Sales*) que le peuple

---

(1) Cette église, construite sur l'emplacement d'un ancien jeu de paume acheté d'un sieur *de la Bastie-Palmier*, est célèbre par le verre d'eau que le Dauphin, fils de *François 1er*, y but en 1530, et qui paraît avoir été la cause de sa mort. Il y avait un autre jeu de paume dans la rue de *la Sphère*; et sur la proposition de feu M. *Artaud*, conservateur de notre Musée, on donna à un impasse du voisinage le nom de *François Dauphin*, qui aurait dû être donné à la rue *Sainte Claire*. Nous ne sommes pas les premiers qui ayons signalé cette méprise à laquelle il sera facile de remédier, en donnant à cet impasse le nom si vénéré de Mlle *de la Barmondière*, fondatrice d'un hospice destiné aux pauvres des deux paroisses de S. *François* et de S. *Martin d'Ainay.* Voyez la *Gazette du Lyonnais*, 18 août 1845.

(2) B. de L., tome 3 du n° 19033; Rubys, p. 459; *Arch. du Rh.*, IX, 163.

(3) « Sa Majesté tomba malade le 22 septembre, et le 30 on le tint pour mort; mais « Dieu le délivra miraculeusement de ce danger... » *Mém.* de *Richelieu*, p. 268.

qualifioit des-lors du titre de bienheureux, on inspira au Roy de l'invoquer. La Reyne envoya quérir par ses aumosniers le cœur de ce grand serviteur de Dieu, qui est le precieux depost de ce monastère de *Bellecourt*. Messire *Thomas de Meschatin de la Faye*, chanoine et comte de Lyon, grand vicaire de l'archevesché, sous le gouvernement de M. *de Marquemont*, et père spirituel du monastère, assisté de Messire *Etienne Brun*, leur chapelain et confesseur, le portèrent ensemble, en surplis, dans le carrosse du Roi. Aussitôt que ce pieux monarque, plein d'une sainte confiance aux merites de ce grand serviteur de Dieu, aperçut cette précieuse relique, il se souleva sur son lit pour la recevoir avec plus de respect; mais à peine l'eut-il fait toucher à cette partie de son corps où il sentoit les plus vives douleurs qu'il s'écria de joye : *Je suis guéry*. Il soupa le soir même, et se trouva en estat de partir peu de jours après. En reconnaissance d'une guérison si prompte et si miraculeuse, S. M., après son départ, envoya au monastère une boëte d'or en figure de cœur, estimée 900 livres, marquée aux armes de France, et toute semée de fleurs de lys. » Mss de la B. de Lyon, n°. 1345 (1). Voyez *septembre* 1631. — Voyez encore la *Notre-Dame de Fourvière* de M. l'abbé *Cahour*, page 189 et suivantes. Cet estimable écrivain a, dans sa relation, fait revivre, dans tout son ensemble, une scène mutilée par les historiens de *Louis XIII*. Nous regrettons que la longueur de cet épisode ne nous ait pas permis de le reproduire. — Les poëtes de l'époque chantèrent la guérison du roi, comme un don du Ciel. *Abel de Sainte-Marthe* disait dans une Ode adressée à Louis XIII :

> Ecquis inesse neget tantis miracula factis?

La même pensée a été assez bien rendue dans la dernière strophe de l'Ode du P. *Lemoyne* (2), mais nous préférons citer la 3ᵉ qui nous a paru très-belle :

> En ces glorieuses mazures,
> Où Rome dans Rome n'est plus

(1) On lit encore dans ce même manuscrit : « .... Ce fut en ce temps que M. *Passelaigue*, évesque de *Belley*, fut commis pour faire la visite du cœur de M. *de Genève* dont on faisoit les enquestes pour le procès de sa béatification. Il entra dans le monastère avec plusieurs ecclésiastiques qui devoient servir de témoins, et le cœur fut trouvé beau et vermeil avec une odeur merveilleuse. Ce fut alors que Mme la duchesse *de Vendôme* donna un second reliquaire d'or, estimé mille livres, en reconnaissance de la guérison du duc *de Mercœur*, son fils, obtenue par les intercessions de M. *de Genève*. On le fit accommoder à la mesure de cette précieuse relique; il fut attaché à ce nouveau reliquaire rivé dans celui du roy auquel on n'a pas voulu toucher. Ainsi ce cœur repose dans deux boëtes d'or enchassées l'une dans l'autre, et c'est ainsi qu'on l'expose, quatre jours de l'année, à la vénération du peuple .... » — Aujourd'hui, ce reliquaire est dans le couvent des *Visitandines* de *Venise*.

(2) Il est bien étonnant qu'on n'ait pas donné un choix des poésies du P. *Lemoyne* et des extraits de son *Saint Louis* où l'on trouve quelques passages qui décèlent un véritable poëte et justifient le jugement que *Boileau*, *Lamotte* et *Clément* en ont porté. Lord *Brougham*, dans un volume publié en 1845, sous le titre de *Voltaire et Rousseau*, après

Qu'un amas informe et confus
De cendres et de sépultures,
Les rois aux esclaves meslez,
Les consuls au peuple égalez,
Ne font qu'une poudre commune ;
Et sans ordre sont enterrez
Les colosses de la Fortune
Et ceux qui les ont adorez.

Ces vers nous rappellent ceux de *Thomas* dans son *Epître au peuple* :

Qu'importe, quand on dort dans la nuit du tombeau,
D'avoir porté le sceptre ou traîné le rateau ?
On n'y distingue pas l'orgueil du diadème ;
De l'esclave et du roi la poussière est la même.

1630. — « .... Le dernier du mois de *septembre*, deux religieux augustins déchaussés desquels j'eus l'honneur d'en estre un, et l'autre, le R. P. *Cyrille* qui, quelque temps après, exposa sa vie, et mourut glorieusement au service des pestiferez dans la ville de Lyon, par la permission du R. P. *Eusèbe*, leur supérieur, allèrent expressément du Couvent de *la Croix-Rousse* à celuy de *S. Nicolas de Tolentin de Brou en Bresse*, pour l'accomplissement du vœu fait par la Reine, mère du feu roy très-chrétien *Louis XIII* d'heureuse mémoire, pour lors extremement malade à Lyon ; y estant arrivé, ils célébrèrent, neuf jours durant, la sainte messe de *S. Nicolas*, afin qu'il luy pleust obtenir de Dieu la santé de S. M., ce qui arriva fort heureusement, car, au quatrième jour de la neufvaine, ils receurent nouvelle de Lyon, comme le Roy se portoit mieux, estant hors de danger.... » Extrait du *Discours panégyrique des Grandeurs de S. Nicolas de Tolentin....*, par le R. P. *Maurice de la Mère de Dieu*, prieur des Augustins deschaussez de S. Nicolas de Brou ; à Lyon ; chez *Jean Carteron*, 1660, in-12. Voyez les *Recherches* de M. Baux *sur l'église de Brou* (Bourg, 1844, in-8°).

1630. — *Octobre 14.* Les deux reines vont à pied avec toutes les dames de la Cour, à la chapelle de *N. D. de l'Isle-Barbe*, rendre les vœux qu'elles ont faicts pour la guérison du roi. Mercure Fr., XVI, 804.

1630. — *Octobre .... Louis Doni d'Attichi*, évêque de *Riez*, vient à avoir dit que les œuvres dramatiques de l'auteur d'*A zire* abondent en sentiments religieux, revêtus du langage le plus élevé de l'abstraction poétique, ajoute : « .... Les vers suivants, qu'on dit avoir été écrits *impromptu* au milieu d'une société qui, un soir d'été, admirait les beautés du firmament, peuvent certainement se ranger parmi les meilleures compositions de l'espèce :

« Tous ces vastes pays d'azur et de lumière,
« Tirés du sein du vide, et formés sans matière,
« Arrondis sans compas et tournant sans pivot,
« Ont à peine coûté la dépense d'un mot. »

Eh bien ! ces vers ne sont pas du philosophe de *Ferney* ; ils sont d'un Jésuite, et ce Jésuite est le P. *Lemoyne*.

Lyon, à son retour de Savoie, pour rendre compte au roi de l'heureux succès d'une mission dont le Clergé de France l'avait chargé — Il était accompagné de *Gabriel de l'Aubespine*, évêque d'Orléans. GALLIA CHRIST., I, 414; MORÉRI, art. DONI.

1630. — *Septembre* .... Le duc de *Montmorency*, après le combat de *Veillane*, revint à Lyon où il avait laissé sa femme. Le poëte *Mairet* qui avait suivi la Cour, fit alors un Sonnet dans lequel il faisait parler la duchesse, sous le nom de *Silvie*. Voici quelques vers de ce Sonnet qui a été inséré dans les OEuvres lyriques de l'auteur de *Sophonisbe* (Paris, 1631, in-4°) :

> Alcide est revenu, mes vœux sont dans le port ;
> Mes larmes vont tarir, afin que je le voye,
> Et Mars, que je déteste et qu'il aime si fort,
> Me le rend ombragé des palmes de Savoye.
>
> . . . .
>
> O Dieux ! qu'on a de peine en aimant un guerrier,
> Et qu'il est mal aisé de faire une couronne
> Où le myrte s'accorde avecque le laurier !

Voyez ci-après, 30 *novembre* 1632.

1630. — *Octobre* .... Des lettres-patentes datées de Lyon permettent aux *Jésuites* d'établir un second Collège à Lyon. — Ces lettres-patentes, suivant M. *Isambert*, tome XVI, p. 359 de son *Recueil*, ne furent enregistrées que le 24 juillet 1652 (voyez ci-dessus, 17 *septembre*); cependant il paraît que la construction des bâtiments de ce Collège date de 1631. *Gabrielle de Gadagne*, veuve du marquis *de Saint Chamond*, en est regardée comme la fondatrice; car elle acheta l'emplacement de ses deniers, et fit les premières avances pour la construction de l'édifice. — Sous le Consulat, un des trois maires de Lyon, M. *Bernard de Charpieux*, fit donner ce collège aux *Frères ignorantins*, qui y établirent leur noviciat; ils y sont restés jusque vers 1840, époque à laquelle ils transférèrent leur noviciat dans l'ancien clos des *Lazaristes*. La ville étant rentrée dans la propriété du collège l'a cédé à la Faculté de théologie.

1630. — *Novembre* 8. Mort du P. *Jean-Baptiste Athanase*, Jésuite du Collège de la Trinité, né d'un père italien en 1534, auteur d'un ouvrage ascétique, *le Tribunal de la pénitence*, etc. COLONIA, 11, 750.

1630. — *Novembre* 23. Mort de *Robert Bertchlot*, de l'ordre des Carmes, conseiller et aumônier du roi. — Il avait été nommé, en 1601, à l'évêché de *Damas*, après *Jacques Maistret*, qui s'en était démis. Il assista S. *François de Sales* à sa mort, et prêta, pour les funérailles de ce saint évêque, ses ornements pontificaux, que l'on conservait encore, avant 1789, dans le couvent des *Carmes* de Lyon. PERNETTI, 1, 429.

1630. — *Décembre* 26. Mort de *Claude de Gelas*, évêque d'Agen, né à Lyon. — Il avait succédé à *Nicolas de Villars*, son oncle, mort le 12 décembre 1608. Gallia Christ, II, 934; du Tems, II, 285; le P. Anselme, V, 104; Pernetti, II, 412.

1630. — Les sieurs *Lumagne* et *Mascrani*, banquiers de Lyon, fournissent au Cardinal de *Richelieu* 30 mille écus pour la guerre d'Italie. M. de V.

1630 (circa). — Mort, à Genève, de *Louis Mayerne-Turquet*, traducteur, historien et publiciste, né à Lyon, vers 1550. — De tous les ouvrages de *Turquet*, le moins connu est celui qui a pour titre : *Institution de la femme chrestienne, tant en enfance, mariage que viduité, ensemble le devoir du mari* ; le tout mis en françois du latin de *Louis Vivès*, par L. T. L. (*Louis Turquet, Lyonnois*) ; à Lyon, par *Jean de Tournes*, imprimeur du roy, MDLXXX, in-16 (1), dédié par l'imprimeur aux filles de *François de Mandelot*, gouverneur de Lyon. Un Augustin belge, *J. B. de Glen*, qui a publié à Liége, en 1597, un traité *du Debvoir des filles*, a eu plusieurs fois occasion d'y citer le moraliste espagnol. Nous citerons, à notre tour, d'après M. le baron *de Reiffenberg*, le passage suivant, et nous pensons avec lui, que cette citation du traité du moine belge ne déplaira pas à des bibliophiles : « *Louis Vivès*, en son livre *de Femina christiana*, raconte que, se retrouvant en la ville de Paris, avec le docte personnage *Budeus* (Budé), une fort honneste et belle damoiselle les rencontrant en la rue, leur feit l'honneur et reverence; et là-dessus ledit *Vivès* s'enquit qu'elle estoit cette damoiselle tant courtoise et gracieuse : « C'est ma femme, dit lors *Budeus*, laquelle, entre beaucoup d'autres perfections dont elle est ornée, sçait si bien condescendre et s'attemperer à mes humeurs et affections, qu'elle ayme tout ce que j'ayme, et parce qu'elle me voit aymer les livres, elle en est autant jalouse et curieuse pour les garder, espousseter et entretenir que moy-mesme. » *Bulletin du bibliophile belge*, tome 2, p. 306. Voyez sur Mayerne-Turquet, la *Biogr. lyonn.*, p. 185 ; ci-dessus au 16 *juin* 1598 et au 21 *mars* 1611; les *Publications* de 1591, et celles de 1635.

1630. — Publications. *L'Anti-Phyllarque*, ou Refutation des *lettres de Phyllarque à Ariste*. A Lyon, par *Pierre Drobet* (et non *Drobec*). 1630. In-8°. — Le privilége du roi est daté de Lyon, le 14 juin de la même année. — Barbier attribue *l'Anti-Phyllarque* au P. *André*, *général des Feuillants*. Si ce n'est pas une méprise, ce Père aurait succédé dans cette dignité au P. *Jean Goulu*, auteur des *Lettres de Phyllarque*, mort *général des Feuillants*, le 5 janvier 1629. Il est bien étonnant que *Niceron* qui est entré (tome XXIII) dans quelques détails sur la guerre que les Feuillants suscitèrent à *Balzac*, ne dise pas un mot de *l'Anti-Phyllarque*.

---

(1) M. *Yémenitz*, un des notables bibliophiles que peut citer aujourd'hui la ville de Lyon, possède un exemplaire de cette traduction, couvert en vélin et très-bien conservé, lequel a appartenu à *Catherine du Soleil*, fille, sœur ou nièce d'*Imbert Grollier du Soleil*, qui fut prévôt des marchands en 1602.

Mais je ne puis croire qu'un général des Feuillants ait voulu prendre parti pour *Balzac* contre le P. *Goulu*, même dans l'intérêt de son couvent. Cela est d'autant moins vraisemblable que la préface de *l'Anti-Phyllarque* contient quelques mots assez piquants contre le frère *André*, qui avait le premier donné le signal de la guerre intentée à *Balzac*. Voyez Moréri, art. *Goulu*; Prosper Marchand, *Dict.*, p. 53; les *Matanasiennes*, p. 60 et 118.

1630. — *La Fille du Temps* : C'est-à-dire, la Vérité récitant les maux faicts à la France par les Huguenots, depuis l'édit de pacification ; les mauvais desseins et pernicieuses délibérations des Rochelois; les progrés du Roy sur les Rebelles : les Remarques du siége de Montauban ; Prieres paraphrasiques pour la conservation de Sa Majesté : la Ville de Lyon affligée de contagion, aux pieds de Dieu ; et autres pièces curieuses et utiles. Par le sieur *Laurent*, Miribelois Bressand. À Lyon, chés *Louis Muguet*, 1630. Petit in-8°. (B. de M. *Gonon*) — Dédicace de l'auteur à *Henry de Sault*, chevalier, conseiller du roy en ses conseils d'estat et privé, mestre de camp du régiment de Navarre, marquis de *Miribel*, datée de *Miribel*, ce dernier jour de l'an 1629, et signée A. Laurent. Parmi les pièces liminaires se trouve la suivante :

Epigramma

Nepotis ad avunculum suum, auctorem libelli poetici ejus.

O quam deprompta ex tabula resonantia regum,
Laurenti, miror carmina, docte, tua,
Regibus injustos servire docentia justis
Et Gallos semper praemia prima sequi.

I. Marquisius (1).

Le livre du poëte Mirebelois n'est curieux que par les pièces de circonstance qu'il contient ; nous aurions voulu reproduire en entier son *Ode sur la peste de Lyon*, mais elle est si platement écrite que nous avons dû y renoncer ; on en jugera par ces quelques vers :

Nos rues sont toutes bordées
De malades et de tombeaux ;
On ne voit courir que corbeaux
Qui ont nos portes abordées ;
Les chariots sont tous chargés
D'hommes et femmes meslangés ;
Le pauvre orphelin et la vefve
Déplorent leur perte si fort,
Qu'on ne peut point faire de trefve
Entre leur douleur et la mort.

. . . .

(1) Ce *I. Marquisius* était probablement de la même famille que *Jean Marquis*, médecin à Lyon, né à *Condrieu*, en 1553, mort à *Vienne*, le 4 mai 1625, auteur d'une continuation de la Chronologie de *Génébrard*, etc. Voyez Lelong, 32017, et la *Biogr. lyonn.*, p. 181.

Les plus habiles médecins
Se cachent pour demeurer sains.

. . . .

L'Angelique, la Theriaque,
Le vin d'absynthe, les parfums,
Sont nos remedes communs
Contre ceste Démoniaque.

. . . *t* . . . .

Nous avons encore remarqué dans ce volume, une pièce de vers adressée à la marquise *de Miribel* sur la mort du duc *de Mayenne* et du marquis *de Villars*, ses *frères*, ainsi que sur celle du vicomte de *Ligny*, son *second fils*. Cette pièce est suivie des épitaphes de ces trois guerriers qui furent tués au siège de Montauban. Un ancien libraire de Lyon, M. *Théodore Laurent*, qui a publié en 1834, un *Essai historique sur Miribel*, a consacré quelques lignes à *la Fille du Temps ;* mais il ne nous apprend rien sur son auteur, qui a échappé à l'abbé *Goujet*, et qui n'a d'article dans aucune biographie.

1630. — *L'Histoire du noble et vaillant chevalier Pierre de Provence, et de la belle Maguelonne*, fille du roy de Naples. A Lyon, par *Claude Chastellard*. 1630. In-8°. CATAL. *Cailhava*, n° 550. Voyez BRUNET, 111, 740, et la *Bibliogr. lyonn. du XVe siècle*, n° CCCXXX.

1630. — *Le Lyon pacifique devant ses favoris* : A Messieurs les Prevot des marchands et eschevins de la ville de Lyon. A Lyon, par *Claude Cayne*. 1630. In-8°. (B. de L., 23415, tome 76). — L'épitre dédicatoire de cette pièce, qui est en vers, est signée L. G. et J. M., initiales de *Louis Garon* et de *Jean Marcel*. Les deux rimeurs y célèbrent les louanges de nos magistrats, qui redonnent à la ville qu'ils administrent, la splendeur qu'elle avait perdue depuis de plus cent ans. Nous n'en citerons que ces quatre vers :

D'*Ainay* la nécessaire enceinte,
Du *Rhosne* les murs relevez,
Nous feront or dormir sans crainte,
Nos ports, nos quays sont eslevez....

1630. — *De Martyrio per pestem* ad martyrium improprium et proprium vulgare comparato Disquisitio theologica. *Theophili Raynaudi*, Soc. Iesu theologi .... Lugduni, sumpt. *Iacobi Cardon*. 1630. In-8°. — Titre gravé (B. de L., 3664). — Parmi les pièces liminaires se trouve une ode latine *Sacris pugilibus peste sublatis*, par le P. *Jean de Saint-Aubin*. — On trouve, dans ce livre, des détails curieux sur la peste qui a ravagé la ville de Lyon en 1628. Voyez les *Publ.* de 1656 (*Theologia antiqua*).

1630. — *Les Œuvres du sieur Théophile*, divisées en trois parties.... A Lyon, par *Jean Michon*. 1620. 2 vol, in-8° (B. de L., 17948). — Les grands maîtres de l'école moderne ont voulu remettre en honneur les poésies de *Théophile*, et les faire sortir de l'oubli où elles sont restées et resteront à jamais, malgré tous leurs éloges; mais comment se fait-il que deux de ses plus passionnés admirateurs, M. *Sainte-Beuve* et

M. *Théophile Gautier*, n'aient rien dit de la pièce en prose latine intitulée *Larissa*, qui est à la fin du premier volume de ses Œuvres ? Ce joli conte, écrit dans le goût de *Pétrone* et d'*Apulée*, a été traduit plusieurs fois en français ; la version la plus connue est celle de *Bussy de Rabutin*, insérée dans une lettre de madame *de Sévigné* (la 1006e). Celle de *Meusnier de Querlon*, avec le texte en regard, est à la fin du tome 1er de la *Nouvelle Biblioth. de Campagne* (Paris, sans date, in-12); et celle de *Mirabaud*, dans le tome 3 de son *Tibulle*. Voyez les *Annales litt.* de *Dussault*, tome IV, p. 263.

1630. — *Reveil du Roy malade à Lyon*, le vingt deuxiesme jour du mois de septembre 1630, et miraculeusement guéri le 30 du mesme mois, etc. A Lyon, par *Claude Cayne*. 1630. In-8° de VIII et 55 pages (B. de L., t. 2 du n° 23415). — La dédicace au Roi, datée de Lyon, le 12 octobre 1630, est signée du nom de l'auteur, I. SERAUD. Cet opuscule nous offre des vers latins et français sur la maladie et la guérison du roi. Rien de plus plat que le style de ce rimeur qui s'écrie, dans sa prière à S. Michel :

> Retirez le roy du suaire.
> Les médecins, l'apothicaire
> Sont taupes en son sauvement;
> Sa cure doit être divine,
> Et d'un comme vous, qui domine
> Après Dieu dans le firmament.

Cette pensée revient à satiété sous la plume de *Seraud*, même dans ses vers latins :

> Si regem superare vides in fata sepulchri,
> Non cura est medici, sed medicina Dei.

Voyez les *Publications* de 1609, *Sonnets et Anagrammes*, et celle de 1621, *La Bellegarde* ....

1630. — *La Velleyade*, ou Délicieuses merveilles de l'église de Nostre-Dame ez païs de Velay, par Noble *Hugues Davignon* .... Lyon, *Louis Muguet*, 1630. In-8°. — Analysé dans la *Bibliothèque poétique* de M. *Viollet Le Duc*.

1630. — *Véritable récit de ce qui s'est passé en la maladie du Roy*, à Lyon, avec les paroles tres-chrestiennes de Sa Majesté. Par le R. P. *Souffrant*, son confesseur ordinaire. Jouxte la copie imprimée à Lyon, par *Nicolas Vermonet*. M.DC.XXX. In-8°. — Cette pièce datée de Lyon le 1er octobre 1630, a été réimprimée dans le tome 3e des *Archives curieuses de l'histoire de France*, 2e série.

1631. — *Mai* .... — La *Peste* se déclara de nouveau dans l'*Hôtel-Dieu*; elle y régna jusqu'au mois d'octobre. DAGIER, 1, 310-316; l'abbé CAHOUR, p. 286. Voyez ci-dessus, *année* 1628, et ci-après, *mai* 1642.

1631. — *Décembre 29*. — Le marquis *d'Halincourt*, gouverneur de

Lyon, pose la première pierre de la chapelle de *N. D. du Confalon* (1).
— Une médaille fut frappée à cette occasion. Elle offre d'un côté le
portrait de la nouvelle chapelle, avec cette légende : DILIGIT D N S.
PORTAS SION, SUPER OMNIA TABERNACULA JACOB. *Ps.* 86. M.DC.XXXI.
De l'autre côté est cette inscription :

VIRGINI. MATRI.

A. DEO FILIO. QVEM. IN.

TERRIS. EXCEPERAT. IN. DOMVM.

SVAM. COELO. RECEPTAE.

ILL.^{MVS}. D.

CAROLVS. DE. NEVFVILLE.

LVGDVN. PROREX.

hanc Domum extruxit,

ut sibi in illius regno locum

faciat.

Voyez *la France métallique,* de *Jacq. de Bie,* 2ᵉ partie, p. 147-9;
l'*Almanach de Lyon* de 1655, p. 40; les *Affiches de Lyon,* in-4°, année
1766, p. 111; les *Statuts des Pénitents blancs,* Lyon, 1730, in-12.

1631. — « Cette année, on donna commencement au *Collége de
Nôtre-Dame,* où l'on mit seulement les quatre classes de grammaire,
pour ôter aux jeunes enfans l'incommodité de traverser tous les jours,
quatre fois la ville, qui est d'une longue étendue .... » M. — Voyez
ci-dessus, *octobre* 1630.

1631. — Ce fut, en cette année, que « vu l'accroissement du commerce
« et le besoin qu'avoient les négociants d'un local pour traiter des
« changes, vu qu'ils étaient forcés de s'assembler dans les boutiques
« des maisons voisines de la place du Change, et que, *pour le fait des
« changes,* Lyon donnoit déja la loi à toutes les places de l'Europe, »
le Consulat forma le projet de bâtir une *loge pour les changes.* Néanmoins, par suite de difficultés survenues entre la ville et les proprié-
taires d'une partie du sol, cette *loge* ne put être commencée qu'en
1747, et ne fut achevée qu'en 1749, sous la direction des architectes
Soufflot et *Roches.* On grava sur le frontispice ces paroles tirées d'une
lettre de *Cicéron* à *L. Munatius Plancus* (X AD FAM., 3) *Virtute duce,
comite fortuna.* On avait d'abord proposé cette autre inscription : *Fide
et industria;* mais on considéra que le dernier mot était équivoque, et
on la rejeta. On vit avec raison dans les deux premiers mots de celle
qu'on adopta, et qui avait déjà été la devise du célèbre imprimeur
Sébastien Gryphe, l'âme de la conduite de tout vrai négociant. *Arch. du
Rh.,* IX, 334; J. MORIN, VI, 148 et 260.

1631. — PUBLICATIONS : *Le Chasse-ennuy* .... Seconde partie; par

____

(1) Il existait dans cette chapelle, démolie en 1805, un tableau de *Rubens,* représentant *Jésus mourant et Magdeleine à ses pieds.* Ce tableau très-vanté et admiré de tous

Louys Garon. A Lyon, chez *Claude Larjot*. 1631. In-12 — *Garon* avait publié en 1628 la première partie de ce recueil de contes, d'anecdotes et de facéties. Encouragé par le succès qu'elle obtint, il donna ce nouveau volume qu'il dédia à M. *de Rebé*, chantre et comte de l'église de Lyon, prevôt de *Saint Pierre de Mâcon* « C'est, dit-il, le douziesme des enfants (1) que depuis douze ans j'ai mis au monde, et semble qu'avec raison je peus, à l'imitation du patriarche Jacob, l'appeler mon petit Benjamain. Comme le plus jeune de ses frères, Benjamin estoit mignon de son père, et portoit une robe variée de couleurs ; le mien, comme le dernier de mes fils, est mon bien aimé, et, pour le vestir à la mode, j'ai tissu son habit de diverses livrées .... Soyez son Joseph .... » — *Garon* qui a semé un assez grand nombre d'anecdotes lyonnaises dans la première partie du *Chasse-ennuy*, ne nous offre que la suivante dans ce nouveau volume : « Il y a quelque temps qu'un homme riche de Lyon ayant fait dresser sa nativité, et pensant que les prédictions de sa mort fussent assurées, distribua fort légèrement tous ses biens comme s'il eust eu desjà l'un des pieds dans la fosse, tellement qu'il ne se laissa rien de reste ; mais, séduit par l'astrologie, il fut contraint de demander l'aumosne, ayant vescu beaucoup plus qu'il ne pensoit. » P. 106. Voyez nos *Variétés*, p. 90.

1631. — *Discours au Roy* touchant les libelles faits contre le gouvernement de son estat (par *Paul Hay*, sieur *du Chastelet*), *sans nom de ville*, 1631, in-8° de 32 p. — Voyez sur cet opuscule (omis dans le *Dict.* de *Barbier*), Le Long, n° 21688. C'est une apologie du Cardinal de *Richelieu*, dirigée contre le Président *Le Coigneux* (ou *Cogneux*), chancelier de Monsieur, duc d'Orléans. On y lit, p. 11-12, que Le Cogneux « voyant que ses fourberies estoient mieux recogneues que les fidèles services des autres, jetta son Maistre dans la cabale qui s'estoit formée *dès Lyon*, par le ministère du garde des sçeaux et plusieurs autres, à la ruine de monsieur le Cardinal *de Richelieu*. Et pour justifier une preuve insigne de sa desloyauté, il envoya en ce temps-là le sieur *de Chaudebonne* à Lyon, de la part de *Monsieur*, pour en avancer le progrès, etc. »

1631. — *L'Entretien des bons esprits sur les vanitez du monde*. Par le sieur de *La Serre*, historiographe de France. A Lyon, chez *Claude Larjot*, imprimeur ordinaire du Roy, et *Jean-Aymé Candy*. 1631. In-8° (B. de L., 11257). Le titre est précédé d'une gravure représentant un squelette costumé en roi, ayant un pied nu sur la boule du monde. Une seconde gravure représentant la vanité des richesses et celle des grandeurs, se trouve en regard du chap. I.

les connaisseurs, a été l'objet d'une critique sévère de la part de *Chassaignon* (t. IV p. 253 de ses *Cataractes*). Voyez aussi sur ce *Christ*, le *Séjour de Cagliostro à Lyon* p. 4.

(1) De ces douze enfants, on en connait à peine la moitié ; les six ou sept autres sont morts-nés, ou s'ils ont quelque peu survécu à leur naissance, ils sont tombés dans un tel oubli qu'on n'en sait pas même les noms. Voyez les *Publications* de 1619, 1627, 1628 et 1630.

1631. — *Golnitzii* (*Abrah.*). *Ulysses Bellico-Gallicus...* Lugd. Batav. Ex officina Elzeviriana. 1631. In-12. — Contient de la page 315 à la pag. 375, une description de la ville de Lyon, où l'auteur séjourna depuis les premiers jours de décembre 1630, jusqu'au 14 janvier suivant. — Cet Itinéraire a été réimprimé en 1655 (voyez les *Publications* de 1664, *Tableau des provinces de France...*). - - Le P. *Menestrier*, p. 228 de ses *Divers caractères*, y a remarqué ce bel éloge que le voyageur danois a fait de notre ville; «... Urbs haec principalis totius « Galliae, Franciae fortalitium, suprema sedes totius Galliae in « spiritualibus, et officina commerciorum totius mundi : imò quod « aeternae ejus laudi positum sit, si qui sunt numi sigillares, princi- « pum inscriptiones, sepulchra, theatra vastata, balnea, thermae, « aquae ductus, canales aquarum actus, templa antiqua, statuae, co- « lumnae diversarum formarum, obelisci, pyramides destructae, « tabulae, vasa, urnae, lampades, opera emblematica tesselata et si- « milia venerandae antiquitatis insignia, de iis in sola hac urbe Lug- « duno plus reperies quam in reliquis omnibus junctim sumptis... » L'estimable Jésuite accompagne cette citation d'une bien juste doléance : « Je ne scay, dit-il, si *Golnitz* pourroit dire à présent la même chose : la plupart de ces antiquitez sont perdues; on a brizé les inscriptions et les tombeaux pour les faire servir à des bâtiments ; on a défiguré des chapiteaux de marbre d'une beauté singulière ; les conserves d'eau, les bains et d'autres antiquitez sont enfermées dans la clôture de quelques monastères de filles ; les morceaux de colonnes sont épars ; on ne voit plus les statues que Mrs *de Langes*, *du Choul* et quelques autres curieux avoient assemblées ; leurs médaillers ont été vendus à des étrangers .... » Le P. Menestrier écrivait cela en 1694, et Dieu sait combien d'autres monuments et d'autres vestiges de la vénérable antiquité ont péri par l'injure du temps et plus encore par la main des hommes, depuis cette époque jusqu'au 29 mars 1800, date de l'arrêté de l'Administration centrale de notre cité, qui institua une commission chargée « de recueillir les *monuments d'instruction* qui se rapportaient à l'anti- « quité et à l'histoire de la ville de Lyon (1). » Grâce à cette sage mesure et au zèle éclairé de feu M. *Artaud* et de M. *Comarmond*, son digne successeur, notre Musée des antiques excite aujourd'hui l'admiration des archéologues de tous les pays.

1631. — *Le Lys sacré*,.... par le P. *George Estienne Rousselet*, de la compagnie de Jésus. A Lyon, chez *Louis Muguet*, 1631. In-4° de 1421 pages (B. de L., 24761). L'auteur dans cette compilation semble avoir épuisé son sujet. Il y a inséré à peu près tout ce qui a été dit sur le lys, considéré sous tous ses rapports. On y trouve, p. 1302 et suiv., des détails sur le séjour de *Louis XIII* à Lyon en 1630; p. 104 à 108, une lettre de *François Chevrier de S. Mauris*, datée de Lyon, le 4 *mars* 1630, sur l'origine des lys envisagés comme armoirie. Nous

(1) Cet arrêté fut rendu sur le rapport de *Nicolas François Cochard*, un des membres les plus distingués de l'Académie de Lyon. Voyez sa *Description historique de la ville de Lyon*, p. 137.

signalerons aussi, pages 750 et suiv., un certain nombre de mots que le P. Rousselet attribue à *Henri IV*, et il n'y a pas oublié ceux qui pouvaient être la plus grande gloire de sa Société. Voici les plus saillants : Quelques-uns luy disant que, tandis qu'il assiégeoit *Amiens*, les ministres avoient faict courir par la France certaines plaintes affectées et des demandes pour luy présenter : *Ce n'est pas de merveille*, dit-il, *les ministres sont poissons d'eau trouble.* — Un seigneur de sa suite voulant couvrir l'honneur d'un impertinent écrivain devant sa Majesté, d'autant qu'il n'avoit point estudié : « Cette excuse, répondit le Roy, « est une double accusation de son ignorance et de sa témérité. Il vaut « mieux se taire que de parler mal, et celuy qui est muet est de meil- « leure condition que celuy qui a une mauvaise langue (1). » — Quelques médecins des plus célèbres en la religion prétendue s'estans faicts catholiques : *Donc*, répartit le Roy, *la religion huguenotte est en mauvais poinct, puisque les medecins l'abandonnent.* —Un gentilhomme calviniste lui disant que sa sœur (2) estoit la seule qui defendoit son party : *Tant pis pour vostre religion*, lui dit-il, *puis qu'elle est tombée en quenouille (3).* — Son barbier lui disant qu'il avoit plus de poil blanc d'un costé que de l'autre : *C'est que le vent de mes afflictions a plus soufflé de ce côté-là que de l'autre.*—Entendant qu'un poète françois s'estoit retiré à *Turin* où il alloit en carrosse, tiré à quatre chevaux : *Il a bien fait d'aller en Piémont, car il n'eust jamais fait un tel* quatrain *en France.* — Quelqu'un lui racontant comme un crime insupportable, que les Jésuites choisissoient les meilleurs esprits pour leur Compagnie : « C'est vertu, « et non point crime, de choisir ce qui est le meilleur. Quand je veux « faire une compagnie de gens-d'armes, je prens les plus vaillans ; ils « ont besoin de gens d'élite pour se bien acquitter de leurs charges. » — Ayant résolu de faire abattre la pyramide élevée contre nous, un seigneur de remarque lui dit : Sire, on l'a dressée pour l'amour de vous : « Si on l'a dressée pour l'amour de moy, répliqua-t-il, qu'on « l'abatte aussi pour l'amour de moy. »

1631. — *Lettres de Philostrate* mises de grec en françois, et illustrées d'annotations et remarques par *Louys de Caseneuve*, conseiller et médecin du roy. A Lyon, par *Jean Huguetan*, 1631. In-4°, titre gravé (B. de L., 2061). — Cette édition, sauf le titre et les pièces liminaires, n'est autre que celle de Tournon, *G. Linocier*, 1621, citée par *Schweiger*, laquelle a également un titre gravé, suivi d'une dédicace du traducteur à *Just-Henri*, baron de *Tournon* (4), d'un avant-propos, et

---

(1) Voyez le *Démosthéniana*, p. 11 et 57.

(2) *Catherine de Bourbon*, duchesse d'*Albret*, mariée à *Henri de Lorraine*, duc de *Bar*, morte sans lignée le 13 février 1604. Voyez le P. Anselme, I, 144.

(3) Ce mot et le précédent se retrouvent parmi les *Paroles mémorables de Henri-le-Grand*, jointes à l'*Histoire* de ce monarque par H. *de Péréfixe*.

(4) Le comte *de Tournon* mourut le 22 mars 1643, laissant un fils unique *Just-Louis*, qui fut tué au siége de *Philisbourg*, en 1644, et mourut sans postérité. Le Laboureur, *Mazures*, II, 609.

de l'extrait du privilége, daté de *Paris*, le 22 mars 1613 (1), au-
dessus duquel est le portrait gravé d'*Aspasia*; pièces qui ne se retrouvent plus dans les exemplaires datés de 1631. — A la page 180, *Caseneuve* rapporte une inscription antique trouvée, de son temps, à *Vienne*
en Dauphiné, et dont les quatre premières lignes ont été reproduites,
d'après *Gruter*, sous le n° 186 du recueil d'*Orelli*. A propos des figures
dont *Philostrate* accompagne sa lettre à *Nestor*, le traducteur rapporte,
d'après Albert Krantz, l'avanie que les Milanais firent endurer à la
femme de l'empereur *Fréderic Barberousse*, et la cruelle vengeance que
ce prince en tira. Cette histoire aurait pu figurer dans les notes dont
trois bibliophiles Lyonnais ont enrichi les deux *Chevauchées de l'âne*
qu'ils ont fait réimprimer en 1828 et 1829.

1631. — *Maximi Tyrii*, philosophi Platonici, scriptoris amoenis-
simi Dissertationes. Ex nova interpretatione recens ad graecum con-
textum aptata et collocata è regione; additis numeris, et erroribus an-
teriorum editionum quam diligenter detersis. Lugduni, sumptibus
Claudii Larjot. 1631. In-8° (B. de L., 10396) —Rien ne nous apprend
quel est l'helléniste qui a surveillé cette édition. *Hoffman*, qui l'a citée
dans son *Lexicon bibliographicum*, a joint à son article cette note : «Tex-
« tus et versio latina ex editione *Heinsii* repetitae sunt, sed ita, ut Ste-
« phani Heinsiique castigationes, quae editori viderentur, in textu
« receptae sint. *Bibl. acad. Lips.* »—Le *cum permissu superiorum* qu'on
lit au bas du titre, peut faire présumer que l'éditeur est un Jésuite du
collége de Lyon ; cependant il n'y a pas d'autres permis d'imprimeur
que ceux de M. *Puget*, procureur du roi à la sénéchaussée, et de
M. *de Chaponay*, conseiller du roi au même tribunal.

1631. — *Nierembergii* (*Joannis Eusebii*), ex Soc. Jesu, de *Arte
voluntatis libri sex*... Lugduni, sumptibus *Jacobi Cardon*. 1631. In-8°.
— La plupart des ouvrages de *Nieremberg* ont été réimprimés à Lyon.
Celui que nous enregistrons est peut-être un des plus remarquables.
L'auteur, un des écrivains les plus distingués de sa Société, l'a enrichi
de citations tirées des poëtes et des philosophes grecs et romains; une
pièce d'*Anacréon*, la **XIV**ᵉ ode, y est rapportée en entier, p. 381,
avec la version d'*Henri Estienne*. C'est avec quelque plaisir que nous
avons vu, p. 372, le nom du chancelier *Gerson*, accompagné de ces
mots élogieux : *magnae doctrinae et pietatis virum*.

1631. — *Origine et pratique des armoiries à la gauloise*... Par le P.
Philibert Monet de la Comp. de Jésus. A Lyon, chez *Claude Landry*.
1631. In-4° (B. de L., 27209). —Les exemplaires qui portent le millésime de 1659, n'ont qu'un titre rafraîchi sur lequel le nom de l'auteur
est remplacé par des initiales ; cependant le libraire, *J. B. Devenet*,
l'a nommé dans son Avant-propos, où il entre dans quelques détails

---

1) Je présume que cette édition de 1625 a aussi un titre rafraîchi, et que la première édition des *Lettres de Philostrate* a dû paraître en 1613.

sur les écrivains qui, depuis le P. *Monet*, ont traité le même sujet. Nous ferons encore observer que l'on ne trouve pas dans les exemplaires de 1631 une planche de blasons, qu'on a ajoutée dans ceux de 1659, à la page 76. Voyez ci-après 31 *mars* 1643.

1631. — *Statuts et ordonnances de Mgr l'éminentissime cardinal, archevesque de Lyon*, publiées au Synode par luy tenu le 7 mai mil six cent trente un. A Lyon, par *Jacques Roussin*, imprimeur ordinaire du clergé. 1631. In-8° (B. de L., 23297). — Ces Statuts ont principalement trait aux cas reservés ; ils reproduisent les dispositions consignées dans une ordonnance rendue sur le même sujet par M. de *Marquemont*, le 16 avril 1614. Voyez LELONG, n° 6582.

1632. — *Mars* 24. Le *Cardinal de Lyon* est pourvu de la charge de grand aumosnier de France, vacante par la démission du Cardinal *de la Rochefoucault*, et reçoit le cordon bleu, quatre jours après. *Gaz. de Fr.; M*.

1632. — *Avril* 15. « Un gentilhomme lyonnois présente au roi (à *St Germain en Laye*) le modèle d'un *pont volant*, dont l'original, sur cent toises de long et deux de large, est suspendu demi toise au dessus de l'eau, au travers de laquelle les hommes armez peuvent surement passer ; et néantmoins ce pont est bâsti d'une matiére si légère qu'une ou deux charrettes au plus le peuvent transporter, pour ce qu'il se monte dans une heure, et se démonte en aussi peu d'espace. » *Gaz. de Fr.*, p. 160.

1632. — *Avril* 23. Le parlement de Paris ordonne que, sans examen, le sieur *Jacques Moyron*, né à Lyon le 15 février 1564, sera reçu à prêter serment en l'office de conseiller et lieutenant général en la sénéchaussée et siége présidial de Lyon, en conséquence de la résignation pure et simple du dit office, par M. *Humbert de Chaponay*. PERNETTI, II, 47. Voyez ci-après, 26 *mai* 1656.

1632. — *Juillet*. Le maréchal *de la Force* passe à Lyon pour se rendre au Pont-Saint-Esprit, où il arriva le 24 de ce mois. *Mém. de Richelieu*, p. 388.

1632. — *Septembre* 4. La reine arrive à Lyon, après la chute du jour. Le corps consulaire, grossi de plusieurs notables, la reçoit aux portes avec des flambeaux. — Comme Mme *de Chevreuse* qui accompagnait la reine, s'était blessée en descendant du carosse de la cour (1), S. M. passa sans s'arrêter, disant qu'elle recevrait le lendemain à son

---

(1 Voici comment cet accident est raconté dans la *Gazette de France*, p. 368 : « La Reine estant partie de *Roïiane* le mesme jour que le Roy, vint coucher à *Tarare*, et le lendemain 4 de ce mois en ceste ville (Lyon), accompagnée de toutes les dames. Par le chemin, il leur avint un accident qui monstra bien que c'estoient véritablement des rochers dessus lesquels passoit le carosse où elles estoient ; car toute autre chose eust fait joug à Sa Majesté, et se fust amolie à l'aspect des beautez sous lesquelles il rouloit. Mais ces insensibles caillous se chargèrent du reproche éternel d'avoir renversé le carosse de la Reine, dont le fracas portoit l'image de mille morts, et les donnoit sans le

hôtel. **J. Morin**, VI, 151.—Le duc de *Ventadour* et le comte *de Tournon* étaient à Lyon depuis quelques jours *Gaz. de Fr.*, p. 354.

1632. — *Septembre 5* (Dimanche). Le roi arrive à Lyon sur les six heures du soir. — La nuit précédente, une heure après minuit, le feu s'étant pris à une maison du *Pont de Saône*, en brûla et réduisit en cendre cinq ou six autres; ce qui causa un tel embarras dessus le pont que S. M. fut contrainte de passer la rivière par bateau pour aller loger à l'abbaye d'*Ainay* (1) où le prévôt des marchands et les échevins l'allèrent saluer le lendemain sur les trois heures après midi. *Mercure fr.*, tome 18, p. 755; *Gazette de Fr.*, p. 367 ; *Entrées solennelles*, p. 182; J. Morin, VI, 151. — Le 9 *septembre*, le roi était à *Vienne* en Dauphiné. **Itinéraire** de d'*Aubais*.

1632. — *Septembre 14* (mardi). La Reine s'embarque sur le *Rhône* pour se rendre au Pont-Saint-Esprit. — Le Consulat avait fait construire pour ce voyage une galiote peinte, avec chambre, antichambre, salle et galeries « dont les dames (de la cour) se réjouissoient, se proposant la douceur de l'eau, au prix des rudes secousses qu'elles ont endurées sur terre. » *Gaz de Fr.*, p. 377 ; *Entrées solennelles*, p. 187.

1632. — *Septembre* .... Les détails qu'on va lire, et que nous ne garantissons pas, sont extraits de l'ouvrage de l'abbé *de Villars*, intitulé le *Comte de Gabalis*; Amsterdam, 1700, in-12 (2) :

« Le livre des indications de *Nicolas Flamel* contenoit plus de vingt trésors dans la seule ville de Lyon, qui ont été ou qui seront trouvés par ceux à qui la providence les a destinés. Il y en avoit un, entr'autres, qui devoit être bien considérable, parce qu'il étoit marqué dans le principal quartier où les Juifs faisoient leur résidence, dans une maison qui a été nommée depuis sa découverte l'*Hôtel de Gadagne*. La figure hiéroglyphique sous laquelle ce trésor étoit indiqué, representoit un homme armé qui se sauvoit de ses ennemis, à la nage. On m'a dit au sujet de ce trésor que Louis XIII, d'illustre memoire, passant par Lyon, dans le voyage qu'il fit en Provence avec son premier ministre, le cardinal de Richelieu, fut regalé magnifiquement par celui qui l'avoit trouvé, et ce monarque surpris de la dépense excessive que faisoit cet homme privé, lui demanda à quoi il avoit pu gagner tant de bien :

bonheur inséparable de Sa Majesté qui conserva ceste précieuse charge (sic). La plus incommodée de ceste cheute, qui fut la duchesse *de Chevreuse*, pour ce qu'elle se trouvoit à la portière, en ayant esté quitte pour une petite écorcheure au nez et à la lèvre, où il ne paroist desjà plus. »

(1) Louis XIII prit trois fois son logement dans cette abbaye, en 1632, en 1639 et en 1642. *Arch. du Rh.*, VII, 82. — En 1622, S. M. avait logé à l'Archevêché.

(2) Cette édition, qui a des figures dans le texte, doit être préférée à celle de 1742, en 2 vol. in-12, et dans laquelle on a retouché le style de l'auteur et fait à son livre des suppressions considérables. Ce n'est plus l'ouvrage de l'abbé *de Villars*; le remanieur n'en a, pour ainsi dire, conservé que le fonds.

« Sire , lui répondit-il , ça été en achetant le blé bien cher , et en le
donnant à bon marché. » Puis expliquant au roi cette énigme , il lui
déclara qu'ayant trouvé un tresor d'une somme immense, et prevoyant,
par la mauvaise saison que les blés deviendroient rares par la sterilité
de la terre , il s'étoit vu en état d'en acheter pour plus d'un million, à
50 sous le bichet , dans le temps qu'il ne se vendoit pourtant que 40 ,
et que, l'ayant fait serrer dans de bons greniers jusqu'au temps de la
disette , il l'avoit donné au peuple à sept francs , lorsqu'on le vendoit
partout huit francs (1) ; que du reste , il pouvoit offrir à sa Majesté 200
mille écus , sans incommoder sa famille. Le roi fut reconnoissant de sa
générosité par quelques marques d'honneur dont il gratifia sa postérité... » C. B. , *Nouveaux mélanges* , p. 106.

1632. — *Septembre ....* — Peu de temps après le départ du Roi de
Lyon , fut décapité en cette ville , le sieur *Chabestan* (2) , un des premiers qui avaient exercé des actes d'hostilité et pris des prisonniers
pour *Monsieur.* Voyez la *Gazette de Fr.* , p. 375 , et les *Mém. de Richelieu*, tome 28 , p. 166 de la Collection *Petitot.* — La vie de *Pierre
de Boissat* , par *Nicolas Chorier*, nous offre un passage qui doit naturellement trouver sa place ici; en voici la traduction : « Le duc d'Orléans
qui s'était retiré à Bruxelles avait manifesté le plus vif désir de voir
Boissat (3). Celui-ci pensa qu'il était de son devoir de se rendre
aux vœux d'un maître qui avait été vaincu à la guerre , et dont il était
aimé. Il alla donc à Bruxelles, et y resta. *Gaston* avait envoyé en France
le Dauphinois *Chabestan* , très noble gentilhomme , auquel on donna
un commandement dans l'armée de *Monsieur.* Chabestan fut fait prison-

---

(1) Un docteur de Sorbonne, dans son supplément à l'*Arbitre charitable* du *Prieur
de S. Pierre* (Lyon, 1669, in-12), signale une manière moins licite de s'enrichir avec
les blés : « *Titius*, dit-il, amasse, dans le mois d'aoust, 500 setiers de bled à un écu le
setier... Les laboureurs, *Sempronius* et autres avec lui, vont à *Titius* au temps de leurs
semailles, ou après, selon que la nécessité les presse, pour emprunter son bled. Il le leur
prête à condition qu'ils le lui payeront au prix qu'il se vendra au mois de may de l'année
prochaine... et il est arrivé qu'au terme pris,... le setier a valu deux écus; et partant
Titius a gagné dans six mois cent pour cent sur son bled... Il ne retire pas pour cela
son argent, mais il fait obliger ses débiteurs à lui payer ce qu'ils doivent au mois d'aoust
suivant en espèces, d'où il lui en arrive mille setiers à un écu le setier; et donnant encore ledit bled, en prêt à payer dans le mois de may suivant comme dessus, il se trouve
riche de 2000 écus. si bien qu'il a gagné 1500 écus dans un an. Ce trafic est si vray,
ajoute le Prieur, que j'ay veu des familles de laboureurs riches en fonds, en denrées et
en argent qui, ayant été nécessités d'aller aux emprunts de tels créanciers, ont péri en
deux ou trois ans, et des canailles de *francstaupins*... se rendre riches et opulents, quasi
en un rien de temps. »

(2) Il est appelé par les historiens tantôt *Capestan*, tantôt *Capistan* ; son véritable
nom doit être *Chabestan.* Voyez CHORIER, *Estat politique du Dauphiné*, III, 160.

(3) P. *de Boissat* était gentilhomme de la chambre de *Gaston*, duc d'Orléans. Sa vie
par *Chorier*, pleine de faits curieux et peu connus, attend un traducteur. Vers la fin de
ses jours, il catéchisait dans les carrefours de Vienne et faisait des sermons. Peut-être
voulut-il imiter *Gerson;* mais le pieux chancelier, plus modeste, ne s'adressait qu'aux
petits enfants, et c'est dans une église. et non sur les places publiques, qu'il leur ensei-
gnait le catéchisme.

nier, et les magistrats de Lyon lui firent couper la tête. Pendant son séjour à Bruxelles, il avait vécu très-intimement avec une jeune fille, mais cette liaison n'avait rien eu de criminel. Le jour où il eut la tête tranchée, la jeune fille ayant de sa chambre regardé dans la rue, le voit revêtu des mêmes habits avec lesquels il était sorti de Bruxelles, mais sans tête. Frappée de l'apparition de ce spectre, elle s'écriait qu'elle voyait Chabestan, mais qu'on lui avait coupé la tête. Ceux qui étaient auprès d'elle se prirent à rire, mais quel ne fut pas leur étonnement lorsqu'ils reçurent la nouvelle du supplice de son amant. »

1632. — *Octobre 16.* — « *Monsieur* arriva de *Vienne* icy (à Lyon), à 3 heures après midi ; notre Gouverneur l'ayant esté recevoir un quart de lieu hors de la ville, où il entra les rues estant bordées de soldats jusques à son logis qu'il prit chez le mesme gouverneur. Le prévost des marchands et les eschevins le haranguèrent, et ensuite tous les corps de la ville qu'il remercia succinctement. Le comte *d'Alaiz* (qui accompagnait *Monsieur*) n'a aucune cavalerie du roy pour sa conduite, mais seulement son train ordinaire. Le lendemain de son arrivée, quatre de ses gens s'estant battus dans le bois de *la Claire*, contre les murailles de ceste ville, un d'eux nommé *La Porte*, de Poitou, y fut tué d'un coup dans le cœur, et son second blessé au ventre. *Monsieur* est parti de cette ville le 20, laissant force pas perdus à ceux qui luy avoient préparé le bal. » *Gaz. de Fr.*, p. 428.

1632. — *Octobre 28.* — Le duc *de Mercœur* et le prince de *Martigues*, enfants du duc *de Vendosme*, sont partis hier de Lyon pour aller en Italie. M. *du Plessis-Praslin* s'en va à Turin, ambassadeur ordinaire de S. M. auprès du duc de *Savoye*, au lieu du sieur *Servient*, secrétaire d'état, qui en retourne. — « Un accident arrivé icy ces jours passez, apprend à ne manier point indiscrettement les armes. Un jeune garçon fils d'un armurier de ceste ville, prenant une arquebuze à fuzil, dit à deux filles qui dansoient dans la chambre, que, s'il vouloit, il leur feroit peur. De fait, remuant la *cliquette*, il en tua une, et laissa l'autre en danger de sa vie. » *Gaz. de Fr.*, p. 460.

1632 — *Novembre 9.* — Départ de Lyon de Mgr *Ceva*, nonce extraordinaire du pape, se rendant à Paris. *Gaz. de Fr.*, p. 462.

1632. — *Novembre 30.* — La duchesse *de Montmorency* arrive en carosse, conduite par un exempt des gardes et deux archers de la poste ; elle part le 2 décembre pour aller à Moulins. Le sieur *Ranchin*, chancelier de l'université de Montpellier, l'assiste en une luxation de l'une des vertebres du dos, ordinairement périlleuse. *Gaz. de Fr.*, 508. Voyez ci-dessus, *septembre* 1630.

1632. — *Décembre 20.* — Départ pour Paris du patriarche archevêque de *Macédoine*. — Vers le même temps, les évêques de *Saint-Pont* et d'*Alep* étaient à Lyon, ainsi que le comte *de Brassac*, qui venait de Rome. *Gaz. de Fr.*, 1632, p. 518, et 1633, p. 8.

1632. — *Décembre 4 et 5.* — Emeute à l'occasion de l'augmentation des *droits de Douane*. Le peuple, après avoir pillé l'hôtel des douanes, fait un auto-da-fé des papiers et des registres qui s'y trouvaient. La sédition est appaisée par les magistrats et par le Cardinal de Lyon qui promettent au peuple que l'augmentation n'aura pas lieu. — Cependant le roi, sourd aux prières du Consulat et de l'archevêque, ne voulut pas que cette révolte restât impunie. Quatre régiments furent envoyés à Lyon et logés chez les habitants. Quelques misérables furent arrêtés. Un sieur *Marie*, maître des requêtes, fut délégué pour faire leur procès. On en condamna cinq à mort; pendant l'exécution, un d'eux, qu'assistait un cordelier, se glissa furtivement dans la foule, et parvint à se sauver. Le prévôt ayant demandé au religieux ce qu'était devenu son pénitent: «On ne m'a pas commis, lui répondit-il, la garde de son corps, « mais celle de son ame ; au reste, M. le prévôt, je puis vous assurer « qu'il étoit bien repentant de ses péchés *Gaz. de Fr.* de 1633. p. 11 , 62 et 71; *Mercure*, XIX, 52 ; J. MORIN, VI, 653, A. P., *Notice sur Alphonse de Richelieu*; l'abbé PAVY, *Grands Cordeliers.* Voyez ci-après , 5 *février* 1635.

1632. — Débats entre le Consulat et la Sénéchaussée, au sujet du *Bureau de police.* Voyez la *Rev. du Lyonnais*, 1, 401; ci-après, année 1572.

1632. — La confrérie des marchands drapiers de Lyon, établie dans une chapelle de l'église des *Célestins*, fait placer dans cette chapelle un tableau représentant le martyre des onze mille vierges. — Avant l'occupation de la ville de Lyon par les protestants, on voyait dans cette chapelle une châsse d'argent où était renfermé le chef de S. *Acace*, qui souffrit le martyre avec 10,000 soldats dont il était le capitaine (1); mais quand les fils de *Calvin* rendirent au roi les clés de la ville de Lyon, on ne retrouva plus ni le chef ni la châsse.

1632. — PUBLICATIONS : *Antiparalelle des vipères romaines et herbes candiottes*, auquel est prouvé la Thériaque-Lyonnoise (sic) n'avoir pas seulement la vertu et les effets du Thériaque Diatessaron, mais aussi du grand Theriaque de la D. *d'Andromachus S.* (avec cette épigraphe : *Progenies viperarum, quomodo potestis bona loqui, cum sitis mali ?*). A Lyon, pour *Claude et Jean Chastellard* père et fils. 1632. In-8º. — Cet ouvrage est de *Louis de la Grive*, qui l'a dédié à Messieurs de la sénéchaussée et siège présidial de Lyon. C'est une réfutation de l'ouvrage publié, la même année, par *Claude Pons*, médecin à Lyon, sous ce titre : *Paralelle des Viperes et herbes Lyonnoises* avec les romaines et candiottes; in-8º. Dans cette dédicace, *La Grive* suppose que *Pons*

(1) Il en est probablement des 10,000 soldats d'*Acace* comme des 5.000 martyrs compagnons de S. *Pamphile* qui se trouvent aujourd'hui réduits à 5; car, au lieu de traduire l'abréviation *mil.* par *militibus*, on l'avait traduite par *millibus*. Quant aux *onze mille vierges*, « pour qui Cologne a brûlé tant de cierges » on en a retranché dix mille neuf cent quatre-vingt-dix-neuf, et il n'en reste plus qu'une, une seule, qui s'appelle *Undecimilla*. Voyez *les Célestins de Lyon*, p. 21, et les *Curiosités bibliograph.*, de M. *Lalanne*, p. 51.

est protestant, et il part de là pour lui reprocher avec aigreur ses doctrines erronnées en réligion et en médecine. *Pons* repliqua deux ans après par la *Sycophantie theriacale* (voyez les *Publ.* de 1634), qu'il dédia à l'archevêque de Lyon. Alors, à supposer qu'il eût été protestant, il avait cessé de l'être, car on lit à la fin de son livre : *A la gloire de Dieu et de son immaculée Mere, la glorieuse Vierge Marie.* Le P. DE COLONIA a dit un mot de cette petite guerre dans son *Hist. litt.*, tome 2, p. 800.

1632. — *Les Antiquitez de la ville de Marseille*, par N. JULES RAYMOND *de Solier*, jurisconsulte.... translatées de latin en françois par *Charles-Annibal Fabrot*, advocat au parlement de Provence. A Lyon, et se vendent à *Marseille*, par *Anthoine de Bussy*. 1632. Pet. in-8°. — Le Chapitre IX a pour sommaire : QUE LYON N'A PAS ESTÉ BASTI PAR LES PHOCENSES, etc. L'auteur se range à l'opinion « receue, dit-il, de toute « antiquité, que Lyon a esté basti par *Lugdus*, treizième roy des Celtes « ou Gaulois, 222 ans avant Paris, et 883 ans avant Rome.... » Il aurait pu ajouter que, suivant quelques auteurs, Lugdus, qui donna son nom à la ville de Lyon, l'aurait aussi donné aux rois de France qui se seraient d'abord nommés *Lugdovici.*

1632. — *Pourtraicts racourcis* de sainct Charles Borromée, saincte Thérèse, sœur Marie de l'Incarnation, et du B. H. François de Sales.... Tirez par *Estienne Cavet*, chanoine. (Avec cette épigraphe : *Qui in litteris proficit et in moribus deficit, non proficit, sed deficit*). A Lyon, chez *François de la Botiere.* 1632, in-12 de 540 pp., non compris les pièces préliminaires non chiffrées.... — Dédié à *Philibert de Châtillon*, chamarier de l'église collégiale de *S. Paul* de Lyon, et archidiacre de *S. Martin de l'Ille-Barbe.* Ce Philibert de Châtillon, oncle de l'auteur, était fils de *Jérôme de Châtillon*, « très-digne président de Lyon et parlement « de Dombes. » — La moitié du volume est consacrée au panégyrique de *S. François de Sales.* — Voyez ci-après, *année* 1635.

1632. — *Lud. Septalii in Aristotelis Problemata Commentaria*, ab eo latine facta. Opus jam primum absolutum, auctum tertio tomo, nunquam antea edito. Lugduni, sumpt. *Claudii Landry.* 1632. In-fol. HOFFMANN, I, 314. — Voyez les *Publications* de 1606, *Aristotelis Artis rhet. libri tres*, et ajoutez à cet article : *Jean de Tournes* a publié à Lyon en 1587, une édition des *Problemes d'Aristote* et autres philosophes et médecins, selon la composition du corps humain, avec ceux de *Marc Antoine Zimara* ; Item les *Solutions d'Alexandre Aphrodisée* sur plusieurs questions physicales ; in-16 de 351 pages (B. de M. Gonon). La préface ne nous apprend rien sur l'auteur de ce dernier ouvrage qui est par demandes et par réponses. *Nicolas Bonfons* en avait déjà donné une édition, Paris, S. D., in-16 de 168 ff. ; celle de J. de Tournes, qui est en petit-texte, est plus ample.

1632. — *Vers du sieur de La Charnaye* (Pierre de Colignon) dédiés à Monseigneur l'éminentissime cardinal de Lyon, grand aumônier de France. A PARIS, chez *Toussaint du Bray* et *André Soubron*. 1632. In-

8°. de 85 pages — L'abbé *Mercier de Saint-Léger* a rendu compte de ce livre dans le *Magasin encyclopédique*, année 1797, p. 257. Il signale, dans ce curieux article, un singulier plagiat de l'abbé *Borelly* (1), ex-jésuite, qui a donné comme de lui la traduction en vers latins que le P. *du Cerceau* avait faite d'une pièce de *Théophile Viaud* intitulée l'*Aurore*. Nous ferons observer que le même sujet a été aussi traité par *Pierre de Cotignon*, dans une pièce en rime redoublée qu'on lit p. 81 de sa *Muse champestre*, et qui commence ainsi :

> Belle aube que je vois par la fenestre naistre ,
> Conduite des troupeaux,
> Qu'on meine le matin au bois champestre paistre
> Le brou des arbrisseaux,
> Avant que le soleil t'ayt découverte, ouverte
> Soit sur nous ta faveur, etc.

1633. — *Janvier* 24. On lit sous cette date dans la *Gazette de France*, article *Lyon* : — « Depuis que le Consulat de cette ville destitua de sa charge un penon ou capitaine de quartier, pour s'estre comporté insolemment contre un capitaine du regiment du commandeur d'*Halincourt*, qui fut le 13 du courant, les affaires s'adoucissent fort de pardeçà ; de sorte qu'on a licencié quelques compagnies de la garnison de cette ville , et réformé les autres. » — « On a déterré une femme à *Coulonges* (2), village à une lieue d'icy, pour la mettre plus honorablement ailleurs, parce qu'elle y avoit esté mise pendant nos contagions passées ; de laquelle le corps a esté trouvé aussi sain et entier que si elle venoit d'estre enterrée , mais ne pesant que dix à douze livres au plus ; et parce qu'elle a esté de fort bonne vie, plusieurs prennent cette exception de la règle des autres corps si tost corrompus , mesmes après les maladies populaires, pour un argument de sainteté. »

1633. — *Février* 4. L'archevêque d'*Arles* partit hier de Lyon pour Paris. — Quelques-uns de nos séditieux ne se souvenant pas que les Roys, pour avoir les mains longues, n'ont pas pour cela la mémoire courte, se sont venus d'eux-mesmes prendre au trebuchet. *Gaz. de Fr.*, p. 62.

1633. — *Février* 5. Exécution de quatre des séditieux qui avaient figuré dans l'émeute des 4 et 5 décembre précédent. — « Les soldats de la garnison *minutent* leur départ , et le Cardinal de Lyon se rend à Paris. » *Gaz. de Fr.*, p. 71. — Les lettres que ce prélat écrivit au Roi et à ses ministres, avant son départ , témoignent de l'état de détresse où notre ville se trouvait à cette époque. Nous avons donné quelques frag-

---

(1) *Recueil de poésies françaises et latines*, par M. l'abbé B*** ; *Avignon*. 1780, in-8°. Voyez BARBIER, *Anonym.*, 15536, et le *Nouvel Almanach des Muses*, année 1809

(2) Aujourd'hui *Colonge* ou *Collonges*, du latin *Coloniae*. Voyez MENESTRIER , *Divers caractères*, p. 469 et 539.

ments de ces lettres, page 16 de notre *Notice sur le Cardinal Alphonse de Richelieu.*

1633. — *Mars* 16. Le marquis *de Tavannes* et M. *d'Emery*, intendant des finances, arrivent à Lyon, et partent le lendemain pour le Piémont. *Gaz. de Fr.*, p. 135.

1633. — *Mars* .... « La nuict du 17 au 18, se sauva du chasteau de *Pierre-Scize*, le sieur *de Bordes*, secrètaire du duc de Lorraine, emprisonné, il y a quelques mois, avec un sien serviteur, pour avoir esté trouvé chargé de lettres contre le service du roy. » *Gaz. de Fr.*, p. 135.

1633. — *Mars* 18. Le marquis *Agostino Centurione*, ambassadeur extraordinaire de la République de Gènes, passe à Lyon pour se rendre à Paris, afin d'y supplier le roi de terminer les différends qui existent entre Gènes et la Savoie. *Gaz. de Fr.*, p. 136.

1633. — *Mars* 28. — Le maréchal *de Créqui*, duc *Desdiguiere*, passe à Lyon pour se rendre dans son ambassade à Rome. *Gaz. de Fr.*, p. 144.

1633. — *Mai* 2. — M. *d'Halincourt*, gouverneur de Lyon, part pour faire démolir les châteaux de S. *Romain*, du *Puy* et de *Cervieres.* — Le 5 de ce mois, on commença la démolition de *la Bastie* et de *Pipet*, à *Vienne* en Dauphiné. *Gaz. de Fr.*, p. 200.

1633. — *Septembre* 23. — Le *Cardinal de Lyon*, qui était parti de Paris le 30 août, arrive à Lyon. Plus de 600 chevaux étaient allés à sa rencontre, à deux lieues au de là de Lyon, et tout le canon tira, à son arrivée. — Le 15 août précédent, le roi avait communié à Monceaux entre les mains de ce prélat. *Gaz. de Fr.*, p. 340, 365 et 410.

1633. « Cette année, le *Port de S. Paul*, sur lequel est maintenant le *Pont de bois* (1), fut élargi et retabli par le Consulat .... » — Le P. *Menestrier* a inséré dans son *Eloge hist.* l'inscription qui fut gravée à cette occasion.

1633. Les *Pénitents du Crucifix* font rebâtir la chapelle de S. *Marcel*, qui menaçait ruine, et la font décorer de onze tableaux peints par *Blanchet.* — Cette confrérie avait été fondée, en 1590, par le cardinal *Cajetan*, légat en France. Son principal but était de recueillir des aumônes pour placer de pauvres enfants en apprentissage, afin de leur donner un métier. En 1790, elle comptait, parmi ses membres les plus distingués, le comte *de Rully*, *Joseph Monterrad*, *J. B. Levasseur*, *Antoine Poura*, *Claude Pericaud*, etc. Après la terreur, la chapelle de S. Marcel fut convertie en théâtre, puis elle fut démolie et remplacée par une maison dont la façade à l'orient prend ses jours sur la montée de la *Grande-Côte.* Voyez les *Arch. du Rh.*, IX, 8, et l'*Alm. de Lyon* de 1790, p. 50.

(1) Le pont S. *Vincent* remplacé aujourd'hui par une passerelle. Voyez ci-après, année 1637, *ad calcem.*

1633. — Publications : *Dialectica Thomistarum versibus concinnata.* Autore R. P. *Fr. Joanne Teste-Fort*, Lugdunensi, Doctore theologo, Sacri Ordinis Praedicatorum. Reverendissi D. D. *Camillo de Neuville* ab eodem nuncuputa. Lugduni, sumptibus discipulorum Authoris. 1633. In-12 (B. de L., 17103). — Le Père *Teste-Fort*, pour qui tout était matière de vers latins, publia, la même année, deux autres opuscules, qui furent aussi imprimés aux frais de ses disciples : — *Logica Thomistarum versibus concinnata....* D. D. *Joachimo d'Estaing*, episcopo Claromontano .... nuncupata. — *Physica Thomistarum versibus concinnata ....* R. *Patri Rodulfio* (totius Ordinis Praedicator. generali) .... nuncupata. — Voyez les *Publ.* de 1618, de 1621, 1634, et ci-après, *juin* 1643.

1633. — *Galliae Geographia veteris recentisque*, à P. *Philiberto Moneto*, de Soc. Jesu, Regionum Segmentis et laterculis designata. Lugduni, sumpt. *Antonii Pillehotte*, 1633. In-12 (B. de L., 24400. — Il y a des exemplaires qui portent la date de 1634, et à la fin desquels est un privilége du roi, daté du 3 février 1634, privilége qui ne se trouve pas dans les exemplaires datés de 1633. — L'article sur Lyon n'offre rien de remarquable. L'auteur appelle Condrieu, *Condrium* seu *Condrievium*; Givors, *Givorsium*; Saint-Chaumond, *Sancamundus* et *Santenemundus*; Saint-Saphorin-le-Château (aujoud'hui Saint-Symphorien), *Sansymphorianus*, etc. Ces dénominations ne nous paraissent pas très-heureuses ; le P. *Menestrier* en a su trouver de meilleures dans nos vieilles chartes. Voyez ci-après au 31 *mars* 1643.

1633. — *Lideric, premier forestier de Flandre*, ou Philosophie morale de la victoire de nos passions, sur le fonds d'une noble histoire. Par le R. P. *Jean Dauxiron* de la Comp. de Jésus. A Lyon, chez *Claude Larjot*, 1633, In-8° (B. de L., 18732). — Dédicace de l'auteur à l'Infante d'Espagne.

1633. — *Recueil de la vie et des vertus de sœur Marie Aymée de Bullioud*, religieuse de l'Ordre de la Visitation Ste Marie... recueillies par la Mère supérieure et (le) Chapitre du monastère de l'*Anticaille* de Lyon. A Lyon, pour *Vincent de Cœursillys.* 1633. In-8° — *Marie Aymée de Bullioud* était fille de *François Bullioud*, seigneur de *la Tour*, *Espinay*, etc., gentilhomme ordinaire de la chambre du roi, et de *Marguerite Sève*, sœur de M. *de Sève*, président au présidial et parlement de *Dombes*; elle prit la fièvre dans les premiers jours de 1662, et mourut le 26 de ce mois (2), âgée d'environ 19 ans et demi. Malgré sa grande naissance, elle poussait l'humilité jusqu'à aider ses compagnes à balayer le monastère et le jardin, et, quand il y avait de la neige, elle y traçait des croix, et s'y prosternait par mortification ; pour ne pas être assise trop à son aise pendant les prédications, elle mettait

---

(1) En 1630, les religieuses de ce monastère avaient pour supérieure *Marie de Quérard*. Voyez l'*Histoire de l'Antiquaille*, par M. *Achard-James*, p. 28.

(2) Le jour de S. *Polycarpe* et de Ste *Paule*. C'est donc par erreur que *Pernetti* donne le 26 *février* pour le jour de la mort de cette religieuse.

une pierre assez grosse sur son siége. Quand on lui ôtait sa discipline, elle s'en faisait une avec son chapelet, au bout duquel elle attachait ses ciseaux. Pour souffrir davantage, elle aurait voulu que les démons lui eussent eux-mêmes donné la discipline, « ainsi qu'ils ont faict à plu- « sieurs grands saints, et surtout comme ils firent à *Hugues de Saint* « *Victor,* après sa mort... » L'été, pour ne pas dormir, elle doublait ses couvertures, et y mettait pardessus, ses vêtements ; l'hiver, elle faisait tout le contraire. « Elle n'eût pas tué la moindre bête, à cause que Dieu leur a donné la vie, non pas même une puce ; que si par aven- ture, elle en prenoit quelqu'une, elle la remettoit dans sa manche, estant bien aise de souffrir leur importunité... » Suivant Pernetti (I , 237), un des panégyristes de cette pieuse fille, lui appliqua le distique composé pour *Pic de la Mirandole :*

Tam juvenèm scivisse nocet; nam maxima virtus
Persuasit morti ut crèderet esse senem.

1633. — *Saint Augustin*, *de l'Ouvrage des Moynes*... Par *Jean-Pierre Camus*, évesque de Belley. A PARIS, chez *Fiacre Dehors*, 1633. In-8° (B. de L., 2021). — On lit, page 230 de ce livre : «.... Dans l'excel- lente et bien policée ville de Lyon...., les marchands et artisans donnent des ouvrages à faire aux pauvres enfermés (1), et avecque tant d'industrie qu'il n'y a si vieil, si jeune, si estropié, fût-il aveugle, boiteux ou manchot, qui n'ait son emploi selon ses forces et sa portée ; car quant aux malades ou incurables, ils ont leurs retraites séparées, parce qu'ils sont réduits à l'impossible. Le public fournit à leurs né- cessitez... »

1634. — *Mars* 10. Le comte *de Noailles* qui était arrivé à Lyon le 2, part aujourd'hui par eau, pour son ambassade du roi près Sa Sainteté. *Gaz. de Fr.*, p. 102.

1634. — *Mars* 15. Mort, à Rome, du P. *Bernardin Castor*, ancien recteur du collége des Jésuites de Lyon, né à Sienne en 1544. Voyez la *Bib. scriptor. Soc. Jesu*, p. 114 ; COLONIA, II, 715 ; ci-dessus 9 *nov.* 1589 ; 4 *mai* 1592 ; 4 *juin* 1604.

1634. — *Mai*... Lettres patentes confirmatives du privilége de l'exemp- tion des tailles en faveur des bourgeois et habitants de Lyon.

1634. — *Juin*.... — Le roi étant à Fontainebleau, y fait son jubilé, allant à pied aux stations que le *Cardinal deLyon*, son grand aumônier, avait désignées. — Ce prélat était arrivé à Paris, le 23 mai précédent. *Gaz. de Fr.*, p. 212 et 248.

1634. — *Août*.... — On apprend à Lyon la nouvelle du supplice d'*Urbain Grandier*. Voici en quels termes *Ismaël Boulliaud*, de *Loudun*,

---

(1) L'invention des *Dépôts de mendicité* n'appartient donc pas aux philanthropes du dix-huitième siècle.

rend compte de cet événement à *Pierre Gassendi*, dans une lettre du 7 septembre de la même année laquelle est peut-être inédite :

« Je vous donneray icy l'extraict d'une lettre qu'un mien frère m'a escrite sur le sujet de la mort de Me Urbain Grandier, curé de nostre ville, bruslé vif à Loudun, le 18ᵉ du passé (1), pour magie, sorcellerie et malefice pretendu envoyé aux Ursulines qu'on dit énergumènes, et convaincu du tout par la déposition des diables seulement, auxquels les juges ont adjousté foy contre la doctrine expresse de S. Thomas et de la faculté de Paris, Voicy donc ce qu'il m'escrit :

« Je ne puis m'empescher de vous parler du feu Me Urbain Grandier, mort comme un ange, si les anges pouvoient mourir, ou comme un diable, s'ils estoient mortels; car si cet homme estoit innocent, il a bien usé de la plus grande vertu qui soit entre toutes les vertus; sa constance, quand j'y pense, me ravit. Qu'il se soit veu condamné au supplice le plus cruel qui se puisse imaginer, et par préalable appliqué a la question pour sçavoir ses complices : qu'il ayt enduré la torture extraordinaire sans estre espargné, et que telles douleurs n'ayent pu tirer de luy un mot de travers : au contraire une persévérance continuelle sans jamais chanceller, accompagnée de prières et méditations dignes de son esprit, cela me fait dire qu'il se trouve peu d'exemples pareils, car il sçavoit qu'il devoit mourir et n'estoit point alleché du monde en supportant de tels maux, si qu'il n'y avoit que cette seule constante vertu qui pouvoit le porter à telle resolution, joint de laisser une créance qu'il fust innocent. Je l'ay veu sur le bucher parler hardiment, voir le feu allumé sans tesmoigner l'apprehender, au contraire dire tout haut : « Seigneur Jesus, je remets mon ame entre tes mains. » Un tesmoin luy demanda pardon tant pour luy que pour les autres; il respondit en ces termes : « Mon ami, je vous pardonne d'aussi bon cœur que je « croy fermement que mon Dieu me fera pardon, et me recevra aujoud'huy « en Paradis. » Cela me faict dire, s'il est mort innocent, qu'il est mort en homme de bien, et qu'il a rendu des tesmoignages d'une vertu incroyable; s'il est mort coulpable, il est mort endiablé, ayant employé des dons si excellents à maintenir sa meschanceté. Les diables disent qu'il est en Enfer où il soufre beaucoup, mais plusieurs en doubtent, l'ayant ouy parler comme un chrestien, joinct que c'est pécher contre la charité. Quelques uns disent, quand il invoquoit Dieu, qu'il entendoit une déité diabolique et une trinité de même espèce; mais d'autres qui l'ont ouy, disent qu'estant adverty par un homme d'esprit qui, l'ayant entendu parler de Dieu, luy dit que les Juifs reprochoient à nostre Seigneur qu'il avoit appelé Hélie, qu'il respondit : « J'in-« voque Dieu qui m'a créé par son fils Jesus-Christ mon Sauveur, fils de la « bienheureuse Vierge, et n'en cognois point autre ». Il a confessé qu'il avoit esté homme, qu'il avoit aymé les femmes, mais que, depuis sa sentence de *Poictiers*, il s'en estoit retiré, et n'a rien scandalisé, a nié comme on dict, qu'il fut sorcier ny magicien, ne qu'il eust commis sacrilège. Voilà l'histoire succinte de la mort de cet homme qui avoit de grandes vertus, mais accompagnées de grands vices, humains néanmoins et naturels à l'homme. Il étoit docte, bon prédicateur, bien disant, mais il avoit un or-

(1) Si cette date est exacte, comme je le pense, *Urbain Grandier* aurait été brûlé le jour même de la prononciation de sa sentence. On sait que *Laubardemont* était expéditif Voyez l'arrêt, tome 16, p. 413 du Recueil d'*Isambert*, et les *Publications* de 1636, *la Gloire de Joseph* ...

gueil et une gloire si grande, que ce vice luy a faict pour ennemys la plupart de ses paroissiens, et ses vertus luy ont accueilly l'envie de ceux qui ne peuvent paroistre vertueux, si les séculiers ne sont difamez parmy le peuple. La rage de ses ennemys est si grande qu'ils ont plus de despit de l'avoir veu mourir comme un chrestien, constant et sans murmure, qu'ils n'ont eu de plaisir s'assouvissant de vengeance, le voyant périr. Vous noterez que la charité de deux capucins fut si grande, et celle d'un recollet, qu'ils firent office de bourreaux et mirent eux-mêmes le feu au bucher. Ce recollet exorciza les coings et les ais dont il eust la question, abusant en cela avec une inhumaine impiété des SS. mystères de l'Eglise.

« Enfin, quand je considère l'admirable patience de cet homme, je dis avec VALÈRE-MAXIME : *Virtus capi nescit, patientia dedecus ignorat, fortunæ succumbere tristius omni fato ducit* (1). D'ailleurs je desplore la condition en laquelle on veut mettre les Chrestiens de les faire mourir sur la déposition des diables, doctrine dangereuse, impie, erronée, exécrable et abominable, qui rend les Chrestiens idolâtres, ruine la religion chrestienne dans ses fondemens, ouvre la porte à la calomnie, et fera, si Dieu par sa providence ne remédie à ce mal, que le diable se fera immoler par les hommes des victimes humaines, non plus sous le nom de Moloch, mais à la faveur d'un dogme diabolique et infernal qui a esté escrit par un qui dit que le diable, duement adjuré, dit toujours vérité, et que, sur ses parolles, on peut raisonnablement fonder un jugement. Vous voyez où la folie des cervelles morfondues se porte à la ruyne du genre humain et de la religion catholique.... »

1634. — *Novembre* 26. Le *Cardinal de Lyon* qui était parti de Paris le 8, pour se rendre à Rome, arrive à Lyon. — « Tous les habitans ayans esté au-devant de lui, le reçurent avec grands applaudissemens. Les corps de trois ordres le furent pareillement recevoir bien loin hors la ville, et le gouverneur aussi, accompagné de 7 à 8 cents chevaux. » *Gaz. de Fr.*, p. 540. Voyez ci-après, 22 *février*. 1635.

1634. — *Décembre*. 8. Un brevet du roi concède au marquis d'*Halincourt* les deux places sur la *Saône*, à droite et à gauche du *pont du Change*, qui offraient des rochers inutiles, pour y bâtir des maisons, et en disposer ainsi qu'il aviserait. — Des oppositions s'élevèrent de toutes parts contre cette concession ; un arrêt du Conseil d'état du 5 mars 1636 prononça que le brevet recevrait son exécution ; permit en conséquence à M. d'Halincourt de faire construire des maisons, suivant le plan arrêté, sur les deux places du pont, et de mettre sur la plus spacieuse et la plus commode la *Statue équestre en bronze de S. M.*.... Satisfait d'avoir obtenu gain de cause, M. d'Halincourt comprit néanmoins tout ce qu'un semblable projet avait de désastreux, et combien son exécution serait nuisible à l'embellissement de la cité ; il se départit des avantages qu'il devait naturellement se promettre, et ne donna aucune suite au brevet dont le roi l'avait gratifié. *Arch. du Rh.*, XIII, 18.

---

(1) Voici comment on lit ce passage dans les bonnes éditions : *Capi ergo virtus nescit : patientia dedecus ignorat : fortunae succumbere tristius ducit omni fato.* III, 2, VII.

1634. — *Décembre* 29. Sentence du Présidial de Lyon, par laquelle, entr'autres dispositions, défenses sont faites aux consuls des villages et des paroisses du ressort, d'envoyer loger des soldats dans les maisons que les habitans de Lyon possèdent dans lesdites paroisses et villages. *Recueil de Barbier*, p. 379. — Voyez ci-dessus, 7 *août* 1610.

1634. — *Décembre* 30. Mort, à *Vienne* en Dauphiné, du P. *George-Etienne Rousselet*, jésuite, professeur au Collège de la Trinité, etc. Voyez les *Publ.* de 1631, *le Lys sacré* ....

1634 — « Ce fut cette année 1634 que *Charles-Auguste de Sales*, qui avoit fait ses études de philosophie et de théologie au collège des jésuites de Lyon, passant par cette ville, alla révérer le cœur de son saint oncle (*François de Sales*), et y laissa un monument de son esprit, aussi bien que de sa piété, en une inscription latine écrite en caractères d'or sous un grand écusson des armoiries de la maison de *Sales*, avec les marques de la dignité de son oncle, auquel il devait succéder un jour dans la même dignité. Voici cette inscription :

VIATOR

AH QUAM DIVES EST HOC MONASTERIUM.

SI NESCIS

THRONUM AMORIS POSSIDET, DELICIAS COELI, AUXILIUM TERRAE,

GAUDIUM ANGELORUM, SOLATIUM HOMINUM, SEDEM ANIMAE

QUAE DIVINUM ET SUMME AMABILEM ANIMARUM AMANTEM

ET AMATOREM AMANTISSIMUM

SUMME AMAVIT.

O QUALE ET QUANTUM COR

VIRI ANGELICI, PHILOTHEI, THEOTIMI, THEODORI, THEODIDACTI,

THAUMATURGI, TRISMEGISTI

FRANCISCI DE SALES,

EPISCOPI ET PRINCIPIS GEBENENSIS

FUNDATORIS ORDINIS VISITATIONIS B. M. V.

RELIQUIT ILLUD MORIENS AMANTISSIMIS ET AMATISSIMIS FILIABUS

TANTUS PATER

PROH CARISSIMUM ET INVIOLABILE PIGNUS,

TU PROSPICE ET PROFICE.

DEUM TANTI CORDIS

EX TOTO CORDE TUO AMA, TIME ET ADORA.

HOC EST ENIM OMNIS HOMO.

« C'est-à-dire : Passant, ah ! que ce monastère est riche ! Il possède le trône de l'amour, les délices du ciel, le secours de la terre, la joie des anges et le soulagement des hommes, le siège d'une ame qui a souverainement aimé le divin et le très-aimable amant et l'amateur de nos ames. Oh ! quel cœur ! oh ! qu'il est grand et vaste le cœur de cet homme angélique, Philothée, Theotime, Theodore, Theodidacte, Thaumaturge, Trismegiste, François de Sales, évêque et prince de Genève, fondateur de l'ordre de la Visitation-Sainte-Marie. Ce père si grand et si saint a laissé en mourant à ses très aimées et très aimantes filles ce très cher et inviolable gage. Admire et profite, ô passant! Aime, crains et adore de tout ton cœur le Dieu d'un si grand cœur. Car c'est tout l'homme. » *Mss. du P. Ménestrier.* Il paraît que Ch. Auguste de Sales était arrivé à Lyon dès la fin de 1633, puisque sa dédicace au pape Urbain VIII, de l'histoire de son oncle, est datée de Lyon *le jour des estreines*, 1634. Cette histoire parut d'abord en latin et ensuite en français, à Lyon, chez *F. de la Bottiere et J. Julliard,* in-4°. Voyez les *Publications* de 1627, *Praecociorum Quasillus....*

1634. — Le sieur *Marie* obtient des lettres-patentes par lesquelles son offre de rebâtir le *pont de bois de l'Archevéché* avec des boutiques, est acceptée, sous la concession de la jouissance des boutiques et d'un tarif de passage sur le pont pendant trente années. C'est, dit M. *Morin,* le premier exemple que nous trouvons dans nos annales de concessions de cette nature. *Hist. de Lyon,* VI, 158. Voyez ci-après, au 13 *février* 1639.

1634. — Etablissement, au profit de la ville de Lyon, d'un *droit d'attache* qui sera exigé de tout propriétaire d'usine ou de bateaux à laver (1). — La ville ne tarda guère à être dépouillée de ce droit par le marquis *de Villeroy,* qui se le fit concéder par le roi. Le Consulat ayant réclamé, il y eut en 1637 une transaction par laquelle M. de Villeroy en fit cession à la ville, moyennant un capital de dix mille livres. M. de V.

1634. — Louis XIII cède la ville de *Montluel* et la baronie de *Gex* à *Henri II de Bourbon,* pour la terre de *Chasteau-Chinon.*

1634. — PUBLICATIONS : *Ambrosii Calepini Dictionarium* (octolingue).... quae autem huic editioni accrevere, I. F. I. C. operâ et industriâ, ea notulis hujusmodi I I. II inclusimus ; ut quantis auctibus praecedentium omnium fastigium haec nova editio extulerit, uno oculi intuitu facile cognosci possit. Lugduni, sumptibus *Jacobi Cardon.* 1634. 2 vol. in-fol. sur 2 col. petit-romain (B. de L., 2968). — Dedicace de *Jacques Cardon* à *Humbert de Chaponay.* — Le privilège du roi est daté de *Metz,* le 2 janvier 1632. — Rien ne nous apprend quel est cet avocat I. F., par les soins duquel cette édition a été faite. Je ne pense pas que ce soit *Isaac Lefèbvre,* auteur du *Nombre des Eglises,* etc.; Lyon, 1627.

1634. — *Apologie pour la vie religieuse ou monastique.* Par M. *B.* (Besian) *Arroy,* prestre, docteur en théologie de la faculté de Paris et théologal de l'Eglise de Lyon. A Paris, chez *Denys Thierry.* 1634. In-

---

(1) L'origine des bateaux à laver, vulgairement appelés *platies,* est due à l'individu (*Benoît Besson*) qui, en 1608, fit valoir auprès du Consulat le service qu'il prétendit avoir rendu, de fondre les glaces amoncelées près de *Pierre-Scise.* M. de V. — Voyez ci-dessus, *février* 1608.

12 (B. de L., 6355). — **Dédicace à Mgr** *Seguier*, garde des sceaux. — Voyez ci-après, *octobre* 1677.

1634. — *L'Apparition de Théophile à un poëte de ce temps, sur le desadveu de ses OEuvres, par Claude Cayne.* PARIS, 1634. In-12. — L'abbé *Goujet*, à qui nous empruntons le titre de ce livre (tom. XV, p. 356 de sa *Biblioth.*), dit qu'il ignore la profession et l'histoire de l'auteur. Nous croyons être certain que *Claude Cayne* est le libraire de ce nom, qui exerçait sa profession à Lyon. Dans cet ouvrage qui se compose de huit *Odes*, le poëte feint que *Théophile* lui apparut, et qu'il lui fit des aveux que celui-ci n'avait jamais faits durant sa vie, sur ses débauches, son libertinage d'esprit et de cœur, les vers indécents et impies qu'on lui attribuait, et qu'il avait constamment désavoués. C'est un jeu d'imagination, ajoute Goujet, dont Cayne s'est servi pour justifier les accusateurs de *Théophile*, noircir la réputation de ce poëte, et avoir lieu de faire un long sermon en vers en faveur de la religion, et contre l'impiété, sur l'existence de Dieu en particulier, sur la Providence et l'Éternité des peines. Les deux dernières Odes contiennent la description de l'Enfer et celle du Paradis. Ce songe satirique, théologique et moral est adressé à **M.** *Moiron*, baron de *S. Trivier*, lieutenant général en la sénéchaussée et siège présidial de Lyon. Voyez les *Publ.* de 1623, *Prise de Théophile*,... et celles de 1630, *Œuvres de Théophile*...

1634. — *Les Entretiens curieux d'Hermodore et du Voyageur inconnu,* divisez en deux parties, par le sieur de *Sainct-Agran* (masque de *Jacques de Chevanes*, capucin). A Lyon, en la boutique de *Jean Pillehotte*, chez *Jean Caffin* et *François Plaignard*. 1634. In-4° (B. de L., 3841). — Ce livre, dirigé contre *Camus*, évêque de Belley, contient la défense des moines mendiants. L'année suivante, M. *de Belley* y répondit par les *Esclaircissemens de Méliton* qu'il publia sous le masque du sieur *de Saint-Agatange*, sans nom de ville, 2 vol. in-4°, auxquels il faut joindre, pour les rendre plus complets, des *Observations* contenant 270 pages (B. de L., 3842). L'ouvrage du P. *de Chevanes* aurait menti à son titre s'il se fût arrêté à la fin du 2ᵉ livre de sa réfutation. Rien de plus *curieux* en effet que le 3ᵉ livre qui est intitulé l'*Art d'aymer d'Ovide ressuscité dans les escrits du Directeur*. Le malin Capucin y a recueilli tous les passages un peu scabreux qu'il a pu trouver dans les Romans et les Histoires de M. *de Belley*, pour les mettre en parallèle avec des vers tirés de l'*Art d'aimer* d'Ovide, et qu'il a traduits parfois assez heureusement en vers français. Cette petite guerre dura bien longtemps, et je ne sais si elle se termina par un pamphlet qui est joint à l'exemplaire que possède la B. de Lyon, des *Eclaircissemens de Méliton*, et qui est intitulé : *Lettre descouvrant le secret de Méliton, à l'esgard des Moines et Religieux, contre Estienne de la Croix, soy disant docteur.* Lyon, 1662, in-8° de 54 pages, sans nom de libraire ni d'imprimeur.

1634. — *Les Epistres spirituelles du Bien-heureux François de Sales...*

IIII° édition augmentée... A Lyon pour *Vincent de Cœursillys*. 1634. In-8° (B. de L. , 5687).

1634. — *Gilberti Jonini*, e soc. Jesu, *Anthologia sacra*, lib. I. *Musae et Gratiae religiosae*, lib. II. *Anacreon christianu*. Libri III (Lugduni, sumpt. *Petri Bailly*. 1634. In-12. (B. de L., 17093). — Ce recueil de poésies grecques, accompagnées d'une version latine en regard, obtint quelques succès du vivant de l'auteur, aussi bien que les vers latins qu'il nous a laissés. Le P. *Jonin*, né dans l'Auvergne en 1596, mourut en 1638 à Tournon, dans le Collége de sa Société. On trouvera l'indication de ses ouvrages dans l'article que lui consacre le supplément de la *Biographie universelle*.

1634. — *Metamorphosis latronis in apostolum, apostolique in latronem*, A. R. P. *Théophilo Raynaudo*, Soc. Jesu theologo. Lugduni, apud *Franciscum La Boltiere* (ex typogr. *Joannis Bru*, Granatensis Vasconis.) 1634. In-8° (B. de L., 22892). — Dédicace de l'auteur au Cardinal Barberin, datée de Grenoble, suivie, entr'autres pièces, d'une Ode latine à la louange du P. *Théophile Raynaud*, par *Gilbert Jonin*, jésuite.

1634. — *Nouveau reglement général* sur toutes sortes de marchandises et manufactures, qui sont utiles et necessaires dans ce royaume, representé au Roy pour le grand bien et profit des villes et autres lieux de la France, par M. *de la Gomberdiere*. A Lyon, par *Claude Cayne*. 1634. In-8° (B. de L., 8300).

1634. — *Optimae vitae finis pessimus*. Libertatis perire volentis in *Juda* proditore exhibitio ; gratiae victricis expressae in sancto latrone, parallela. Autore R. P. *Theophilo Raynaudo*, soc. Jesu theologo. Lugduni, apud *Franciscum la Boltiere* (ex typogr. *Joannis Bru*). 1634. In-8° (B. de L., 3662). Dans le chapitre Ier de cet ouvrage, le P. *Théophile Raynaud* établit que *Judas* est réellement né dans la tribu d'*Ephraïm*, et qu'il fut nommé *Iscariote* du lieu où il vit le jour. Il réfute ceux qui ont voulu lui donner une autre origine. Voyez ci-dessus, p. 198 de nos *Documents sur le règne d'Henri IV*.

1634. — *J. Isacii Pontani Poematum libri VI*. Amstelod., 1634. In-12 (Niceron, XIX, 395). — On trouve, parmi ces poésies, un voyage dans la *Gaule Narbonnaise* (1). M. le Conseiller *Breghot* a inséré dans ses *Mélanges*, p. 19-21, les 25 vers de ce poëme, où le savant Danois parle de notre cité, et il y a joint une traduction accompagnée de notes.

1634. — *Philosophiae Thomisticae versibus concinnatae pars prima* complectens Dialecticam, Logicam et Physicam metrice elaboratas. Authore P. F. *Joanne Teste-fort*, Lugdunensi, doctore theologo, sacri Ordinis Praedicatorum. *Parisiis*, apud *Andream Allegret*. 1634. In-16.

(1) Ce voyage, fait vers 1602, a été imprimé pour la première fois, à Leyde, en 1606, sous ce titre : *Itinerarium Galliae Narbonensis*, etc., in-12 de 354 pages, non compris les pièces liminaires.

Ce n'est point, comme on pourrait le croire, une nouvelle édition des trois opuscules que nous avons annoncés parmi les *Publications* de 1633. Ce titre a été fait pour être mis à la tête du volume qui les contient, et on y a même laissé subsister les anciens titres.

1634. — *Les Privileges, franchises, immunitez...* de la ville de Lyon... A Lyon, par *Guichard Jullieron*. 1634. In-4°.—Voyez les *Publ.* de 1574 et de 1619.

1634. — *Questions décidées sur la justice des armes des rois de France...* Par M. *Besian Arroy*, P., docteur en théologie, etc. A PARIS, chez *Guillaume Loyson*, 1634, petit in-8° (B. de L., 4117).

1634. — *La Reigle rationale des arpanteurs* (sic)... par Maistre *Michel Polin*, notaire royal héréditaire, de Grenoble. A Lyon, chés *Scipion Jasserme*. 1634. In-4° — La préface de l'auteur est suivie de deux pièces de vers à sa louange. L'abbé *Pollin*, de l'académie de *Grenoble*, auteur d'ouvrages mentionnés dans la *France litt.* de M. *Quérard*, était peut-être de la même famille que *Michel Polin*.

1634. — *Science du salut révélée de Dieu*, preschée par Jésus-Christ, donnée à l'Eglise, et absolument nécessaire aux chrestiens... Par *Benoist Pays*, docteur en théologie, chanoine et secretain en l'église saint *Nizier* de Lyon. A Lyon, chez *Jacq. Gaudion*. 1634. In-8° — Dédicace au Cardinal de Lyon.

1634. — *Sycophantie thériacale* descouverte dans l'*Apologie du Parallèle des Vipères et herbes lyonnoises, avec les Romaines et Candiotes*, etc. (Par *Claude Pons*, médecin). A Lyon, chez *Scipion Jasserme*, 1634. In-8° (B. de L., 13738). Voyez les *Publ.* de 1619, la *Thériaque....*, et celles de 1632, *Antiparalelle*.

1634. — *Voeus faicts pour l'heureux voyage de Rome de Monseigneur l'éminentissime Cardinal de Lyon.* Par *A. Bernard*, prestre et docteur en theologie. A Lyon, chez *Claude Cayne*. 1634. In-8°. (B. de L., 23415, tome 70). Nous ne citerons qu'une strophe de cette ode, où l'on ne s'attendait guère à trouver un calembourg :

> Vous recevez mille caresses
> Des éléments que le devoir
> Oblige de vous faire voir
> En passant toutes les richesses ;
> Et partout où vous passerez,
> Je vous promets que vous verrez
> Qu'ils étalent sur le rivage
> Tout ce qu'ils ont de précieux,
> Afin que dans vostre voyage,
> Vous n'ayez que des *Riches lieux.*

Voyez les *Publ.* de 1635, *Thémis ressuscitée....*

1635. — *Janvier ....* Lettres patentes qui autorisent la fondation de l'*Académie françoise.* — On a remarqué que l'on ne voyait aucun Lyonnais parmi les premiers membres de cette illustre Compagnie. Trois littérateurs, qui virent le jour assez près de Lyon, en firent cependant partie presque dès l'origine : *Claude Gaspar Bachet de Meziriac*, né à Châtillon-les-Dombes le 9 octobre 1581 (1), *Nicolas Faret* (2), né à Bourg en Bresse, vers 1596, et *Pierre II de Boissat* (3), né à Vienne en Dauphiné, l'an 1603. Quoi qu'il en soit, Lyon a compté plus tard quelques hommes célèbres dans le sein de l'Académie française. C'est seulement vers la fin du siècle, que la littérature, qui avait brillé à Lyon d'un si vif éclat sous le règne de *François I*er, commença à renaître, et ce n'est qu'en 1700 qu'une Académie fut fondée dans notre ville (4). Mais déjà la capitale du *Beaujolais* en possédait une qui avait été érigée par lettres patentes de 1695 ; de sorte que l'on pourrait dire que c'est à l'imitation des lettrés de *Villefranche*, que ceux de Lyon songèrent à s'organiser en corps savant. Toutefois l'Académie de Lyon a survécu à sa sœur aînée dont on ne parlerait plus, si *Voltaire* ne lui avait donné un brevet d'immortalité, en disant que *c'était une honnête fille qui n'avait jamais fait parler d'elle* (5).

1635. — *Janvier* 27. Un arrêt du Conseil d'état fixe à 100 mille livres la valeur du château de *Pierre-Scise*, dont les archevêques de Lyon retenaient la propriété, quoiqu'ils en eussent été évincés par *Louis XI*, en 1468. — Ce fut moyennant cette somme, que le Cardinal de Lyon fit cession de ce château à *Louis XIII*, COCHARD, *Calendrier pour 1829*, p. 47 ; A. P., *Notice sur Alphonse de Richelieu*, p. 6.

1635. — *Février* 22. Dès les 5 heures du matin le *Cardinal de Lyon* partit de cette ville pour son voyage de Rome, et fut coucher le même jour à Tournon par eau. Il était accompagné des évêques du *Mans* et d'*Albi*, de quantité d'autres prélats et de force noblesse. » *Gaz. de*

(1) Voyez son article dans la *Biogr. de l'Ain* de M. *Depéry*, et ajoutez-y la note suivante de l'abbé *d'Olivet* qu'on lit t. 1, p. 230 de l'*Hist. de l'Académie*, édition de 1743 : « Il fut quelques années chez les *Jésuites*, et régenta les classes à *Milan*. C'est un fait que *Colomiès* rapporte dans ses Opuscules, et que M. *Pellisson* pouvoit bien rapporter hardiment, puisqu'il n'y a rien là qui ne fasse honneur, et aux Jésuites, et à M. *de Meziriac*. Il est heureux pour M. *de Meziriac* d'avoir été à une si bonne école dans sa jeunesse, et il est glorieux pour les Jésuites d'avoir contribué à former un si savant homme. »

(2) Voyez les *Publications* de 1619, *l'Arithmétique des marchands....*

(3) Il était fils de *Pierre I de Boissat*, vibailli de Vienne, mort en 1613. *Chorier*, qui a fait la vie du fils, parle de quelques-uns des amis lettrés qu'il eut à Lyon, mais c'étaient pour la plupart des hommes qui ne jouissaient pas d'une fort grande réputation dans la République des lettres. Voyez les *Publications* de 1664, *Oraison funèbre....*

(4) Voyez l'*Histoire de l'Académie royale de Lyon*, par *J.-B. Dumas* ; Lyon, *Giberton et Brun*, 1839 ; 2 vol. in 8°.

(5) Suivant lord *Brougham* (p. 223 de son *Voltaire et Rousseau*), ce fut contre l'Académie de Dijon que Voltaire lança ce lazzi. D'autres ont écrit que ce fut contre l'Académie de Chalons-sur-Marne.

Fr., 32 et 148. — *Emeric-Marc de la Ferté*, aumônier du roi, qui avait prêché à Lyon avec un grand succès, suivit aussi le Cardinal de Lyon. S.

1635. — *Avril 25.* Dédicace de l'église des *Capucins du Petit Foreys*, par *Jean de Nucheze*, évêque de Châlons. — Cette église était sous le vocable de *S. André*, patron du banquier *Coste*, aux dépens duquel le monastère de ces religieux avait été construit. Voyez ci-dessus, année 1622.

1635. — *Juillet 5.* Le *Cardinal de Lyon* écrit, de Rome, au Cardinal *de Richelieu*, son frère (1) :

« Monseigneur, Puisque le service du Roy requiert qu'il y ait ici un cardinal françois, et qu'il a jeté les yeux sur moy pour ce sujet, ses commandements en ce point rencontrant de l'incompatible avec la bulle de Sa Sainteté touchant la résidence des évêques, et ne trouvant point autrement moyen d'ajuster cette affaire, qu'en me dépouillant de la plus belle pièce que j'aye, et du meilleur revenu, quoiqu'il me fâche un peu de me voir puis après sans lieu de retraite honorable à une personne de ma condition, quand on ne me jugera plus propre ni pour Rome ni pour la Cour, je ne laisse pas de me résoudre de boire le calice, me persuadant que j'en trouverai toujours une assurée dans la providence de Dieu. Mais d'autant que je tiens pour certain que la même bonté qui a obligé le Roy à m'en gratifier, lui fera trouver bon que j'en tire quelque sorte de récompense, afin que S. M. ne se trouve point en peine de me redoter une seconde fois, je vous supplie de me faire avoir l'agrément de nommer M. *du Mans* à ma place, qui me pourra donner cette récompense plus raisonnable qu'aucune autre, pourvu qu'il vous plaise de lui faire donner pareillement permission de le tirer, de son côté, de son évêché. Il sera bien vu dans la ville, tant pour sa naissance que pour son mérite, il y servira S. M. fidèlement et il aimera pour l'amour de moy ce pauvre peuple qui m'a aimé, et qui m'aime encore avec passion, et que j'avoue que je quitte avec regret. Ce sera obliger de plus en plus, Monseigneur, votre etc. »

1635. — **Même jour, 5 *juillet*.** Le Cardinal de Lyon écrit à M. *Bouhillier* :

« Monsieur, Cette lettre ne regardant pas les affaires du Roy, mais les miennes, je ne vous l'écris pas comme en étant le secrétaire d'état ou surintendant des finances, mais seulement comme à un de mes meilleurs amis.

« J'ai eu ordre de venir ici, j'y suis venu. Je veux tromper mon imagination, et me persuader qu'on m'y a envoyé, jugeant que je fusse capable d'y rendre service. J'y suis, le séjour m'en est permis comme cardinal; il m'en est défendu comme évêque, de façon que pour obéir au Pape et au Roy tout ensemble, je me trouve contraint de remettre mon archevêché entre les mains de Sa Majesté. Je le ferois avec regret, si la croyance dont j'ai déjà

____

(1) Cette lettre, ainsi que la suivante et celle du 18 *juillet*, sont extraites du *Conservateur*, mai 1757. Le manuscrit qui les contenait avait été trouvé dans le cabinet de *Claude Basset*, avocat en parlement, ancien échevin de la ville de Lyon (en 1686), et secrétaire de l'archevêque de Lyon, décédé le 11 février 1688. Voyez son article par A. P., dans la 2e édition de la *Biogr. univ.*

parlé, à laquelle je me porte pieusement, ne m'y obligeoit ; car il est vrai que j'y trouve beaucoup de désavantage, et nul profit, si ce n'est dans la satisfaction qui me demeure de faire quelque chose qui puisse être agréable à celui de qui je tiens tout. Car il est vray que je perds le plus clair revenu que j'aie. Je joue en un instant huit mille écus de rente, pour faire une espèce de second vœu de pauvreté ; je me prive des revenus que la vente de *Pierre-Encise* et de ma maison de Paris, montant à près de deux cents mille livres, me pouvoit apporter, ayant à ce compte, par une charité mal ordonnée, travaillé plutôt pour mes successeurs que pour moy. Je me prive du séjour d'une belle et grande ville, où je suis aussi aimé que si j'étois honnête homme, où j'avois résolu de finir mes jours, et déjà choisi le lieu de ma sépulture, je me mets en état de ne savoir où faire ma retraite après mon retour d'ici, si mon visage n'agréoit plus au Roy, et si mon humeur mélancolique déplaisoit à l'ordinaire à celui en qui vous m'écrivez que vous remarquâtes de la tendresse, lorsque M. *Mazarin* lui parla de moy. Je suis bien peu de chose, je le reconnois et je l'avoue ; mais j'ose dire sans vanité que j'ai toujours plus valu qu'il ne m'a estimé. J'ai trouvé ma consolation dans la croyance que j'ai qu'il me regrettera quand il m'aura perdu : ce sera peut-être plutôt qu'il ne pense ; car un bon courage ne sauroit souffrir un mépris injuste et sans fondement, sans qu'un juste ressentiment ne cause de grandes altérations et de grands changements en la personne de celui chez lequel il fait sa demeure.

« Au reste, quoi qu'il arrive, ma probité, mon affection et ma fidélité seront toujours les mêmes. C'est le seul trésor que je possède en ce monde, et le seul que je veux qui m'accompagne en l'autre, sur lequel ni les puissances de la terre, ni celles des ténèbres n'auront, Dieu aidant, jamais aucun pouvoir.

« Je fais à rebours de ceux qui écrivent en chiffres, de peur qu'on ne découvre leur secret, car maintenant je ne m'en sers point. Voilà en un mot la posture en laquelle se trouve le *Cardinal de Lyon*, appauvri sans avoir fait de dépense mal à propos, exilé sans être criminel, citoyen du monde sans y avoir un couvert propre pour y voir s'achever de blanchir ses cheveux avec honneur et tranquillité ; ôtez lui le bonnet rouge de dessus la tête, tous lieux sont sa patrie ; mais tandis qu'il y sera, il n'y a que Rome ou diocèse qui puissent être considérés comme tels. Pour Rome il n'y demeurerait pas trois heures si le service du Roy ne l'y attachait ; de diocèse il n'en a plus, l'ayant enfermé pour grand qu'il soit dans une feuille de papier qu'il a fait remettre entre les mains du Roy.... A Rome, cedit jour 5 juillet 1635. »

1635. — *Juillet 6.* « Aujourd'hui est ici tombé demi-heure durant une gresle de la grosseur d'un poing, accompagnée d'un vent si furieux qu'il a emporté fort loin une couverture de cinq toises de haut qui estoit sur la tour d'une grande maison de cette ville, dite le *Chasteau de Milan*, size en la rue *S. Barthelemi*, près la montée du grand couvent des Capucins. » *Gaz. de Fr.*, n° 98. — D. Thomas, p. 161, place cet évènement au 28 *juin*, et rapporte qu'il se trouva des morceaux de grêle du poids de sept livres.

1635. — *Juillet 18.* Le *Cardinal de Lyon* écrit, de Rome, à M. *Bouthillier* :

« .... Je suis heureux en ce que j'apprends toujours plutôt la guérison de

M. le Cardinal *de Richelieu* que sa maladie, vu que la joie que je ressens, du recouvrement de sa santé étouffe en peu de temps le déplaisir que me cause le souvenir de son incommodité. Il est vrai que nonobstant cela, l'appréhension me demeure que cette partie si souvent affoiblie par des fluxions fâcheuses, ne soit enfin comme la gouttière sur laquelle et par laquelle une infinité de sérosités acres et d'humeurs corrompues se déchargent et se vuident.

« Le peu d'estime qu'il a fait jusqu'à présent de ma personne, n'empêchera pas que je n'aye toujours les sentiments d'un homme de bien en ce qui le regarde, mais aussi ni le temps, ni le sommeil qu'on dit être les meilleurs médecins des douleurs de l'esprit (1), ni quoique ce puissent être, n'éteindront jamais en moy les ressentiments qu'un homme d'honneur peut nourrir sans offenser Dieu, et dont il ne pourroit être exempt sans s'offenser soi-même d'un mépris visible. Ce souvenir m'est importun et désagréable, mais je chéris extrêmement la mélancolie qu'il m'a fait naître, je la nourris et je la conserve avec soin, ni plus ni moins que ces anciens qui gardoient du poison dans des boëtes ou des plumes d'or, comme un remède favori pour les délivrer d'une vie honteuse ou misérable. Quelque heure que je puisse rencontrer la dernière des miennes, elle ne me surprendra point ; je partirai gayement sans désirer rien autre chose en ce monde, sinon qu'il puisse reconnoître, après ma mort, ce que j'ai valu durant ma vie, et qu'il aura perdu un frère que tous les peintres et les poëtes ne sauroient ni tirer ni représenter au naturel. Je me résous de m'ensevelir dans la bonté de mon Dieu, entre les mains duquel je me jette du meilleur cœur que je fis jamais, prenant résolution de ne m'en plus fuir ; jugez si je suis aussi sot qu'on me croit.... A Rome, 18 juillet 1635. »

1635. — *Août* 4. M. *d'Halincourt*, gouverneur de Lyon, écrit à M. *Dumay*, son secrétaire, au sujet des travaux relatifs aux *fortifications*, qui avaient été interrompus par la peste, et lui annonce que son intention est que ces travaux soient remis à un autre temps plus propice. *Revue du Lyonn.*, tome 18, p. 200.

1635. — *Août* 24. Le *duc de Savoie* a fait battre le tambour en cette ville, dans le Dauphiné et la Provence, où il trouva d'autant plus de soldats qu'il augmenta leur solde ordinaire. — Le sieur *d'Emeri*, intendant des finances, est aujourd'hui parti d'ici pour son ambassade en Piémont. » *Gaz. de Fr.*, n° 124.

1635. — *Novembre* 7. Mort de *Gabrielle de Gadagne*, veuve de *Melchior Mitte de Chevrières* (2), fondatrice du couvent des *Minimes* de

(1) Je présume que le Cardinal de Lyon se rappelait alors ces vers de *Sénèque*, Herc., act 4 :

> Tuque, ô domitor
> Somne malorum, requies animi,
> Pars humanæ melior vitæ.

(2) « Elle avoit été élevée auprès des dames *de Jourzay*, en *Forez*, et à *S. Pierre de Lyon*. Elle fut accordée en mariage, en 1600, à *M. de Chevrières*. » M.

Saint-Chamond, du premier monastère des *Annonciades célestes* de Lyon, et du *Petit Collège de Notre Dame*. — Elle fut inhumée dans la chapelle de ce Collège. Voyez son article dans la *Biogr. lyonn.* (où sa mort a été placée par erreur au 25 février 1697, et sa naissance, *circa* 1613). Voyez aussi les *Vies et éloges des dames illustres*, par le P. *Hilarion de Coste*, tome I, p. 773 ; ci-dessus au 19 *octobre* 1621 ; ci-après au 10 *novembre* 1636 ; les *Publ.* de cette dernière année, *Elogium funebre*....., et celles de 1637, *Discours funèbre*.

1635. — « Le roi avait fait don à M. d'*Halincourt*, des *roches* qui sont vers le *pont de Saône*. Le Consulat fit un mémoire pour en revendiquer la propriété, en vertu de lettres-patentes de Louis XII. Il montra qu'il en avait la possession par divers projets d'édifices qui devaient être élevés sur ses roches, et dont les modèles se trouvaient encore à l'Hôtel-de-Ville. J. MORIN, VI, 159.

1635. — Passage et séjour de *Zaga Christ*, se disant empereur d'Ethiopie et roi des *Abyssins*, se rendant à la cour de France. — Ce prince logea dans le couvent des *Carmes*. COCHARD, *Description*, p. 189. Voyez aussi le *Mercure franç.*, tome 22, p. 254 et suiv.

1635. — Mort de *Charlotte de Guise de Lorraine*, abbesse de *Saint-Pierre*. — Elle avait succédé à *Marie de Lévis de Ventadour*, en 1632, et fut remplacée par *Elisabeth d'Epinac*, nièce de *Pierre*, archevêque de Lyon. Pendant la vacance de l'abbaye, le *Cardinal de Lyon* écrivit de *Rome*, à un de ses correspondants dont le nom ne nous est pas connu : « .... J'ay esté adverty que le P. *Gaultier* (1) est retourné à *Saint-Pierre*. Il pense se prévaloir de mon absence ; c'est pourquoy vous me ferez grand plaisir de rechercher les informations que vous avez contre luy au greffe, afin que, s'il ne se retire de bonne volonté, on le luy fasse faire de force. Vous connoissez le pélerin, et savez combien il peut faire de mal dans une maison de religieuses, et particulièrement lorsqu'il n'y a point d'abbesse. Le Roy a faict dans son esprit le choix de celle qu'il y veut ; il la déclarera au premier jour... » — Dans une autre lettre que le Cardinal avait écrite auparavant à un des ministres du roi, il lui dit : « ... Ayant esté adverti que l'abbesse de *Saint-Pierre* de Lyon est malade, je croy estre obligé de vous supplier de représenter au Roy, en cas qu'elle vienne à décéder, que le bien et la paix de cette Maison requièrent que S. M. jette les yeux sur une personne d'âge mur et de vie exemplaire, dont la réputation soit entière, et le zèle accompagné de prudence. Je vous en dis d'autant plus librement ma pensée, qu'elle est sans autre intérêt que celuy de la gloire de Dieu... » MSS. de la B. de L., n° 1437. Voyez ci-après, 17 *déc.* 1636, et *août* 1639.

1635. — PUBLICATIONS. *Centuriae epigrammatum R. P. Petri Alois*, è soc. Jesu. Lugduni, sumpt. *Claudii du Four*. 1635. In-12. Titre gravé. — On remarque dans ce volume plusieurs pièces à la louange d'*Hen-*

(1) Peut-être le P. *Jacques Gaultier*, jésuite. Voyez ci-après, 14 octobre 1636.

ri *IV*. La plus remarquable est celle dans laquelle le poëte engage les Jésuites de *la Flèche* à mettre dans la même urne le cœur du roi de France et celui du Cardinal *Alexandre des Ursins;* elle se termine ainsi :

> Jungite Alexandri, Borbonis jungite corda :
> Galla placent Latiis lilia juncta rosis.

Nous signalerons encore l'épigramme suivante contre le *Pape de Genève* :

> Veris honos rosa, nativo quae purpurat ostro,
> Authore exeruit te, Cytheraea, comas;
> Aemulus et conjux tibi, Cypria, Mulciber idem
> Auctor et ipse novi germinis esse cupit;
> Hinc dextra Ignipotens ferrum molitus et ignem,
> Lilia Calvini tergore nigra dedit.

1635. — *Histoire générale d'Espagne,...* par *Loys de Mayerne Turquet*, Lyonnois. A *Paris*, chez *Samuel Thiboust*, 1635. 3 vol. in-fol. (B. de L., 4689. — Le tome 3e a pour titre *Suite et Continuation de l'Histoire d'Espagne*, etc. — L'auteur était mort vers 1630 (voyez ci-dessus); c'est son fils qui autorisa le libraire *Thiboust* à publier cette nouvelle édition, qui est plus correcte et plus complète que celle de 1608.

1635. — *Historia eucharistica....* Auctore *Benedicto Gonono*, Burgensi, monacho cœlestino Lugdunensi. Lugduni, apud *Joann. Michon*. 1635. In-8°. — Livre plein de légendes qui témoignent de l'extrême crédulité de l'auteur. Le 153e chapitre a pour titre : *Aranea quam in sanguine Christi sumpserat .... B. Willelmus, post unum annum de ejus digito viva et integra exit.* Le 176e est intitulé : *Gallinae et aliae aves jussu B. Idae Lovaniensis convolant ad audiendam missam.* La relation que *Benoît Gonon* donne, dans son dernier chapitre de la guérison miraculeuse de Louis XIII., est tirée du *Lys sacré*, ouvrage du P. *Rousselet*, publié en 1631.

1635. — *Invantaire des deux langues françoise et latine*, assorti des plus utiles curiositez de l'un et de l'autre idiome. Par le P. *Philibert Monet*, de la Comp. de Jesus. A *Lyon*, chez la *veve de Claude Rigaud* et *Philippe Borde*. 1635. In-fol. (B. de L., 3079). — Dans son avis au lecteur, le P. *Monet* se plaint amèrement de certains petits *argolets*, aux critiques desquels il a été en butte. Voyez ci-après, 31 *mars* 1643, et les *Publ.* de 1628, *Abregé du parallèle*,...

1635. — *Motifs d'une sainte libéralité* à Messieurs les paroissiens de *S. Paul de Lyon*, pour les porter à faire rebâtir l'église de *S. Laurent*. Lyon, 1635, in-8°. — L'appel de l'anonyme auquel on doit cet opuscule, fut entendu; MM. de *Mascrani*, gentilshommes lyonnais, originaires des *Grisons*, firent reconstruire l'église à leurs dépens. Ces opulents citoyens avaient leur villa dans l'enclos qui, avant 1789, était occupé par les *Lazaristes*, et où se trouve maintenant le noviciat des Frères des écoles chrétiennes. Ils possédaient aussi une belle maison, peinte en rouge, dans le quartier de *Bellecour*, et qui, plus tard, appartint à M. *Pianelli de la Valette*. C'est dans cette maison que Louis XIV prit son logement pendant son séjour à Lyon en 1657 et 1658. SPON, *Recherche*, p. 230 ; *Biogr. lyonn.*, p. 227.

1635. — *Musei, sive Bibliothecae tam privatae quam publicae extructio, instructio, cura, usus,* etc. Auctor P. *Claudius Clemens.* Lugduni, sumptibus *Jacobi Prost.* 1635. In-4° — Le P. *Clément*, Jésuite, avait professé la rhétorique à Lyon dans le Collège de la Trinité (voyez ci-dessus, au 18 *octobre* 1622). Le système bibliographique dont il a fait usage dans son livre, se rapproche beaucoup de celui qui a été généralement adopté en France (voyez la *Biogr. univ.*, tome IX, p. 39, et le *Manuel* de M. *Brunet*, tome V, p. iij). — A la p. 276 de son *Museum*, le P. Clément fait l'éloge du médecin *Fournier* (*Fornerius*), doyen du Collège de médecine de Lyon, qui, après l'avoir guéri d'une grave maladie, lui avait envoyé plusieurs ouvrages manuscrits sur la science médicale, dont il aurait désiré la publication. — A la page 473, le P. *Clément* dit que l'on peut appliquer à la perte et à l'incendie des bibliothèques, ce que Sénèque écrivait à *Lucilius* à propos de l'incendie de *Lyon* : « Movere « hic casus quemlibet posset, nedum hominem patriae suae amantissi- « mum. Una nox interfuit inter urbem maximam et nullam ; Lugdu- « num quod ostendebatur in Gallia, quaeritur. Heu ! quidquid longa « series multis laboribus, multa Dei indulgentia struxit, id unus « dies spargit ac dissipat. » Puis il cite ce passage moins connu d'*Æneas Sylvius* : « Non est verum quod sibi reliqui persuadent littera- « rum monumenta non interire ; omnia occidunt, nec litteris sua mors « negata est, quamvis aliae aliis plus vivant (1). » — Le P. *Clément*, p. 369-432, veut que l'on exclue d'une bibliothèque les livres qui traitent de magie, ceux qui contiennent des impiétés, des hérésies, des obscénités, des diffamations, ceux des plagiaires, etc., etc. ; ce qui a fait dire à M. *Peignot* : « Combien d'ouvrages modernes à rejeter de nos bibliothèques, si l'on suivait à la lettre les conseils du P. Clément ! *Dict. des livres condamnés*, I, 31.

1635. — *Relation véritable* de ce qui s'est passé aux derniers exorcismes nouvellement faicts des religieuses Ursulines possédées de *Loudun* : avec les prodiges du tout estranges qui ont esté veües (sic) par Monsieur, frère unique du roy, qui les a attesté (sic) : comme aussi l'attestation de plusieurs Pères tant *Capucin* (sic), *Jésuistes*, qu'autres qui ont assisté audit exorcisme. A *Lyon*, par *Jean Jacquemeton*. 1635.

____

(1) Nous ignorons de quel ouvrage d'*Æneas Sylvius* est tiré ce passage ; en le cherchant, nous sommes tombé sur une lettre que ce savant pontife écrivit à un de ses neveux (1, IV) qui avait pris l'étude en aversion, et nous y avons noté ce mot : « Nescio « quid esse possis absque litteris, nisi asinus bipes. » *Lycosthène* qui a fait la *Gnomologie* d'Aeneas Sylvius, lui attribue cette pensée : *Sine litteris omnis aetas caeca est.*

In-8°. — Voyez ci-dessus, *août 1634*, et les *Publ.* de 1636 , *la Gloire de S. Joseph.*

1635.— *Remonstrance chrestienne* à messieurs les ministres des églises prétendues reformées de la France , sur le point de la justification et ses dependances... Par *Jean Balcet*, docteur médecin aggregé à Lyon... A Lyon , chez la vefve de *Claude Rigaud* et *Philippe Borde.* In-4°. (B. de Lyon , 6777). — Dédicace au Cardinal de Lyon , suivie de deux pièces de vers à la louange de l'auteur, la première en français, par *P. G.*, méd. doct. ; la seconde en latin , par *Philippe le Blanc*, docteur médecin. — Les Approbations sont datées de 1633 et 1634. Il y a des exemplaires datés de 1636 , avec ce nouveau titre : *Traicté de la justification des hommes devant Dieu...* Par *Jean Balcet*, ministre converty. A Lyon , et se vendent à *Paris*, chez *Jean Jost* (B. de L. , 6776). — Colonia et Pernetti , qui ont cité Jean Balcet parmi les écrivains Lyonnais du 17ᵉ siècle , ne nous apprennent rien sur ce controversiste , qui a été omis dans Moréri et dans la *Biogr. univ.* On a encore de lui : 1° *La Défense* de la *sainte messe* et de ses dependances, contre les injustes accusations, erreurs et blasphèmes des ministres , et en spécial du sieur *Paston*, ministre de *Pragela*. A Lyon , pour *Pierre Compagnon*, 1656. In-8° (B. de L. , 6581). Au verso du titre de cet ouvrage dédié à *Camille de Neufville* , est cette curieuse anagramme :

EUCHARISTIAE SACRAMENTUM.
CHARA CERES MUTATA IN IESUM.

La préface de l'auteur contient quelques particularités sur les persécutions auxquelles il a été en butte de la part de ses anciens coréligionnaires , soit à cause de sa *Remonstrance chrestienne* , soit à cause de son *Diurnal*, publié de plus fraîche date. — 2° *Theologia moralis, sive Templum divinae justitiae Deo Patri sacrum...* Lugduni , apud *Laurentium Anisson* , 1664. In-4° (B. de L. , 2464). — Les pièces liminaires de cet ouvrage ne nous apprennent rien ; mais ces mots *Lugduno-Pragelatensi*, ajoutés sur le titre du livre, au nom et à la profession de l'auteur, ne signifieraient-ils pas qu'il était natif de *Pragelas*, petite ville du Piémont, laquelle faisait autrefois partie du Haut-Dauphiné ? Un passage de la préface de la *Défense de la sainte messe* peut justifier cette conjecture : Balcet y rapporte que ses ennemis ayant envoyé à Grenoble un homme pour le perdre , pendant le temps de sa persécution , son frère , en son absence , s'opposa à leurs menées , et les déjoua.

1635, — *Reverendi Patris Emanuelis Thesauri, è soc. Jesu, Caesares, et ejusdem varia carmina...* Lugduni , sumpt. *Claudii Du-Four.* 1635. In-12 (B. de L.). — Voici un échantillon de de la poésie de ce Jésuite :

PICTUS PATREM PINGIT,
Vivifica extinctum restauras arte parentem
Pictor, et officium reddit amica manus,

Qui sine te periit, per te pater ipse resurgit.
Et vitam juvenis quam dedit aeger habet.
Sic patris pater es : nati natusque creator
Qui genuit : Patrem filius ecce parit.

Le P. *de Colonia* a dit, en parlant du P. *Pierre l'Abbé* (tom. 2 , p. 718 de son *Hist. Litt.*). « Son style est tout hérissé de pointes, et « semé d'un bout à l'autre de faux brillans, encore plus que celui de « *Juglaris* ou du comte *Tesauro...* » Il y a bien eu un comte *Tesauro* qui avait, comme le Jésuite de ce nom, *Emanuel* pour prénom ; mais le comte est un historien, tandis que le disciple de S. *Ignace* est un poëte. C'est donc ce dernier, et non l'autre, que l'auteur de l'*Histoire Littéraire de Lyon* a voulu citer.

1635. — *Thémis ressuscitée.* A Messieurs du Présidial de Lyon. Par *Antoine Bernard*, prestre et docteur en théologie. A Lyon, par *Claude Cayne.* 1635. In-8° (B. de L., 20318, tome 5). — L'auteur a dédié cette Ode à M. de *Sève*, seigneur de *Laval*, président en la sénéchaussée et au siége présidial de Lyon, et au parlement de Dombes. Rien ne nous apprend à quelle occasion fut composée cette flagornerie dans laquelle le bon prêtre suppose que l'âme de Thémis est descendue du ciel pour venir se loger dans le corps du présidial de Lyon, et donner son mouvement aux trente têtes dont ce corps est formé. Voyez les *Publ.* de 1634 , *Voeus poétiques...*

1636. — *Mars* 2. L'archevêque de Lyon approuve les Statuts de la *Confrérie des Pénitents de la Miséricorde*, fondée par *César Laure*, en 1625.

1636. — *Mars* 2. « Arrivée du duc de *Parme* ; il loge chez le gouverneur, qui était allé au-devant de lui avec force noblesse. Il part le lendemain au soir. » *Gaz. de Fr.*

1636. — *Avril* 10. « On exécute à mort, devant sa prison, un soldat pour s'être lui-même coupé les doigts de la main gauche, afin de se libérer des peines des galères auxquelles il avait été condamné comme déserteur de milice. Cette exécution fut faite ensuite d'une sentence du prévost des maréchaux au siége présidial de cette ville, où présidait M. d'*Herbelay*, maistre des requêtes et intendant de la justice et police du *Lyonnais*. » *Gaz. de Fr.*

1636. — *Juillet* 28. « L'avarice d'un batelier qui surchargea son bateau d'hommes et de femmes allant en dévotion de cette ville à une chapelle de N. D., à demi-lieue d'ici, dans une île sur la *Saône*, fit noyer, près du port où ils étaient partis, 45 personnes ; deux fois autant ayant été garanties par d'autres bateaux, ou s'étant sauvées à la nage. » *Gaz. de Fr.*

1636. — *Août* 25. Le Consulat enjoint à tous ceux du comté de *Bourgogne* et autres sujets de l'*Empereur* et du roi d'*Espagne*, qui ne sont pas domiciliés à Lyon, d'en sortir dans les 24 heures. J. M.

1636. — *Août* .... Deux échevins de *Mâcon*, députés de leur ville, viennent demander au Consulat des secours pour leur cité, qui, menacée d'un siège, déclarait vouloir résister et servir de rempart à la ville de Lyon. Le Consulat offre de leur fournir de la poudre, des munitions, des troupes de la milice Lyonnaise, et en même temps l'hospitalité pour leurs femmes et leurs enfants. — Le 26, il y eut une assemblée de notables pour aviser aux moyens de recueillir les fonds nécessaires. Le doyen de *S. Jean*, M. *de Crémaux*, dit, au nom des membres du Clergé, « qu'il n'y a personne qui ne sache la nécessité présente ; qu'étant tous embarqués sur le même vaisseau, chacun contribue pour résister à la tempête ; que, pour eux, comme leur charge est de prier Dieu en semblables occasions pour appaiser son ire, il peut assurer que lui et ceux de l'église de *S. Jean* s'y porteront de tout leur pouvoir et affection ; mais, pour les remèdes humains, que les gens d'église n'ont le pouvoir d'y satisfaire ; leurs revenus étant la plupart diminués à cause des grandes charges auxquelles ils sont sujets. » — M. le président *Serre* répond « qu'il ne s'agit pas de se plaindre, mais d'agir ; que messieurs de la Justice n'ont pas été plus exempts que messieurs du Clergé de participer à l'injure du temps, et que, néanmoins, ils sont résolus de contribuer de tous leurs moyens. » — L'assemblée arrête : « qu'on fera un rôle de contributions et que là où chacun ne voudroit pas fournir volontairement, on procédera par voie de contrainte. » J. MORIN, VI, 160.

1636. — *Septembre* 7. Une assemblée générale convoquée par le Consulat arrête, entre autres dispositions, qu'il sera construit un *fort* sur le monticule, hors la *porte de Saint-Sébastien*, du côté du Rhône, mais avec cette condition « que du côté de la ville, il soit ouvert, en sorte qu'elle n'en reçoive aucune subjection, et à la charge que le péril de l'approche des ennemis étant passé, ledit fort sera mis à bas rez terre. » J. MORIN, VI, 161.

1636. — *Mardi* 16 *septembre*. Assemblée générale tenue à l'hôtel de ville, et convoquée par le Consulat, dans laquelle le prévôt des marchands propose la levée de 2000 hommes de pied et de 200 chevaux, etc. — La délibération prise à ce sujet a été insérée dans la *Revue du Lyon.*, tome 18, p. 201.

1636. — *Septembre* 26. Le Consulat refuse, à cause des troubles de guerre, de recevoir les *Jésuites* du Comté de Bourgogne, qui se proposaient d'assister à la congrégation provinciale. M. de V.

1636. — *Octobre* 14. Le Consulat enjoint à la milice bourgeoise de garder scrupuleusement les portes de la ville, et de ne laisser entrer dans la ville aucun étranger venant de la Bourgogne. M. de V.

1636. — *Octobre* 14. Mort de *Jacques Gaultier*, Jésuite, professeur de théologie au Collège de la Trinité, né à *Anonay* en 1562. — On a de lui, entre autres ouvrages, des *Tables chronographiques* souvent réimprimées, et dont la première édition a été publiée à Lyon, en 1609 (voyez ci-dessus, au 7 *mars* 1609, et les *Publ.* de 1613).

1636. — *Octobre* ..... La ville de *Saint-Jean de Losne* était assiégée par les troupes impériales sous le commandement du feld-maréchal *Gallas.* Un des capitaines de la ville, *Hiérosme Jolyclerc*, dont les descendants existent encore à Lyon, montra un grand courage, et fut un des signataires de l'acte de résolution de défendre la place, et de mourir l'épée à la main dans ses ruines. On trouve, dans le second volume des *Nouvelles recherches snr la France*, par *L. T. Hérissant* (Paris, 1766, in-12), une lettre de *Jacques Jolyclerc*, avocat à Lyon, qui contient plusieurs remarques curieuses sur le siége de S. Jean de Losne. En 1737, *Cl.-Christ. Jolyclerc* avait publié à *Paris*, un *Supplément en forme de réponse* à la Relation des réjouissances faites à Saint-Jean de Losne, le 3 novembre 1786, à l'occasion de l'année séculaire du siége mis par les Impériaux devant cette ville le 25 octobre 1636, et levé le 3 mars suivant (par *Boissot*). » Voyez BEGUILLET, *Guerres des deux Bourgognes*, p. xxix de la préface ; QUÉRARD, *France Litt.*, IV, 230, et la *Biogr. Lyonn.*, p. 166.

1636. — *Novembre* 10. Le P. *Balthazar Flotte*, de la compagnie de Jésus, prononce dans la chapelle du *Petit Collège* l'Oraison funèbre de *Gabrielle de Gadagne*, comtesse *de Chevrières*, morte le 7 novembre de l'année précédente (imprimée à Lyon, 1637, in-4°). (B de L., tome 12 du n° 15955). — On trouve aussi un *Panégyrique* de cette dame, t. I, p. 756 à 774 des *Vies et Eloges* du P. *Hilarion de Coste*.

1636. — *Novembre* 20. Le Consulat arrête que les *Cadettes* des maisons n'excéderont pas, sur la rue, un pied et demi à fleur du pavé. M. de V.

1636. — *Novembre* 23. On écrit de *Venise* : « Nous n'avons rien eu de remarquable depuis le célèbre combat à coups de poing, qui s'y est fait ces jours passés entre les *Nicoloti* et les *Castellani*, qui parurent en si grand nombre que c'était merveille de les voir s'entrefrotter avec ordre, les vaincus trébuchans dans le canal de S. *Marcillian*, et les partisans de ces combattans se trouvant en nombre de plus de 12 mille. Enfin, après plusieurs coups de part et d'autre, le *Viva i Nicoloti* résonna partout ; ceux ci ayant eu la victoire de cette journée-là, qu'ils achevèrent de solemniser, la nuit suivante, par quantité de feux, festins et musique, le long du canal *Reggio* où est le palais du sieur *de la Thuillerie*, ambassadeur de *France*, le tout pour le divertissement du *Cardinal de Lyon*, qui y estoit logé. » — Ce prélat qui avoit quitté Venise le 4 novembre, fut de retour à Lyon, où il arriva par le Rhône, le 8 décembre, le lendemain de l'ouverture du *Jubilé* pour la paix. *Gaz. de Fr.*, p. 202 et 803.

1636. — *Décembre* 17. Les *dames* religieuses du monastère royal de *Saint-Pierre* exposent au Consulat qu'elles ont avis que quelques personnes ont essayé de les mettre en mauvaise impression par calomnies, impostures, etc. — Le Consulat leur donne un certificat de moralité et de bonnes vie et mœurs. — Elles avaient alors pour abbesse *Elisabeth* *d'Espinac*, nièce de l'archevêque de ce nom. Voyez ci-dessus, année 1635, *ad calcem*.

1636 — *Décembre* 26. Lettres patentes du roi qui taxent la ville de Lyon à 350,000 livres pour la subsistance des armées. Voyez ci-après, au 4 *avril* 1637.

1636. — *Décembre* .... Une lettre de cachet, ayant prescrit de porter pour un des échevins un sieur *Vidaud*, de vives contestations s'élevèrent au sein du Consulat. Le Prévôt des marchands était d'avis d'obéir à l'injonction royale, tandis que les échevins voulaient qu'on n'y eût pas égard. Leur opinion fut suivie par la majorité des maîtres des métiers; néanmoins la Cour finit par agréer l'élection faite contre ses ordres. J. MORIN, VI, 162.

1636. — Dans le courant de cette année, *Nicolas Poussin*, un des plus grands peintres d'histoire dont la France s'honore, passa à Lyon pour se rendre à Rome. Il avait déjà tenté vainement deux fois ce voyage, de 1617 à 1623. La première fois, il parvint jusqu'à Florence; la seconde, « il ne dépassa pas Lyon, où après avoir abandonné gaî-
« ment à la Fortune, comme il le disait, son dernier écu, il resta jus-
« qu'à ce qu'il eût acquitté en tableaux une dette contractée avec un
« marchand (1). » Nous ignorons quel est ce marchand, mais on sait que *Le Poussin* fit pour un négociant de Lyon, nommé *Cerisiers*, grand admirateur de ses talents, plusieurs tableaux, et notamment les deux paysages relatifs aux *obsèques* et aux *cendres de Phocion*. Il fit aussi pour un banquier génois, M. *de Lumagne*, qui avait maison à Lyon, plusieurs tableaux, entr'autres le grand paysage où l'on voit *Diogène* brisant sa coupe. Pendant son séjour à Rome, *Le Poussin* contracta une liaison intime avec *Jacques Stella*, peintre du roi, né à Lyon en 1586 (2). Voyez la *Biog. univ.*, tome XXXV, p. 561; les *Lettres de Nicolas Poussin*, Paris, 1824, in-8°, et ci-après, 4 *février* 1647.

1636. — PUBLICATIONS : *De Arte rhetorica libri tres, ex Aristotele, Cicerone et Quintiliano ....* Auctore *Cypriano Soario*, sacerdote Soc. Jesu .... A Lyon, par *Louys Odin*. 1636. In-16 (B. de L., 16071).

1636. — *Divinâ sapientia arte constructâ* ad cognitionem et amorem Dei acquirendum. Auctore *Joanne Blanco*, doctore medico, et philosopho Niceno. Editio prima. 1636. In-8. Titre gravé. Au verso d'un second titre imprimé, et qui ne porte pas de millésime, est le portrait de l'auteur, gravé par *Spirainx*. Quant au nom de l'imprimeur ou du libraire, il ne se trouve ni sur les titres ni à la fin du volume. — La Bibliothèque de Lyon possède deux ouvrages sur ce médecin théologien, imprimés en cette ville; le premier est intitulé : *Sapientiae Joan. Blanci Examen ...* 1640, in-8°; le second, *Sequela examinis Joannis Blanci*, 1642, même format (11096, 11097 et 2600).

---

(1) Vers la fin de 1642, *Le Poussin* passa encore à Lyon, pour se rendre à *Rome*.

(2) *Jacques Stella* mourut à *Paris*, le 29 avril 1647, et non 1657. Voyez son article dans la *Biogr. lyonn.*, p. 284.

31

1636. — *Oenologie*, ou Discours du vin et moyen d'en user pour se guérir et preserver de la pluspart des maladies les plus fascheuses. Par *Lazare Meyssonnier*, conseiller et medecin ordinaire du roy. A Lyon, chez *Louys Oudin*. In-8°. Brunet, 382.

1636. — *Elogium funebre illustrissimae D. D. Gabriel. de Gadagne, Comitissae de Chevrieres*. Lugduni, apud *Jacobum Roussin*, 1636. In-4° de 7 pages (B. de L., 19038, tome 2). — L'auteur anonyme de cet éloge, qui pourrait bien être le P. *l'Abbé*, jésuite (1), avait omis d'y parler de la fondation faite par la comtesse *de Chevrières*, du couvent des Minimes qu'elle avait fondé à *Saint-Chamond*; ce qui engagea un autre anonyme, pour réparer cet oubli, à publier un nouvel éloge de cette pieuse dame, sous ce titre : — *Verum elogium funebre illustrissimae piissimaeque dominae D. Gabr. de Gadagne, Comitissæ de Chevrières, etc., fundatricis Collegii minoris Societat. Jesu, Monialium ab Annunciatione in urbe Lugd. et Conventus P. P. Minimorum in Sanchamondensi* (avec cette épigraphe : Verum ex integra causa). Lugduni, apud *Jacobum Roussin*, 1636. In-4° de 8 pages.

1636. — *La Gloire de S. Joseph* sur la relation authentique et véritable de ce qui s'est passé en la sortie d'*Isacaron*, l'un des démons qui possédoit le corps de la Mere prieure des religieuses ursulines de Loudun, dédiée à Mgr le duc d'Orléans, frère unique du roy, par les RR. Pères Exorcistes de Loudun. A Lyon, par *Claude Cayne*. 1636. In-8°. (B. de L., 14487). Voyez ci-dessus, 14 août 1634.

1636. — *Le Miroir sans tache*, enrichy des merveilles de la Nature dans les miroirs, rapportées aux effets de la grace... Par le R. P. *Joseph Filère*, Lyonnois, de la Compagnie de Jésus. A Lyon, chez la *véfve de Claude Rigaud*, et *Philippe Borde*. 1636. In-8°. — Le P. *Filère*, auteur de plusieurs autres ouvrages ascétiques, mourut le 27 août 1658. *Biogr. lyonn.*

1636. — *Antonii Milliei*, Lugdunensis, è societate Jesu, *Moses viator :* seu Militantis ecclesiae mosaicis peregrinantis synagogae typis adumbratis. Nunc primum in lucem editur. Lugduni, sumptib. *Gabrielis Boissat*, et Soc. 1636. In-8°. — Dédicace de l'auteur au Cardinal de Richelieu, archevêque de Lyon. — Ce volume ne contient que les treize premiers livres de ce poëme. La seconde partie dédiée au même prélat, finit avec le 28e et dernier livre ; elle ne parut qu'en 1639, et fut publiée aux dépens de *Jacques* et *Pierre Prost*, imprimeurs-libraires à Lyon. Ces deux volumes ont été réimprimés à *Dilingen*, en 1680, in-8°. — Le P. *Millieu*, né à Lyon en 1575, fut un des premiers conservateurs de la Bibliothèque du Collège de la Trinité. Nommé provincial de son ordre, il se rendit en cette qualité à Rome pour assister à l'élection du

(1) Trois Jésuites. *Balthasard Flotte*, Pierre l'Abbé et *Joseph Besson*, firent son éloge. Pernetti, II. 18. Voyez les *Publications* de 1636 et 1637, où nous avons cité les oraisons funèbres du P. *Flotte* et du P. *Besson*.

général ; il y tomba malade , et mourut le 14 février 1646. Voici des vers que le poëme du P. Millieu a inspirés à *François de Neufchâteau* :

> Chez nous l'Allégorie offre à l'âme pieuse
> De nos livres sacrés la clef mystérieuse ;
> Et des deux Testamens tel est le sens profond,
> Que le premier, en tout, figuré le second !
> Ainsi, dans le désert, errante sous Moyse,
> La Synagogue était l'image de l'église ;
> Et les Juifs, sur la terre aujourd'hui dispersés,
> De ces types divins conservateurs forcés,
> Ont gardé le dépôt de chaque prophétie,
> Où fut d'avance écrit le règne du Messie ;
> Mais d'un si grand sujet mon vers n'ose approcher,
> Bossuet et Pascal ont seuls droit d'y toucher.
>
> *Les Tropes,* chant 2e.

Dans la note sur le 4e de ces vers, François de Neufchâteau juge ainsi le *Moses viator* : « ... Ouvrage trop long, mais où il y a de belles choses, ignorées et perdues, comme il s'en trouve beaucoup dans tant d'autres poëtes latins modernes qui n'ont plus de lecteurs. On pourrait du moins nous les faire connaître en partie, par des extraits qui seraient agréables et intéressants. Ce serait une mine toute neuve et riche à exploiter. » — *Bayle*, article MARIE, rem. B., cite un fragment très-remarquable du 6e chant du *Moses viator*, où le poëte décrit fort élégamment les chants et les danses des Hébreux après le passage miraculeux de la Mer Rouge. *La Monnoye* dans ses notes sur *Baillet* (t. 4 , p. 240 des *Jugements des savants*, édition in-4º de 1725), cite un vers extrait du 5e chant, qui pourrait faire croire que le P. Millieu a mis, comme dit Boileau, *les poissons aux fenêtres* pour voir les Israélites passer la mer :

> Hinc inde attoniti liquido stant marmore pisces.

Le vers du P. *Millieu* n'offre pas exactement la même image, et conséquemment est un peu moins ridicule que ces deux vers de *Saint-Amant* :

> Et là, près des remparts que l'œil peut transpercer,
> Les poissons ébahis les regardent passer.

M. de *Châteaubriant* ne se souvenait plus sans doute de la critique de *Boileau*, lorsque, dans la description qu'il a faite d'une procession pendant les rogations, il fait sortir, des blés nouveaux, les hôtes des champs, c'est-à-dire, les oiseaux et les lièvres, qui s'arrêtent à quelque distance pour voir passer la pompe villageoise. *Génie du Christianisme,* 4e partie, livre I, chap. VIII. Voyez COLONIA, t. 2, p. 704 de son *Hist. litt.*, et les *Arch. du Rh.*, VIII, 456.

1636. — *De Monitoriis ecclesiasticis,* ad extorquendam restitutionem aut revelationem ..... *Tractatio bipartita.* Authore R. P. *Theophilo Raynaudo*, soc. Jesu theologo .... Lugduni, sumpt. *Gabrielis Boissat,* et socior. 1636. In-8º. (B. de L., 9838). Dédicace à *François de Ponat,* conseiller au parlement de Dauphiné, suivie de deux odes latines, adressées au même magistrat, la première, par *Jean Papon*, la seconde par *Simon Bey*, l'un et l'autre Jésuites.

1636. — *Le Paradis ouvert à Philagie* par cent dévotions à la Mère de Dieu..... Par le R. P. *Paul de Barry*, de la Comp. de Jésus. A Lyon, chez la *veuve de Claude Rigaud.* 1636. In-12. — L'approbation des docteurs est datée de Lyon, le 12 avril 1636. La dédicace de l'auteur « à « la toujours aymable, et non jamais assez aymée Marie, très-digne « mère du très-aymable Jésus, » se termine par ce quatrain :

Je n'ai d'amour que pour Marie,
Point d'autre but de mes desirs;
Et la servant toute ma vie,
Ce seront tous mes chers plaisirs.

Le P. de Barry, né à Leucate, diocèse de Narbonne, vers 1587 (1), mourut à Avignon le 28 juillet 1661. Il fut provincial de la province de Lyon de 1652 à 1655. Il doit la triste célébrité dont il jouit encore à l'auteur des *Provinciales* qui a versé sur lui le ridicule à pleines mains. Son *Paradis* est celui de ses ouvrages qui a eu le plus de vogue. Il en fit oublier nombre d'autres composés sur le même sujet; cependant il en est un que les bibliophiles ne laissent point échapper, quand l'exemplaire est d'une bonne conservation, c'est celui du dominicain *Pierre Doré*, publié sous ce titre : *Les Voyes du Paradis,.... ensemble les Allumettes du feu divin* (2), dont les éditions les plus recherchées, après celles de 1538, citée par M. *Brunet*, sont celles de Lyon, 1586 et 1605, in-16, quoique, dans ces deux éditions, le style de l'auteur ait été retouché, et qu'on l'ait « fait parler françois un peu plus proprement qu'il ne « faisoit peu auparavant. »

1636. — *Plaidoyez de M⁰ Claude Expilly....*, Président au Parlement de Grenoble; ansamble plusieurs arrets et reglemans notables dudit Parlement.... cinquième édition... A Lion, chez *Laurant Durand.* 1636. In-4°. — Le président d'Expilly mourut à Grenoble le 25 juillet de cette année. Il se justifie, dans son Avertissement de ne pas avoir fait imprimer son livre selon l'*ortografe* moderne. Cet avertissement peut servir d'appendice au *Traité de l'Ortografe*, qu'il a publié à Lyon, en 1618.

1636. — *Premières Homélies festives de Messire Jean-Pierre Camus*,

(1) Dans la *Biogr. portative* de *Dubochet*, on a fait de *Leucate* une ville du *Dauphiné*, et on a mis la naissance du P. *de Barry* en 1585. Voyez son article dans la Biblioth. des écrivains de sa société; la *Bio-bibliographie* de M. *Barjavel*; la *Revue du Lyonnais*, tome 2, p. 187; les *Publications* de 1639 et celles de 1640.

(2) Un autre Dominicain, *Antoine Alardi*, a publié à *Valenciennes*, en 1617, un livre dont le titre n'est pas moins burlesque que celui de son confrère : *Alumettes d'amour du jardin délicieux de la confrairie du saint Rosaire*; etc. Voyez Brunet, *Man.*, I, 71, et les *Curiosités bibliographiques* de M. *Lalanne*, p. 233.

évesque et seigneur de Belley. Dernière édition. A Lyon, de l'imprimerie de *Simon Rigaud*, 1636. In-8°. (B. de L., 4789) — L'avis au lecteur est daté de Belley, le jour de S. Laurens, 1616. Cette date doit être celle de la première édition de ces Homélies dont la lecture offre encore quelque attrait, à cause de la franchise et de l'érudition de l'auteur. Voici un fragment de l'homélie pour la fête de S. *Antoine* : «.... Les hommes font tout leur possible pour fuir la pauvreté, mais ce sage sainct allant *per contrarium mundo iter*, fait tous ses efforts pour l'acquérir. Ceux-là prennent ; cestuy-cy donne à toutes mains. Ils amoncellent et ramassent tout ce qu'ils peuvent : de là ces mots de l'avarice, *Rape, congere, aufer, posside*. Mais nostre sainct tasche de se desgarnir de tout, voire, comme un autre *Diogène*, il boit dans le creux de sa main pour se passer d'une tasse de terre. Ceux là veulent avoir tout ; cestuy-cy ne veut avoir rien, non pas mesme un livre (1). Les deux fueillets du ciel et de là terre luy font une ample bibliothèque ; marri que la nécessité du corps le contraigne à le paistre, et que le péché de nos premiers parents, cause de nostre vergogne, le contraigne à chercher de quoy le couvrir. Les hommes du siècle font toutes sortes d'industries pour accroistre leurs moyens ; nostre sainct employe tous ses stratagèmes pour se retrancher toutes commoditez, mesurant sa richesse, comme *Socrate*, à la multitude des choses dont il se passoit aisement. Ainsi ,

Non possidentem multa vocaveris.
Recte beatum..... »

1636. — *Traité de la perspective* ; par *Gérard Desargues*........ 1636. In-fol. — Né à Lyon en 1593, Gérard Desargues était problablement de la même famille que le recteur *Desargues*, docteur ès droicts, advocat au siège présidial de Lyon, auquel *Antoine Pialous* dédia *la Practique du ray visuel*, autrement appelé le baston de Jacob ; à Lyon, par *Jacques Roussin*, 1606, in-8°. Cette dédicace est datée de Lyon, le dernier jour de septembre de l'an 1605.

1636. — *Vita et Elogia Ludovici XIII....* (novo lyrici carminis modo). Auctore *Petro l'Abbé*, Soc. Jesu. Lugduni, apud *Claudium Badieu*. 1634. In-4°. (B. de L., 15942, tome 1).

1636. — *Les Vrays entretiens spirituels du Bienheureux François de Sales....*, quatriesme édition augmentée d'une *Considération* sur le Symbole des Apôstres, par le mesme autheur. A Lyon, pour *Jean Juillard*. 1638. In-8°. — Les approbations sont de 1628 et de 1629. La dédicace au Cardinal de Lyon, est signée de *Cœursillys*, libraire ou imprimeur, qui publia sans doute la première édition de cet ouvrage.

(1) L'univers me tient lieu d'une bibliothèque ;
Mes livres sont la terre et la mer et les cieux ;
Cent fois plus éloquents que Socrate et Sénèque,
Ils sont toujours nouveaux, toujours beaux à mes yeux.

E. D.

1637. — *Février* 3. Le Consulat autorise l'établissement en cette ville des *religieuses de Blye*, de l'ordre de Saint-Benoît. *Alm. de Lyon* de 1755, p. 56.

1637. — *Février* 10. Le Consulat autorise *Claude Legou* à établir une *verrerie* et à bâtir ses fourneaux dans la maison de la demoiselle *Louise Carle*, sise en *Bourgneuf*. J. M.

1637. — *Avril* 4. Assemblée générale tenue chez le Gouverneur, au sujet des lettres patentes du 26 décembre dernier. — « L'assemblée, dit M. d'*Halincourt*, est convoquée, non pour délibérer s'il faut obéir, car si quelqu'un était si mal avisé que de le vouloir, les bras de Sa Majesté sont assez puissants pour le porter au devoir; il faut donc aviser aux moyens à prendre à cet effet; il y en a plusieurs, la capitation, l'emprunt sur les citoyens, et, pour leur remboursement, la continuation des octrois; ... mais on doit procéder diligemment.... » — Le prévôt des marchands parle de l'inutilité des démarches qui avaient été faites pour obtenir, comme quelques villes l'avaient obtenu, décharge entière; il espère qu'avec l'assistance des bons protecteurs de cette cité, la somme demandée sera modérée ... — L'assemblée arrête qu'il sera fait un emprunt, etc. — Le 30 *avril*, M. *du Clappier* et M. *du Soleil* furent députés à Paris pour demander que la taxe fût réduite à 250,000 livres, qui seraient payées comptant, et, s'il ne se pouvait, en traites de trois en trois mois, en quatre payements.

1637. — *Avril* 6. Une maladie contagieuse s'était manifestée à *Rillieux*, à *Miribel* et à *Neyron*; le Consulat y envoie plusieurs chirurgiens de la santé, et désigne les notables qui devront se rendre aux portes de *Vaise* et de *S. Sébastien*, pour s'opposer à l'entrée des étrangers. M. de V.

1637. — *Mai* 25. « Un sodomite condamné au feu après qu'il auroit été étranglé, la corde se rompit, et fut brûlé encore vivant, en présence de plus de 20,000 personnes accourues à ce spectacle et à la rareté du crime. » *Gaz. de Fr.*, p. 336.

1637. — *Mai* 27. Le *Cardinal de Lyon* arrive à Paris. — Le 11 juin suivant, le roi communia à Fontainebleau par les mains de ce prélat. *Gaz. de Fr.*, p. 344.

1637. — *Mai*. .... Le maréchal de *Créqui* et le sieur d'*Emery*, s'en allant en Piémont, passent à Lyon. *Gaz. de Fr.*

1637. — *Juin* 4. Le Consulat arrête que tout étranger qui voudra venir demeurer à Lyon, sera tenu de se faire inscrire à l'Hôtel de ville, sous peine d'expulsion. — Par le même arrêté, injonction est faite aux médecins de n'agréger aucun forain. M. de V.

1637. — *Juin* 31. M. *Terrasson*, substitut du procureur du roi, remet au Consulat un livre en parchemin appelé le *Papier blanc*, où sont enregistrés les actes publics faits par la Cour séculière de l'archevêque, livre trouvé, lors d'un inventaire après décès, chez le sieur *de Quibly*, voyer de la ville. M. de V.

1637. — *Juillet* 1. Les dames religieuses de Sainte-Marie de *S. Amour* en Bourgogne avaient demandé au Consulat la permission de s'établir à Lyon. Leur demande est rejetée. M. de V.

1637. — *Juillet* 7. Lettre du *Cardinal de Lyon*, à M. de *V...* au :

« Je ne sçay si je me dois plaindre de vous ou si je m'en dois louer, puisque, au même temps que vous écrivez du bien de moy, sans changer d'encre, vous en dites du mal. Vous voulez que j'aye été gratifié de la nature de quelque lumière extraordinaire, et qu'elle ne soit que la couverture du feu agissant sur tout sans pitié et sans discrétion, que les foudres sortis de ma main pour faire une plaie mortelle dans votre âme et réduire votre cœur en poussière, vu qu'elle n'est faite que pour composer des cataplasmes et donner des bénédictions. Dieu nous le pardonne, je l'en supplie et de vous tirer de cette erreur pour laquelle je ne fulmineray point des anathèmes contre vous, mais qui ne vous feroit pas estimer, vous faisant paroître capable d'une fort lourde méprise, et si, comme vostre aîné de plusieurs années, je le sçais capable de vous donner conseil, nagez entre deux eaux ; ne vous sauvez pas d'entre les griffes d'un monstre pour vous livrer à la mercy d'un autre ; et tandis que vous fuyez l'amour de vous-même, ne vous laissez pas déchirer à la haine que vous vous portez, de peur de détruire un ouvrage qui ne se refait point ; car n'en déplaise aux spirituels plus zélés, il faut entendre avec discrétion ce passage de l'écriture, et se servir de cette drogue médecinale avec tempérament, de peur de la trouver trop amère. De cet article, je viens à un autre qui tient mon esprit en suspends, ne sçachant pas si vous vous souhaitez une pareille métamorphose que celle d'*Apulée*, ou comme une espèce de peine, ou comme une espèce de plaisir ; car s'il étoit obligé à porter quelquefois des fardeaux assez pesants, je trouve que, sous cette forme bestiale, il ne laissoit pas d'avoir un raisonnement délicat, et de jouir avec goût de certains délices dans lesquels les hommes se plongent brutalement, vu que vous croiriez de trouver plus aisément le moyen de reprendre votre première forme que de revenir *à privatione ad habitum*. Ce deuxième expédié, je m'attache à celuy qui le suit, et vous déclare que si la salutaire, mais rigoureuse loy que nous professons, ne m'obligeoit à condamner toute sorte de mensonge, je souhaiterois que vous eussiez employé le cours de votre vie à en forger, pourvu que vous eussiez rencontré une vérité, lorsque vous publiez que j'ay en main un instrument propre pour élever les choses les plus basses ; car nonobstant que j'aye en horreur et en mespris le nom de ceux avec lesquels je voy tous les jours, en me promenant, monter des quartiers de pierre quasi au faîte des maisons, je ne laisserois pas d'essayer si je pourrois faire une merveille en me guindant au-dessus de moy-même, encore que je sçache que personne, par ses propres forces, ne sçauroit tirer en haut plus que son propre poids. Au demeurant, je ne fais nul doute que vous n'entreprissiez volontiers un voyage icy pour me donner le moyen de jouir de votre conversation, et y ouïr à tous moments mille belles et nouvelles choses dont nous voyons les échantillons dans vos lettres ; mais je ne laisse pas d'avoir assez de malice ou de clairvoyance pour soupçonner ou pour reconnoître que j'en serois le prétexte et non pas le sujet. En vérité, celuy que je pense et que vous adorez, tant il a des beautez et des charmes, mérite d'être aimé, et pour sçavoir jusques à quel point, je vous renvoye au confesteur, ou si, dans cette meilleur partie de mon diocèse que vous habitez, il n'y en a point qui ne vous soit suspect, à votre chère moitié. Du 7 juillet 1637. M. de V., au. » Mss. de la B. de L., n° 1458, tome 1, p. 59.

1637. — *Août 6.* Les habitants de *Bagnols* en Lyonnois (1), étant assemblés dans la chapelle de S. Roch, fondèrent tous les ans à perpétuité la fête de Mons' S. Grégoire, pour obtenir la cessation de la *peste* ou mal contagieux à présent régnant à Bagnols et ailleurs. — Le 12 mars 1639, par acte reçu M. d'*Albepierre*, notaire, ils ratifièrent ce vœu et annoncèrent que c'étoit en mémoire de ce que leurs prédécesseurs, de toute ancienneté, avoient solemnisé cette fête, quoique les actes eussent été égarés dans les guerres civiles, etc. — Il y avoit aussi dans la paroisse de *Chirouble* en Beaujolois, une chapelle à un quart de lieue du bourg, sous le vocable de S. Roch, qui avoit été érigée en temps de peste. L'église paroissiale de cette dernière commune est sous le vocable de S. Germain d'Auxerre, dont la fête est le 1er octobre.

1637. — *Septembre 10.* Le Consulat autorise *Simon Maupin*, architecte, de faire enlever les *rochers* qui sont près de l'église des *Feuillants*.

1637. — *Décembre 17.* Les recteurs de l'*Hôtel-Dieu* invitent le Consulat à assister à la pose de la première pierre de l'église qu'ils vont faire construire.

1637. — *Jacques le Prevost*, seigneur d'*Herbelay*, est nommé intendant de justice à Lyon, en remplacement d'*Humbert de Chaponay*. — A son arrivée, on lui présenta beaucoup de vers latins et françois avec une quinzaine d'anagrammes sur son nom, lesquelles sentoient fort le mauvais goust qui régnoit encore dans les provinces. M. Voyez ci-dessus, année 1551.

1637. — Un bref du pape institue dans l'église de *S. Nizier* un autel privilégié, et l'affecte à la chapelle de la *Madeleine*. — Cette chapelle avait été fondée le 20 avril 1401, par *Jean Joli*, sacristain de S. Nizier, lequel y avait établi six chapelains. C'est lui qui fit construire l'arcade qui appuie sur la partie de l'église que l'on appelle le *Petit trésor*, et il fit faire son tombeau sous cette arcade. — On croit que c'est dans cette même chapelle que fut transféré le service de la chapelle de la *Trinité*, qui était au lieu de la *Fromagerie*, et qui fut détruite par les Protestants en 1562. M. de V.

1637. — On lit dans la *Biogr. univ.*, tome VIII, p. 71, que *Claude Chapuys* (chirurgien), né à *S. Amour*, mourut vers 1620. Cette date

______

(1) Le nom de cette paroisse ne se trouve pas dans la liste des communes de notre département que M. *Mougin-Rusand* a inscrée dans son *Annuaire*. On lit dans l'*Almanach de Lyon* de 1760, qu'elle est située à mi-côte, à une petite lieue au-delà de *Chessy*, et à quatre lieues de Lyon, sur le chemin de *Villefranche* à *Tarare*. On y lit encore que le château de *Bagnols* a été bâti par le maréchal de *Saint-André*, et qu'on y voit quelques tableaux estimés, surtout ceux des quatre saisons qu'on attribue à *Michel-Ange*. Madame de *Sévigné* visita ce château et y coucha en juillet 1672 ou octobre 1673 u moins, on y montre une chambre qu'on dit avoir été occupée par elle.

ne nous paraît pas pouvoir être exacte. En effet, il est fait mention du docteur *Chapuys* dans l'histoire du siége que la ville de *Saint-Amour* eut à soutenir, en mars 1637, contre l'armée du duc *de Longueville*, qui avait pour auxiliaire un corps de *Suédois* (voyez le *Mémoire sur l'hist. de la ville de Saint-Amour*, par M. *Abry d'Arcier*, inséré dans le *Compte-rendu* des travaux de la société d'émulation du Jura, 1811, p. 43-63). Il est dit dans ce *Mém.*, p. 53, que *Saint-Amour* étant sur le point d'être assiégé, les religieuses Annonciades effrayées se réfugièrent à Lyon. Le S. *Chapuys* leur médecin, les accompagna; mais quand il voulut rentrer, la ville de *Saint-Amour* étant investie de toutes parts, il demanda au duc de Longueville la permission de passer, afin d'aller porter à ses compatriotes les secours de son art. Le duc le lui permit, en lui disant : « Souvenez-vous de donner de salutaires conseils à vos habi-«tants. » — « Je ne puis promettre autre chose à Votre Altesse, ré-« pondit Chapuys, que de soulager mes concitoyens, les consoler, les « encourager à leurs devoirs, et mourir avec eux. » Les habitants de Saint-Amour, quoique sans aucun secours, voulurent se défendre. Leur ville fut prise d'assaut et livrée aux flammes et au pillage. — Le docteur Chapuys dont il est parlé ici, serait-il autre que celui auquel l'article de la *Biographie universelle* est consacré, et que l'on dit mort vers 1620? nous ne le pensons pas. Note de M. le docteur *Gauthier*, médecin Lyon., à natif de Saint-Amour.

1637. — Mort de *Guyot Henry*, fils de *Jean*, seigneur de *Jarniost* et de *Précellins*. — Voici quelques particularités sur ce personnage que nous empruntons à LE LABOUREUR, t. 2, p. 368 des *Mazures de l'Isle-Barbe* : — Dès sa première jeunesse, *Guyot Henry* reprit le train des armes que ses ayeux avaient laissé, pour embrasser la vie civile et politique. Du temps de la Ligue, il fut guidon de la compagnie des lanciers du seigneur de *la Pie de Chalmazel* (1) et depuis capitaine d'une compagnie de cavalerie dans son régiment. Il se trouva, en 1608, à l'entrée de M. *d'Halincourt*, nouvellement pourvu du gouvernement de Lyon, et il eut l'honneur d'y commander les enfants de la ville. En 1621, il fut commandé avec la noblesse de la province pour le siége de *Montauban*. Deux ans après, la paix étant faite, il fut pourvu de la charge de capitaine des chasses de tout le gouvernement, et en prêta le serment entre les mains du duc de *Montbazon*. Il laissa de son mariage avec *Claudine Croppet*, un fils, *François Henry*, qui mourut sans postérité, non en 1657, comme le dit *le Laboureur*, mais en 1686, comme on le lit dans la *Biogr. univ.* Voyez aussi, dans le tome VI des OEuvres du P. *Théophile Raynaud*, la dédicace que les neveux de ce Jésuite ont faite à *François Henry*, du traité ayant pour titre *Exuviæ pa-*

---

(1) Il était sans doute de la même famille que *Claude Talaru de Chalmazel*, doyen de l'église de Lyon, mort le 15 février 1611. On trouve dans *le Laboureur*, II, 579, une notice sur *Christophe de Talaru*, seigneur de *Saint-Marcel*, LA PIE, etc.; mais l'auteur des *Mazures* n'y parle que de ses alliances.

nis et vini in Eucharistia. On y trouvera quelques notions sur l'ancienneté de la famille *Henry*, et sur les emplois que plusieurs de ses membres ont eus dans notre ville.

1637. — « *Henri de Pize* s'amusa à écrire sur la *Géomance* (à Lyon, chez *Nicolas Gay*, 1637); impies fatuités plus dignes de la plume d'un *Gaffarel* ou d'un *Robert* le *Chercheur* (le dominicain *Robert Fludd*), que d'un habile médecin comme lui. » COLONIA, II, 801. — Nous ne trouvons pas dans les biogr. médicales cet habile médecin dont *Pernetti* a aussi parlé : « *Henri de Pisis* ou de *Pise*, dit-il (II, 20), médecin lyonnois, a écrit trois livres de Géomance, imprimés à Lyon, en 1638 (sic). »

1637 - - Lettre du *Cardinal de Lyon* :

« Mademoiselle, J'ay reçu une lettre de Madame *Doriac* (?) par laquelle elle me prie de faire faire M. *Loubat* prévôt des marchands, et ajoute que cela dépend tout à fait de moy. Je m'imagine qu'elle n'a point eu cette pensée sans que vous la luy ayiez fait naître, et par conséquent je me plains de ce que vous n'ayez pas eu assez de confiance en moy pour m'en parler ou pour m'écrire, car je vous eusse éclaircy de l'état de l'affaire, et par conséquence donné le moyen de prendre vos mesures ou pour cette année-cy ou pour une autre. Je n'y puis rien qu'indirectement. C'est M. *d'Halincourt* qui propose, et le roy qui fait le choix, et je croy qu'il ne vous aura pas caché qu'à son instance, S. M. a nommé M. le baron *de Jons* (1), il y a plus de trois mois. Ou vous me faites tort, ou vous devez croire que je vous serviray toujours de bonne grace en tout ce que je pourray, et par moy, et par le moyen de mes amis, tant à cause que mon inclination me porte à le faire, qu'à cause que j'y suis obligé. Adieu. » P. 88 du Mss. déjà cité.

1637. — PUBLICATIONS : *L'Agriculture et la Maison rustique de MM. Charles Estienne et Jean Liébault*, docteur en médecine, reveue et augmentée.... A Lyon, chez la *vefve de Claude Rigaud*, et *Ph. Borde*. 1637. In-4°.—Cet ouvrage a eu un assez grand nombre d'éditions; la première doit être de 1582, date de la dédicace de *Liébault* (gendre de *Charles Estienne*) à *Jacques de Crussol.* A la fin du volume est *La Chasse du loup*, dédiée à *Charles IX*, par *Jean de Clamorgan.*

1637. — *Arrest de la Cour du parlement de Dauphiné* (du 13 juill'et 1637) contre l'Arrest imprimé à Paris, et faussement supposé avoir esté donné par ladite Cour au profit d'une Demoiselle sur la naissance d'un sien fils, arrivée quatre ans après l'absence de son mary, et sans avoir eu connaissance d'aucun homme. A Lyon, par *Cl. Larjot* et *Jean Jullieron*. 1637. In-8° (B de L, 14487). — Voici quelques détails relatifs à cet arrêt, que nous empruntons à PROST DE ROYER (t. 2, p. 74 de son *Dict. de Jurisprud.*) ? — « Au mois de février 1637, on publia à *Paris* et dans quelques villes un imprimé ayant pour titre : *Arrest du parlement de Grenoble*, rendu le 13 février 1637, *au profit de dame*

(1) *Éléonor de Baillon*, seigneur *de Saillans*, baron *de Jons*, fut prévôt des marchands en 1638 et 1639 ; il fut remplacé dans cette charge en 1640 par *Pierre Loubat*.

Magdelaine d'Autemont, épouse de Jérôme Auguste de Mont-Léon, chevalier, seigneur d'Aiguemerre. On lisoit dans le vu de cet arrêt l'extrait des défenses de la dame d'Aiguemerre « sur la naissance d'un sien fils, arrivée quatre ans après l'absence de son mari, et sans avoir eu connoissance d'aucun homme, soutenant ladite dame, qu'encore que véritablement le sieur d'*Aiguemerre*, son mari, n'ait été de retour d'Allemagne, et ne l'ait vue ni connue depuis quatre ans, la vérité est telle que, s'étant imaginé en songe la personne et l'attouchement du sieur d'Aiguemerre, elle reçut les mêmes sentiments de grossesse et de conception qu'elle eût pu recevoir en sa présence... » Le dispositif de l'arrêt étoit ainsi conçu : « Vu en ladite Cour les attestations, avis et raisons de plusieurs médecins de Montpellier, sages-femmes, matrones, et plusieurs autres personnes de qualité, sur la possibilité et réalité du fait que dessus ; informations faites à la requête du procureur général ; tout considéré, la Cour ordonne que l'enfant dont il est question sera déclaré fils légitime et vrai héritier dudit sieur d'Aiguemerre, déclare les sieurs Fage et Bourglemont, appelans et demandeurs obligés à tenir ladite d'*Aiguemerre* pour femme de bien et honneur dont ils donneront acte après la signification de l'arrêt. » Que *Venette*, dans son *Tableau de l'amour conjugal*, que *Johnson* (ou plutôt *John Hill*), dans sa *Lucina sine concubitu*, aient pu croire à la réalité de cet arrêt, et se soient permis de plates railleries sur les magistrats qu'ils supposoient l'avoir rendu, on a souvent créé des monstres pour les combattre; mais qu'un jurisconsulte, d'ailleurs estimable (1), dans ses *Elémens du droit*, tome 2, p. 109, ait imprimé que dans le siècle dernier, on pensoit qu'une femme pouvoit concevoir et accoucher sans avoir de commerce avec un homme, qu'il en ait donné pour preuve aussi simple que respectable, un *monument authentique*, un *arrêt du parlement de Grenoble*, du 13 février 1637, *pièce curieuse qui mérite d'être tirée de l'oubli* ; qu'en commentant, il ait ajouté :
« On suppose que la nuit du songe de la dame d'Aiguemerre étoit une
« nuit d'été, que sa fenêtre étoit ouverte, son lit exposé au couchant,
« sa couverte en désordre, et que le zéphyre du sud-ouest, duement
« imprégné de molécules organiques de fœtus humains, d'embrions
« flottans, l'avoit fécondée (1), » c'est supposer dans le siècle dernier
et les tribunaux, une ignorance honteuse ; c'est propager une fable qui
déshonoreroit la justice. Il est très vrai qu'en février 1637, c'est tou-

[illegible]
[illegible]

(1) *Troussel*, avocat au parlement de Toulouse. Ses *Elémens du droit* ont été publiés à Avignon, sous la rubrique de Lyon, en 1771, in-12 (B. de L., 7875).

(2) Le célèbre abbé *de Saint-Pierre* était aussi de ceux qui avaient cru à l'arrêt du 13 février; il disait, dans une lettre écrite au président *de Valbonnays* en 1726 : «...Une « femme vertueuse peut avoir été enivrée avec du vin préparé ou avec quelque somni- « fère, de sorte qu'elle ne se souviendra de ce qui se sera passé après son souper entre « elle et celui qui lui aura donné ce somnifère en soupant, que comme d'un songe un « peu vif, et je suis porté à croire que, pour devenir grosse, elle n'avait besoin que de « ce songe vif et agréable qu'elle avait eu de son mari, et dont elle se souvenoit fort « bien... » *Correspondance littéraire de l'albonnays*, publié par *Ollivier Jules*, Valence, 1830, in-8', p. lxxxvii.

jours *Prost de Royer* qui parle, on publia à Paris ce prétendu arrêt, et ce n'est pas alors seulement qu'on a imprimé des fables, des arrêts supposés. Tandis que des vagabonds rassemblés cherchoient à exciter une émeute à Paris, pour le prix du pain, en mai 1775, un inconnu vendoit à Valence, à Vienne, et vouloit vendre à Lyon, et vendit à Roanne, à Moulins, et jusqu'à Blois, où il disparut, un prétendu arrêt du parlement de Cette, qui fixoit la livre de *pain à un sou* pour tout le royaume. La rédaction de l'arrêt de 1637 suffisoit aux yeux des gens d'affaire pour en découvrir la fausseté : on rangea peut-être un instant cette absurdité dans la classe des contes, dont on toléroit le débit pour amuser le peuple crédule... »

1637. — *Caussini (Nicolaï)*, Trecensis, è Soc. Jesu, *de Eloquentia sacra et humana Libri XVI*. Editio quinta... Lugduni, sumpt. *Joannis Amati Candy*. 1637. In-4°. (B. de L., 15869).

1637. — *Discours funèbre* à l'immortelle mémoire de feu Madame la comtesse de *Chevrières*, recité à Lyon, au jour de son anniversaire, dans le Collège de Nostre-Dame de Bon-Secours, de la Compagnie de Jésus ; par le P. *Baltasar* (sic) *Flotte*, de la mesme Compagnie, le 10 jour de novembre 1636. A Lyon, chez la *vefve de Claude Rigaud*, et *Philippe Borde*. 1637. In-4°. — Dédicace à *Isabeau de Tournon*, marquis de S. *Chamond*. — A la suite de ce *Discours*, est un éloge en latin de Madame de Chevrières, par le P. *Joseph Besson*, Jésuite, sur lequel on trouvera une notice dans la *Biographie vauclusienne* de M. *Barjavel*.

1637. — *Le Monde* ou Description générale de ses quatre parties... par *Pierre Davity*, seigneur de *Montmartin* ; *François Ranchin*, avocat, etc. A Paris, chez *Claude Sonnius*. 1637. In-fol. 4 vol. (B. de L., 3688). — Nous nous étions proposé de reproduire la description de Lyon qui se trouve dans le tome 2 de cet ouvrage, mais à l'exception du fragment que nous avons cité, p. 151 de *Lyon sous Henri IV*, cette description nous a paru si dépourvue d'intérêt que nous avons renoncé à la mettre sous les yeux de nos lecteurs.

1637. — *Lettres patentes du roy*, auctorisant le pouvoir qu'ont les eschevins de la ville de Lyon, de convoquer les bourgeois et notables à l'Hostel-Commun de ladite ville, et contraindre tous les manans et habitans d'icelle, d'aller aux portes, guet et gardes, etc. A Lyon, par *Jean Jullieron*, 1637. In-8°. (B. de L., 23415, tome I). — Ces lettres sont du 11 mai 1585 ; elles sont suivies d'une Ordonnance de M. *de Mandelot* du 27 du même mois.

1637. — Les *OEuvres poétiques du sieur David Rigaud*, marchand de Crest. A Lyon, chez *Claude Rivière*. 1637. In-12 (B. de L., 17583). — Le *poëme sur la Cigale* que *Guy Allard* attribue à *David Rigaud*, se trouve dans la réimpression de ses *OEuvres*, publiée chez le même libraire, 1653, in-12 de 275 pages (B. de M. *de Terrebasse*). Le recueil du mercier de Crest ne contient que des pièces extrêmement médiocres, adressées la plupart à des personnages plus ou moins notables du Dauphiné. Nous aurions voulu reproduire l'épître à son libraire, mais elle est si plate que nous y avons renoncé. Nous n'oserions pas affirmer que David Rigaud fût protestant ; toutefois quelques pièces pourraient le faire présumer ; de ce nombre est la suivante :

PRIÈRE AVANT LE REPAS.

Seigneur, qui nous as ordonné
Que nous profitions tes préceptes,
Qui n'as jamais abandonné
Tes Apostres ni tes Prophètes :
Donne-nous, comme à tes enfants,
Tes plus précieux aliments
Pour nous nourrir en ceste vie ;
Que nous ayons, Père benin,
Tousjours un corbeau comme *Elie*,
Ou bien la poule de *Merlin*.

En marge de cette pièce, est la note que voici : « Il faut noter que ce « *Merlin* fut nourry par une poule *huict jours*, s'estant caché au plus « haut d'une maison, pour esviter le massacre qu'on fist à Paris, y ve- « nant faire un yœu (œuf), tous les jours à ses pieds. » — Ce *Merlin*, qui avait pour prénoms *Jean-Raymond*, était un ministre protestant, natif de Romans en Dauphiné. On a de lui une *Exposition sur les dix commandements de la loy de Dieu*, imprimée à *Lausanne*, par *Jean Rivery*, 1562, in-8°, et citée par *du Verdier*. Il a un article dans le *Dict.* de *Prosper Marchand* où l'histoire de la poule n'a pas été oubliée. *D'Aubigné* paraît être le premier qui en ait parlé, d'abord dans son *Hist. univ.*, livre I, ch. IV, et ensuite dans le 5e livre de ses *Tragiques*, où il s'exprime ainsi :

Voici de peur d'Achas un prophète caché
En un lieu hors d'accès, en vain *trois jours* cerché ;
Une poule le trouve, et, sans faillir, prend cure
De pondre dans sa main *trois jours* sa nourriture.
O Chrestiens fugitifs, redoutez-vous la faim ?
Le pain est don de Dieu qui sait nourrir sans pain,
Sa main dépeschera commissaires de vie ;
La poule de *Merlin* ou les corbeaux d'*Elie*.

M. *Viollet le Duc*, qui nous a donné, dans sa *Biblioth. poét.*, une longue analyse des *Tragiques*, en a cité plusieurs fragments ; nous aussi nous aurions pu saisir cette occasion pour en extraire quelques passages qui ont trait à notre ville ; mais nous les réservons pour un supplément à nos *Documents*, que nous publierons plus tard. Ces passages se trouvent dans le 4e livre, où d'*Aubigné* décrit le supplice des Protestants brûlés sur la place des *Terreaux*, et dans le 5°, où il raconte les massacres de 1572.

1638. — *Janvier* .... Publication de l'édit de création de la commu- nauté des *barbiers perruquiers*, rendu par le roi, au mois de décembre précédent. — Cette communauté distincte de celle des *barbiers chirur-*

giens, ne reçut ses statuts que sous Louis XIV, par lettres patentes du 14 mars 1674. Isambert, XVI, 483.

1638. — *Février* 2. Arrivée de M. le *Cardinal* de Lyon. J. M. — Quelques jours auparavant, ce prélat écrivit à M. *** :

« Je pars en même temps que le courrier ordinaire, mais d'autant que je ne fais pas si grande diligence que luy, je l'ay fait porteur de cette lettre que je vous aurois volontiers rendue moy-même. J'arriveray assez à temps à Lyon pour vous donner des cendres, et pour vous faire souvenir par ce moyen que les plus belles choses de ce monde se doivent réduire quelque jour en poussière. Pour moy, je n'ay point besoin de cet avertissement ; car mon âge et ma mauvaise santé me le prêchent tous les jours.... »

— Le même jour, M. de Lyon écrivait à Mlle *** :

« La pluspart du temps, les sots cueillent les roses, et les épines sont le partage des honnêtes gens. C'est une injustice qu'il faut qu'ils souffrent sans se plaindre, de peur de fournir du contentement aux personnes qui la font, et de donner de la vanité à ces animaux stupides qui, sous la forme humaine, ont des âmes de brutes. On m'appelle pour monter en carosse ; c'est pourquoy venez achever ce discours lorsque je seray arrivé. Cependant je prie Dieu qu'il vous donne autant de bénédictions durant votre vie, que l'esleu *Faure* a distribué de chapelets devant que de mourir. » Ms de la B. de L., n° 1458.

1638. — *Février* .... Publication de la déclaration du 10 de ce mois, par laquelle le roi place le royaume sous la protection spéciale de la *Vierge Marie*. Isambert, XVI, 483. — Voyez ci-après, 12 mars 1643.

1638. — *Mars* 9. Mort, à *Tournon*, de *Gilbert Jonin*, Jésuite, né dans l'Auvergne en 1596, auteur de plusieurs ouvrages publiés à Lyon où il a professé la rhétorique dans le collége de sa Société. Voyez son article dans le Suppl. de la *Biogr. univ.*, et les *Publications* de 1634, *Gilberti Jonini Anthologia sacra*.

1638. — Le *Cardinal* de *Lyon* écrit à M. *des Noyers*, secrétaire d'état :

« Monsieur, la ville a toujours été en volonté de donner contentement au Roy, et d'accepter avec actions de grâces la réduction que S. M. a faite de 150 mille livres à 60, quoiqu'elle estimast qu'elle auroit égard qu'il n'y a que trois mois qu'elle en a fourni dans son épargne trois cents soixante et tant ; mais comme elle se doit tirer de quantité de personnes, et dans des bourses quasy épuisées, je vous prie de juger s'il ne faut pas du temps pour faire un ouvrage à pièces rapportées et pour unir des volontez assez discordantes en tout autre chose que ce qui regarde le service du Roy. Je ne me ferois point de reproche en vous disant que j'ay rapporté tout ce qui a pu dépendre de moy en cette occasion ; me contentant de travailler obscurément, sans trompettes et sans tambour battant, pourvu que ce soit avec utilité.......

« Je n'ay pas pu mettre encore ordre aux divisions que la prétention du Consulat a causées, tant à cause que tous les interessés ne m'avoient pas mis en main leurs remontrances, qu'à cause que j'ay appréhendé de me mettre en état de ne pouvoir servir dans les affaires où il a été question d'argent, pour ce qu'il est impossible de plaire à tout le monde. Mon opinion est que la paix et l'union ne se sçauroient mieux rétablir et conserver qu'en ordonnant que les choses demeureront pour cette année en l'état que S. M. les a mises pour un intérim, laissant les anciens échevins dans la possession de cette noble magistrature à l'exclusion des deux qui ont été cause des brigues (1) et du désordre (pour cette fois seulement), et, après avoir fait une assez sévère réprimande aux deux parties, et leur avoir fait connoître la grâce que le Roy leur fait de ne pas les faire châtier, ordonner pareillement que toutes les informations faites à la requête des uns et des autres, seront levées du greffe, remises en mes mains pour être brûlées, avec défenses de retomber à l'avenir en pareilles fautes, sur peines de tel châtiment qui pourra échoir. Voilà, Monsieur, le sentiment de l'évêque de ces paûvres extravagants, qu'il sera bien aise de sçavoir relevés…... • Ms. de la B. de L., n° 1458, p. 393.

1638. — Même jour, 9 *Mars*. *Le Cardinal de Lyon écrit au Roy.* —

« Sire, Je n'ay pas eu besoin de beaucoup solliciter les sieurs prévôt des marchands et échevins de cette ville, pour les porter à obéir aux commandements de V. M. ; car, lorsque j'ay reçu la lettre qu'elle m'a fait l'honneur de m'écrire sur ce sujet, ils avoient déjà pris la résolution de le faire, et n'étoient en peine que de chercher les moyens plus aisés et plus agréables à leurs concitoyens pour en venir à l'exécution. Elle me permettra, s'il luy plaît, de l'assurer qu'il n'y a point de ville dans son royaume qui ait plus de passion pour son service que celle de Lyon. Etant en la posture que S. M. m'y a mis, je suis obligé de l'aimer ; mais je l'aurois en grande aversion si je ne reconnoissois ce que je dis à V. M. • Même Ms.

1638. — Même jour, 9 *Mars*. **Lettre** du *Cardinal de Lyon à* M. de ******* …

« Monsieur, Cette lettre vous servira, s'il vous plaît, de réponse à celles que vous m'avez fait l'honneur de m'écrire…... Vous n'avez pas fait une petite affaire que d'éloigner le P. *Monod* (2), vu que sans doute il est ennemy de la France, et si la mémoire me sert bien, j'oserois assurer qu'il n'est pas serviteur de *Madame* ; car, quand on passe certaines limites, le retour est impossible, selon cette maxime que QUI OFFENSE NE PARDONNE POINT. *Sabran* tient toujours pour ce sujet garnison à *Pierre-Encise*. Je ne sais ce que fait M. le marquis *de Villeroy* sur le sujet de ses papiers duquel vous luy avez écrit ; mais je croy qu'ils sont plus propres à satisfaire son propre esprit, qu'à nuire ou à servir à qui que ce puisse être. Il n'a que deux lettres de *Madame*, desquelles il me montra les copies par forme d'entretien, avant sa détention ; *elles* ne contiennent que supplications au roy et prières au cardinal *de Richelieu* de ne vouloir pas précipiter l'affaire ; si bien que je croyois volon-

(1) Les sieurs *Minet* et *Tissy*. Voyez ci-après au 30 nov. 1638, et les actes consulaires du 20 déc. 1637.

(2) Le P. *Pierre Monod*, Jésuite, confesseur de Madame royale *Christine de France*, fille d'Henri IV, veuve de Victor Amé Ier, duc de Savoie. On a de ce religieux plusieurs ouvrages imprimés à Lyon.

tiers ledit sieur *Sabran* plutôt remply de vanité que chargé de crimes. Il n'eût été guère fin d'accepter une commission ruineuse, ne pouvant pas ignorer qu'à la Cour, on ne connoît pas ceux qui viennent de servir dans les pays étrangers, et qu'on ne les interroge jamais sur le sujet de celles qu'ils ont eues.... » Ms. déjà cité, p. 397.

1638. — *Mars* 23. Lettre du *Cardinal de Lyon* à M. * :**

« ... Les incommoditez de ma santé continuent, et le soulagement qu'on me promettoit à ce printemps n'est point encore arrivé.

« M. le marquis *de Villeroy* a fort ressenty la mort de M. le maréchal *de Créquy*. Je croy que ce sera celuy de toute sa famille qui en sera le plus touché.

« Nous n'avons pas icy sujet de nous plaindre de *Desgranges*, car il est bon homme, et fait tout ce qu'il peut pour le soulagement du pays. Si Messieurs de la ville m'eussent voulu croire, ils auroient satisfait un peu de meilleure grâce aux volontez du Roy sur le sujet des 20 mille écus. Jugez, je vous prie, à quelle misère nous sommes réduits pour cette affaire-là, puisqu'il a fallu pêcher 28 mille livres en trente bourses ; ce qui me fait croire que si on jetoit encore un coup de filet, on ne tireroit rien dedans. » Ms. déjà cité, p. 413.

1638. — *Mars* 23. Lettre du *Cardinal de Lyon* à M. *d'Aumont* :

« Monsieur, les lettres de mes amis me seront toujours fort agréables, et je recevray les nouvelles qu'elles contiendront comme un remède efficace contre mes plus fortes mélancolies. Pour m'être érigé philosophe, je n'ay pas perdu l'usage de la raison ni oublié le prix des choses ; c'est pourquoy je vous proteste que je sçais estimer les affections et les témoignages de leur souvenir selon leur juste valeur. Si vous voulez savoir ce que je fais i y, je vous veux satisfaire. Je fais quelquefois de ma maison un hermitage ; quelquefois il me semble qu'on y tienne le marché ; quelquefois je me renferme dans un profond silence ; quelquefois je monte sur la tribune aux harangues pour montrer que je n'ay pas le bec cousu ; souvent je vais à la chasse et n'y prends rien, et, dans le déplaisir que j'en ay, je compatis à celuy de plusieurs, à qui la même chose arrive ; quelquefois je me divertis à faire quelque chose et ordinairement je m'occupe à ne rien faire. Je vais encore à la place du *Change* sans en rapporter de l'argent, et je reviens de la compagnie de nos dames chargé d'indifférence. Je monte par la ville un mulet comme un médecin, et si quelqu'un se prosterne pour obtenir de moy une bénédiction, je passe sans le regarder, de peur de faire un miracle à rebours, et de rendre bossu ou boiteux ce pauvre misérable, qui, en faisant cette action d'humilité, n'avoit aucune sorte de mauvaise conformation en sa personne. J'ay le corps malade et l'esprit sain, et j'attends que la ruine du premier mette le second hors de prison. Je me veux accommoder d'une maison qui est quasy en pareille situation que l'*Ithaque* d'*Ulysse* que quelques anciens comparoient à un nid d'irondelle ; j'en traite avec un fou ; s'il me la vend, il sera plus sage que moy. Comme je ne voy pas dans le futur, je ne sçaurois vous assurer à quoy je m'emploieray quand j'en seray le maître, mais bien que je n'y prendray jamais de si grands divertissements qu'ils me fassent oublier que je vous suis, etc. » P. 419 du Ms. déjà cité.

1638. — *Mars* .... Lettre du *Cardinal de Lyon* à M. *Delorme*, médecin (1) :

« Il me semble que j'ay toutes les neiges de la grande Chartreuse sur la tête, que mon cerveau forme des grêles pour battre en ruine mon pauvre estomac, que je suis enchassé dans des glaces, comme nous voyons quelquefois des mouches dans de l'ambre, que ma chaleur naturelle est quasi toute éteinte, et que tous les inconvéniens dont il est fait mention dans le pénultième chapitre de l'*Ecclésiastique* arrivent chez moy à la foule ; et j'éprouve dans cette nécessité que mes meilleurs amis, la *Chocolata* (2) et le poivre m'ont abandonné, pource que vous les avez proscrits ; si c'est avec connoissance de cause ou sur l'étiquette du sac, je l'ignore. En attendant la décision par juges non suspects, je vous diray en un mot que je suis si rendu et si cassé que vous pouvez faire chanter *Requiescat in pace* pour le pauvre trépassé.... » Mss de la B. de L., 1458, p. 405. — La même lettre sans date et sans suscription se trouve avec des variantes. P. 168 du même Ms.

1638. — *Mai ou juin.* Le *Cardinal de Lyon* écrit à Madame ***

« .... Vous m'avez fait faveur d'assurer que je ne manquerois pas de me trouver aux *couches de la Reine*, pour y faire ma charge, si on ne m'en envie l'exercice ; car, quand je serois aux transes de la mort, j'essayerois de m'y faire porter et de témoigner par ce moyen ma joie et mon contentement. En attendant que ce bonheur arrive à la France, nous aurons quelques mois fâcheux à passer, car nous avons perdu Bresme (3). Les ennemis veulent emporter Lusignan, Mont-Calve et Pont-d'Esture, avant que nous les puissions secourir, pour menacer de loin Casal et s'en rendre les maîtres ; y ayant peu d'apparence, vû le dégoût de nos troupes, le mauvais traitement qu'elles y ont reçu, et le chétif état auquel elles se trouvent, qu'elles veuillent et puissent passer pour y faire grand effet. M. le cardinal *de Richelieu* croit le contraire ; mais il est trompé, et je croy qu'il le veut ainsi, ne pouvant pas m'imaginer qu'autrement on peut surprendre sa clairvoyance. Le comte *de Guiche* a passé pour y aller ; nous attendons M. le cardinal *de la Valette* qui s'y doit rendre promptement. Nonobstant tout cela, sans vouloir être pris pour oiseau de mauvais augure, je vous puis assurer qu'il y aura bien du désordre et de la confusion... Le bruit a couru ici que vous devez être gouvernante de M. le Dauphin.... On y parle du mariage de Madame *de Puislaurent* avec M. le Comte *d'Arcourt* ; je ne scais ce qui arrivera, car je ne pé-

---

(1) Probablement *Charles Delorme*. Voyez son article dans la *Biogr. médicale* de Panckoucke.

(2) Le cardinal de Lyon est, dit-on, le premier en France qui ait fait usage du chocolat ; mais c'était plutôt comme d'un remède que comme d'un aliment qu'il s'en servait (PEIGNOT, *Amusemens philologiques*, p. 430). — Dans une autre lettre sans date et sans suscription, le Cardinal de Lyon écrivait de Marseille à un religieux espagnol : « Mon R. P., je vous rends mille graces des soins que vous avez pris de me chercher de la *chocolata*.... Je pense que chacun des courriers qui viendront en pourra apporter trois ou quatre bolettes, pourvu qu'elles soient bien liées, enveloppées et couvertes de toile cirée.... J'en veux faire un petit magasin à toutes fins. Je pense que quand il part quelque barque pour *Marseille*, on la pourroit donner sous l'adresse de Mgr. *de la Force*...» P. 73.

(3) Cette ville avait été prise par les Espagnols au mois d'avril 1638. *Merc. franç.*, XXII, 24.

nètre pas dans des secrets de si grande importance. J'ay peur qu'on ne la fasse, comme autrefois Madame *d'Esguillon*, femme de tout le monde, et qu'enfin elle ne le soit de personne. Je me suis alambiqué l'esprit à rechercher pourquoy vous me pressez avec tant d'instance de ne pas faire le voyage d'*Avignon*, de peur qu'on me cherche et qu'on ne me trouve pas : ce sont vos propres termes, mais je n'ay rien pu trouver qui m'ait donné la moindre lumière pour me faire rencontrer quelque chose qui eût quelque espèce d'apparence ; j'ay seulement pensé que l'affection que vous avez pour moy vous persuade de ce que vous désirez ; ce qui fait que je l'entreprends hardiment sans crainte d'être surpris ny repris, et je vous engage ma parole que je ferois sans me hâter celuy de la Terre-Sainte auparavant que l'on se mît en humeur de me faire chercher..... Depuis que je suis arrivé en ce pays, j'ay quasy toujours été languissant, en sorte que si je me porte un jour, je me traîne l'autre ; ce qui fait que je vous puis protester que les meilleures et les plus agréables compagnies que nous y avons et voyons quelquefois ont peine à me réveiller et à me faire connoître que je ne suis pas mort. Sans beaucoup me divertir, j'y jouis des plus innocents divertissements de la vie ; et néanmoins, quelque soin que j'apporte à ne les pas laisser échapper, les heures du jour me semblent longues. J'attends la nuit avec impatience pour rêver à mon aise sans être interrompu. Quelques petites inquiétudes de cette sorte ne troublent point le repos de mon esprit, car je l'ay placé en un poste où il n'est sujet ny aux surprises ny quasy à aucune sorte d'atteintes. De là je considère la Cour comme un lieu qui n'a point été bâti pour moy, les courtisans de toutes tailles et de toutes robes, comme des gens desquels je n'entends point le jargon, et ne connois point les cœurs ni les visages, Messieur du ministère ainsy que des ouvrages précieux de la main d'un excellent sculpteur qu'on doit regarder de loin comme ayant quelque chose de plus grand que le naturel ; et quand je jette l'œil sur moy-même, je m'en moque et me dis grand mercy, comme si le plaisir que j'y prends m'obligeoit à ce compliment. La posture en laquelle je m'aime le mieux est celle de philosophe stoïque, vous protestant que j'aurois bien de la peine à m'attraper une fois le mois en celle de cardinal. Je vous souhaite le Paradis, mais de la même façon qu'un enfant de bon naturel se promet l'héritage de son père en temps et lieu. J'ay si peu d'amour pour le Purgatoire que je ne fais dessein d'y passer, et je ne crains point l'Enfer pour ce qu'il n'est fait que pour les ames ingrates, et que je me connois assez pour oser dire que je ne suis point atteint de crime. Je m'entretiens souvent avec les personnes raisonnables pour faire banqueroute aux autres, quand même elles seroient du sexe que chacun chérit, et quand la nature se seroit plue à s'y faire admirer, aimant mieux quelquefis être tout seul que de souffrir une fâcheuse compagnie, et dérober à mes yeux quelque bel objet que de donner la gêne à mon sens commun. En m'en séparant, je n'en conserve aucune idée, et mon sommeil n'est nullement interrompu par les images que ma fantaisie en pourroit former. Je vous dis la pure vérité. Que si, pour vous le persuader, il faut avoir recours au serment, je vous le jure solennellement par tout ce que je connois de plus saint, c'est-à-dire, par la parfaite beauté que nous admirons sans la voir ailleurs que dans ses ouvrages. Voilà, Madame, comme quoy se consume le temps qui me consume, et comme quoy je gagne en le perdant.

« Par le dernier ordinaire qui est venu de *Paris*, on écrit à quelques particuliers que N..... me doit apporter un ordre d'aller à *Rome* pour y procurer cette bénite troupe que l'on désire, à mon avis, sans la chercher ; mais je ne pense pas qu'on me veuille donner cette commission, ny que je sois assez sot pour l'accepter ..... On débite icy pour assuré que M. le Maréchal *de Brézé* s'est retiré mécontent, et qu'il a eu des paroles assez fâcheuses avec M. le Cardinal *de Richelieu*, je ne le croy pas, car encore qu'il soit un peu prompt, il est assez sage pour s'emporter au-delà de la raison ; néanmoins c'est de la Cour que ce paquet vient. L'abbé *des Marais* qu'on a fait mort, de qui le sieur *de Boisrobert* avait obtenu l'abbaye, et le Cardinal *Bichi*, un prieuré qu'il a dépendant de la collation de M. le Cardinal *de Richelieu* de la valeur de 14 milles livres de rente, vient de passer par icy ; il m'a assuré que c'estoit bien luy-même, et qu'il feroit tout son possible pour ne pas se dépouiller sitôt de ces deux pièces.

« Comme j'achevois cet article, M. le Cardinal *de la Valette* (1) est arrivé qui m'a fait la faveur de loger chez moy. Je ne sçay s'il a désiré l'employ qu'on luy a donné. Si cela est, il s'est trompé de plus de la moitié ..... ; car il n'y trouvera pas son compte ; il m'a assuré que non, ce qui m'a fort étonné ; car étant des amis de M. *de Chavigny*, je m'étonne qu'il ne l'a servy selon son désir..... » Mss de la B. de L., 1458, p. 154.

1638. — *Juin* ou *Juillet* ... Le *Cardinal de Lyon* écrit à M..***.

« Monsieur, Je suis bien aise d'avoir esté votre médecin ; puisque je vous ay tiré de cette profonde léthargie à laquelle vous vous laissez saisir aisément. Je pense d'avoir fait, en cela, un miracle, que quelque bonne âme pourroit avoir entrepris souvent sans en venir à bout, et toutefois *non in hoc justificatus sum* ; je ne m'estime pas un saint pour cela.

« J'ay vu dans une *Gazette de Lyon* (2), que le sieur *de Mornieu* (3) couche botté et esperonné ; je n'en sçaurois deviner la cause, si ce n'est qu'il veuille presser sa beste pour luy faire faire beaucoup de diligence. Je n'aurois jamais cru qu'il fust jaloux, mais, puisqu'il se donne le soin de voir les lettres qu'on écrit à sa femme, et d'y faire réponse, il faut qu'il soit atteint et convaincu de cette maladie qu'en quelqu'autre que luy j'appellerois sottise. Je vous en envoye une où son style donne un démenti à la main qui l'a écrite ; je vous prie de la luy rendre, afin que s'il est amoureux de ses ouvrages, et qu'il en ait perdu l'original, il puisse dire n'avoir rien perdu. Je suis marry quand mes amis commettent des manquements, mais *Qui vult decipi, decipiatur.* A l'advenir, il sera soulagé de cette peine.

« Un petit Père *de Monconis* (4), qui a le debors de la tête quarrée, et le dedans en triangle, en a fait une autre. On dit que c'est de l'avis,

(1) Le 15 juin, l'armée française passa la *Sesia*, sous la conduite du cardinal *de la Valette*, son général. *Gazette de Fr.*, p. 315.

(2) Probablement la *Gazette de France*, qui se réimprimait à Lyon.

(3) Peut-être un fils de *Gaspard de Mornieu*, ancien échevin, mort avant 1523, et non en 1635, comme nous l'avons dit dans la *Biogr. lyonn.* Voyez le *Clemens IV* du P. *Claude Clément*, p. 83 et 138 ; ci-dessus *Publ.* de 1823.

(4) Le *Cardinal de Lyon*, dans une autre lettre, aussi sans date et sans suscription, disait ..... : Le P. *de Monconis* est un petit fripon de peu de capacité, de peu de conscience et de peu de dévotion, qui a fait une action digne d'un homme de la sorte. Il en pourroit bien avoir sur les doigts, et si j'eusse été à Lyon lorsqu'il y est venu, je luy aurois fait mettre la main sur le collet, et l'aurois logé en un lieu où j'aurois bien ré-

consentement et approbation du lieutenant *de Liergue* (1). „Si cela est, c'est si mal débuté qu'il faut croire qu'ils ne gagneront pas la partie. Ce n'est pas la première fois qu'il a pris le blanc pour le noir. Je prie Dieu qu'il le console et qu'il le bénisse.

« Nous souffrons ici des chaleurs extrèmes et si extraordinaires, que si elles continuent jusqu'à la fin du mois d'août, elles allumeront le feu partout. L'éteindra qui pourra. Vous êtes celui de tous qui avez moins à craindre; car estant tout de glace, et aussi gros qu'une montagne, il aura tout consumé avant que de vous avoir à moitié fondu.

« L'on écrit que la *contagion* augmente en vos quartiers; j'en suis bien marry, car si le proverbe est vrai, qui dit *chacun à son tour*, on peut appréhender qu'ayant, les années passées, emporté le menu peuple, elle ne moissonne, celle-cy, les plus honnêtes gens. Si elle se rend aussi furieuse qu'elle a été autrefois, je promets à la ville mon assistance en propre personne, et si l'archevêché vaque, l'attrappe qui pourra. Adieu, je me recommande à vos prières. » *Mss de la B. de L.*

1638. — *Juillet.* ..... La ville de Lyon est de nouveau envahie par la *peste.* Voyez ci-dessus, année 1628, et ci-après, année 1642.

1638. — *Juin* ou *Juillet.* Le *Cardinal de Lyon* écrit au Roy :

« Sire, J'ay reçu le commandement que V. M. m'a fait de me rendre au plus tôt auprès de sa personne; j'y obéiray sans réplique, quoiqu'il me semble que j'eusse pu lui représenter que c'est elle-même qui m'a obligé à l'assistance de ces peuples sur lesquels la main de Dieu s'appesantit maintenant, et que je devrois appréhender de recevoir d'elle un fâcheux reproche si je les abandonnois au besoin. Mais j'espere, Sire, que, comme la bonté que vous avez pour moy m'arrache d'entre leurs bras, celle que vous aurez pour eux m'y rejettera si je leur suis ou nécessaire ou utile. » *Ms* déja cité, II., 496.

1638. — *Juillet* 15. Le Consulat ayant considéré que la plupart des chefs des maisons de la ville sont disposés à se retirer à la campagne, à l'occasion de la maladie dont il a plu à Dieu la visiter, invite ceux qui se sont retirés ou qui voudront se retirer aux champs, d'envoyer ou laisser en leurs maisons quelqu'un qui puisse satisfaire aux mesures qui pourront être proposées ;... défense est faite aux trois principaux chefs de pénonage de chaque quartier de quitter la ville tous à la fois, etc. J. M.

1638. — *Juillet* 20. Les Comtes de *Saint-Jean* donnent 1200 livres en aumône pour les malades de la contagion. J. M.

1638. — *Juillet.* ..... Lettre du *Cardinal de Lyon*, à M.***:

« Monsieur l'avocat, à vous salut. Pour nouvelle de cette ville, vous sçaurez que j'y suis haut et puissant seigneur, et qu'il n'y a ni mâle ni fe-
pondu de luy, nonobstant la parenté de M. le lieutenant criminel, auquel je vous prie de le faire sçavoir nettement, afin que s'il a été son conseil, comme il a été son hôte il prenne la peine de vous le dire; car, en ce cas-là, on sçaura bien ce qu'on aura à faire.... »

(1) Voyez la *Biogr. lyonn.*, p. 196, art. *Monconys.*

mellé qui ait la hardiesse de me coudoyer. Gouverneurs et gouvernantes ont gagné au pied, et ne reviendront de longtemps si le duc *Charles* ne les y rechasse. Le Clergé est dispersé; la justice se rend sous l'ormie; le bureau des trésoriers est désert; les élus, déclarez par les lettres de leurs provisions gens connus et non lettrez, ont loisir d'étudier à la campagne; les marchands ont abandonné leurs boutiques; les négociants les changes; les chevaux ont emporté leurs maîtres; les chiens et les chats ont en leur route du côté d'Avignon. De tout cela vous pouvez conclure qu'il n'y a quasy plus icy nulle sorte de bête, si vous n'en exceptez les hiboux et les orfraies, oiseaux de mauvais augure, lesquels faisant leur retraite dans nos plus vieilles tours, prennent plaisir, par droit de voisinage, à me donner la nuit de fâcheuses aubades. La saison est hétéroclite; nous sommes battus en 24 heures de 36 sortes de vents; les plus frais n'empêchent pas que le soleil ne nous brûle; de façon que l'on jugeroit qu'ils n'ont été faits tous ensemble que pour souffler et allumer son feu, et l'astre humide de la fraîcheur de la nuit nous l'a dérilée entièrement, et semble ne nous fournir sa lumière que pour augmenter nos chagrins, en nous éclairant pour nous faire voir ces pauvres carcasses que les ardeurs d'une fièvre et celles d'un air échauffé ont quasy réduites au néant, et auxquelles la violence du mal fait faire plus de chemin en un instant que le fleuve qui les porte en plusieurs. Notre solitude est importune, car en même temps nous nous trouvons dans une grande ville et dans le désert. Il faut sans doute que nous nous trouvions coupables de quelque grand crime, puisque notre pauvre peuple qui n'a pour tout héritage que son industrie ou la force de ses bras, est réduit à la faim nonobstant que la récolte ait été abondante, et que nous ne sommes pas exempts du troisième fléau, puisque le passage des soldats et les levées que la taille fait pour leurs subsistances, luy font sentir en pleine paix les effets de la guerre... La peur ne nous fait pas moins de mal que le mal même. Aussi n'est-il pas donné à tout le monde de ne rien craindre et de mourir en empereur. Pour moy, parmy tout ce désordre, je moissonne la constance et la résolution, en voyant combien le monde est remply de misères, je me prépare à luy dire adieu sans regret, non pas que je sois réduit à une certaine indifférence, laquelle plusieurs louent, et personne ne pratique, et que je blâme comme ayant, selon mon jugement, peu de convenance avec la vraie raison, mais pour ce que j'estime que c'est plus à propos et plus digne d'un grand courage de suivre que de se faire traîner, et d'aller dans le péril après l'avoir bien reconnu que de s'y porter à l'étourdy. Voilà quel est le fruit de mes méditations, et ce que produit un fonds assez aride que je tâche de cultiver par l'étude de la philosophie. » *Ms. déja cité*, II, 497.

1638. — *Juillet*. .... Le *Cardinal de Lyon* aux religieuses de * :**

« Mes filles, J'ay appris que plusieurs de vos parents, poussez sans doute par quelques-unes de vous, font instance, sous prétexte de la contagion de laquelle la ville est menacée, qu'on vous permette de vous transporter en quelques-uns de vos monastères à la campagne, comme si celuy où vous êtes étoit déja remply d'un air infecté, comme si la charité y étoit si refroidie que vous n'y puissiez pas être assistées en cas de nécessité, en un mot, comme si vous ne sçaviez pas mourir, je ne diray pas seulement avec résignation, mais généreusement. Je vous confesse ingenuement que je n'eusse jamais cru que vous voulussiez être les premières à commencer ce branle, et qu'étant si proches de mon cœur, vous vous fussiez si éloignées de mes sentiments,

Vous servirez de bel exemple à tant de monastères qui sont sous ma conduite, et ceux qui vous regarderont diront avec étonnement que l'amour de la vie est en vous le fruit des soins particuliers et des peines que j'uy prises pour vous. Est-il possible que, dans quelques-unes des heures de votre retraite et de votre séparation d'avec le monde, vous n'ayez jamais regardé J. C. souffrant et mourant, et que le voyant en cet état, vous n'ayez pas pris la résolution de souffrir et de mourir pour luy et avec luy ? Filles terrestres, êtes-vous si fort attachées à la terre qu'on ne vous en puisse séparer, et que vous n'en puissiez faire échange avec les beautés du paradis ? Vous êtes déjà mortes, et vous avez peine de vous résoudre à mourir. Le monde vous doit être mort, et vous avez peine à vous en éloigner. Si vous aviez l'odorat délicat, vous sentiriez infailliblement qu'il n'est que pourriture et desisteriez de luy vouloir du bien, puisque l'affection que vous lui portez et son voisinage ne vous scauroient causer que du préjudice. Rappelez votre courage, et ne faites pas comme les enfants qui ont peur de leurs nourrices, lorsqu'en jouant avec eux, elles se masquent avec la main. La mort n'a rien de hideux qu'en apparence. Les peintres lui donnent toute la laideur qu'elle a ; mais ceux du Ciel scavent que ce n'est qu'un passage préparé pour les faire arriver en leur patrie. Approchez, je vous prie, afin que je vous dise un mot à l'oreille : c'est qu'aussi bien il faut que vous fassiez de nécessité vertu, et que je n'admettray point les raisons que la chair et le sang vous dictent pour vous donner sujet de vous promener. Il me semble que je vois qu'ayant si mal commencé, vous vous reduisez à vos larmes, et dites hautement que je vous suis cruel et que je parle bien à mon aise, étant hors de danger. Vous vous trompez en l'un et en l'autre; car pour le premier, ceux qui n'auront point les yeux fermés verront que je vous aime; et quant au second, je suis dans un lieu où il y en a beaucoup plus qu'à Lyon ; à quoi j'ajoute que si le mal y augmente, j'y veux aller servir à Dieu (1). Je le supplie qu'il vous bénisse toutes, et qu'il vous donne assez de forces, non seulement pour vous résoudre à mourir, mais encore pour souffrir le martyre pour l'amour de luy. » Ms. de la B. de L. déjà cité. — Le Cardinal était vraisemblablement alors à *Pierre-Scise*.

1638. — *Août* 12. Le Consulat permet aux recteurs de l'Aumône générale de faire ouvrir une petite porte en l'Hôtel-Dieu de la Charité, du côté du jeu de mail, afin que si quelqu'un des recteurs ou des officiers de l'Aumône vienne à décéder du mal contagieux, on le puisse conduire par cette porte au cimetière, sans passer par les autres portes de l'Hôtel-Dieu, et, par ce moyen, éviter l'infection dans icelui, etc. **J. M.**

(1) On lit dans les notes chronologiques du P. *Menestrier*, année 1638 : « La ville fut de nouveau affligée de peste, et la plupart des bourgeois et des artisans s'étant retirés à la campagne, M. l'archevêque Louis-Alphonse du Plessis, cardinal de Richelieu, non-seulement demeura dans la ville pour y consoler, par sa présence, ses ouailles affligées, quoique M. le Prévost des marchands et les échevins l'eussent supplié de s'en éloigner à cause du péril éminent auquel il s'exposoit, mais encore ce prélat ayant appris qu'un Père capucin, qui servoit de confesseur aux pestiferez, étoit frappé de la peste et en danger de mourir sans confession, faute de prêtre qui pût l'assister, il alla jusqu'au chevet de son lit peu de temps avant qu'il mourût, et l'assista. »

1638. — *Août.* .... Lettre du *Cardinal de Lyon* à Mgr *:**

« Monseigneur, J'ay reconnu par la lettre que vous m'avez fait l'honneur de m'écrire, que quelque personne charitable m'a voulu faire passer dans votre esprit pour plus honnête homme que je ne suis. Le Ciel soit sa récompense ; je ne suis pas si ennuyé de la vie que je voulusse courir comme un désespéré à la mort, ni aussi si amoureux que je la voulusse conserver par quelque lâcheté reprochable. Il est vray que le mal contagieux augmente tous les jours en cette ville, et que je n'en suis pas sorty pour ne pas dénier mon assistance au peuple confié sous ma conduite en un temps où bien souvent la mère abandonne l'enfant attaché à sa mamelle, ou par crainte, ou par nécessité. L'occasion ne se présente pas toujours de s'éprouver soy-même, et peut-être n'en rencontrerai-je jamais une si belle pour expérimenter jusques où ma philosophie me peut faire avancer. Je suis, selon mon avis, désormais trop en âge pour ménager un bien petit nombre de mauvaises années qui apparemment me restent à courir, tandisque plusieurs incommoditez que je souffre, travaillent pour les raccourcir. Agréez donc, je vous en supplie, puisque je suis parmy mon troupeau, que je m'y gouverne comme pasteur et non pas comme mercenaire, afin que, s'il plaît à Dieu de m'appeler, il me trouve veillant. Je le seray toujours quand il faudra ou rechercher ou embrasser les occasions de faire paroître que je suis, etc. » Mss. de la B. de L., 1458.

1638. — *Août.* ... Lettre du *Cardinal de Lyon* au Père *:**

« Mon R. P., En récompense de l'affection que vous me témoignez, je désire que vos montagnes soient toujours couvertes de rosées, que vos pressoirs lassez de faire effort rompent en pressant la grappe du raisin, que vos campagnes soient couvertes d'une moisson abondante, que vous ayez des rivieres de lait et des îles de fromage, afin de pouvoir prendre pied quand vous vous y baignerez. C'est tout ce que je puis, ce me semble, souhaiter à une personne constituée pour procurer par son industrie l'abondance au lieu où la terre est ingratte ; car, pour ce qui regarde le ciel, nous en parlerons en une autre occasion. Cependant je ne peux pas m'empêcher de vous dire que vous êtes comme celuy qui, pour excuser une retraite honteuse, dit que *celuy qui fuit combat deux fois* (1), quand vous me cherchez un prétexte pour me persuader de m'éloigner du péril ; j'y suis, et si Dieu veut que j'y périsse, je le veux avec luy. Je l'ay prévu et reconnu avant de m'y mettre, et pris la résolution d'y demeurer de pied ferme et sans blesmir tout autant qu'il durera. Je ne suis pas bien aise de voir cette ville affligée, mais puisqu'elle l'est, je suis très satisfait de m'y être trouvé. Il m'est indifférent ou que la peste ou qu'une fièvre lente me tue, et je tiendray pour terre sainte quelqu'endroit que ce puisse être, où ce corps qu'un esprit languissant traine avec difficulté fera sa dernière chute, et je ne penseray avoir fait mauvaise foire, pour user du terme de nos marchands, si, pour moins d'un verre d'eau, je rencontre heureusement ce chemin, lequel conduit à la félicité qui n'a point de fin ; en ce pays-là *videbimus Deum sicut est*. Cependant je

---

(1) Suivant Aulu-Gelle, XVII, 21, *Démosthène* aurait répondu à ceux qui lui reprochaient d'avoir pris la fuite à Chéronée : « Celui qui fuit peut de nouveau combattre. » Voyez le *Démosthéniana*, p. 24, et ci-dessus, *Publications* de 1610, p. 64.

vous salue avec respect, et demeure affectionné à vous faire service. » B. de L., Ms. déjà cité.

1638. — *Septembre* 13. Le Consulat reçoit une lettre du roi qui lui annonce la naissance du Dauphin. — Le même jour, il assiste à un *Te Deum* chanté dans la cathédrale où se trouvèrent M. *de Lyon*, M. *d'Halincourt*, M. *de Villeroy*, etc. — Il y eut des feux de joie dans tous les personnages, et un feu d'artifice sur le pont de Saône; ce fut M. de Villeroy qui y mit le feu. — On lit dans le *Mercure françois*, t. 22, p. 12: « L'air de la ville de Lyon, travaillée de la peste peu auparavant, se trouva purifié par la grande quantité de feux qui furent allumez en cette grande et puissante ville où abondent les marchands des diverses nations. » — La *Gazette de France*, p. 594, attribue aussi la cessation de la peste à ces réjouissances, « la joie recréant les esprits, et, par « la désobstruction des artères, servant à chasser les vapeurs et les fu- « mées qui leur nuisent (1). » Voyez J. Morin, VI, 163.

1638 — *Septembre*. Le *Cardinal de Lyon* écrit au Roy:

« Sire, Sans rien ajouter à la lettre, j'ose dire à V. M. qu'en l'occasion de la naissance de M. le Dauphin, la joie de mon cœur est si grande, que je n'en saurois exprimer la moindre partie. J'espère que V. M. qui a voulu avoir la bonté de prendre des soins particuliers de la conservation de son très-humble serviteur, aura encore celle de suppléer à son manquement, en ne jugeant pas de la pièce par la petitesse de son échantillon; je ne lui allégueray autre chose pour preuve de ce que j'avance, que les obligations extrêmes desquelles j'avoue et publie de luy être redevable, étant impossible que ma véritable reconnoissance n'exige de moy tout ce que je puis, et ne fasse que les contentements que je tire de ceux de V. M., soient plus grands que les siens mêmes. Il me reste ce déplaisir que le malheur de cette ville ne m'ait pas permis de me trouver auprès d'elle pour y faire ma charge (2). Je la supplie de ne pas condamner mon absence comme criminelle, puisque, pour être ainsi considérée, il faudroit qu'elle eut été volontaire. »

Le Cardinal écrivit en même temps à la Reine:

« Madame, Outre la part que je prends à la joie publique pour le bien que tout l'état a reçu par le moyen de V. M., ayant toujours fait profession d'être son très-humble serviteur, j'en reçois une très-particulière; et comme ce s'roit crime de n'en être pas touché, je croirois commettre une faute

(1) On lit dans le *Trésor et remède de la vraye guérison de la peste*, composé par maistre *Jean Thibault*, médecin ordinaire du roy; Lyon, *Angelin Benoist*, 1545, petit in-8° gothl de 16 f. non chiffrés: « Tout premièrement, quant vous voyez que la peste est grande et envenimée en ung lieu ou ville, etc., il est bon de faire grans *feux*, au soir par les rues, de bois de chesne, et y jeter dedans tous les vieux soliers et savates que vous povez trouver; car cela corrompt fort le mauvais air, comme les Romains ont par cy-devant bien esprouvé. Et quand le feu sera bien consumé, qu'il n'y aura non plus que les charbons ardents, alors vous y jetterez dessus une pongnée mirre et encens mis en pouldre: ce faisant, la place ou lieu qui sera infecté sera bien tost aprez nettoyé: et tout par la grâce de Dieu. »

(2) Celle de grand aumônier de France.

irréparable si je manquois à luy en témoigner mon ressentimen'. Quand les *feux* que nous avons allumez pour marque de notre allégresse seront éteints, nous emploierons notre temps plus précieux à prier Dieu qui est l'auteur de tous biens, qu'il nous conserve ce qu'il nous a donné, et que, dans quelque temps, nous soyons obligez de luy chanter un nouveau *Te Deum*; et ce pendant qu'il conserve V. M. en la parfaite santé que luy souhaite. » Ms. déjà cité.

1638. — *Octobre*. ... Le *Cardinal de Lyon* écrit à M. *** :

« Aussitôt que j'ay eu reçu la lettre que vous avez pris la peine de m'écrire, j'ay donné ordre qu'on rendît à Dieu, dans mon diocèse, les actions d grâces qui luy sont dues pour avoir béni les desseings du Roy et les soins de M. le cardinal *de Richelieu*, je m'assure qu'on ne manquera pas d'y satisfaire; et, *quoique la musique soit banie de nos églises*, que le concert de nos cœurs y sera agréé; car j'ose bien assurer qu'encore qu'on ait donné à S. M. de fort mauvaises impressions des Lyonnois, ils sont très-passionnez pour son service, et que je ne puis comprendre à quel titre on leur peut imputer leur impuissance à crime, vu qu'elle est tellement involontaire qu'elle les en devra décharger... » Ms. déjà cité, p. 542.

1638. — *Novembre*. Le *Cardinal de Lyon* écrit à M. *** :

« J'ay reçu le brevet que vous m'avez fait l'honneur de m'envoyer. Je m'en reconnois plus obligé à la bonté du Roy que si c'estoit pour moy-même, et à vous extrêmement pour les soins que vous avez daigné y apporter, tant pour obtenir le don que pour en faire faire l'expédition. Je ne pense pas que vous en tirerez grand avantage; mais ce ne sçauroit être si peu que ce ne soit beaucoup pour un *Hôpital* qui n'a point de rente; la maison de ville et quelques foibles secours des particuliers ayant fourni à l'excessive dépense qu'on a été obligé de faire quasi depuis le commencement de l'été, et dans lequel il y a encore lorsque j'écris cette lettre, six ou sept cents *pestiferez*, et deux fois autant de quarantaine. Le temps commence à être si froid à la campagne que je ne pense pas que l'intention de S. M. soit que j'y aille me geler tout-à-fait, vu même que notre mal diminue extrêmement, que ses plus grands efforts sont passez, et que je suis si ennuyé d'avoir été seul dans une grande ville depuis cinq ou six mois, que ce seroit une espèce de supplice d'aller chercher du chagrin dehors, lorsque tout le monde y retourne, en ayant assez, ce me semble, de celuy que mon naturel, mon âge, et une santé assez malade me causent, et ne pensant pas qu'un changement de lieu pût suffire pour dissiper tous ces obscurs brouillards de mon âme... » Même ms.

1638. — *Novembre* 30. Le Consulat enregistre la décision de l'archevêque de Lyon, qui déclare nulle l'élection des derniers échevins; ... et d'autant que le mal contagieux dont la ville a été affligée, et d'autres considérations ont retardé le jugement de Mgr de Lyon, et que les anciens échevins ont continué leur service, rien n'empêchera que les mêmes prétendants ne puissent être élus en la forme ordinaire. — Le 16 décembre suivant, M *Minet* (1) fit notifier au Consulat qu'il s'opposait à toute élection d'autres échevins, même à une nouvelle

____

(1) *Jean Minet*, sieur *de la Gardette*, qui fut ensuite échevin, en 1644.

élection de sa personne, étant satisfait du droit qui lui a été acquis par les suffrages à lui donnés par les terriers et les maîtres des métiers. — Le Consulat ordonna que, pour toute réponse à cette notification faite par un notaire assisté de témoins, on ferait signifier au sieur Minet la sentence de Mgr de Lyon. J. M.

1638. — *Novembre 7*. Lettre du *Cardinal de Lyon* à M. *** (1) :

« Monsieur, le malheur n'abandonne aisément la porte d'un pauvre homme ; il me suit de si près qu'il me semble qu'il n'est fait que pour moy, que la grêle ne tombe que sur mes vignes, et que ces troupes d'étourneaux qui nous dérobent quelquefois le soleil, ne se reposent jamais que sur les champs que j'ay semez. Maintenant quelque chose de pire me menace, car je vois un grand orage qui va fondre sur *la Charité*, puisque vous donnez ce lieu là pour quartier d'hiver ; s'il vous en reste tant soit peu, comme je n'en doute point, je vous prie de considérer que ce que j'ay sur la frontière ne me rend rien, ce qui est situé au milieu du royaume fort peu ; les fermiers faisant des banqueroutes, ou prétendant des décharges si grandes que j'aimerois mieux leur part que la mienne ; que je viens de faire un grand voyage où je ne me suis pas enrichi ; qu'à mon retour ici, je me suis trouvé obligé de me meubler, je ne diray pas tout de neuf, mais tout de nouveau ; que MM. les surintendants sont prodigues et obligeants au point que vous sçavez que la peste a été et est encore à Lyon, et en un mot que si la famine m'attrape, il n'y aura point de fléau duquel je n'aie été battu. Ces raisons font que j'ose me promettre, par vos moyens, quelque soulagement ; néanmoins si, pour des considérations que je ne sçay pas, vos decrets sont immuables, je vous proteste que je ne sçay ni murmurer ny me plaindre, que je verray gayement consumer le peu qui me reste si le service du Roy le requiert, et que je suis et seray à jamais, etc. » Ms. de la B. de L., 1458.

1638. — Lettre du *Cardinal de Lyon* à M. *** :

« .... Sans doute M. l'abbé d'*Esnay* (2) étoit en mauvaise humeur quand il a fait rumeur de ma lettre. Je vous assure qu'elle est conçue en termes respectueux et charitables, et que, pour s'en offenser, il faut être plus malade que ces pauvres goutteux qui s'imaginent qu'on les blesse quand on touche du bout du doigt la quenouille de leur lit. Puisqu'il prend aisément la mouche, j'espargneray désormais ma peine, mes plumes, mon encre, ma poudre, mon papier, ma soye, ma cire et mon cachet, en un mot tous les ustensiles gros ou menus qui pourroient avoir contribué en quelque chose, à causer du déplaisir à une personne que j'honore et que j'estime pour sa rare et haute vertu ; car je voy bien que j'ay besoin de charrier droict, car, après avoir entendu un *dia*, *hu*, *hault*, il seroit à craindre que je reçusse le coup de fouet sans y penser.

« Je ne sçay qui a droit ou qui a tort en l'affaire de MM. le lieutenant criminel (*Monconis*) et *Bernard*. S'ils en viennent sur le pré, je suis d'avis que M. l'abbé de *Savigny* (*Claude d'Albon*) et M. *de Jarnieu* soient les seconds des deux parties plaignantes et intéressées.... » Même ms.

---

(1) Cette lettre doit avoir été écrite à M. *Bouthillier*, sur-intendant.

(2) *Camille de Neufville de Villeroy*.

1638. — Lettre du Cardinal de Lyon à M. ***.

« .... Monsieur *d'Halincourt* qui est un vieux routier en matière d'affaires, fut pressé, il y a quelques jours, par ceux de la *pretendue* (sic) de leur accorder la permission de s'assembler dans son gouvernement; mais il répondit qu'il ne le pouvoit faire sans un exprès commandement du Roy, et qu'il en écriroit. Cependant la réponse n'est point venue, et il se sont lassez de l'importuner. J'ay vu par la lettre que le comte *de Sault* (1) nous écrit qu'en faisant semblant de vous convier à faire en sorte que cette religion irréligieuse fût tout à fait bannie de chez vous, il veut tirer un argument *d. majori ad minus*; il veut prouver que, puisque vous souffrez le plus, vous devez souffrir de moins. Sans m'arrêter à considérer s'il en peut tirer la conséquence que je désire, je vous diray que vous ne seriez peut-être pas blâmé si vous regardiez et consultiez si vous pouviez avoir un juste titre pour les débusquer, afin d'essayer de le faire en temps et lieu; sans cela nous n'y pourrions pas aisément parvenir; mais ayant cela en main, je ne doute point que la cause de Dieu ne fut protégée par ceux qui le doivent et qui le peuvent faire. M. le Marquis *de Villeroy* écrira à M. le Comte *de Sault*, comme de lui-même, qu'il croit qu'il pourroit reculer le terme qu'il leur a assigné, en attendant que vous puissiez avoir tous deux des ordres de la Cour. .... »

1638. — Lettre du *Cardinal de Lyon* à Madame .... (2).

« Madame, étant parfaitement votre serviteur, je me laisse aisément toucher par toutes les choses où vous pouvez avoir quelque intérêt; c'est pourquoi je crois être obligé de vous avertir qu'il court icy un bruit que M. le chevalier *d'Halincourt* a donné et fait donner des coups de bâton à un certain appelé *Chenard*; que vous avouez l'action, et déclarez qu'il s'y étoit porté à votre instance. Je scay bien que les jeunes gens de **Lyon** parlent souvent mal-à-propos, et que leur insolence mérite d'être réprimée; mais s'il falloit châtier toutes leurs sotises avec cette sorte de supplice, le bruit en seroit plus grand et plus continuel que celuy des cloches et des tambours. Je connois trop votre bon naturel pour me persuader que la chose soit venue de vous; car vous avez trop de bonté pour vous y porter, et trop de jugement pour ne pas reconnoître que ce vous seroit un fort grand préjudice si on pouvoit soupçonner que vous fussiez d'une humeur violente et qu'on en pût produire des preuves de cette sorte. Vous pouvez, ce me semble, prendre assez de confiance en moy pour me mander ce qui en est, afin que, si vous avez tort, on tâche de vous excuser, si vous ne l'avez pas, que ce soit avec injustice qu'on veuille vous rendre responsable d'une action qui n'aura guere d'approbateurs. Si j'ai trop de franchise en vous parlant, vous considererez, s'il vous plait, qu'elle vient d'une bonne source, assçavoir d'une véritable passion que j'ai de vous faire paroître que je suis, etc. » P. 353 du Ms. déja cité.

1638. — Publications : *Hortulus puerorum*, pergratus ac perutilis latinè discentibus .... *Petit Jardin pour les enfans* fort agréable et profitable pour apprendre le latin .... Lugduni, ex typogr. *Joan. Jacquemet-*

---

(1) Probablement *François*, sire *de Créqui*, comte *de Sault.* Voyez ci-dessus, p. 182.

(2) Cette lettre doit avoir été adressée à *Madeleine de Créquy*, femme de M. *d'Halincourt*; probablement la même dont il est fait mention dans les *Historiettes de Tallemant des Réaux.* Nous soumettons cette conjecture à M. *Monmerqué.*

ton. 1638. In-16. Ce livret, qui semble être la première ébauche de l'*In-diculus* du P. *Pomey*, est de *Jean Fontaine*, fils de *Charles* (1). C'est un répertoire des mots les plus usités dans la conversation, ou dans le langage des arts et métiers. Il est divisé en deux parties, l'une latine-française, et l'autre française-latine. Il a été plusieurs fois réimprimé depuis 1561, date de la première édition publiée par *Loys* et *Charles Pesnot*, libraires à Lyon, et dédiée par l'auteur à *Jean Gravier*, secrétaire du Consulat. Cette dédicace est suivie d'une pièce en vers latins adressée à *Antoine Gravier*, fils de ce secrétaire. A la p. 166 est un *Carmen ad Ja-cobum Pagium* (Jacques Page, ou Lepage, ou Paggi), personnage qui nous est aussi inconnu qu'*André Laurent*, jeune enfant auquel Jean Fontaine a adressé un autre billet poétique, page 168. Nous trouvons encore, dans ce petit volume, deux pièces de vers latins en l'honneur d'un autre enfant, *Jules Spina*, qui mourut en mars 1558, et qui était peut-être le fils de *Léonard Spina*, riche citoyen de Lyon, mort en 1550, et non en 1530, comme on l'a imprimé par erreur dans la *Biogr. lyonnaise*. Enfin, à la p. 173, est l'épitaphe, en vers latins, d'un fils de l'auteur, qui avait, comme son aïeul, le prénom de *Charles*. Au verso du titre de la seconde partie, dans l'édition de 1561, est ce huitain, adressé au jeune *Antoine Gravier*, et qui ne se trouve pas dans l'édition de 1638 :

> A vostre père est présenté ce livre
> Pour vous servir quand vous serez en aage ;
> Car le bon fils doit le bon père suivre
> Et le conseil de tout bon personnage,
> Pour parvenir d'estre sçavant et sage :
> A quoy y a pour vous bien grand espoir,
> Car vostre père a bien bon avantage,
> D'autant qu'il a le vouloir et pouvoir.

Un philologue lyonnais trouverait sans doute dans l'*Hortulus* le sujet de quelques remarques. Nous pourrions en extraire plusieurs mots, qui étaient alors usités dans notre ville, et qui, restés jusqu'à nos jours dans le langage populaire, n'ont pu trouver grâce devant le purisme du professeur de grammaire auquel nous devons le *Dictionnaire des locutions vicieuses*, publié à Lyon, en 1810 (4° édition).

1638. — *Notre-Dame de Manosque en Provence*. Lyon, 1638. In-12 (1). — L'auteur de ce livre, cité par LELONG, est le jésuite *Jean Columbi*, auquel on doit d'assez nombreux ouvrages écrits en latin et publiés en majeure partie à Lyon, où il mourut le 11 décembre 1679. Il était né à Manosque (Basses-Alpes), en 1592. La B. de Lyon possède quelques manuscrits de ce jésuite ; mais il est présumable qu'ils ne sont pas inédits,

(1) Voyez son article dans la *Biogr. lyonn.*, p. 114.

(2) Est-il bien certain que cet ouvrage ait été publié en français ? J'en doute ; mais il n'est pas douteux qu'il l'ait été en latin, langue dans laquelle le P. *Colombi* a composé, je crois, tous ses ouvrages. Voyez la Bibliothèque de Southwell, p. 431.

Voyez son article dans la *Biogr. univ.*, et dans la *Biogr. vauclusienne* ; ci-après, *Publications* de 1665.

1638. — *La Sybille lyonnoise* rendant ses oracles tirés en partie des Evangiles courans sur tous les jours de l'an 1638, dédié à noble *Horace Cardon*, seigneur de *La Roche*, ex-consul et bourgeois de Lyon, par le sieur *du Laurier*, gentil-homme lyonnois. A Lyon, de l'imprimerie de feu *Jonas Gautherin*. 1638. In-8° (B. de L., 23418). — L'auteur de cet opuscule, qui est en vers, a pour prénom *Basile* ; nous n'avons trouvé à en extraire que ces quatre vers, qu'on lit à la page 21.

> L'ennemy de Cerès, parmi des Pythagores,
> N'eust esté mis à mort, et puis salé comme ores
> Parmy nos Lyonnois qui ne penseroient pas
> Sans lard ou sans jambon prendre aucun bon repas.

1639. — *Janvier* 25. Le Consulat certifie que le mal contagieux a cessé dans Lyon, depuis environ deux mois. J. M.

1639. *Février* 4. Funérailles d'*Antoine Gibertés*, et non *Gibertier*, archidiacre et comte de Lyon, député du Clergé aux états généraux de 1614. — Il avait été reçu comte de Lyon, en 1579. D'AUBAIS, III, dernière partie, p. 148 et 160 ; *Gallia Christ.*, p. 190 et 193.

1639. — *Février* 13. Séance consulaire. Le sieur *Marie* avait traité avec le Consulat pour la construction d'un *Pont en bois sur la Saône*, entre le quartier de *S. Paul* et celui de *S. Vincent*, moyennant le péage d'un liard par personne. Le peuple, qui n'était pas accoutumé à ce genre de tribut, en troublait souvent la perception par des violences. Un des préposés à cette perception ayant été tué par un nommé *Guillaume Martel*, qui voulait passer sans payer, le Consulat, sur la demande du sieur *Marie*, se porta partie contre l'assassin. J. MORIN, VI, 164, et VII, 222. Voyez ci-dessus, année 1634.

1639. — *Février* .... Lettre du *Cardinal* de Lyon à M***:

« Monsieur, Vous prites la peine de m'envoyer, il y a quelques jours, une lettre du Roy sur le sujet de la somme à laquelle on a taxé la ville de Lyon pour la subsistance. Je vous ay adressé la réponse. Maintenant je croy être obligé de vous dire que les prévôt des marchands et échevins ont demandé permission à M. *d'Halincourt* de faire une assemblée de leurs plus notables bourgeois pour leur proposer la volonté du Roy et l'extrême nécessité où le corps de ville se trouve, afin qu'il regarde ce qu'ils peuvent pour témoigner la passion qu'ils ont d'obéir dans leur impuissance. Je croy que ce sera au plustôt ; j'y rapporteray tout mon possible, et vous assure que si je pouvois faire aussi aisément des pistoles que de l'eau bénite, S. M. seroit servie à point nommé, et ces pauvres gens hors de la peine où ils se trouvent. Si j'osois m'expliquer avec vous de mes pensées sur ce sujet sans passer pour fâcheux, je le ferois avec candeur et sincérité ; j'en attendray la permission ; autrement je demeureray dans le silence et ne le rompray que pour vous assurer que je suis, etc. » Ms. déjà cité, II, 477.

1639. — *Mars 2*. M. *d'Halincourt* ayant convoqué une assemblée de notables, leur fait part des mesures de rigueur que le gouvernement du roi se propose de prendre pour contraindre la ville à payer une somme de 100 mille livres qu'elle doit pour solde de sa contribution militaire. —Le 19 *mai* suivant, plus de 400 des principaux marchands se rendirent à l'Hôtel de ville, et de là chez le gouverneur, pour se plaindre d'avoir été taxés à des sommes exorbitantes. Nous n'entrerons pas dans le détail des débats qui eurent lieu à ce sujet; on en trouvera une analyse pleine d'intérêt dans le tome 6 de l'*Hist. de Lyon*, par M. *Morin*, p. 164 et suiv. Voyez ci-après, 2 *décembre* 1640.

1639. — *Mars 26*. *Antoine Roussier*, prêtre catéchiste-missionnaire, meurt à *S. Symphorien-le-Château*, où il avait prêché le carême. — Son corps fut transporté à *S. Etienne* en *Forez*, où il était né en 1585, et où il avait voulu être inhumé. — Sa *Vie* écrite par *Gabriel Palerne*, sieur de *Sardon* (PARIS, *Louys Boulanger*, 1645, in-12), n'offre aucun fait important. C'est le panégyrique d'un bon prêtre qui remplissait tous ses devoirs avec la plus scrupuleuse exactitude. Une seule particularité digne de remarque, c'est que, lorsqu'il assistait au sermon, il se couvrait chaque fois que le prédicateur s'avisait de parler de *Jupiter*, d'*Alexandre* ou de *César*. ARCH. DU RH., V, 143.

1639. — *Mai 1er*. La semaine passée, le train du sieur *de la Haye Ventelay*, qui va ambassadeur en *Turquie*, a passé par Lyon. *Gaz. de Fr.*, p. 247.

1639. — *Mai 21*. Le Consulat se plaint de la déclaration du roi du 25 janvier précédent, qui, en taxant les étrangers résidant en France, défendait à leurs débiteurs de payer jusqu'à ce que les taxes eussent été acquittées. Des réclamations seront faites à ce sujet.

1639. — *Mai 24*. Le Consulat certifie que les défunts père et fils *Pincetti* ont introduit depuis longues années dans cette ville la manufacture des *camelots*, accommodages des satins et la réduction de tous taffetas en trellis; ... qu'ils ont attiré des *Allemands* en cette ville; qu'ils y ont fait construire des artifices propres à faire tous trellis, façon d'Allemagne, etc.

1639. — *Juin 23*. *Hector de Crémeaulx de Chamousset*, comte et doyen de l'église de Lyon, meurt, âgé de 64 ans (1)— Le 27 juillet, le Chapitre nomme pour doyen *Adrien de Saluces*, de la maison du comte de *La Mante*, en *Piémont*, lequel mourut le 4 juillet de l'année suivante, et qui fut remplacé par *Edme* (ou *Amé*) *de Fauquier* (ou *Faulquier*) de *Vitry*, comte et précenteur de l'église de S. Jean. *Gaz. de Fr.*, p. 386 et 466. — LA MURE lui a donné un article dans son *Hist. du Forez*, p. 339 - 41.

1639. — *Août 3*. *Lyon-François de Neufville*, vicomte de La Forest,

____

(1) Son enterrement se fit le 27 juin. Note de M. l'abbé *Jacques*.

chevalier de Malte, commandeur de S. Jean-de-l'Isle, et mestre de camp du régiment de *Lyonnois*, est tué au siège de *Turin* (1) — Le premier de ses prénoms nous porte à croire qu'il était né à Lyon. Voyez le *Mercure fr.*, tome 23, p. 609, et la *Gaz. de Fr.*, p. 496. — La veille, 2 août, fut aussi tué, devant Turin, *Claude de Nerestan* (fils de *Philibert*), grand maître de l'Ordre de S. Lazare et de N. D. du Mont-Carmel. LA CHENAYE-DESBOIS, X, 709. Voyez les *Publ.* de cette année, *Oraison funèbre...*

1639. — *Août* 23 - 25. Passage et séjour de *Casimir*, frère du roi de Pologne. — Ce prince, qui allait à Paris, logea chez le gouverneur de Lyon. *Gaz. de Fr.*, p. 588.

1639. — *Août...* Lettre du *Cardinal de Lyon à M. d'Halincourt*.

« Monsieur, J'ay reçu deux lettres que vous avez pris la peine de m'écrire, auxquelles je n'ay pu répondre, ayant été incommodé durant quelques jours, et n'étant pas encore bien remis maintenant; j'imite les mauvais payeurs qui demandent composition pour acquitter leurs dettes; c'est pourquoy je vous prie d'agréer que celle-ci y satisfasse, afin que nous puissions désormais jouer sur nouveaux frais.

« Je suis bien marry du désordre que causent les taxes dans la ville. Le meilleur remède que je sache est que vous daigniez employer le crédit tout puissant que vous avez auprès de *M. de Bullion* pour les faire modérer, en sorte que le Roy soit servy, et que le peuple ne soit pas accablé. Je vous convierois de vous y vouloir employer, si je ne savois bien que votre bonté naturelle vous y invite assez. Je pense, en vérité, que vous y êtes obligé en conscience, à peine d'en répondre devant Dieu en votre propre et privé nom; car qui peut le bien et ne le fait pas, ne se peut dire exempt de coulpe ni d'un légitime soupçon de prendre plaisir à voir le mal de ceux qu'il ne soulage pas.

« Si nos concitoyens et ces beaux animaux desquels vous me parlez, faits pour leur tenir compagnie, se rafraîchissent quelquefois dessous les *tilleuls* (2), ils en ont l'obligation à vos soins, il ne tient qu'à vous que vous ne jouissiez de vos travaux en y prenant votre part de l'ombre, sans appréhender de rien rencontrer qui blesse le repos de votre esprit; car vous êtes trop en Dieu, et trop maître de vous-même, pour qu'il puisse être troublé par de légères visions, et si vous craignez qu'il y en ait quelqu'une qui vous puisse surprendre, je m'offre, lorsque je seray de retour, de mettre en pratique tout ce que nos rituels nous apprennent pour chasser ces sortes de spectres fâcheux. Cependant je souhaite que tout ce qui sera planté dessus nos fonds s'élève à la même grandeur à laquelle ces beaux arbres que vous avez plantez sur celuy du public sont crus, et par droit de voisinage, que la même chose m'arrive à *Roye* (3).

(1) Le P. *Anselme*, IV, 642, a fait de *Lyon-François de Neufville*, un des fils de *Charles de Neufville*, mais il devait être son petit-fils; c'est ce qui nous semble résulter des lettres du Cardinal de Lyon, où l'on voit qu'il était le neveu de *Camille de Neufville*, un des fils de *Charles*.

(2) Les *tilleuls* de la place *Bellecour*.

(3) *Roye*. C'est dans ce hameau, qui dépend de *Fontaines*, que le Cardinal de Lyon avait fait construire une maison de plaisance. Ce lieu, renommé pour ses eaux, a été célé-

« J'ai appris par cet ordinaire que Dieu vous avoit ôté votre petit *Camille* (1). Je ne doute pas que cela ne vous ait touché, encore que dans votre dessein vous soyez résigné et soumis à sa volonté ; car les ressentiments de nature ne se peuvent éteindre, et *nul ne peut* (à ce que j'ay ouy dire) *savoir ce que c'est d'être père sans l'avoir éprouvé.* C'est pourquoy, au lieu de m'étendre davantage sur ce sujet, je me contenteray de vous assurer que je prendray toujours grand'part dans toutes les choses où je croiray que vous avez de l'intérêt... »

« Les affaires d'Italie me fâchent extremement. Si elles obligent le Roy à s'approcher, je partiray aussitôt que je le sçauray pour luy faire harangue à la tête du Clergé, pourvu que le tonnerre de nos canons me donne le moyen d'être entendu.

« Auparavant que de finir, il faut que je vous remercie de ce que vous me promettez la continuation de votre amitié, vous pouvant assurer que j'en fais un si particulier état, que ce ne seroit pas un petit déplaisir si je voyois des effets du contraire ; je sçay que pour passer sage dans ce monde, il faut s'armer de patience ; mais je vous avoue que je croy que l'excès de la douleur qu'ils me causeroient, me feroit renoncer à l'un et à l'autre, car je suis plus que personne du monde, etc. » Ms. de la B. de L., 1458.

1639. — *Août.* ... Le *Cardinal de Lyon* écrit à M. l'abbé d'Esnay (*Camille de Neufville*) :

« Monsieur, Vous êtes trop de mez amis pour que je ne ressente pas les choses qui vous peuvent toucher. Je sçay que la perte que vous avez faite de votre *petit-neveu* est de ce genre, et qu'on la doit mettre au rang de celles qui sont capables de vous causer de cuisants déplaisirs et à juste titre ; car, ne vous en restant plus qu'un, vous ne pouvez être exempt des appréhensions qu'un accident imprévu ne vous l'enlève. J'espère toutefois que celuy qui est maître de la mort et de la vie le conservera pour la consolation et pour le maintien de toute votre maison à laquelle je souhaite toute sorte de prospérité... »

« P. S. Il me semble que la bienséance peut m'obliger à écrire en cette occasion à madame la marquise *de Villeroy*, mais ayant éprouvé qu'elle explique mes bonnes intentions en si mauvaise part que je puis appréhender qu'elle ne considère même mes bénédictions comme des coups de caillous, j'évite volontiers les occasions de la fâcher, vous assurant avec franchise que j'ay grand regret que l'aversion qu'elle a pour moy, m'oblige à être incivil. » Même ms.

1639. — *Août* (?). Lettre du Cardinal de Lyon au Père ***.

« Mon R. P., Ce m'est une consolation de vous voir quelques fois dans vos lettres, lorsque je ne le puis autrement ; mais ce bien m'arrive si peu

bré par le P. *J. Bertet*, jésuite, dans une Ode adressée à ce prélat, laquelle se trouve parmi les pièces liminaires du traité de *Joseph Gibalin, de Irregularitatibus et impedimentis canonicis*, etc.; Lugd., 1652, in-4° :

> Seu te Rosi frigus amabile
> Claudit recessus, et gelidum nemus,
> Vivique fontes, aut pudicis
> Antra tenent celebrata Nymphis.....

(1) Surnom de *Lyon-François de Neufville.*

souvent que je le peux mettre au rang des choses rares et plus rares qu'aucune des pièces du cabinet du sieur *de Liergue* (1). Ce préambule parachevé, je vous diray que j'ay veu le Roy, lequel m'a fait autant d'accueil et de bon visage, non seulement que je l'eusse pu espérer, mais encore désirer. Je l'ay trouvé gay au sortir d'une grande affliction dans laquelle il a fait paroitre ce que peut une grande vertu, lorsqu'elle combat les foiblesses de notre nature auxquelles les rois sont sujets, aussi bien que le reste des hommes ; en un mot, il a eu plus de pouvoir sur luy que n'en eût eu le P. *Coffin*, qui a été son principal consolateur, s'il eût été atteint d'une pareille maladie. S. M. m'avoit donné, deux jours avant mon arrivée, une abbaye ; mais celuy qui la possédoit n'ayant pas voulu mourir, luy et moy sommes demeurez au même état que nous étions auparavant. Selon la voix du peuple, l'on me fait, comme vous savez, beaucoup d'autres présents ; mais d'autant que le sieur *Renaudot* (2) l'ignore, je n'y ajoute point de foy. Tout est en armes de tous côtez, en sorte qu'il semble que nous n'ayons rien à craindre, et néanmoins je ne laisse pas d'appréhender que n'ayons plus de soldats de papier que d'autres. Le cardinal *de la Valette* assiége *Landrecy*. Cette place est bonne. Comme sa prise donneroit beaucoup de réputation à nos affaires, s'il étoit contraint de lever le siége, ce ne nous seroit pas un petit desavantage. La question est problematique s'il étoit à propos de le faire ou non. Il faudra attendre la décision du succès de l'entreprise. Nous venons d'apprendre la nouvelle de la surprise que les Espagnols ont faite de *Nice de la Paille* sur M. *de Savoye*. Il semble qu'il y ait quelque maligne constella ion qui nous endort en faveur de nos ennemis, comme s'ils n'étaient pas capables de nous faire du mal quand nous avons les yeux ouverts. J'ay vu le sieur *de la Chesnaye* ; je le trouve bien sage, car il est bien peu souvent à la Cour et ne se mêle de rien. En ce faisant, je l'estime heureux, et quand il auroit eu un Jésuite pour son conseil, il ne luy auroit pu faire prendre une meilleure résolution. La mienne est de tout voir, de tout ouir et de me taire ; je suis encore sur le carreau, et seray contraint de faire de nécessité vertu, en me plaçant où je pourray. S'il y a autant de difficulté à se loger en l'autre monde, je feray partir mes fourriers de bonne heure ; mais puisque les cardinaux n'y vont qu'avec une suite fort raccourcie, je ne pense pas qu'il soit nécessaire de les y envoyer ; car, pour grande que soit la presse qu'il y puisse avoir au sermon, les derniers venus ne laissent pas d'y trouver place. Employez librement, mon R. P., toutes vos plus ferventes prieres en ma faveur, pour me faire bien être reçu en ce pays là, puisque vous êtes sanctifié par celles de la *vénérable Société*.» Ms déjà cité.

1639. — *Août* ou *Septembre*. Lettre du *Cardinal de Lyon* :

« Mon R. P. .... J'ay toujours désiré que madame de S. *Pierre* (3) pût détruire les partialitez qui sont dans sa maison, mais elle n'achèvera jamais cet ouvrage que vous dites qu'elle a commencé, si elle ne se dépouille elle-même des affections particulieres qu'elle peut avoir plutôt pour quelques unes de ses religieuses que pour les autres ; car l'inégalité entre chef engendre bien des maux dont les remèdes sont difficiles. Pour des constitutions, elles

(1) Peut-être *Pierre de Monconys*, sieur de *Liergue*.

(2) Le fondateur de la *Gazette de France*.

(3) *Elisabeth d'Espinac*. Voyez ci-dessus, année 1633, *ad calcem*.

seront plus tôt dressées qu'elles n'auront la volonté de les observer. Quand feu M. le doyen vous a prié de me recommander sa nièce, il a sans doute désiré de moy que je tinsse la main à luy faire faire son devoir, et non pas que, par une fausse bonté, je la supportasse dans les imperfections où elle prend plaisir de croupir. Elle a plus fait de mal au monastère depuis qu'elle y est supérieure que je n'y saurois faire de bien en vingt ans, car il est plus aisé de détruire que d'édifier. Je ne scay par quel biais il faudra que j'y procède quand j'y voudray faire revenir l'esprit de Dieu qu'elle a chassé, ni de quels exorcismes il faudra que je me serve pour en chasser celuy du monde auquel elle a donné sauf-conduit pour y faire sa retraite. Vous qui scavez à peu-près en quel état étoit cette maison quand elle en a pris la conduite, et en quel état elle est maintenant, vous avouerez, je m'assure aisément, que la face en est entièrement changée; et que cette beauté qui la rendoit aimable a passé comme la fleur d'un jour, sans qu'on se puisse plaindre, comme l'épouse dans le *Cantique des amours*, que l'ardeur du soleil l'a aucunement ternie... » Même ms.

1639. — *Septembre* 11. M. d'*Halincourt* écrit au Consulat :

« Messieurs, J'arrivé hier en ce lieu où je trouvé le Roy en bonne santé, Dieu mercy. Il en part demain, mais vous ne l'aurez pas sitost en vostre ville, parce qu'il a resolu d'aller à ma maison d'*Ombreval* et de s'y arrester quelques jours, comme aussi Mgr le Cardinal, neantmoins pour aller après à Lyon où S. M. m'a commandé de vous faire scavoir qu'en arrivant elle ne veut point que personne y preigne les armes; mais seulement que vous luy rendiez vos autres devoirs accoustumez. Elle y arrivera par eau, qui est ce que j'ay creu vous devoir faire scavoir, en attendant que je sois plus près de vous, d'où je vous manderay le jour que S. M. arrivera en vostre ville. HALINCOURT. A *Chalons*, ce xi septembre 1639. » A. M. Corresp., tome 27.

1639. — *Septembre* 15. Le cardinal duc de *Richelieu* arrive à Lyon, et prend son logement à l'Archevêché. *Entrées solemn.*, p. 189.

1639. — *Septembre* 16. M. d'*Halincourt* écrit au Consulat :

« Messieurs, le mauvais temps a fait changer de dessein au Roy; il n'ira point par eau, et entrera par la porte de S. *Sébastien*, il y sera sur les deux heures.... HALINCOURT, d'*Ombreval* ce 16 septembre. A. M., Corresp., tome 27. — Le Roi était arrivé le 13 au Château *de Vimy* (aujourd'hui *Neufville*), appartenant alors au marquis d'*Halincourt*.

1639. — *Septembre* 16. Entrée de *Louis XIII*. — S. M. répondit au compliment du Prévôt des marchands : « Je vous remercie de votre « bonne volonté; continuez et je vous aimerai. » — S. M. prit son logement dans l'abbaye d'*Ainay*; le surlendemain (dimanche), elle communia par les mains de l'archevêque de Vienne, et entendit vêpres au Noviciat des Capucins. *Gaz. de Fr.*, p. 636 et 652.

1639. — *Septembre* 19. Le prévôt des marchands et les échevins ayant été avertis que le roi devait partir sur les sept heures du matin pour *Grenoble*, se rendirent sur le *pont du Rhône*, entre la porte appelée *la Tour* et la dernière barrière du côté de *la Guillotière*; là, se trouvaient aussi les officiers de la ville et les ex-consuls revêtus de leurs robes consulaires, le roi étant arrivé dans son carosse ; chacun se mit à genoux, et M. *Baillon*, prevôt des marchands, prit congé de S. M. en lui adressant cette harangue : — « Sire, Nous avons un extrême déplaisir de voir partir V. M. de cette ville pour s'exposer aux travaux continuels des voyages qu'elle fait pour visiter son royaume, mais quand nous considérons qu'en cela elle imite le soleil qui distribue la lumière, la chaleur et la fertilité par toute la terre en la contournant, nous ne pouvons que louer son dessein, et prier Dieu que S. M. réchauffe les cœurs de ses peuples, dissipe les ténèbres et les horreurs de la désobéissance, et brise les efforts de tous ses ennemis, afin que par ses travaux et sa vigilance, V. M. donne la félicité en son royaume, et s'acquière le repos et la gloire que nous lui souhaitons en qualité de ses très-humbles, très-obéissants et très-fidéles sujets et serviteurs (1). » — « Je vous remercie, répondit le roi, des témoignages que vous me rendez de votre bonne volonté ; continuez, et je vous départirai les effets de la mienne ès occasions. » *Entrées solemn.*, p. 192.

1639. — *Même jour* 19 *septembre.* Le Consulat instruit que le cardinal duc *de Richelieu* devait quitter cette ville à deux heures du soir, pour aller rejoindre le roi, se rendit à la première porte du *pont du Rhône*, et son Eminence y étant arrivée, le prévôt des marchands lui fit ce beau discours :

« Monseigneur, Puisque les Anciens ont mis Atlas dans le nombre de leurs dieux, et lui ont fait des sacrifices pour la peine de faire mouvoir le ciel et de le supporter, nous devons, sans difficulté, rendre les mêmes honneurs à Votre Eminence, puisque, par ses intelligences surnaturelles, elle fait agir tout ce royaume, même remuer toute la terre, aussi facilement que si elle la portait dans ses mains ; et comme cette ville fait une partie de ce fardeau, et que V. E. l'a toujours supportée et soutenue favorablement, nous prions Dieu de tout notre cœur de lui vouloir continuer et multiplier les forces nécessaires pour un tel effort, afin qu'elle ne se lasse point de nous soutenir et faire du bien, comme nous ne nous lasserons jamais de l'honorer, révérer et servir en qualité de ses très-humbles, très-obéissants et très-obligez serviteurs. » — « Je ne sçay que répondre à vos civilitez, répliqua son Eminence, sinon que je voudrais avoir le pouvoir que vous me donnez pour l'employer à vous servir. » *Entrées solemn.*, p. 193.

1639. — *Septembre* .... Le Consulat délivre un certificat de bourgeoisie au médecin *Charles Spon.* Voyez ci-après au 21 *février* 1684, et ci-dessus, 2 *septembre* 1589.

1639. — *Octobre* 1. Mgr *Cohon*, évêque de Nîmes, fait la consécration de la chapelle du couvent de l'*Antiquaille.* SAINT-AUBIN, *Hist. civ.*, p. 295 ; ACHARD-JAMES, p. 29 ; *Arch. du Rh.*, VII, 245.

1639. — *Octobre* 13. Le roi quitte *Grenoble* pour revenir à Lyon.

(1) *Louis XIII*, suivant M. *de la Mare*, disait que les cheveux qu'il avait gris avant le temps, venaient des longues et mauvaises harangues qu'il avait ouïes. JOLY *sur Bayle*, p. 494.

Gaz. de Fr., p. 704. — Pendant son séjour à Lyon, le roi avait demandé des renforts à la ville, pour aller au secours de *Salses*, bourg du Roussillon, assiégé par les Espagnols. Le Consulat y envoya la Compagnie des arquebusiers, sous le commandement du sieur *Albisse*, et un autre corps de troupes levé par le sieur de *Saint-Hilaire.* — Salses fut pris le 6 janvier 1640, et le 28 du même mois, les troupes qui y avaient été envoyées de Lyon étaient de retour en cette ville. J. Morin, VI, 168 ; *Gaz. de Fr.*, p. 843.

1639. — *Octobre* 21. Le roi, par une lettre en date de ce jour, nomme *Pierre Loubat*, prévôt des marchands, en remplacement du sieur *de Flescheres*, lieutenant-général en la sénéchaussée et présidial de Lyon, lequel avait refusé d'accepter cette charge. A. M., t 2 des *Lettres des rois de Fr.*

1639. — *Octobre* 25. Le roi part de Lyon avec le Cardinal ministre, pour retourner à Paris. *Gaz. de Fr.*, p. 728.

1639. — *Décembre* 17. Une sentence du bailliage de Montbrison, confirmée par le parlement de Paris, déboute les religieuses de *Chazaux* du droit de chauffage qu'elles prétendaient avoir dans les forêts du seigneur de *Cornilhon*, leur fondateur. Il fut reconnu qu'elles avaient perdu ce droit par suite de leur translation de Chazaux à Lyon, en 1623 ; mais le seigneur de Cornilhon perdit son droit de fondateur qui fut transféré au roi ; et depuis lors l'abbaye de Chazaux fut à la nomination du roi. Henrys, I, 816. édit. de 1772 ; Prost de Royer, *Dict.*, I, 35.

1639. — « Au commencement de cette année, le Consulat donna les soins aux travaux qui étaient nécessaires pour endiguer le *Rhône* du côté du *Dauphiné.* Un Hollandais, nommé *Wilhingken*, fort expert dans cette espèce de travaux, fut consulté, et, d'après ses plans, des digues en enrochements furent entreprises en face du boulevard de *S. Clair*. » J. Morin, VI, 164 ; *Actes cons.* du 1er février 1639.

1639. — *Claude Alleman*, seigneur de *Rentesieu*, et de *Montbarra*, capitaine de cavalerie, contracta mariage avec *Marguerite de Seve*, fille de *Pierre de Seve*, seigneur de *S. Genis-Laval*, premier président au parlement de *Dombes* et au présidial de Lyon, et d'*Hélène de Villars*. » M. S.

1639. — « Cette année, le P. *l'Abbé (Pierre)* fit imprimer un livret, sous ce titre : *Victoria anni 39 et Votum quadragesimi*, où il dit au Roy *Louis XIII* : — « Haec et plura exoptat tibi, Ludovice, *Lugdunum* bis
« tua, quia bis tibi natalis patria. Cœpisti in eâ vivere dum conceptus
« es, neque ante Franciae quam Lugdunensis fuisti, ne aliam patriam
« amares impensius, quia nullam habuisti prius. Revixisti Lugduni,
« dum in ea ab externo morbo sanatus es, ut bis Lugdunensis esses, ne-
« que aliud cœlum salubrius tibi esse crederes quam illud quod tibi bis
« natale et salutare fuit. Quaerant alii subtilius undè Lugduni nomen
« effluxerit, illustrior est origo nova quam antiqua. *Lugdunum* à *Luce*

« tua bis tale est , quia vixisti in ea primum atque iterum revixisti,
« nunquam illic morbo tentandus , ubi sæpe vitam et sanitatem hau-
« sisti. » — MÉNESTRIER, *Additions manuscrites à l'Éloge hist. de la
ville de Lyon.* Voyez ci-après au 30 avril 1643.

1639. — PUBLICATIONS : *La Dévotion à S. Joseph,* le plus aymé et le plus
aymable de tous les saincts, après Jésus et Marie ...., par le R. P. *Paul
de Barry* , de la comp. de Jésus. A Lyon , chez *Philippe Borde.* 1639.
Petit in-12. — La permission du P. *Jean Gayet,* provincial en la province de Lyon , est du 15 février 1639. — L'auteur nous apprend dans
sa préface qu'il a composé cet ouvrage à Lyon. Voyez les *Publications*
de 1636 , *le Paradis ouvert à Philagie* ....

1639. — *Eloge funèbre de Messire Jean Claude marquis de Nerestamg*
(sic) , chevalier des ordres du Roy , conseiller de sa Majesté en ses
Conseils d'estat et privé , Grand'Maître des Ordres militaires de Nostre-
Dame du Mont-Carmel et de S. Lazare de cà et de là des mers, maréchal
de camp dans les armées du Roy .... A Lyon , chez *Jean-Aymé Candy.*
1639. In-4° (B. de L. , 15932). — Dédicace à madame *Françoise
de Nerestamg* (sic), abesse de la *Benisson-Dieu* (1) ; ainsi signée : *Frere Che-
rubin de Marcigny* , indigne Mineur Recollect.—Jean-Claude de Nerestan était fils de Philibert ; il avait ordonné, par son testament, que son
épée fût mise en sa chapelle de la Bénisson-Dieu ; son cœur au devant
de son autel, et son corps dans l'église de Notre-Dame des Carmes deschaussés de Lyon. Voyez ci-dessus , août 1620 , et août 1639.

1639. — *Sancti Irenaei, Lugdunensis episcopi et Martyris, adversus
Valentini et similium Gnosticorum haereses , libri quinque* ..... LUTETIAE
PARISIORUM. 1639. In-fol. (B. de L. , 641). — Réimpression de l'édition donnée par *Feu-Ardent* en 1595 , augmentée de fragments tirés
de la Bibliothèque du cardinal de la Rochefoucauld. On remarque
parmi les pièces liminaires une hymne latine en vers sapphiques, par
F. JACOBUS ALO (2) , franciscain , laquelle commence ainsi :

> O decus cœli, generose doctor,
> Solis obscurans radios nitore,
> Qui satis dignas celebraré laudes
> Carmine quibo?

Cette hymne n'est pas du nombre de celles qui se chantent le jour de la
fête du saint Evêque dans le diocèse de Lyon ; il en est de même d'une
autre hymne qui s'y chantait encore au 17ᵉ siècle, et dont voici les premiers vers :

> Ab oris missus Asiae
> Celebratur Irenaeus,
> Qui totius ecclesiae
> Murus fuit aheneus.

(1) Cette abbesse, sœur du défunt, a une notice dans le *Gallia christ.,* IV, 308.

(2) Ce franciscain n'a pas d'article dans la Bibliothèque des écrivains de son ordre.

Cette dernière hymne a été traduite, ou plutôt imitée en vers français, par *Marc Perachon*, avocat à Lyon (1), et se trouve dans un recueil de chants d'église qu'il avait mis en vers français, et qui, à l'exception du *Veni Creator*, du *Dies irae*, du *Te Deum*, et de l'*Exaudiat* (2), sont restés inédits. Le manuscrit en est conservé dans la B. de Lyon, à laquelle l'auteur avait fait don de ses livres. Nous aurions voulu reproduire l'hymne pour la fête de S. Irénée, mais la poésie en est si faible qu'elle ne mérite pas de voir le jour ; nous n'en citerons que trois strophes :

> Il acheva le grand ouvrage
> De *Pothin*, ce saint personnage,
> Des Gaules le premier pasteur,
> Et dont la primauté constante
> Rend la primatie évidente
> A jamais dans son successeur.
>
> Il fut le premier des saints Pères,
> Qui nous démontra les mystères
> De cette grande vérité,
> Que l'église, en toute la terre,
> Dans le successeur de saint Pierre
> Trouve son centre d'unité....
>
> Mais un empereur trop barbare,
> Ennemi d'un homme si rare,
> *Sévère* (3) de nom et d'effet,
> Juge, malgré son injustice,
> Qu'il faut un digne sacrifice
> A Dieu d'un homme si parfait.

1639. — *Histoire et Miracles de Notre-Dame de Bonnes-Nouvelles aux Célestins de Lyon...* — Ensemble la fondation dudit Monastère.... Par le R. P. *Benoist Gonon*, Célestin de Lyon. A Lyon, chez *Guillaume Guyard*. 1639. In-12. — Ce livre est extrêmement rare ; nous n'en connaissons qu'un seul exemplaire, celui qui est à la Bibliothèque Mazarine. Voyez ce que nous en avons dit dans notre Notice sur *les Célestins de Lyon*, p. 10 et 11. Quelques fautes d'impression se sont

(1) *Perachon* naquit à Grenoble, en 1630, et mourut le 25 août 1709 à Lyon, où il s'était fixé après avoir abjuré le protestantisme. Voyez son article dans la *Biogr. lyonn.*, et les *Lettres fam. de Boileau*, publiées par *Cizeron-Rival*, tome 1, p. 24 et 102.

(2) Paris, 1686, in-4° (B. de L., 20467, tome 3).

(3) Ce jeu de mots a été inspiré par le texte au traducteur :

> Sed crudelis imperator
> Cui jure nomen Severi
> Edicit ut bonus pastor
> Debeat pro Christo mori.

Voyez la vie de *Commode*, par *Lampride*, c. 17, et celle de *Sévère*, par *Spartien*, c. 14, et celle d'*Alexandre Sévère*, par *Lampride*, c. 12.

glissées dans cette Notice; une des plus grossières est à la deuxième ligne, où on lit 1574 au lieu de 1274. Nous ferons encore observer que cette Notice n'a pas été insérée, telle que nous l'avons composée, dans l'ouvrage publié en 1838; sous le titre de *Lyon ancien et moderne*. Voyez ci-dessus *décembre* 1622.

1639. — *Joannis Saresberiensis Policraticus* .... Accedit huic editioni ejusdem *Metalogicus* .... LUGD. BATAV. 1639. Pet. in-8°. — Parmi les éditions les plus recherchées du *Policraticus*, on cite celle de *Constantin Fradin*, publiée à Lyon, en 1513, in-8° (voyez BRUNET, 11, 723). — *Jean Sarisbéry* avait accompagné en France S. *Thomas de Cantorbéry* lorsque ce prélat fut obligé de sortir d'Angleterre. Il est donc à présumer que l'auteur du *Policraticus* a séjourné à Lyon avec son illustre ami, vers l'année 1167. On lit dans sa 224° lettre adressée à *Jean*, évêque de Poitiers : *Lugdunensis archiepiscopus ecclesiam et civitatem suam cum honore et laetitia omnium recepit in festo beati Martini.* Cette lettre est sans date; mais il est certain que l'archevêque *Guichard* dont il est ici question entra en possession de son siège le 11 novembre 1167. Voyez dans le tome 5 des *Prolusiones* de *Thorlacius*, une notice sur la vie et les écrits de Jean de Sarisbéry. Voyez aussi l'art. GUICHARD dans la *Biogr. Lyonn.*, p. 141 et] 362.

1639. — *Traicté de la peste*, avec les moyens de s'en préserver et guérir .... Par M° *Pancrace Marcellin*, doyen du Collège des médecins de Lyon. A Lyon, par *Claude Cayne*. 1639. In-12 de 5 f. non chiffrés et de 74 pages. — Dédicace de l'auteur au Cardinal de Lyon. — Le docteur *Marcellin* avait été commis, en 1628 et 1629, à *la santé publique de ceste ville*. Il avait renoncé à publier ce Traité, qui était resté entre ses mains depuis la cessation du fléau; mais la peste s'étant de nouveau déclarée en 1638, il ne crut pas devoir en retarder plus longtemps la publication.

1640. — *Janvier* 4. Le procureur général *Grollier*, qui avait été à *Vimy* pour engager le gouverneur à revenir à Lyon, annonce au Consulat que ce magistrat ne reviendra que le mardi suivant; que, n'étant pas sorti de la ville pendant quatre mois, il serait trop rude qu'il fût obligé de rester constamment en ville.

1640. — *Février* 3. Environ 200 *cordonniers* avaient fait des remontrances contre l'établissement des offices de prudhommes et vendeurs de cuirs. Le Consulat n'avait pu traiter avec les sieurs *Piot* et *Duval*, titulaires de ces offices. Un rassemblement se forma au quartier de *Flandre* où le sieur *Piot* avait établi son bureau; la populace soulevée par les cordonniers, enfonça à coups de pierres la porte du bureau, et emporta le tableau aux armes du roi, qui était au-dessus de la porte brisée, dans la cour de M. *de Charly*, capitaine du quartier; toutefois ce brave citoyen parvint à dissiper l'émeute. J. MORIN, VI, 165 et 168.

1640. — *Mai* 8. Les *chandeliers* avaient obtenu arrêt portant défense aux *bouchers* de fondre du suif et de fabriquer des chandelles; les bouchers adressent leurs plaintes au Consulat, et offrent de livrer les chandelles à trois deniers par livre au-dessous du prix des chandeliers.

1640. — *Juillet* 4. Mort d'*Adrien de Saluces*, doyen de l'église de Lyon. — Il était fils de *François-René de Saluces*, *comte de la Mante*, et de *Gasparde de la Poipe*. — Il fut inhumé dans le tombeau du Cardinal *de Saluces* (1). — Il avait succédé, comme doyen, à *Hector de Crémeaux de Champosset*, et fut remplacé par *Aimé de Faulquier de Vitré*, qui mourut en mai 1642. Voyez ci-dessus, au 23 *juin* 1639.

1640. — *Août* 28. Environ cinquante des principaux bourgeois et marchands de la ville se présentent au Consulat, et exposent qu'il y a des personnes qui portent ez maisons des habitans de la ville, certaines copies d'arrests au bas desquelles il y a des exploits de commandement à chacun d'eux de payer, aux uns 7,000 livres, aux autres 6,000, auxquelles ils sont *taxés comme aisés* …; que l'on a saisi les manufactures de ceux qui ont refusé de payer ces taxes, etc., etc. Ils déclarent qu'ils cesseront de faire travailler, et prient le Consulat de les conduire vers le gouverneur. J. M.

1640. — *Août*, …. Le *Cardinal de Lyon* écrit à M. *** (2).

« …. Vous me nourrissez dans l'espérance de la prise de *Turin*, et moy j'ose vous donner les assurances de celle d'*Arras*, M. le Cardinal *de Richelieu* m'ayant écrit qu'elle capituloit le 10 de ce mois; de façon que je crois que nos troupes sont maintenant dedans …. Je n'ay aucun avis de la commission de l'exempt du grand prévôt dont vous me parlez, car j'ay toujours été malade, ou à la ville, ou aux champs; maintenant je suis quasi remis. Il me seroit bien difficile d'obtenir de M. *de Bullion* une surséance de la signification des taxes; sans luy promettre qu'il seroit payé; et n'ayant pas procuration pour le faire, je m'en garderay bien. Si je la gouvernois aussi paisiblement que vous et M. le marquis *de Villeroy*, la ville auroit déjà reçu les témoignages de mon affection, mais mon crédit se termine au seuil de la porte. *On chasse icy aux Lyonnois comme jadis aux loups en Angleterre,* de façon qu'il semble que ce soit un crime de l'être. Je pense qu'on les aura bientôt écartez, faisant tous état de se retirer pour tâcher de se mettre à l'abri de l'orage.

« Il y a deux jours qu'il arriva grand désordre à *Juvisy* où les levriers d'attache de ces M^{rs} étant allez pour attendre le coche, et se saisir de ceux qui

(1) Je ne sais si c'est à la mort de ce doyen ou à celle de son prédécesseur, qu'il y eut mésintelligence dans le Chapitre à l'occasion du choix d'un nouveau doyen. Une lettre sans date et sans suscription, écrite dans ce temps-là par le Cardinal de Lyon, probablement à un de ses grands vicaires, commence ainsi : « On dit ordinairement qu'un malheur n'arrive jamais seul, et nous voyons le proverbe vérifié; car la mort de M. le doyen a causé celle de votre paix. Je vous proteste devant Dieu et devant ses anges, que j'en ressens un déplaisir cuisant, et que je suis infiniment marry de ne pas être maintenant parmi vous pour tâcher d'étouffer cette flamme naissante de la discorde et de la division qui consume tout le plus beau de votre substance…. » Mss de la B. de L., 1458.

(2) Cette lettre, sans date et sans suscription, doit avoir été écrite à *Melchior Mitte de Chevrières*, lieutenant du roi, sous le gouvernement de *Charles de Neufville de Villeroy*.

étoient dedans, et de quelque marchandise, s'il en portoit, firent mille desordres, et ont enfin fait perdre patience à un vieil gentilhomme d'*Auvergne*, âgé de 60 ans. Il dégaina son épée, tua le chef d'iceux, et enfin reçut un coup de pistolet au bras, dont on croit qu'il mourra. Il est parent, à ce qu'on m'a dit, du sieur *Dumont*, qui est auprès du Roy. Je pense qu'aussitôt que j'auray vu S. M. et le Card. *de Richelieu*, je seray contraint de prendre ma route vers vos quartiers de peur qu'on me happe: si ce n'est pour cette raison, ce sera pour faire comme les bons lièvres. Votre orloge fait bien son devoir...; je voudroit être aussi réglé, et ne me détraquer pas plus souvent... » Ms. de la B. de L., 1458, p. 549.

1640. — *Août. ...* Réjouissances à l'occasion de la prise d'*Arras.* — Le P. *Jean Papon*, professeur de rhétorique au Collége de la Trinité, fit à la distribution des prix aux élèves de ce Collége un discours latin à la loüange du roi victorieux ; on y remarque ce jeu de mots : *O triumphantem tuis auspiciis, Ludovice , Galliam* ARRHAS *suas Fortuna liliis dedit,* etc. Voyez le Catalogue des manuscrits de la B. de Lyon, n° 1248, et ci-après , 20 *février* 1643.

1640. — *Septembre 4.* Les principaux bourgeois et marchands de la ville adressent au Consulat une nouvelle réclamation contre la *taxe des aisés.* Les marchands de Lyon déclarent qu'ils cesseront le commerce, et les étrangers qu'ils sortiront du royaume. J. MORIN, *Hist. de Lyon,* tome 6, p. 169.

1640. — *Septembre 7.* Le Consulat certifie que depuis la fête de S. Jean dernière, il n'y a eu à Lyon aucun mal contagieux, et que le mal qui y a été auparavant a été si peu de chose, que ni les cours ni le collége n'y ont cessé, et que le gouverneur y a toujours fait sa résidence. J. M.

1640. — *Novembre 14.* Ouverture des plaids du parlement de *Dombes*, séant à Lyon — *Estienne Meyssonnier* fit, à cette occasion, une *Remonstrance* qui fut imprimée, l'année suivante, sous ce titre : *l'Image de la justice ,...* In-4° de 30 pages (B. de L. , 23385, tome 8). — L'orateur y raconte , d'après *Polybe*, l'histoire d'un tyran de Lacédémone , qui, lorsque ceux auxquels il demandait de l'argent lui en refusaient, les faisait approcher du mannequin d'une femme richement parée qui les saisissait dans ses bras et les serrait contre ses mamelles garnies de pointes cachées ; de sorte que, pour se délivrer, le patient était forcé de souscrire à la demande du tyran. Voyez les *Publ.* de 1640 , *Histoire générale des Larrons...*

1640. — *Novembre 15.* Le directeur de le recette des *droits sur les cuirs* se plaint au Consulat des menaces et injures faites à ses employés par les tanneurs et les cordonniers. Ses commis intimidés se sont retirés... Ceux qui se portaient à ces violences disaient tout haut qu'ils y étaient autorisés par le Consulat... Il annonce qu'il a été obligé de fermer son bureau. — Le Consulat répond que, loin d'autoriser les coupables, il se rendra partie contr'eux ;... qu'en même temps , averti des concussions commises par les percepteurs, il se pourvoira pour en obtenir la réparation... — Les *cordonniers* ayant été aussitôt mandés au Consulat, déclarent qu'ils n'ont jamais tenu de discours injurieux, ayant seulement refusé de payer ce qu'on leur demandait induement. — Le Consulat leur répond qu'il n'entend pas qu'ils payent ce qu'ils ne doivent pas, t que, si on veut les y contraindre, il ne manquera pas de prendre eur défense. **J. M.**

1640. — *Décembre 2.* Séance consulaire. Le sieur *Lanoue* communique la commission à lui donnée pour requérir main-forte du Consulat dans la perception de la *taxe sur les aisés.* — Le Consulat s'y étant refusé, le sieur *Lanoue* fit venir de Paris une brigade d'archers à la tête desquels il se livra à des exécutions qui occasionnèrent des scènes tumultueuses, et faillirent soulever contre lui la population tout entière. M. *de Champigny* (1), qui était alors intendant de la justice à Lyon, vint en aide au Consulat, et quelques mois après la *taxe des aisés* fut rachetée par la ville, et convertie en un droit de deux pour cent sur les marchandises non sujettes à la douane. **J. Morin**, VI, 169.

1640. — *Décembre 6.* Trois *marchands catalans* achètent et arrhent à Lyon une grande quantité d'armes. Ils témoignent que leur province a reçu une grande satisfaction des secours que le roi leur envoie contre les *Castillans;* ils annoncent que les prêtres et les religieux se montrent les plus animés à se délivrer de l'oppression. *Gaz. de Fr.*, p. 840, et p. 11 de l'année 1641.

1640. — *Décembre 27.* L'archevêque de *Bordeaux* part de Lyon où il était arrivé quelques jours auparavant. *Gaz. de Fr.*, année 1641, p. 10.

1640. — *Décembre 31.* Mort, à *Roanne* en *Forez*, du P. *Jacques George*, jésuite, né à Bourges, ancien professeur au collège de sa compagnie, à Lyon, où il prononça le 7 *juin* 1610, dans la cathédrale, l'oraison funèbre d'Henri IV. On a encore de lui *la Couronne de gloire* pour feu Messire *Claude de la Chastre*, mareschal de France, etc.; Paris, *Claude Rigaud*, 1615, in-4° (B. de L., 15935, tome 9). Ces deux productions ne prouvent pas qu'il fut, comme l'a dit *Pernetti*, un habile prédicateur.

1640. Cette année, le Consulat donna des prix solennels aux écoliers du Collège de la Trinité où l'on représenta, durant deux jours, dans la grande basse-cour de ce Collège, la tragédie de *Cabades* (roi de Perse). **Menestrier**, *Éloge hist.*

1640. — Publications : *Le Paradis ouvert à Philagie*, par cent dévotions à la mère de Dieu... Par le R. P. *Paul de Barry*, de la comp. de Jésus. Huitiesme édition. A Lyon, chez la *vefve de Cl. Rigaud* et *Philippe Borde*. 1640. In-12 (B. de L., 5470). Nous avons déjà enregistré

____

(1) *François Bochard de Sarron*, sieur de *Champigny*. Voyez la *Biogr. lyonn.*, art **Sarron.**

parmi les *Publications* de 1636 une édition de ce livre , qui a été traduit en différentes langues, et qui, malgré tout le succès qu'il eut au 17° siècle , ne trouverait pas aujourd'hui un nouvel éditeur.

1640. — *Histoire générale des larrons* , divisée en trois livres .. Par F. D. C. Lyonnois (1). — A Lyon , chez *Jean-Aymé Candy*. 1640. In-8° (B. de L., 28384). — Il faut ajouter cette édition à celles que M. *Brunet* cite tome 2 , p. 584 de son *Manuel* (2). — Les pièces préliminaires ne nous apprennent rien de l'auteur de ce curieux ouvrage ; mais on voit dans le chapitre X de la 3e partie qu'il fit, en 1615, un voyage en *Italie* , et l'on peut conjecturer , d'après plusieurs passages de son livre, qu'il séjourna à *Paris* et dans plusieurs autres villes de France. Malgré les détails graveleux dont elle est semée, cette *Histoire* , comme l'a dit l'abbé *Grégoire* (3) , est écrite dans de très-bonnes vues, et on y trouve une multitude d'anecdotes qui ont fourni le canevas d'un article plus étendu sur le même sujet dans la 3e édition du *Miroir de Paris*. Bien que l'auteur se soit dit Lyonnois dans le titre de son ouvrage , le nom de notre ville n'y est prononcé que trois ou quatre fois. Ce n'est que dans un seul chapitre , le 12e du second livre, qu'il a placé à Lyon le lieu de la scène d'une de ses histoires. Il y raconte qu'un insigne meurtrier, *François de la Vigne* , y fut condamné à mort, et *jeté dans l'huile bouillante*. suivant la coutume de ce temps-là. Nous ignorons de quel temps l'historien veut parler; car, à aucune époque de nos annales, nous ne voyons qu'un pareil supplice ait été usité à Lyon. Nous signalerons encore le chapitre 9e du 1er livre qui contient le récit d'une escroquerie faite à un marchand de Lyon qui se trouvait à Paris (4). Enfin nous présumons que c'est d'un Lyonnois qu'il est question dans le passage suivant : « ... Nous sommes dans un temps où il faut estre cornard pour estre honneste homme, et celuy qui n'est point enroolé dans ceste confrairie n'est point digne de vivre : *Testis quem appellant omnes*. P. D. C., et qui est si renommé dans ceste ville (5)... » — Parmi les instruments dont se servaient autrefois les larrons, leur historiographe n'a pas oublié la *poire d'angoisse* qu'ils introduisaient, pour l'empêcher de

(1) Dans le *Catal.* de la B. de M. *Cailhava*, n° 915, on donne ce livre à *François Daubricourt*, personnage qui nous est tout-à-fait inconnu.

(2) Il faut encore ajouter aux éditions citées par M. *Brunet* celle de ROUEN, Jean de *la Mare*, 1632, in-8°. La B. de Lyon en possède un exemplaire acheté 5 francs en 1809, à la vente *la Serna Santander*. Les titres de la deuxième et de la troisième partie de ce volume portent : A *Rouen*, chez *David Ferrand*, 1657. Ce sont probablement des titres renouvelés.

(3) *De la Domesticité*; Paris. 1815. p. 110.

(4) L'*Encyclopédiana* de *Panckoucke*, au mot JEU, contient le récit d'un vol fait par sept *Grecs* à un marchand de Lyon.

(5) Si par ces initiales l'auteur n'a pas voulu désigner un de ses parents, elles pourraient se traduire par *Pater de cornibus*. Voyez les *Bigarrures* de *Tabourot*, p. 245 de l'édition de 1662.

crier, dans la bouche de celui qu'ils voulaient détrousser (1). Cette machine diabolique nous rappelle un passage du *Fort inexpugnable* de *Billon* (ch. 3ᵉ du 4ᵉ Bastion), où l'auteur parle de gens « qui ne sçau- « roient vivre sans procès, ny se vestir le matin sans *gibecière à cthi-* « *quette*, au hazard de gouster du *Lyonnois poyrier d'angoisse* , quand il « faudra rendre les fruitz ou en payer les interetz... ».

1640. — *Scala Parnassi*... Opus poeseos candidatis et studiosis omnibus necessarium, opera et labore P. F. *Ludovici Cavalli*, Minoritaᵉ Observantini Bolonien. Lugduni , sumpt. *Laur. Durand* , et *Laur. Arnaud.* 1640. In-8°. — Dédicace de l'auteur à *Charles de Neufville*, marquis d'*Halincourt* (2), datée du couvent de S. Bonaventure , Lyon , 1640. — M. Peignot aurait pu extraire de ce livre quelques petites pièces qui n'auraient pas été déplacées dans ses *Amusements philologiques.* Nous ne citerons que ce chronogramme composé par *François de Barancy*, à l'éloge du *Cardinal de Lyon* qui, pendant la peste de 1638, s'était montré le digne émule de S. Charles Borromée :

> *Qui* BENE *praesunt* DVPLICI *honore digni habeantur* (3).
>
> ALphonsVs DVpLICI nobIs CeLebretVr honore
>   CVI bene tanta fVIt soLICItVDo gregIs.

1641. — *Janvier* 3. Le Consulat accepte l'offre du sieur *Candy* , maître imprimeur , de fournir , toutes les semaines , aux échevins et aux ex-consuls toutes les *Gazettes* nouvelles et extraordinaires , moyennant 120 livres.

1641. — *Janvier* 7. Le *Cardinal de Lyon au Cardinal de Richelieu* , son frère :

« Monseigneur, Si je m'étois trouvé à Lyon , j'aurois fait de nouveaux efforts pour porter le peuple à donner au Roy le contentement qu'il désire , quoique je ne sois pas celuy qui ait le plus de crédit sur son temporel, et j'appréhende que quelques-uns de ceux qni ne m'aiment pas, en faisant semblant de m'excuser tout de bon , ne m'aient figuré tout-puissant pour me rendre responsable de tout. Ce n'est pas un artifice nouveau ; mais il est dangereux pour ceux qui n'apportent jamais aucunes précautions en ce qui les regarde , et qui ne se défendent que par leur innocence. J'écriray aux plus adroits de mes amis, puisque vous le désirez ; mais d'autant que les lettres n'ont point de réplique , je quitteray aussitôt le soleil de ce pays à qui je fais la cour , pour aller essayer de servir selon vos intentions, sans appréhender de me charger de la haine publique, pour ce qu'encore que je sache qu'un évêque qui n'est pas aimé n'est plus capable de faire des miracles, je n'ignore pas aussi le remède qu'il y a au mal, voulant témoigner en cette occasion et en toute autre que je suis, etc. *Marseille*, ce 17ᵉ febvrier 1641. » Ms. déjà cité, I, 627.

---

(1) Voyez MÉNAGE, *Dict. étymologiq.*, au mot ANGOISSE, et ci-dessus au 14 *novembre* 1640.

(2) Fils de *Nicolas,* mort jeune, le 25 janvier 1645.

(3) S. PAUL à *Timothée*, I, v, 17. Voyez les *Publications* de 1607, *Parnassus biceps.*

1641. — *Janvier* 10. Le comte *Philippe*, prisonnier, arrive à Lyon, conduit par le baron *de Souvigny* avec les gardes du duc *de Lesdiguières* qui repartent le même jour, et auxquelles succèdent, en cette conduite, celles du sieur d'*Halincourt*, gouverneur de Lyon, qui doivent se rendre à *Roanne* où le comte *Philippe* sera reçu par le sieur de *Saint-Géran*. *Gaz. de Fr.*, p. 35.

1641. — *Avril* 3. M. de *Mascrany*, prévôt des marchands, et M. *Grollier*, procureur-général, sont députés en Cour par le Consulat pour les affaires de la ville.

1641. — *Avril* .... Publication de la déclaration du roi du 16 de ce mois, portant défenses à tous *comédiens* de représenter aucunes actions malhonnêtes ni d'user d'aucunes paroles lascives ou à double entente, qui puissent blesser l'honnêteté publique, et ce, sur peine d'être déclarés infames, etc. Isambert, XVI, 537.

1641. — *Juin* 21. Mort d'*Horace Cardon*, Lucquois de naissance, imprimeur libraire à Lyon depuis la fin du XVIe siècle, échevin en 1610 et 1611, bienfaiteur de l'hospice de la Charité. — La maison où il demeurait, est à l'angle méridional de la rue *Mercière* et de la rue du *Petit-David*, et porte le n° 44. Il fut inhumé dans l'église de *S. Joseph* au pied du balustre de la chapelle de N. D. Voici l'inscription qu'on lisait sur sa tombe :

D. O. M.

NOBILIS HORATIUS CARDON

DOMINUS DE LA ROCHE SIBI

CHARISSIMAEQUE CONJUGI

JACOBO FRATRI AMANTISSIMO

EJUS CONJUGI ET EORUM

LIBERIS CONDITORIUM HOC

DELEGIT SUAE IN DEUM

PIETATIS, IN S. JOSEPHUM

FIDUCIAE, IN SOCIETATEM

JESU AMORIS, QUAM VIVUS

COLUIT AETERNUM POST FATA

MONUMENTUM.

Le nom d'*Horace Cardon* a été donné à une nouvelle rue de la presqu'île *Perrache*, près du *Champ-de-Mars*. Voyez les *Publ.* de 1609, *Opus de virtute....*

1641. — Etablissement des religieuses de *Ste Marie des Chaines*, sur la rive gauche de la Saône, au-dessous du monastère des *Chartreux*. — La même année, les *Bernardines* furent installées dans le couvent qu'elles avaient fait construire près des portes de la *Croix-Rousse*. Brossette, p. 116 et 117 ; *Alm. de Lyon* pour 1755 ; *Arch. du Rh.*, VII, 86.

1641. — Publications : *Historie delle guerre civili di Francia*, di *Henrico Caterino Davila....* In Lione. 1641. In-4°., caract. ital., sans nom de libraire ni d'imprimeur. — Davila, livre 3, observe que la ville de Lyon fut la première à se révolter, et la dernière à retourner sous l'obéissance royale.

1641. — *Les Entretiens de Philermie* en sa solitude. Par frère *Chérubin de Marcigny*, mineur recollect. A Lyon, chez *Jean-Aymé Candy*. 1641. In-12. — Parmi les pièces liminaires, se trouve un sonnet de *P. D. Dupuy*, à la louange de l'auteur. Voyez les *Publications* de 1627, *Discours funèbre....*; celles de 1639, *Eloge funèbre.....*, et celles de 1647, *la Vierge souffrante....*

1641. — *M. Val. Martialis Epigrammata*. Ex Musaeo *Petri Scriverii*. Lugduni, apud *Philippum Borde*, 1641. In-16 de 426 pages. (B. de M. Gonon). — Cette réimpression faite sur l'édition d'*Amsterdam*, 1621, *ex curis secundis Petri Scriverii*, n'a pas été connue de *Schweiger*. Avant 1641, *Martial* avait déjà été imprimé à Lyon, en 1512, 1518, 1534, 1535, 1539, 1542, 1546, 1547, 1548, 1553, 1554, 1559, 1560, 1562, 1567, 1580, 1598; depuis 1641, il l'a été en 1674, 1675 et 1706. Il ne paraît pas avoir été réimprimé en notre ville depuis cette dernière année (1). Nous ajouterions à toutes ces éditions celle de la *Cornucopie* de *Nicolas Perroti* publiée, en 1501, par *Jacques Maillet*, si nous avions la certitude que le texte de l'épigrammatiste latin y a été reproduit. Nous ne croyons pas qu'il ait été publié à Lyon une seule version de *Martial;* toutefois nous rappellerons qu'en 1815, il a été imprimé dans notre ville deux opuscules qui contiennent une centaine d'imitations en vers français des épigrammes du poëte de *Bilbilis*.

1641. — *La sage Abigail*, mariée malheureusement à Nabal, et très heureusement à David. Idée de l'âme vertueuse qui soupire sous le joug des vanités du monde, corrige ses folies, et aspire à l'union avec Dieu. Par le R. P. *Joseph Filère* de la Comp. de Jésus. A Lyon, chez *Philippe Borde*. 1641. In-8°. (B. de L., 5668). — Deux dédicaces, la première à S. *Michel*, Archange tutélaire de la France; la seconde, à *Charles-Jacques* de *Gelas* (2) de *Leberon*, évêque et comte de Valence et de Die. Voyez l'art. *Abigail* dans Moréri ou D. Calmet; ci-après au 29 *août* 1658, et les *Publications* de 1653, *Bonheur de tous les états...*

1642. *Janvier* (Nuit du 16 au 17). Mort de *Charles de Neufville*, seigneur d'*Halincourt*, marquis de *Villeroy*, gouverneur de Lyon, depuis 1608. — Il avait succédé dans cette charge à *César de Vendôme*, fils naturel d'*Henry IV*, et fut remplacé par *Nicolas II de Neufville*, son fils, né le 14 octobre 1598. Il avait porté jusqu'à la mort de son père

(1) Le texte de *Martial* se trouve encore dans l'édition lyonnaise du *Corpus poetarum* de *Pierre de Brosses* et dans le *Chorus poetarum* du P. *Fichet* de 1616.

(2) Ce *Charles-Jacques de Gelas* était probablement de la même famille que *Claude de Gelas*, évêque d'*Agen*, mort le 26 décembre 1630, auquel nous avons donné place dans la *Biogr. lyonn.* Voyez aussi le P. Anselme, V, 104, et Pernetti, II, 412. — *Guillaume Gelas*, échevin de Lyon, fut un des députés de cette ville aux états-généraux tenus par la Ligue, à Paris, en 1593.

(*Nicolas I*) le nom de marquis d'*Halincourt*. — Sous son gouvernement, on ouvrit des ports, les quais furent élargis, et le magnifique *cours* depuis le *pont du Rhône* jusqu'à *Ainay* fut entrepris et achevé. *Gaz. de Fr.*, p. 76 ; Spon, *Recherche* (in-8°), p. 149: D. Thomas, p. 62 ; Desmolets, *Mém.*, tome 2, p. 341 de la 2° partie; *Arch. du Rhône*, VII, 82. — La B. de Lyon possède, parmi ses Mss, un volume intitulé : *La Parfaite image d'un parfait gouverneur assise sur Mgr d'Halincourt*. Cet ouvrage qui, je crois, est resté inédit, a pour auteur le P. *Jean Testefort*, dominicain, mort en juin 1643.

1642. — *Janvier* 18. Le Consulat se transporte en corps à l'Hôtel du gouvernement pour jeter de l'eau bénite sur le corps de M. d'*Halincourt*, mais il avait déjà été porté sans cérémonie dans l'église des *Carmelites* et déposé dans son tombeau.

1642. — *Février* 3. Le Marquis *de Villeroy* qui avait succédé, comme gouverneur, à M. d'*Halincourt*, arrive à Lyon. A. C.

1642. — *Février* 17. Le roi, qui avait couché, la veille, à *Tarare*, arrive à Lyon. — S. M. fut haranguée par le prévôt des marchands (*Alexandre Mascrani*) auquel elle répondit, en lui frappant sur l'épaule : « Vous méritez de faire des harangues; vous les faites cour-« tes et bonnes, bonnes à perfection. » — Le 21, S. M. fit sur la place de *Bellecour* la revue de ses compagnies d'ordonnance. — L'infanterie fut embarquée, le même jour, sur le *Rhône. Gaz. de Fr.*, p. 188 et 206 ; *Entrées solemnelles*, p. 198. J. Morin VI, 174.

1642. — *Février* 18. Le Consulat, pour obvier à l'incommodité qu'il y a de passer sur la place des *Terreaux* quand il a fait pluie, à cause des boues dont cette place est remplie, arrête qu'il y sera fait un pavé en croix par où l'on pourra aller et venir.

1642. — *Février* 22. *Te Deum* chanté dans la cathédrale, en actions de grâces de la grande victoire remportée le 17 janvier par l'armée du roi commandée par le comte *de Guébriant*, sur l'armée impériale commandée par le général *Lamboy*. — « Le roi assista à cette cérémonie en laquelle le *Cardinal-duc* officia. S. M. fut haranguée, à l'entrée de l'église, par les comtes de S. Jean ; et, à sa sortie, tout le canon et les boëtes de la ville, par leur tintamarre, portèrent au loing le bruit de cette réjouissance. » — Le même jour, S. M. donna audience à l'ambassadeur de *Venise*, aux députés de *Genève*, et au S. *Isidoro Pujolar y de Grael*, Catalan, qui lui présenta une lettre du Consul de Barcelone. Gaz. de Fr., p. 206 ; Mercure Fr., p. 450.

1642. — *Février* 23. Le Roi quitte Lyon pour aller coucher à *Vienne*. — Le cardinal duc de *Richelieu*, qui était arrivé à Lyon le 19, ne partit pour Vienne que le 24. *Gaz. de Fr.*, p. 227. — Les étrennes données aux officiers du roi par le Consulat montèrent à 343 livres, et celles qui furent distribuées aux officiers du Cardinal ministre, à 337 livres.

1642. — *Février* 23. *Voiture*, qui était parti de *Paris*, dans un fourgon de poste, à la suite de la Cour, écrit de Lyon à Mlle *de Rambouillet* :

« ... Vous ne sçauriez croire, Mademoiselle, combien les fourgons sont une chose divertissante, et quel excellent remède c'est contre une grande passion. Tantôt il s'y estropie un cheval; tantôt il se rompt une roue; tantôt ils demeurent toute une nuit embourbez au milieu d'un chemin, et c'est, je vous jure, tout ce que l'on peut faire avec eux, que de songer deux ou trois fois le jour en la meilleure de ses amies... La résolution qu'avoit prise monsieur le Cardinal d'aller sur le Rhône, a été changée sur ce qu'il vit avant hier, comme il se promenoit sur le port, un bateau chargé de soldats qui courut très-grand hazard de se perdre ; il y en eut même quelques-uns qui se jettèrent dedans l'eau, et se noyèrent, et son Eminence ne se veut pas noyer, parce que cela nuiroit aux desseins qu'il a sur le Roussillon... »

La lettre qui suit, datée d'*Avignon*, le *lundi gras* (3 mars) 1642, adressée à la même demoiselle, commence ainsi :

« Je voudrois que vous m'eussiez vu l'autre jour, de quelle sorte je fus depuis *Vienne* jusqu'à *Valence* .... »

Et se termine par ces mots :

«Les Juifs d'Avignon se portent bien, Monsieur le vice-légat gros et gras, Monsieur le comte d'*Alais* (1) un peu plus que luy.... *OEuvres de M. de Voiture*, t. I, p. 276 et suiv., édition de Lyon, 1635, in-12.

1642. — *Février* 24. Dom *Félix de Savoye*, qui était arrivé à Lyon, la veille, part pour *Narbonne*, afin d'y attendre le roi. *Gaz. de Fr.*, p. 228.

1642. — *Mars* 17. *Pierre de Bellièvre est* nommé conseiller au parlement de Paris. — Il fut ensuite président en la 2e chambre des requêtes, et mourut sans laisser de postérité, le 26 janvier 1683. En lui s'éteignit le nom de *Bellièvre*. Il était fils de *Nicolas de Bellièvre*, et petit-fils de *Pompone*, chancelier de France, sous Henri IV. *Biogr. Lyonn.*

1642. — *Avril* 30. Dom *Francisco de Toralto*, ci-devant lieutenant-général de l'armée du Roussillon, et dom *Vincenzo de la Mara*, général de la cavalerie, arrivent à Lyon. On les conduit à *Ainay*, au logis du gouverneur, et le lendemain à *Pierre-Scise*. Gaz. de Fr., p. 433.

1642. Le 10 *Mai* de cette année, M. *Deville*, official de la *Cour des excès*, par sa sentence rendue contre *Mathurin Kerderbert*, prêtre bre-

---

(1) Ce comte ne serait-il point le personnage qui figure dans cette anecdote ; « Le Comte *d'Alais*, passant par Lyon, fut conduit au prévôt des marchands, qui étoit en même temps lieutenant du roi, et qui lui fit ces demandes : Mon ami, que dit on à Paris ? — des messes, répondit le comte. — Mais quel bruit? — des charrettes. — Ce n'est pas cela que je demande; quoi de nouveau? — des pois verts. — Mon ami, comment vous appelle-t-on? fit le prévôt; — Les sots, répondit le comte, m'appellent mon ami, et à la cour, on m'appelle le comte *d'Alais*. » Passe-temps agréable, *La Haye*, 1742, tome 1, p. 265.

ton , accusé de magie , ordonna que l'amende de 3 réaux payée par cet accusé seroit donnée en aumône aux religieuses de *l'Annonciade* , à présent faisant quarantaine au faubourg de *La Guillotière.* » — Ce prêtre errant avoit sur lui un petit livre appelé *Hoc in Enchiridio manuali* , etc. , imprimé à Lyon en 1601 , ledit livre prohibé. On parle en son interrogatoire des livres de charmes, de magie, même d'*Agrippa*, de la *Clavicule de Salomon.* Il disoit à l'imprimeur chez lequel il fut pris, qu'il falloit avoir à la messe une hostie particulière pour consacrer , afin d'avoir plus de force, et mettre les livres de caractères sous la nappe. Il avoit été suspendu par l'évêque de *Léon* pour sa mauvaise conduite ; il fut banni par l'official de Lyon. » S. , *Addit.* aux *Notes* de M.

1642. — *Mai* 19. Mort d'*Aimé de Faulquier de Vitré* (1) , doyen de l'église de Lyon , fils de *François de Faulquier*, seigneur de *Vitré*, etc., et de *Françoise de Maluin.* — Il avait été reçu chanoine le 23 décembre 1599. Il succéda , comme doyen , à *Adrien de Saluces* , mort en 1640 , et fut remplacé par *Guillaume d'Albon de Galles*, qui mourut, non en en 1645 , comme l'a dit *Le Laboureur*, mais en 1650 , le 30 mars. — Le 17 février 1642 , *Aimé de Foulquier* s'était rendu , à la tête de sa compagnie, auprès du roi qui logeait à *Ainay* , et eut l'honneur de haranguer S. M. — Le 22 du même mois , il assista au *Te Deum* chanté dans la cathédrale, à l'occasion de la victoire remportée contre les Impériaux. S. Voyez ci-dessus au 4 *juillet* 1640.

1642. — *Mai* 29. Mort de *Claude Pellot* (2) , prévôt des marchands en 1632 et 1633. — Il fut adjoint au Cardinal de Lyon dans son ambassade à Rome , et envoyé par le roi, à Cologne, en qualité de plénipotentiaire. PERNETTI , II , 21 ; *Biogr. Lyonn.*, p. 219 et 220.

1642. — *Mai.* .... La *peste* reparaît dans le quartier *S. George* ; elle frappe , au mois d'octobre, deux personnes à *l'Hôtel-Dieu.* Voyez l'abbé *Cahour* , p. 236 ; ci-dessus, année 1638, et ci-après, 12 *mars* 1643.

1642. — *Juillet* 7. Louis XIII qui venait de Perpignan , arrive à Lyon, et y reste jusqu'au 13 ; il couche ce jour-là à *l'Arbresle* , le lendemain à *S. Saphorin* , et arrive le 15 à *Roanne* , pour s'embarquer sur la *Loire.* GAZ. DE FR., p. 632. — Le roi étant malade , le Consulat qui, à l'arrivée de S. M., s'était rendu au *Pont du Rhône* , ne lui fit point de harangue. Il en fut de même à son départ de Lyon.

1642. — *Août* 1. Déclaration du roi portant que les officiers de la

(1) C'est par erreur que nous avons placé au 19 *mai* 1642 la mort de ce doyen, qui fut écrasé par une pierre tombée du clocher de la cathédrale, pendant qu'on y montait une troisième cloche, et sur la tombe duquel on mit cette inscription qui nous a été conservée par *Quincarnon*, p. 97 des *Antiquitez* de S. Jean : *Mors repente incogitantem surripuit — nescias quando ubi quomodo.*

(2) C'est à lui qu'est adressée une lettre du Cardinal de Lyon , du 23 mars 1638, dont nous avons donné un extrait sous cette date.

Souveraineté de *Dombes* , qui tiennent des offices au présidial de Lyon , seront tenus d'opter dans trois mois. *Recueil* d'Isambert, XVI, 345.

1642. — *Août* 9. Le Consulat , pour se conformer aux intentions du roi, arrête qu'il sera levé 6 soldats dans chacun des 36 penonages de cette ville , pour être envoyés au siège de Perpignan.

1642. — *Août* 10. Le cardinal *de Mazarin* écrit de Lyon à M. *de Castellane* pour lui accuser réception d'une lettre de M. le duc *de Bouillon*, prisonnier d'état, qui lui demande sa protection auprès du Cardinal *de Richelieu.* — La lettre de Mazarin se termine ainsi : « M. le « marquis de *Villeroy* vous avoit envoyé son carrosse à Bourgoin; mais « lui ayant dit que vous veniez par Vienne , nous y envoyons ceux (sic) « de M. l'Intendant avec les gardes dudit sieur Marquis, vous attendant « icy demain à bonne heure. » *Bulletin de l'hist. de Fr.* , tome 2, p. 37 de la 2ᵉ partie. Voyez ci-après au 13 *septembre.*

1642.—*Août.* Publication de l'arrêt du parlement de Paris, du 3 de ce mois, portant défenses à tous juges de procéder à l'avenir à l'instruction des procès en matière de *sortilége*, et qui réserve l'appel au parlement. Isambert, XVI, 545. Voyez ci-dessus, *août* 1634, et les *Publ.* de 1611.

1642. — *Septembre* 3. Le marquis de *Cinq-Mars* et M. *de Thou* (1), conduits et escortés par une compagnie de dragons, arrivent à Lyon, et sont enfermés dans le château de *Pierre-Scise* où ils sont gardés par la milice bourgeoise. — Peu de jours après , M. le Chancelier (2), accompagné de quelques conseillers d'état et des présidents du parlement de Grenoble , vint à Lyon pour faire le procès aux trois prisonniers, accusés de conspiration contre l'état. L'instruction fut faite par *Jacques Martin*, sieur *de Lauhardémont* (4), le même à qui l'on prête ce mot atroce et si souvent cité : «Qu'on me donne deux lignes d'un homme et je me charge de le faire pendre. » D. Thomas. *Précis*, p. 63.

1642. — *Septembre* 6. « Le cardinal *de Richelieu*, que ses grandes incommodités empêchoient de suivre le roi, arriva à Lyon le 6 septembre (3). Il s'étoit embarqué sur le Rhône , et avoit choisi cette voie plus douce qui s'accommodoit à ses infirmités, lesquelles ne lui permettoient pas de quitter le lit, en sorte qu'on fut obligé de rompre les portes et les fenêtres de l'abbaye d'*Esnay*, où il logea, pour y pouvoir introduire la machine dans laquelle il étoit transporté. » D. Thomas , p. 62. — Il fit son entrée à Lyon dans une magnifique litière, décorée au dedans et

---

(1) Suivant l'historien auquel nous empruntons ce fait, le duc *de Bouillon* serait arrivé à Lyon en même temps que les deux autres prisonniers. Cette erreur nous fait douter de l'exactitude de la date qu'il donne à l'emprisonnement de *Cinq-Mars* et de *Thou* dans le Château de *Pierre-Scise.*

(2) Le chancelier, M. *Seguier*, était à Lyon depuis le 8 août.

(3) Le 5, suivant Morin, *Hist. de Lyon*, VI, 175.

(4) Voyez son art. dans le Suppl. de la *Biogr. univ.*, et ajoutez-y qu'il mourut, suivant *Loret*, en mai 1653 (*Muse hist.*, p. 56).

au dehors des plus riches tentures , portée sur les épaules de dix-huit gentilshommes de sa garde , marchant tête nue. — Le Consulat qui était allé à sa rencontre , ayant été averti « qu'il ne se falloit avancer « pour lui faire harangue , » lui fit toutefois une profonde reverence.

1642. — *Septembre 7.* Le chancelier *Seguier* va visiter *Cinq - Mars* au château de *Pierre-Encise.* GRIFFET , *Hist. de Louis XIII*, VI, 614.

1642. — *Septembre 12.* Le Cardinal-duc part de Lyon, à 9 heures du matin , en meilleure santé , prenant la route de Bourbon-Lancy. *Gaz. de Fr.*, p. 899.

1642. — *Septembre 12.* MM. *Cinq-Mars* et *de Thou* sont condamnés à mort (1).—Après la prononciation de l'arrêt, M. *Thomé,* prévôt des marchands à Lyon, fut chargé de garder les deux prisonniers (GRIFFET, *Hist. de Louis XIII*, VI, 621). — *Même jour.* « .... Sur les 3 heures après midi, quatre compagnies des bourgeois de Lyon, qu'on appelle penonnages, faisant environ 1200 hommes, furent rangées au milieu de la place des *Terreaux*, en sorte qu'elles enfermoient un espace quarré d'environ 80 pas de chaque côté dans lequel on ne laissoit entrer personne.... Au milieu de cet espace, fut dressé un échafaud de 7 pieds de hauteur , et environ 9 en quarré, au milieu duquel , un peu plus sur le devant , s'élevait un poteau de la hauteur de 3 pieds ou environ , devant lequel on coucha un ploc de la hauteur d'un demi pied , si bien que la principale face ou le devant de l'échafaud regardoit vers la boucherie des *Terreaux*, du côté de Saône, contre lequel échafaud on dressa une petite échelle de 8 échellons du côté des dames de *S. Pierre.* Toutes les maisons de cette place , toutes les fenêtres , murailles , toits , échafauds dressés, et généralement toutes les éminences qui ont vue sur cette place , quoique fort éloignées , étoient chargées de personnes de toutes conditions, âge et sexe (2). — Sur les 5 heures du soir , les officiers prièrent le compagnon du P. *Malavalette* (jésuite, qui assistait les deux condamnés) de les avertir qu'il était temps de partir .... Ils se mirent tous deux au fond du carrosse, sur le derrière, ... y ayant deux jésuites à chaque portière , sçavoir leurs deux confesseurs (le P. *Malavalette* et le P. *Mambrun*) , avec leurs frères .... L'exécuteur qui suivoit à pied , étoit un porte-faix, ... homme âgé, fort mal fait, vêtu comme un manœuvre qui sert les massons, qui n'avoit jamais fait aucune exécution sinon de donner la gêne, et duquel il fallut se servir, parce qu'il n'y avoit point d'autre exécuteur; celui de Lyon se trouvant avoir la jambe

---

(1) Les *Augustins* de Lyon furent compris pour une somme de 500 livres dans la distribution des 60 mille livres auxquels *Cinq-Mars* et *de Thou* avaient été condamnés par l'arrêt rendu contre eux. Le mandat de ces 500 livres, portant la signature du chancelier *Seguier*, est dans le cabinet de M. *Coste.* — Au lieu de 60 *mille livres*, on a imprimé 60 *livres* dans le texte de cet arrêt, reproduit à la fin du tome XVI du *Recueil d'Isambert.*

(2) Le Consulat s'y rendit aussi, et s'installa « en une maison sise jouxte la place des « *Terreaux*, à laquelle pend l'enseigne du *Caillou*, » à la porte de laquelle furent placés 50 arquebusiers. A. C.

rompue..... Le carrosse s'arrêta au pied de l'échafaud .... *Après l'exé-cution*, le corps et la tête des deux suppliciés, furent mis dans le car-rosse qui les avait amenés .... De là, ils furent portés aux *Feuillants*, où M. *de Cinq-Mars* fut enterré devant le maître-autel. M. *de Thou* a été embaumé et mis dans un cercueil de plomb pour être transporté en sa sépulture .... (1) » — La *Gazette de France*, après avoir dit que les deux condamnés eurent la tête tranchée, ajoute : « .... Ce qui fait « voir clairement les admirables effets de la justice de Dieu sur la per- « sonne sacrée de S. M. et sur son estat. » — *Molière*, qui avait suivi Louis XIII en 1641, dans le voyage de Narbonne, en qualité de valet de chambre tapissier du roi, fut, à son retour, dit M. *Sainte-Beuve*, un des témoins du dernier acte de cette étrange tragédie, amère et san-glante dérision de la justice humaine ! » *Portraits litt.*, t. I, p. 14. de l'édition de 1844.

1642.—*Septembre* 13. Le chancelier *Seguier*, assisté du sieur *de Frere*, premier président au parlement de Grenoble, *de Laubardemont* (2), *Dyel*, *de Miromesnil* et *de Marca* (3), conseillers du roi en son conseil d'état, *de la Coste*, président au parlement de Grenoble, et *de la Guette*, sieur *de Chazé*, conseiller du roi en ses conseils, se rendent au Château de *Pierre-Scise*, sur la demande du duc *de Bouillon* qui leur représente que « ayant sçeu le jugement et exécution des sieurs *Cinq-Mars* et *de Thou*, et connoissant, par les charges qui sont au procès contre luy et sa pro-pre confession qu'il ne sçauroit éviter une pareille condamnation s'il estoit jugé, il *les* supplioit, au nom de Dieu, de différer à mettre son procès sur le bureau jusques à ce qu'il eust response d'une proposition qu'il veut faire au Roy, que la place de *Sedan* ayant esté cause de tous ses maheurs, et estant extrememement importante pour la France, il supplie le Roy de la recevoir et lui donner sa grace .... » On promet au duc *de Bouillon* de différer pour quelque temps à procéder au jugement de son procès, et de donner avis de sa proposition (4). *Bulletin de l'Hist. de Fr.*, tome I, p. 42 de la 2ᵉ partie.

1642. — *Octobre* 5. M. *de Villeroy* écrit à *Mazarin* :

« J'ay reçeu la lettre que V. E. m'a fait l'honneur de m'escrire par le gen-tilhomme qui arriva icy hier, le 4 de ce mois, sur le midy, et, demy heure

(1) Le passage qu'on vient de lire est extrait de la relation insérée dans les *Histoires tragiques* de *Rosset* (voyez les *Publications* de 1643, *Histoire véritable...*). — Le cer-cueil qui contenait le corps de M. de Thou fut transporté de l'église des *Feuillants* dans celle des *Carmélites*. Voyez le *Précis* de D. *Thomas*, t. 2, p. 63 de la *Revue du Lyonnais*.

(2) Voyez ci-dessus, p. 338, note 4.

(3) M. *de Marca* fut plus tard archevêque de *Toulouse* et ensuite de *Paris*. On a de lui, entre autres ouvrages, un traité *de Primatu Lugdunensi*, etc. Paris, 1644, in-8°.

(4) Tout ceci n'était qu'une comédie; la proposition avait été suggérée au duc *de Bouillon*. Le 13 *septembre*, par un billet daté de Lyon, *Mazarin* écrivit au duc qu'il sor-tirait de prison « tout aussitost que la ville et le chasteau de Sedan seront entre les mains de S. M.... » — Le 2 octobre suivant, *Mazarin* reçut de M. *de Noyers* la nou-velle de la prise de possession de *Sédan* au nom du roi. Voyez ci-après au 5 octobre.

après, on mit M. le duc *de Bouillon* en pleine liberté, selon ce que vous luy avez promis. Il ne se peut dire, Monsieur, la joie qu'il recent de se voir hors de prison, ne considérant en aucune façon la perte de *Sedan* que V. E., par ses soins et bonne conduite, a fait tomber entre les mains du Roi. » *Bulletin de l'Hist. de Fr.*, tome I, p. 44 de la 2ᵉ partie.

1642. — *Octobre 8.* **Départ du Chancelier** *Seguier*. — Le 12, partit aussi pour Paris le Marquis *de Villeroy*. A. C.

1642. — *Décembre 4.* **Mort**, à Paris, du **Cardinal duc** *de Richelieu* (voyez ci-après, au 20 *janvier*, et au 20 *février* 1643). — La B. de Lyon possède parmi ses Mss. (n° 664), quelques pièces de vers qui furent faites à cette occasion, et qui nous paraissent être de différents auteurs. Nous ignorons si elles sont inédites ; et à supposer qu'elles le soient, nous croyons que celles qui suivent ne sont peut-être pas tout-à-fait indignes de voir le jour :

EPITAPHE.

Cy gist Armand de Richelieu
Qui fit tant d'estranges miracles.
Son chetif corps est en ce lieu,
Et son esprit à tous les diables.

RONDEAU.

Il est passé, il a plié bagage,
Ce cardinal, dont est bien grand dommage,
Pour sa maison, c'est comme je l'entends ;
Car pour autrui maints hommes sont contents,
En bonne foy, de n'en voir que l'image.
Soubs sa faveur s'enrichit son lignage,
Par dons, par volz, par fraude et mariage ;
Mais maintenant il n'en est plus le temps ;
       Il est passé.
Or parlerons sans crainte d'estre en cage ;
Il est en plomb l'éminent personnage,
Qui de nos maux s'est ri pendant vingt ans.
Le roy de bronze en eust le passetemps,
Quand sur le pont et tout son attelage
       Il est passé

EPITAPHE.

Cy gist que personne ne pleure,
Ce grand et fameux cardinal.
S'il est sauvé, il n'est pas mal,
S'il est damné, à la bonne heure !

SONNET.

J'ay vescu sans pareil et régné sans égal ;
On admire partout mes vertus et mes vices ;
Mes desseins comparez avecques mes services
Font douter si j'estois souverain ou vassal.

Quoy que j'aye entrepris, soit de bien, soit de mal,
J'ay toujours rencontré de fidèles complices,
Et le ciel et l'enfer me furent si propices
Qu'on doute quel des deux me nomma cardinal.

J'ay fait régner le fils, j'ay fait bannir la mère,
Et si j'eusse vescu, j'aurois perdu le frère,
Pour de la France seul gouverner le timon.

Tous ceux qui m'ont choqué ont senti ma puissance.
Pour dompter l'Espagnol j'ay ruiné la France ;
Jugez si j'en estois ou l'ange ou le démon.

ÉPITAPHE (1).

Cy gist le pacifique Armand,
Qui, tout juste, doux et clément,
Ne fit jamais mal à personne.
Il n'a garde d'estre damné,
S'il est vray qne Dieu luy pardonne
De mesme qu'il a pardonné.

1642. — *Décembre* 21. Il y avait procès pour la préséance entre le Consulat et les *Comtes de S. Jean.* — Lors de la cérémonie du Syndicat, ces derniers s'emparèrent des places d'honneur restées vides par l'absence de l'Archevêque et du Gouverneur. Sommés par M. le Procureur-général *Grollier* de se retirer, ils refusèrent. J. M.

1642. — *Décembre* 23. Mort, à Madrid, du P. *Claude Clément*, Jésuite, ancien professeur de rhétorique au Collége de la Trinité, auteur de plusieurs ouvrages publiés à Lyon. Voyez ci-dessus au 18 *oct.* 1622.

1642. — PUBLICATIONS : *Delectus latinitatis* ; auctior factus opera P. *Philiberti Moneti*, Soc. Jesu. Lugduni, *Joann. Didier.* 1642. In-8° (B. du roi, X, 919). Voyez ci-après, 31 *mars* 1643.

1642. — *Ferdinandi Quirini Salazar*, è Soc. Jesu .... *Canticum Canticorum Salomonis*, allegorico sono, et prophetica, mystica, hyper-mystica expositione, *productum*, Tomi duo. Prodit nunc primum, Lugduni, sumpt. *Petri Prost.* 1642. In-fol. (B. de L., 386). — Dédicace de *Pierre Prost* à *Guillaume Charrier*, abbé de *la Chaasse* (sic), obéancier de *S. Just*, etc.

(1) Cette épitaphe est la seule de toutes ces pièces que *Delandine* ait citée, en décrivant le volume qui les contient ; peut-être la regardait-il comme la meilleure. M. *Fayolle* n'a inséré dans son *Acanthologie* que deux pièces contre *Richelieu*, savoir le dixain de *Maynard, Par votre humeur le monde est gouverné.....* et le *quatrain* si connu de *Corneille*, qu'il a sans doute rapporté de mémoire, car il n'en donne pas le véritable texte. Voici, je crois, la bonne leçon :

Qu'on parle mal ou bien du fameux cardinal,
Ma prose ni mes vers n'en diront jamais rien :
Il m'a trop fait de bien pour en dire du mal ;
Il m'a trop fait de mal pour en dire du bien.

1842. **Hipparchus**, *de Religioso negotiatore Disceptatio Mediastinum inter ac Thimotheum*. Quae negotiatio à religioso statu abhorreat. Lucubratio *Renati à Valle*, Magistri in theologia. **Francopoli**, apud *Petrum Salvianum*. 1642. In-8° (**B. de L.**, 9332). Au verso du titre est cette épigraphe: *Non erit mercator ultra in domo Domini exercituum in dieillo*. **Zachar**. 14. — Cet ouvrage qui fut imprimé à *Chambéry*, est du P. *Théophile Raynaud*. Le recteur du Collège d'Avignon, qui se crut et se vit joué dans ce livre, mit, de sa propre autorité, l'auteur aux arrêts, et l'y retint près de 5 mois. A la reserve de deux personnes, tout le Collège désapprouva cette action ; *Rome* ne soutint point le recteur, et le prisonnier fut mis en liberté (**Joly**, sur *Bayle*, p. 660). Ce fait a été inconnu à M. *Barjavel*, auteur de la *Biographie Vauclusienne*.

1642. — *Histoire véritable* de tout ce qui s'est fait et passé dans la ville de Lyon, en la mort de messieurs *Cinq-Mars* et *de Thou*.... (sans nom de ville ni d'imprimeur). In-4° de 28 pages. Un second titre au commencement de la première page du texte est ainsi conçu : *Particularitez observées* en la mort de messieurs *Cinq-Mars* et *de Thou*, à Lyon, le 12 septembre 1642. — Les premiers mots de cette relation que je crois être celle de *François Baranci* (1), et qui a été reproduite dans les *Hist. trag. de Rosset*, prouvent qu'elle a été composée à Lyon : « La semaine passée, dit le chroniqueur, nous fûmes ici spectateurs du « dernier acte d'une étrange tragédie : nous vîmes mourir, etc. » — On lit, sur l'exemplaire que M. *Coste* possède de cette édition, ces quatre vers écrits par une main contemporaine :

> Morte pari periere duo, sed dispare causa :
> Ille loquens vitam perdidit, iste tacens.
> Morte pari periere duo, sed perdidit unum
> Fracta fides ; socium perdidit acta fides.

Chaudon cite, dans son *Dict. hist.*, les deux premiers vers de ce quatrain, mais le second s'y trouve ainsi remanié :

> Fit reus ille loquens, fit reus ille tacens.

Je ne sais quel est l'auteur de ces vers, mais on leur préfère le distique de *Constantin Huygens* :

> O legum subtile nefas, quibus inter amicos
> Nolle fidem frustra prodere, proditio est.

Voici une faible imitation de la première pièce, insérée dans le *Recueil d'épitaphes* de *Laplace*, tome I, p. 412 :

> Tous deux pour même crime ont le chef abattu :
> Cinq-Mars pour l'avoir dit, de Thou pour l'avoir tu.

(1) Voyez son article dans la *Biogr. lyonn.*, et ci-après *année* 1651. Voyez aussi le Catal. des livres de M. *Leber*, n° 4257.

1642. *Mausolée des Machabées* pour le sujet de la harangue funèbre prononcée à Lyon le 15 février 1642, en l'église des FF. Prescheurs de Confort, à l'honneur de messire *Charles de Neufville*, seigneur *d'Halincourt* .... Par le R. P. *Paul Garra*, Tholosain.... A Lyon, chez *Jean-Aymé Candy*. 1642. In-4° — Dédicace de l'auteur à *Nicolas de Neufville*, marquis de *Villeroy*, gouverneur de Lyon.

1642 — *Moyens préservatifs, et méthode assurée pour la parfaite guérison du Scorbuth.* Par M. *André Falconnet*, Roannois, docteur médecin .... aggrégé au collége des médecins de la ville de Lyon. A Lyon, chez *Ant. Huguetan*, 1642, in-8°. — Dédié au Cardinal de Lyon.

1642. — *Oraison funèbre de* .... *Charles de Neufville, seigneur d'Halincourt, marquis de Villeroy*, ... prononcée en la chapelle de la Société des *Pénitens blancs* de Lyon, par maistre *Pierre Seguin*, docteur ez droits, ... confrère de ladite société, le 12e février 1642. A Lyon, chez *Jean-Aymé Candy*. 1642. In-4° (B. de L. , 15935 , tome 8).

1642. — *Oraison funèbre de Charles de Neufville, seigneur d'Halincourt,*.... par *Gaspar Viallier*, prêtre. Lyon, 1642. In-4°. (*Lelong*, 32701). — On a du même prêtre., 1° *Oraison funèbre*... de *Monsieur le chevalier de Montrevel*, commandant le régiment de cavalerie de la Reyne; *Bourg en Bresse*, 1658, in-4° ; 2° une autre *Oraison funèbre* de ce dernier personnage, publiée à *Bourg*, même année, même format, suivie d'une lettre adressée à l'auteur sur ses Harangues funèbres, par M. *Scarron de Privas*, et datée de Lyon, le 12 octobre 1658 (B. de L., 3297) ;—3° *Oraison funèbre*.... de *Messire André Ateau* (sic) *de Boissac,*.... lieutenant-general des armées des roys Louys XIII et Louys XIV; Lyon, *Pierre Compagnon* ; 1664, in-4°. (B. de L., 15935, tome 12). — Gaspar *Viallier*, dans cette dernière Oraison, prend le titre de prestre docteur en théologie, prieur de S. Estienne du Bois en Bresse. Voyez son article dans la *Biogr. lyonn.*, p. 311.

1642. — *L'Ordre, Formalité et Instruction judiciaire dont les Grecs et Romains ont usé és accusations publiques,* conféré au stil (sic) et usage de nostre France.... Par *Pierre Ayrault*.... A Lyon, chez *Jean Caffin* et *F. Plaignard*. 1642. In-4°. — Dédicace de *François Plaignard* à Mgr du *Bernet*, premier président au parlement de *Provence*.

1642. — *Parallèle des langues françoise et latine* .... Par le P. *Philibert Monet*, de la Comp. de Jésus. A Lyon, par *Guillaume Valfray*. In-4°. (B. de L., 15630). — L'auteur, dans sa préface, cherche a ju-tifier l'orthographe qu'il voulait populariser; il répète ce qu'il avait déja dit avec plus de développements dans l'avis au lecteur de son *Inventaire des deux langues*, publié en 1635. Voyez ci-après au 31 *mars* 1643.

1642. — *Tarif provisionnel sur le prix des trois sortes de pain que doivent debiter les boulangers de la ville de Lyon et fauxbourgs d'icelle,* supputé par les notables bourgeois à ce deputez, sur l'ancien tarif du 23 décembre 1615 , en exécution de la transaction faite entre Messieurs les prévost des marchands et eschevins, et le maistres boulangers de ladite ville, le 11 juillet 1641, receue M° *Jasserand*, notaire royal. A Lyon, chez *Jean-Aymé Candy*. 1642. In-8°. (B. de L. , 23415 , tome 76). — Ce tarif fut signifié aux boulangers de Lyon en avril 1642.

1643. — *Janvier 25.* Le *Cardinal de Lyon* écrit de Marseille , à la duchesse d'*Aiguillon :*

« Madame , La mort de mon frère m'a défaict d'une erreur dans laquelle j'étois, croyant que les coups prévus faisoient moins de douleur que ceux qui surprennent ; car je l'ay ressentie aussi vivement que si l'estat auquel je l'avois vu, ne me l'eust point annoncée par avance. Je l'ay pleuré, je le regrette : j'ai prié pour luy, je le fais encore tous les jours, et tasché pour parachever mon chef-d'œuvre, de me conformer entièrement à la volonté de Dieu. La bague que vous m'avez envoyée ne m'estoit point necessaire pour me faire souvenir de mon debvoir en ceste occasion, puisque le sang et la charité me le dictent assez. Je la tiendray néanmoins bien chère , et luy donneray son vray prix en la considérant plustost comme une marque de son affection que par la qualité ou grosseur de sa pierre ; vous protestant que je ne l'aurois pas moins estimée s'il n'y en avoit point du tout. J'ay appris que vous n'estiez pas en santé, et que vous vous laissiez emporter à un chagrin qui ne sera loué de personne , ny approuvé de celuy qui a droit de disposer de ses ouvrages comme il lui plaist , et de censurer nos actions et nos pensées. C'est pourquoy je vous conjure de le modérer et de faire que la raison luy marque ses bornes et ses limites. Je m'ouvrirois davantage sur ce subjet et sur plusieurs autres, si, au lieu d'escrire, je pouvois parler ; mais vous jugerez, ou je me trompe, que je ne feray pas mal d'attendre à m'en procurer le moyen, qu'il n'y ait plus lieu de s'imaginer que mon interest m'y eust convié .... » Mss. de la B. de L. , n° 1457.

1643. — *Février 20.* « Le 1er vendredi de carême, les PP. *Jésuites* du Collége de la Trinité firent un service solennel dans leur église pour le Cardinal *de Richelieu* , avec décoration funèbre. Toute l'église était tendue de noir, avec des éloges et des inscriptions. Au milieu de l'église était un mausolée accompagné d'un grand nombre de lumières autour de la représentation. Sur la grande porte de l'église était cette invitation aux funérailles :

JOANNI ARMANDO

EMINENTISSIMO

CARDINALI DUCI RICHELIO

QUOD SOCIETATEM JESU SUO AMORE FOVERIT

SUIS BENEFICIIS AUXERIT

COLLEGIUM SANCTISSIMAE TRINITATIS

PARENTALIA F. EUCHARISTICA

QUI CIVIS, QUI CONVENA, QUI HOSPES ACCEDE COLLEGII VOTIS

ET PIIS SUMMI VIRI M. SEMPITERNAM FELICITATEM

COMPRECARE.

Au milieu d'une grande messe solennellement chantée avec des chœurs de musique , fut prononcée une Oraison funèbre en langue latine, par le P. *Jean Papon*, professeur de rhétorique (1). Cette harangue et la description de l'appareil furent imprimées au mois de mars, et dédiées au Cardinal de Lyon, frère du défunt. » M. Voyez ci-dessus, au 4 *août* 1640.

1643. — *Mars* 12. Le Consulat considérant que ,... « nonobstant les soings très exacts et le bon ordre fort ponctuellement observé en cette ville depuis l'année 1628, le mal contagieux n'a laissé presque d'y continuer jusqu'à présent, de manière qu'il semble n'y avoir lieu d'espérer d'en estre si promptement délivré par des remèdes humains, et que, pour obtenir du ciel cette grace, il soit nécessaire de recourir puissamment aux intercessions, prières et protections de la très-sainte Vierge, par quelque devotion plus grande qu'à l'ordinaire, ... » Arrête que le prévost des marchands, les échevins et leurs successeurs ésdites charges, iront à pied, toutes les fêtes de la Nativité de la Vierge, qui est le huitième jour de septembre, sans robes, néanmoins avec leurs habits ordinaires, en la chapelle de *N. D. de Fourvière* pour y ouir la sainte messe et y faire leurs prières et dévotions à ladite Vierge, et lui offrir en forme d'hommage et de recognoissance, la quantité de sept livres de cire blanche en cierge et flambeaux propres au divin service de ladite chapelle, et un escu d'or au soleil ; et ce pour disposer ladite Vierge à recevoir en sa protection ladite ville. » Voyez l'abbé Cahour, p. 238 ; l'*Union des Provinces* (journal de Lyon) du 8 septembre 1843, et ci-après, année 1659.

1643. — *Mars* 31. Mort de *Philibert Monet*, jésuite, professeur au Collége de la Trinité, né à Bonneville en Savoie, vers 1566, auteur d'un grand nombre d'ouvrages historiques et philologiques. — On prétend que le P. *Monet* ayant un peu maltraité dans ses classes le Dijonnais *Morisot*, celui-ci, pour se venger, écrivit contre les Jésuites, qui obtinrent la suppression de son *Alitophilus*, et firent courir ce vers mordant :

Vivere qui renuit sapiens, vult ille mori sot.

Voyez Michault, *Mélanges*, tome 2, p. 60 et 384 ; les *Publ.* de 1614, 1628, 1629, 1631, 1633, 1642, 1654 et 1659.

1643, — *Avril* 30. Le Consulat instruit du projet qu'avait fait le P. *Pierre L'Abbé*, jésuite, de travailler à l'histoire de Lyon, et de la composer en 3 tomes, l'un de la *Ville sainte*, l'autre de l'*antique*, et le 3ᵉ de la *nouvelle* ; considérant qu'il ne reste que fort peu des *impresses* ci-devant faites des histoires de la ville, ... même qu'il ne s'en trouve point à vendre chez les libraires; .... qu'il y a beaucoup de par-

---

(1) Voyez sur ce Jésuite, qui probablement était de la même famille que le jurisconsulte *Jean Papon*, la *Biographie lyonnaise*, p. 215. On ne trouve pas dans la B. du P. *Lelong* l'Oraison funèbre que le P. Menestrier dit avoir été imprimée.

ticularités omises en ce qui a été écrit; .... Arrête que l'on priera le P. *L'Abbé* « de travailler à cette histoire; et d'autant qu'il a répété que pour y bien réussir, et la rédiger en langue françoise et latine, suivant les intentions du Consulat, il convient qu'il vaque, pour le moins de temps, 3 années,.... il semble raisonnable que le Consulat lui aide à ce faire par quelques bienfaits,.... Arrête qu'il lui sera payé 4500 livres en trois années .... » — Il fut convenu que le P. *L'Abbé* remettrait au Consulat 50 exemplaires, tant du français que du latin, dont 12 reliés aux armes de la ville. J. M. — Le P. *L'Abbé* n'exécuta pas le projet qu'il avait conçu. De tous ses travaux sur l'histoire de notre ville, il ne nous reste que des dissertations insignifiantes qui forment le 6e livre de ses *Elogia*, publiés à *Grenoble* en 1664. Voyez MENESTRIER, *Div. caract.*, p. 224, et la *Biog. Lyonn.*, p. I, où sa mort a été mise par erreur à l'année 1660, au lieu de 1680. Voyez aussi *supra*, année 1639.

1643. — *Avril* 31. « En faisant une fosse dans l'église paroissiale de *S. Laurent*, on découvrit le tombeau de *Jean Gerson* sous une voûte de brique où il parut vêtu en prêtre avec un calice d'argent. On vit la tête avec des cheveux roux frisés, de la longueur d'un doigt; mais tout alla en poudre quand on fut entré dans le tombeau. » M.; *Gazette de Fr.*, p. 355. — Quelques habitants notables de la paroisse de *S. Paul* se proposent d'ériger une statue à *Gerson* sur l'emplacement où était son tombeau. Ce projet est louable; mais ils veulent mettre dans les mains de l'illustre chancelier le livre de l'*Imitation*, comme s'il en était l'auteur. L'opinion qui lui attribue ce beau livre a été combattue par des écrivains non moins pieux qu'érudits, qui pensent avec raison que l'on doit laisser indécise une question qui s'agite depuis près de quatre siècles, sans que la solution en paraisse plus facile qu'au temps où elle a été soulevée. Voyez les *Publ.* de 1643; la *Bibliogr. Lyonn.* du 15e siècle, n° xlj; ci-dessus 12 *juillet* 1429; *année* 1577, p. 43; 1608, p. 297, et 1609. p. 278.

1643. — *Mai.* 14. Mort de *Louis XIII*. Déjà le Consulat, instruit de la gravité de la maladie du roi, avait pris les précautions accoutumées, afin qu'il n'arrivât aucun trouble quand la nouvelle de sa mort parviendrait à Lyon. Nos magistrats ont toujours présente à la mémoire l'ancienne formule des Romains : *Consules provideant ne quid respublica detrimenti accipiat.* TITE LIVE, III, 4; SALLUSTE, *Catil.*, 30; CICERON, *passim.*

ADDITIONS ET CORRECTIONS.

Page 24 , ligne 33 , au lieu de *viel* , lisez : *vieil*.

Page 29 , ligne 25 , au lieu de 1519 , lisez : 1569.

Page 40 , ligne 7 à 12 (*Mai 19*) , article à supprimer , remplacé par celui qu'on lit au 19 *Mai* 1642.

Page 149 , ajoutez à la notice sur le Cardinal *de Marquemont*, que la bibliothèque de la ville d'Amiens possède 2 volumes in-fol. mss , contenant la correspondance de ce Prélat du 21 juillet 1617 au 17 avril 1619 , et du 22 décembre 1622 au 12 août 1626. On y voit qu'en cette dernière année il y eut des différends entre les Capucins et les Ursulines de Lyon , dont les couvents n'étaient séparés que par un mur mitoyen.

Page 165 , lignes 3 , 4 et 5 de la 2me note. La pièce de Charles-Auguste de Sales , *de Libris baranzanianis*, est à la louange de Dom *R. Baranzano*, écrivain piémontais , mort en 1622 , et dont les ouvrages ont été imprimés à Lyon.

Page 169 , ligne 16 , au lieu de 1638 , lisez 1628.

Page 188 ; ligne 2 de la 1re note , au lieu d'*une* , lisez : *une*.

Page 247 , ligne 6 , au lieu de *M. de V.. au* , lisez : *M. de Vauzelles*.